멘토르Mentor는

그리스신화에 나오는 오디세우스의 친구입니다.

오디세우스는 트로이 전쟁에 출정하면서 아들 텔레마쿠스
를 친구인 멘토르에게 맡깁니다.

이후 멘토르는 엄격한 스승이며 지혜로운 조언자, 때로는
아버지로서 필요한 충고와 지도를 하여 텔레마쿠스를 강인
하고 현명한 왕으로 성장시켰습니다.

오늘날 '멘토', 또는 '멘토르'는 충실하고 현명한 조언
자 또는 스승이라는 의미로 쓰이고 있습니다.

멘토르출판사는 독자 여러분의 인생에 좋은 길잡이가 되는
책을 만들고자 늘 노력하겠습니다.

아이폰&
안드로이드

iPhone&Android

크로스
플랫폼

애플리케이션개발

Quick
&
Easy

Mentor Quick & Easy Mobile Programming Series 01

아이폰 &
안드로이드
iPhone&Android

크로스
플랫폼
애플리케이션개발

Quick & Easy

스즈키 아키라 지음 | 김성훈 옮김 | 김덕환 외 3인 감수

멘토르

Mentor Quick & Easy Mobile Programming Series 01

아이폰&안드로이드 크로스 플랫폼 애플리케이션 개발

1판 1쇄 발행 | 2011년 1월 5일

지은이 | 스즈키 아키라
옮긴이 | 김성훈
내용감수 | 김덕환, 경국현, 김종훈, 이해일
펴낸이 | 정연금
펴낸곳 | 멘토르출판사

책임 편집 | 전정아
기획 | 전정아, 여성희, 이수정, 문진주, 김미숙
편집 진행 | 홍성욱
교정 | 김연숙
표지 디자인 | D_box
본문 디자인 | 엔드디자인
마케팅 | 이운섭, 나길훈
경영지원 | 이동영

등록 | 2004년 12월 30일 제302-2004-00081호
주소 | 서울시 마포구 서교동 366-10번지 창원빌딩 3층
전화 | 02-706-0911
팩스 | 02-706-0913

ISBN 978-89-6305-072-0(13000)
Homepage | http://www.mentorbook.co.kr
Email | mentor@mentorbook.co.kr
Twitter | @mentorbook

iPhone이 발표된 것은 2007년 1월의 일이었습니다. 당시의 발표와 보도는 센세이셔널했지만 일반 사용자들에 의한 개발이 공식적으로 허용되지 않았었기 때문에 솔직히 실망스러운 면도 있었습니다. 이렇게 매력적인 기기에 프로그램을 할 수 없다니! 그렇게 실망이 컸던 만큼 2008년에 공식적으로 SDK가 공개되었을 때는 흥분을 감추지 못했습니다. Objective-C++로 작성한 코드가 척척 동작할 때의 쾌감. 당시는 멀티터치의 감지 방법 등 기본적인 사항부터 일일이 찾아보느라 고생도 했었고 AppStore의 심사와 관련해서는 안달복달 한 적도 있었지만, 그 이상으로 이 고성능 휴대전화에서 내가 만든 애플리케이션이 동작한다는 기쁨은 이루 말할 수 없을 정도였습니다.

한편, Android SDK가 발표된 것은 2007년 말로 iPhone SDK보다 앞섰지만 개발 언어가 Java인 탓에 퍼포먼스 상의 이유로 실망스럽기는 마찬가지였습니다. 하지만 2008년 말에 최초의 Android 휴대전화 T-Mobile G1이 발매되어 실제로 프로그램을 동작시켜 보고는 무척 마음에 들었습니다. 또한 액티베이션을 할 때 Google 계정과 연동되어 Google의 각종 서비스와 자동으로 연계되는 것을 보고는 감동하기까지 했습니다. iPhone에 없는 Intent 메커니즘도 잘 개발되어 있었습니다. 그리고 2009년에는 도코모 HT-03A가 발매되었고, 드디어 일본에서도 Android가 선을 보이면서 앞으로 점차 확대될 가능성을 보였습니다.

스마트폰이라는 점에서는 서로 닮은꼴인 iPhone과 Android이지만, 애플리케이션 개발에 사용하는 프로그래밍 언어가 다르고 동일한 기능을 구현하는 방법이 달라 한쪽 플랫폼에서 이미 개발한 애플리케이션을 다른 쪽으로 이식하는 것은 역시 큰일이었습니다. 하지만 iPhone에서 Objective-C++를 사용할 수 있다는 점을 이용하여 애플리케이션의 엔진 부분을 Java와 유사한 C++로 작성하고, API 호출 부분만 Objective-C를 사용하면 좀 더 편리하게 크로스 플랫폼에 대응해 개발을 진행할 수 있었습니다. 그래서 스마트폰 애플리케이션 개발자를 만날 때마다 그러한 방법을 말해주었으나 구현 사례를 보여주지 않으면 쉽게 이해하지 못하였습니다.

이 책은 그런 방법을 이용하여 iPhone과 Android 애플리케이션을 동시에 개발하는 사례를 보여줄 것입니다. 개발할 애플리케이션은 그래픽 처리 및 사용자와의 상호작용, 무선을 통한 서버와의 비동기 통신 등 스마트폰에서 필요로 하는 처리들을 그 사양으로 선택했습니다. 이제 이 책을 통해 그 실현가능한 코딩 사례를 엿볼 수 있을 뿐만 아니라 서버 측 플랫폼으로 채용한 Google App Engine의 구현 사례도 참고할 수 있을 것입니다.

이 책에서는 동일한 기능을 iPhone과 Android에서 병행하여 구현하고 있습니다. 그러므로 'Android에서의 개발과 iPhone에서의 개발은 무엇이 다른가?' 또는 거꾸로 'Android에서는 개발을 했는데 iPhone에서도 개발을 할 수 있을까?'하고 생각했던 분이라면 '이런 기능은 여기서는 이렇게 하면 되겠구나!'하고 금방 이해할 수 있게 될 것입니다.

마지막으로, 이 책이 더 많은 iPhone과 Android용 애플리케이션을 세상에 나오게 하는 데 일조를 할 수 있는 계기가 되기를 바랍니다.

– 스즈키 아키라

감수자
머리말

최근 들어 주위 사람들로부터 종종 듣는 질문 중 하나는 "아이폰을 살까요, 안드로이드폰을 살까요?"라는 것입니다.

이런 질문에 대해서는 사람들마다 호불호가 있기 마련이기 때문에 한마디로 답변하기는 어렵습니다. 이럴 때는 애매한 말로 대답을 해줄 수밖에 없습니다.

"애플을 좋아한다면 아이폰을 사고, 별로 좋아하지 않는다면 안드로이드폰을 사세요."

하지만 개발자가 '아이폰 개발을 할까요, 안드로이드폰 개발을 할까요?'라고 물어보면 나의 대답은 항상 명확합니다. "둘 다 하세요."

모든 플랫폼의 전문가가 되어야 할 필요는 없지만 다양한 플랫폼을 익히고 이해하는 것은 상당히 중요합니다. 평소에도 저는 후배 개발자들에게 개발자는 언어나 플랫폼을 가려서는 안 된다고 말하곤 합니다. 뭔가 공평하지 않다고 생각하는 분이 계실지도 모르겠지만 개발자를 플랫폼의 소비자라는 관점에서 보면 좀 더 풍부한 API들과 좀 더 나은 개발 환경, 개발자들이 좀 더 돈을 잘 벌 수 있게 해주는 마켓 시스템을 만들어주려고 서로서로 경쟁하는 것이 결국

은 개발자들에게도 기회가 되는 것은 분명합니다.

이 책의 원고를 처음 받아 들었을 때 했던 생각은 "아, 드디어 이런 책이 나오는구나."였습니다. 앞으로는 두 플랫폼(혹은 세 개 이상의 플랫폼)에서 동시 출시를 목표로 개발을 진행하는 것이 추세가 될 것인데, 이 책은 어떻게 그것을 할 수 있는지를 예제로서 잘 보여주고 있습니다. 이 책에서 명시적으로 언급하고 있지는 않지만, 처음에 무엇을 만들 것인가를 명확하게 하고 아키텍처를 잘 잡아 놓는 것이 아이폰/안드로이드 크로스 플랫폼 개발을 가능하게 하는 핵심이 된다는 것이 이 책 저자의 의도가 아닐까 생각합니다.

언젠가는 "멀티플랫폼 크로스 개발" 정도의 책이 또 출간되어 아이폰/안드로이드 이외의 더 많은 플랫폼들에서 동시에 개발을 수행할 수 있는 방법을 알려줄지도 모르겠습니다. 그래도 여전히 메인 아이디어는 이 책에서 크게 벗어나지는 않으리라 생각합니다.

– 김덕환, 경국현, 김종훈, 이해일
(주)올라웍스 스캔서치 애플리케이션 개발팀

모바일 서비스를 준비하는 사람들이라면 항상 부딪히게 되는 문제가 있습니다. 다양한 종류의 단말들을 통해 어떤 식으로 사용자에게 동일한 경험을 제공할 것인가 하는 것이지요. 피쳐폰에서 스마트폰으로 모바일 환경은 혁명적인 변화를 가져왔지만, 스마트폰 시장에도 여전히 몇 가지 서로 다른 OS들이 존재하고, 이들 사이에는 넘어서기 어려운 개발의 장벽이 있습니다. 시장에서 가장 점유율이 높은 양대 플랫폼인 iOS와 Android, 두가지 OS 위에서 동일한 애플리케이션을 개발하기 위한 쉬운 방법론을 제시합니다. 물론 이 방법만이 유일한 것도 아니고, 고급 기능을 구현하기에는 한계가 있을 수도 있겠습니다만, 한 번에 두 가지 OS를 위한 양질의 애플리케이션을 개발하려는 개인 개발자나 작은 개발팀에게는 하나의 훌륭한 가능성이 될 수 있으리라 믿습니다.

이 책을 감수한 스캔서치 애플리케이션 개발팀은 대한민국 대표 증강현실 애플리케이션 "스캔서치"를 직접 개발한 팀으로, 국내 어떤 개발팀보다도 iOS와 Android 두 가지 OS에 대한 개발 경험이 풍부한 팀입니다. 이런 감수자들의 노하우가 원서의 참신한 아이디어와 구성에 더해져 많은 독자들에게 새로운 개발 노하우를 전달할 수 있는 좋은 계기가 되었으면 합니다.

– 류중희, (주)올라웍스 창업자/CSO, KAIST 문화기술대학원/정보미디어대학원 겸직교수

이 책에서 다룰 내용

네트워크와의 연결로 인해 폭넓은 가능성을 가지게 된 iPhone과 Android지만, 그런 특성을 잘 활용할 수 있는 애플리케이션을 만들기 위해서는 알아둬야 할 것들이 많습니다. 애플리케이션을 만들기 위해서, 기술적으로 파악해 두고 싶은 요소들 또한 개발자 개인마다 다양하겠지요. 아래 내용은 이 책에서 어떠한 기술적 요소들을 설명할 것인지를 정리한 것입니다. iPhone이든, Android든 개발 환경에 맞게 찾아볼 수 있도록 편리하게 구성되어 있습니다.

	iPhone	Android
개발 환경 구축	Chapter 3	Chapter 2
프로젝트의 시작	Chapter 3	Chapter 2
화면 레이아웃	Chapter 3, 7, 8	Chapter 2, 7, 8
화면 터치 처리	Chapter 3, 9(멀티터치)	Chapter 2, 9
이미지 합성	Chapter 7	Chapter 7
이미지 확대·축소	Chapter 9	Chapter 9
간단한 스레드 처리	Chapter 6	Chapter 6
HTTP 통신	Chapter 6, 8	Chapter 6, 8

SharePaint 소스 코드 폴더 이해하기

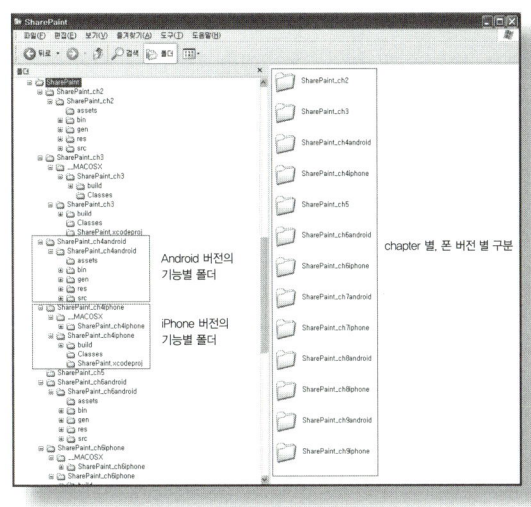

〈Android 버전〉

assets/ : 컴파일 되지 않고 정적으로 애플리케이션 패키지에 포함할 리소스들이 저장되는 폴더입니다. 처음 생성될 때는 비어 있으며, 이 책에서도 사용하지 않기 때문에 비어 있습니다.

bin/ : 컴파일 된 결과(바이너리 및 애플리케이션 파일)가 저장되는 폴더입니다.

gen/ : 이 폴더에는 R.java 와 같은, 자동으로 생성되는 인터페이스 파일들이 저장됩니다.

res/ : 레이아웃, 이미지, 문자열 등 애플리케이션에서 사용하는 리소스들이 저장되는 폴더입니다.

src/ : 사용자가 작성하는 Java 소스 코드가 모두 이곳에 들어 있습니다.

〈iPhone 버전〉

__MACOSX/ : 이 폴더는 Mac OS에서 자동으로 생성해주는 폴더로서 Windows에서 파일을 볼 때만 보이고 실제로 Mac OS에서 iPhone 개발 시에는 보이지 않는 폴더이므로 신경 쓰지 않아도 됩니다.

build/ : 컴파일 된 결과(바이너리 및 배포를 위한 애플리케이션 파일들)가 저장되는 폴더입니다.

classes/ : 사용자가 작성하는 소스 코드가 보통 이곳에 들어 있습니다.

SharePaint.xcodeproj/ : 프로젝트 설정 폴더로서, Windows에서는 폴더처럼 보이지만 Mac OS에서는 프로젝트 파일로서 인식됩니다.

이 책에 download 가 표시된 곳은 아래 주소에서 다운로드 받아서 사용하세요.

[http://www.mentorbook.co.kr → 자료실]에서 이 책의 상세 페이지로 이동한 후 다운로드 버튼을 선택하세요.

◀ 예시 사진 제공
실제 예시 사진이 제공되어 이해를 돕습니다.

예제 소스 분석 및 상세한 커맨드 ▶
이론에 꼭 필요한 소스 코드를 공개하고 상세한 커맨드를
달아 프로그램 분석에 도움을 줍니다.

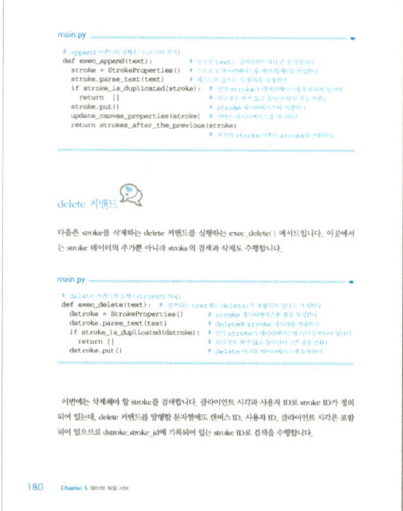

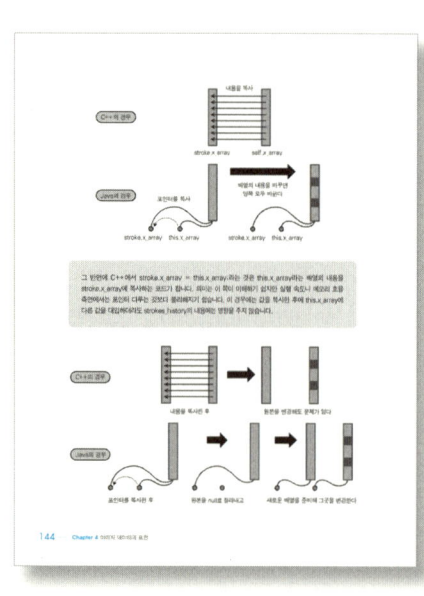

◀ 그림으로 이해하기
어려운 이론을 그림으로 표현하여 쉽게 이해할 수 있습니다.

◀ 먼저 시작한 개발자들의 메시지

개발자들이 실전에 쌓은 개발 노하우를 생생한 이야
기로 들려줍니다.

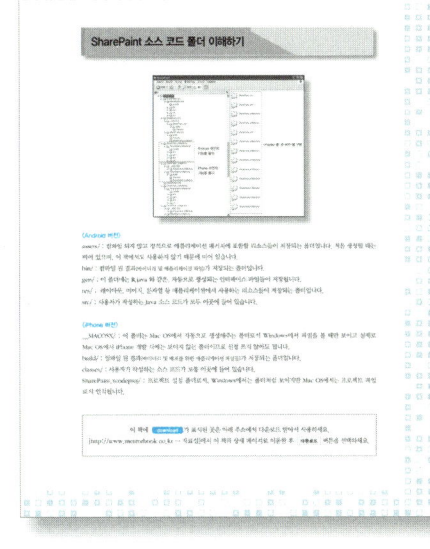

예제 소스 제공 ▲

각 Chapter별, 폰 버전별로 예제 소스를 제공하여 배운
이론을 실전에 적용해 볼 수 있습니다.

◀ iPhone : Android

수록된 모든 기능들이 iPhone과 Android의 비교 분석
되었습니다.

차 례

Chapter 3_ iPhone에서의 기본적인 그리기 기능 구현 • 76

iPhone과 Android란 과연 무엇일까요? 이 장에서는 iPhone과 Android 애플리케이션 개발에 관한 다양한 이야기를 펼쳐 보고자 합니다. 애플리케이션을 만들기 위한 조건은 물론이고 어떻게, 그리고 무엇을 만들지에 대해서도 간략하게 살펴보겠습니다.

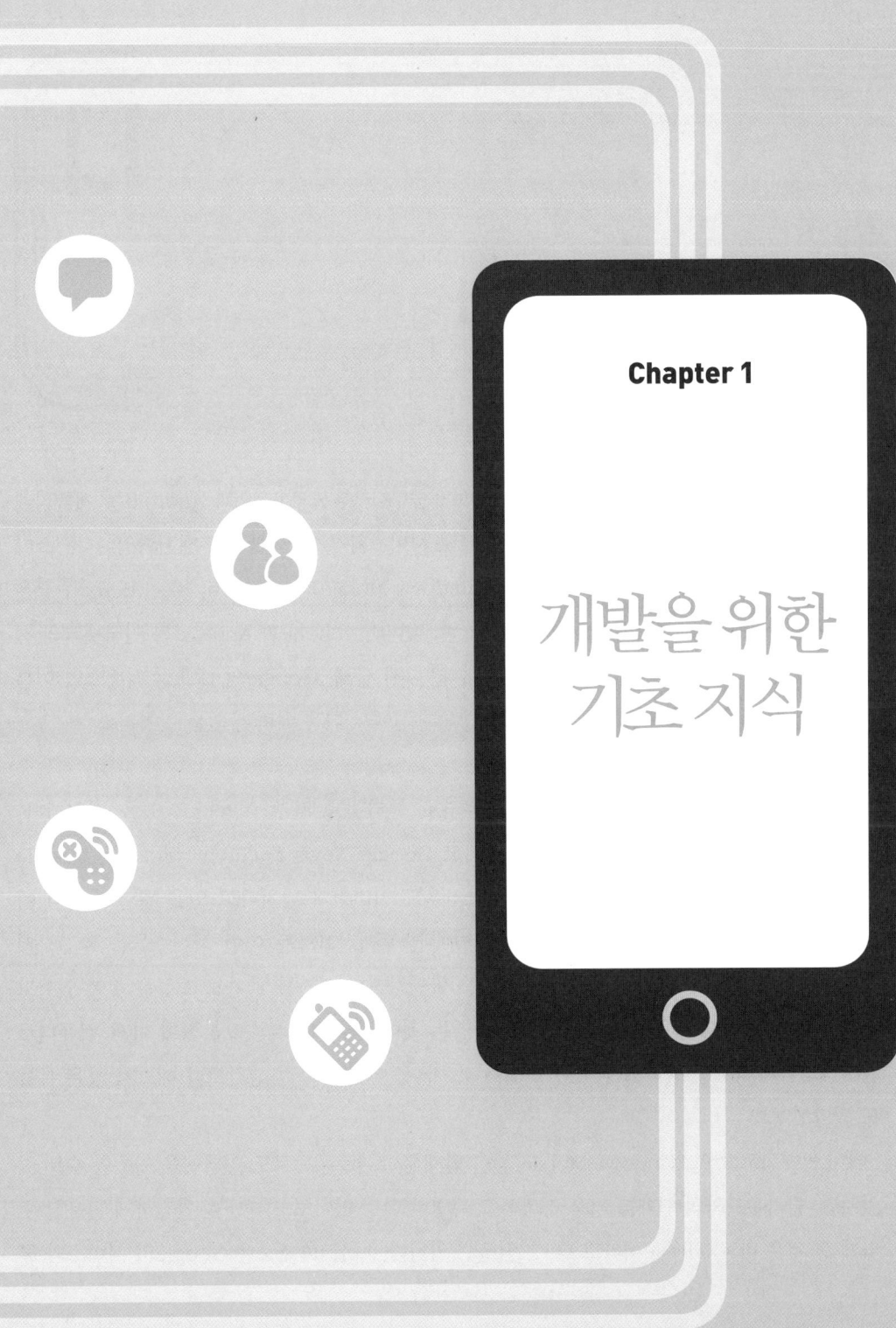

Chapter 1

개발을 위한
기초 지식

iPhone과 Android

iPhone과 Android에 대해 대략적으로 살펴보겠습니다. 우선 iPhone과 Android는 애플리케이션을 설치하여 기능을 확장할 수 있는 인터넷 서비스와 찰떡 궁합인 휴대전화입니다. '스마트폰'이라고 불리는 이 장르에는 이전부터 Windows Mobile과 Symbian, BlackBerry와 같은 선구자가 있었습니다. 굳이 그 이전의 것들과 비교한다면 iPhone과 Android는 인터넷과의 친화성이 더욱 향상되었다고 할 수 있을 것입니다. 다시 말해, Google의 대표적 서비스인 이른바 '클라우드 컴퓨팅'과 연계하여 사용할 수 있다는 점에서 더욱 매력이 있는 것이지요.

이 책을 읽고 있는 독자 여러분들도 컴퓨터로 인터넷을 자주 이용하고 있을 것입니다. Gmail이나 YouTube, Flicker, Picasa 그리고 Google News & Google Reader, Google Maps 등 업무용은 물론 개인적인 용도의 클라우드 서비스가 넘쳐나고 있을 뿐만 아니라 이용하는 분들도 많습니다. 하지만 지금까지 발매된 휴대전화로는 이런 서비스들을 완전하게 이용하기가 힘들었습니다. 출장지에서 메일을 확인하거나 뭔가를 알아보고 싶은 것이 있어도 일일이 무선랜이 되는 곳을 찾아 노트북을 켜는 것이 번거로워서 '그냥 집에 가서 컴퓨터로 검색해봐야지'라고 생각하고 말았던 것입니다. 아니, 어쩌면 그런 생각조차 해보지 않은 분들도 많았겠지요.

이미 발매되고 있던 Windows Mobile 등을 탑재한 스마트폰으로도 인터넷을 이용할 수는 있었지만, 클라우드와의 연계를 더욱 강화하고 특별한 설정 없이도 인터넷을 완전하게 활용할 수 있게 한 것은 바로 iPhone이라고 할 수 있을 것입니다. 사실 iPhone은 Google의 서비스와 궁

합이 잘 맞습니다. 그리고 그 Google이 주도하는 OHA(Open Handset Alliance)가 개발한 것이 Android입니다. 이것 역시 Google의 클라우드 서비스와의 연계를 충분히 고려한 것입니다. 그렇게 보면 iPhone과 Android는 클라우드 서비스를 실외에서 이용할 수 있도록 해주는 인터넷 단말기라고도 할 수 있겠지요.

또한 그 용도뿐만 아니라 하드웨어적인 측면에서도 iPhone과 Android는 유사한 점이 많습니다. 3G 및 무선 LAN에 의한 통신, 가속도 센서와 터치스크린 탑재, OpenGL ES에 의한 3D CG 구현 등 유사한 점이 많습니다. 그리고 사용자에 의한 애플리케이션의 개발과 배포가 가능하다는 점도 같습니다.

다만 iPhone과 Android가 기능면에서 많은 공통점이 있긴 하지만, 백그라운드와 내부 구조에는 나름대로 차이가 있기 때문에 iPhone에서 먼저 개발한 애플리케이션을 Android에 포팅하기 위해서는 그만큼 어려움이 따르게 됩니다. 이 책에서는 iPhone과 Android라는 2개의 다른 플랫폼을 대상으로 하는 애플리케이션 개발을 동시에 진행할 것입니다.

iPhone 플랫폼

iPhone은 Apple이라는 회사가 개발한 휴대전화로, iPhone 3G 및 iPhone 3GS, iPhone 4가 판매되고 있습니다. ARM 계열의 CPU를 탑재하고 있으며, OS로는 BSD를 기반으로 하는 iPhone OS를 채용하고 있습니다. iPhone OS의 코어는 Mac OS인 OS X와 근간이 되는 부분에서 많은 공통점을 가지고 있습니다. 애플리케이션의 프레임워크는 C 언어 및 Objective-C 언어에 의한 인터페이스가 혼재되어 있는데, 일반적으로 Objective-C를 통해 그 기능에 액세스하고 있습니다.

휴대전화 기능이 빠진 iPod touch도 1세대에서 4세대까지 발매되었으며, iPhone 시리즈, iPod touch 시리즈에 걸쳐 다양한 CPU 클럭과 메모리 용량, 저장 용량, 카메라 성능이 갖춰진 모델이 발매되었지만, 기본적인 부분은 같다고 보는 것이 현시점에서는 눈여겨볼 사항이라

iPhone 4(좌)과 Android-LG옵티머스큐(우)

고 할 수 있습니다. 다시 말해, 공통으로 적용되는 물리적 화면 사이즈인 320×480 또는 640×960(레티나 디스플레이) 해상도, 무선 LAN, 가속도 센서, 멀티터치 등을 전제로 애플리케이션을 설계하고 최적화할 수 있습니다.

또한 OS 자체는 BSD를 기반으로 하고 있기 때문에 멀티태스킹으로 이메일 처리 같은 복수의 프로세스가 백그라운드에서 실행되고 있으면서도 사용자 애플리케이션은 한 번에 하나밖에 실행할 수 없도록 싱글태스킹으로 보이게 하는 조작은 가히 상징적이라 할 수 있습니다. 이것은 사용자에 대한 응답성을 떨어뜨리지 않고 쾌적하게 사용할 수 있도록 하는 수단임과 동시에 각 애플리케이션의 상태를 단순하게 함으로써 애플리케이션 개발을 용이하게 해주는 역할도 하고 있습니다.

SDK는 Apple의 사이트에서 자유롭게 다운로드할 수 있지만, 개발 환경은 Mac OS X 10.5 이상이 설치되어 있는 Intel Mac으로 한정됩니다. 주요 개발 언어는 Objective-C이며, Objective-C++로 C++를 이용할 수도 있습니다. 이 책에서는 Objective-C++로 iPhone OS의 API를 계속 이용하면서 C++의 STL(Standard Template Library)을 적극적으로 활용할 것입니다. iPhone SDK에는 Xcode(통합 개발 환경), Interface Builder(사용자 인터페이스 설계 환경), iPhone 시뮬레이터를 비롯한 도구들이 포함되어 있기 때문에 그래픽과 관련된 사항이 아니라면 이것만으로도 개발을 완료할 수 있습니다. 다만 완성된 애플리케이션을 iPhone이나 iPod touch에 실제로 설치하기 위해서는 유료(한국에서는 10만 4,000원/년) 서비스인 iPhone Developer Program에 가입해야 합니다.

이 책의 집필 단계에서 iPhone OS를 탑재한 기기로는, iPhone 3G, iPhone 3Gs, iPhone 4, iPod touch 1세대~4세대가 있습니다. 그리고 이 책에서는 「iPhone」이라는 단어를 「iPhone 플랫폼」과 「휴대전화로서의 iPhone」이라는 2가지 의미로 사용하겠습니다.

Android 플랫폼

Android는 Google을 비롯한 OHA(Open Handset Alliance)가 개발한 휴대단말용 소프트웨어로, Linux를 기반으로 하고 있으며 오픈 라이선스로 공개되어 있습니다. Dalvik이라는 Java VM을 탑재하고 있기 때문에 애플리케이션은 기본적으로 Java 언어로 기술됩니다. 프레임워크로는 AWT와 Swing을 포함하지 않는 Android만의 독자적인 것을 이용합니다.

Android는 ARM 이외의 CPU에서도 가동된 적이 있긴 하지만 적어도 휴대전화에서는 ARM 계열이 주를 이루며 NDK라는 ARM 계열 CPU를 대상으로 하는 네이티브 바이너리용 SDK도 제공하고 있습니다. NDK를 이용하면 C/C++로 이루어진 라이브러리를 애플리케이션에서 호출하여 사용할 수 있게 되는데, 처리시간이 오래 걸리는 작업들은 이 방식으로 빠르게 수행하는 것이 가능합니다. 실제 디바이스에서는 하드웨어 키보드의 유무, QVGA와 WVGA 등의 해상도 같은 다양성이 Android의 특징 중 하나가 되었습니다. 이는 iPhone 시리즈와 비교할 때 장점이기도 하면서 동시에 단점이 된다고도 할 수 있겠지요.

SDK는 Google의 사이트에서 자유롭게 다운로드할 수 있으며 개발 환경은 Mac OS X 외에 Windows와 Linux용도 포함하고 있습니다. 통합 개발 환경으로는 Eclipse를 사용하고 있으며 Eclipse용 Android 개발 플러그인도 제공하고 있습니다. 주요 개발 언어는 Java입니다.

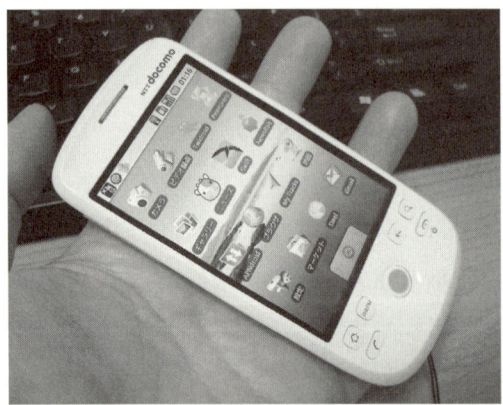

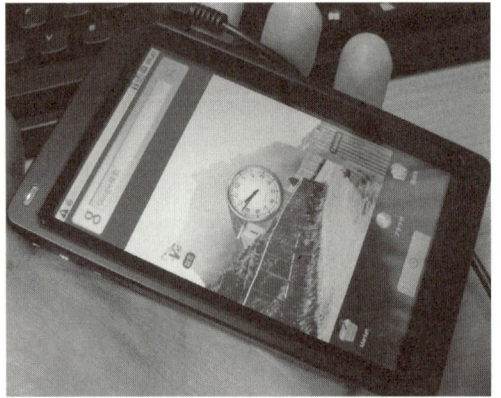

HTC Magic(위) SmartQ5(좌측 아래)
DevPhone1(우측)

　Android SDK에는 Android 에뮬레이터가 포함되어 있습니다. 시뮬레이터가 아닌 에뮬레이터이므로 CPU 수준에서 에뮬레이션을 합니다. 그러므로 실제 Android 폰과 완벽하게 동일한 동작을 한다는 장점이 있는 반면, 동작은 조금 느리다는 단점을 가지고 있습니다. 에뮬레이터에서 동작하는 바이너리는 그대로 실제 Android 폰에 인스톨할 수 있으며, 실제 기기를 사용한 디버그도 할 수 있습니다. 이때 유료 계정은 필요 없습니다.

　현재 Android를 탑재한 기기는 삼성전자의 갤럭시S, 갤럭시A, LG전자의 옵티머스Q, 옵티머스 원을 비롯하여 모토롤라, SKY, HTC 등에서 많은 휴대폰이 판매되고 있습니다. 특히 최근에는 갤럭시 탭과 같이 휴대폰이 아닌 기기에도 Android 플랫폼의 탑재가 늘어나는 추세입니다.

App Store와 Android Market

iPhone 플랫폼에서는 App Store가 일반 사용자들에게 애플리케이션을 배포하는 유일한 방법입니다. App Store에서는 무료나 유료 애플리케이션을 배포할 수 있는데, 그 때는 앞에서 언급한 iPhone Developer Program에 가입하기 위해 추가로 요금을 지불하지 않아도 됩니다.

또한 애플리케이션은 App Store에 등록되기 전에 반드시 심사를 받아야 하며, 계약 조항 등에 위반되는 것은 등록되지 않으므로 주의해야 합니다. 그 심사를 거치기 위해서는 며칠 정도 (기간은 경우에 따라 다릅니다)의 기간이 소요되기 때문에 등록에서 배포가 시작되기까지의 시간차는 감안해야 합니다.

Android 플랫폼에서는 Android Market이 일반 사용자들에게 애플리케이션을 배포하는 가장 일반적인 방법입니다(Android Market에 등록하지 않고 배포하는 것도 일반에게는 가능합니다). Android Market에서도 무료 또는 유료 애플리케이션의 배포가 가능한데, 개발자 등록에는 25달러(USD)의 등록비를 지불해야 합니다. 이 부분은 기본적으로 심사가 없어 등록하고 바로 배포를 할 수 있습니다. 단, 배포 후에 문제가 발견된 애플리케이션은 등록이 정지될 수 기간 있습니다.

먼저 시작한 개발자들의 메시지

'애플리케이션 좀 만들어볼까?' '환승 안내 같은 게 있으면 좋겠는데... 이런 간단한 대화로 시작하여 신입 연수 중 3일 만에 만들어진 것이 '환승 안내 앱(TransitEX)*'입니다. Android Market에 등록되자마자 다운로드 수가 계속 늘어나다가, 결국 DoCoMo 숍에서 배포하는 애플리케이션 가이드에 소개되기도 했습니다.
이런 낮은 문턱이야말로 iPhone, Android로 대표되는 Open Platform의 장점이 아닐까요?
원하는 것이라면 쉽게 만들 수 있다!

✉ 나카하라 토모히로
각종 모바일 플랫폼에서의 기획, 개발에 관여하고 있는 제어계 엔지니어
현재는 Android 관련 개발에 종사

무엇을 만들 것인가

그렇다면 이제부터 어떤 애플리케이션을 예제로 만들어볼 것인지 생각해보겠습니다. 독자 여러분은 자신이 만들고 싶은 것이나 업무에서 필요한 것을 만들면 되겠지만, 이 책에서는 iPhone과 Android의 특징을 잘 살릴 수 있는 소재를 테마로 선택하겠습니다.

양쪽 모두 터치 패널을 장착하고 있으니 그림을 그리는 소프트웨어 같은 것은 어떨까요? 손 글씨 메모장으로도 사용할 수 있고, 가속도 센서와 멀티터치 기능을 이용하면 일러스트도 재미있고 간편하게 그릴 수 있을 것입니다. 하지만 이게 전부라면 스마트폰으로서의 의미가 별로 없으므로 이왕이면 통신 기능도 첨가하여 다수의 iPhone이나 Android 폰으로 하나의 캔버스에 그림을 그리는 애플리케이션을 예로 들어보겠습니다. 메모와 일러스트를 여러 사람들과 공유할 수 있게 된다면 재미있겠지요? 이름이 없으면 설명하기 불편하니까 앞으로는 이 소프트웨어를 'SharePaint'라고 하겠습니다.

어떤 기능을 어떻게 사용할 것인가

기술적으로 실현 가능한 범위에서 SharePaint에 넣을 만한 기능들에 대해 생각해보겠습니다. 그림을 그리는 애플리케이션인 만큼 자유롭게 손가락으로 화면에 터치하는 모양대로 곡선이 그려지는 것은 기본이겠지요.

물론 그뿐 아니라 펜의 색이나 두께도 자유롭게 바꿀 수 있다면 좋겠지요. 게다가 펜의 투명도를 조정할 수 있다면 수채화처럼 표현하는 것도 가능할 것 같습니다. 레이어 기능이나 되돌리기 기능까지 있다면 더할 나위 없겠지요. 그리고 이 기능들을 어떻게 실현시키면 좋을지, 기술적으로 가능한지, 개발 리소스는 충분한지 등을 여러 측면에서 생각해봐야 합니다.

그런데 그 전에 한 가지 염두에 두어야 할 것이 있습니다. 일반 컴퓨터에서 사용하는 소프트웨어라면 기술적으로 가능한 것들을 계속 추가해 가는 것도 한 방법이지만, 이 SharePaint가 타깃으로 삼고 있는 것은 iPhone과 Android라는 스마트폰입니다. 스마트폰이 이전의 PDA나 수년 전에 나온 컴퓨터와 비교하면 확실히 고성능일지는 모르지만, 화면의 물리적인 크기와 해상도에는 여전히 제한이 있습니다. 기능을 많이 추가했다고 해서 사용자 인터페이스가 복잡해져 버린다면 결코 쓰기 편한 애플리케이션이라고는 할 수 없을 것입니다. 즉, 의도적으로 사용될 장면을 상정해서 기능을 한정하고 또한 그 장면에서 사용하기 편하도록 사용자 인터페이스를 정리하는 것이 중요합니다.

그래서 필자도 이 애플리케이션이 어떤 상황에서 사용될 것인지, 어떻게 사용해야 즐겁고 편리할지, 이 책을 집필하면서 여러 가지로 고심했습니다. 여러분도 직접 애플리케이션을 만들 때는 가능한 한 구체적이고 다양한 각도에서 생각해보기 바랍니다.

이 SharePaint를 어떻게 사용해야 재미있을까요? 예를 들어, 친구가 집에 놀러왔을 때 2~3명이 서로 그림에 대해 이야기하면서 함께 그려보는 것은 어떨까요? 한 사람은 배경을 그리고 동시에 다른 사람은 인물을 그리게 하는 것도 레이어 기능을 이용하면 그다지 어렵지 않을 것 같습니다. 실시간으로 자신의 화면에 다른 사람이 그리는 모습이 표시된다면 가슴이 두근거리겠지요.

최근에는 네트워크를 통해 지인들과 메시지를 주고받는 것도 일상적인 일이 되었습니다. 컴퓨터로는 그림을 이용하는 채팅까지 가능한데, 스마트폰에서도 이런 일이 가능해진다면 회사나 학교를 오가는 시간이 즐거워지지 않을까요? 그 밖에도 온 가족이 사용하는 게시판으로 활용해도 좋을 것이고, 한편으론 직장에서 프로젝트 팀 내의 아이디어를 공유하는 데도 도움이 될 수 있을 것입니다. 기본적으로 iPhone과 Android는 휴대전화이므로 전파가 닿는 장소라면 언제 어디서든 그림을 그려 공유할 수 있습니다.

이런 사용법들을 실현하기 위한 기술로는 기본적으로 터치 패널과 통신 기능이 필요합니다. 처음에는 기본 기능으로서 '터치 패널에 의한 선 그리기'와 '통신 기능으로 복수 단말에서 그림 공유하기'를 구현해보겠습니다. iPhone은 멀티터치가 가능하므로 이를 이용한 애플리케이션을 만드는 것도 재미있겠지요. 하지만 그런 기능을 이용하기에 앞서 우선은 기본 기능을 구현하는 것을 당면 과제로 삼겠습니다.

화면 구성과 유저 인터페이스

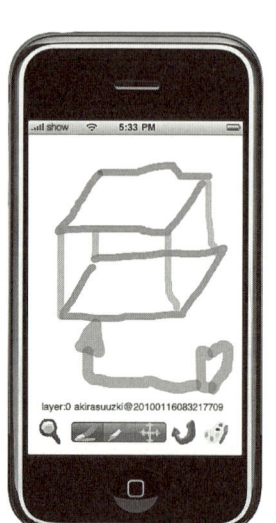

SharePaint

기본 기능은 iPhone에서든 Android에서든 사용자의 편의성이 한결같도록 같은 화면 구성, 같은 버튼 수로 하는 것을 목표로 할 것입니다. 어느 단말기를 사용하더라도 동일하게 사용할 수 있으면 편리하겠지요? 물론 완전히 똑같아야 한다는 것은 아닙니다. iPhone이나 Android만의 독자적인 기능을 살리기 위해서는 모든 기능에서 완전히 동일한 유저 인터페이스를 유지할 수만은 없습니다. 하지만 최소한의 기본 기능은 사용자의 편의를 위해서도 가능한 한 동일하게 유지하도록 해야 할 것입니다.

그림이 그려질 캔버스는 화면에서 될 수 있는 한 큰 면적을 확보해야 합니다. 이 영역이 좁으면 메모를 하거나 그림을 그릴 때 스트레스의 원인이 됩니다. 화면에 버튼 같은 것이 안 보이면 특히 초보 사용자들은 어떻게 해야 할지 몰라 당황할 수 있기 때문에 최소한의 버튼만 아래쪽에 배치하겠습니다.

기술적 요건

통신 기능은 단말 대 단말(P2P, Peer to Peer) 방식의 직접 통신보다는 응용하기 편하게 서버를 경유한 통신 방식을 채용하겠습니다. 서버는 각종 호스팅 서비스를 이용할 수도 있지만 이 책에서는 Google App Engine을 이용해 구현해보겠습니다.

 개발 언어는 iPhone에서는 Objective-C, Android에서는 Java라는 다른 개념의 언어가 사용되는데, 이런 이유로 두 플랫폼 간에 애플리케이션을 탑재하는 것을 방해하는 경우가 많을 것입니다. 특히나 Mac에서 프로그래밍을 해본 사람이 아니라면 Objective-C를 사용해본 경험이 거의 없을 것입니다. 저도 솔직히 말하면 자주 등장하는 @기호나 'object message:parameter'와 같은 형식의 메서드 호출 방식 그리고 너무나 긴 메서드 이름을 보고는 Objective-C로 개발하는 것을 오랫동안 꺼려온 편입니다. 하지만 실제로 해보고 나니 생각했던 것만큼 어렵지 않았고, Objective-C도 재미있다는 것을 깨닫게 되었지요. 그리고 Google App Engine 쪽에서 구현하기 위한 언어로는 Python을 이용해야 하는데, 이에 대해서는 chapter 5에서 설명하겠습니다.

 이번에는 iPhone과 Android에서 같은 애플리케이션을 가능한 한 저비용으로 만들어보겠습니다. 개발뿐 아니라 차후의 유지 보수라는 측면을 고려한다면 최소한 소스의 외형만이라도 유사하게 만들어둬야 디버그나 버전 업을 할 때 편리하기 때문에 iPhone에서는 Objective-C++로 코딩하기로 했습니다. Objective-C++로 개발한다고 해도 불필요한 것은 제외하고 표준 iPhone SDK로 개발할 수 있으므로 걱정할 필요는 없습니다.

Objective-C++

Objective-C++는 Objective-C와 C++가 혼합된 것이라기보다는 Objective-C 안에다 C++의 코드를 집어넣을 수 있게 만든 정도라고 생각하면 됩니다. Objective-C의 클래스를 C++의 클래스로 상속할 수 있는 것도 아니고, C++의 클래스를 Objective-C의 클래스로 상속할 수 있는 것도 아닙니다. 단지 C++의 클래스 안에서 Objective-C의 오브젝트를 다루거나 Objective-C 안에서 C++의 오브젝트를 다루는 정도의 조작은 예약어 충돌 같은 특별한 경우가 아니라면 자유롭게 할 수 있습니다. 예를 들어, 다음과 같은 클래스 선언이 가능합니다.

test.h

```
@class test_objc;   // Objective-C의 클래스 test_objc를 선언한다
   // test_cpp 내에서 test_objc를 사용하기 위해 선언하고 있지만 보통은 필요 없다

class test_cpp {    // C++의 클래스 test_cpp
public:
  test_objc* t;     // 인스턴스 변수
  void hello(test_objc* t_);   // 메서드
};

@interface test_objc {           // Objective-C의 클래스 test_objc
@public
  test_cpp* t;                   // 인스턴스 변수
}
- (void) hello : (test_cpp*)t; // 메서드
@end
```

또한 C++ 클래스 안에서의 Objective-C의 메서드를 호출하거나 그 반대의 경우도 다음과 같이 할 수 있습니다(실제로는 의미가 없는 코드입니다). 또한 Objective-C++의 소스 파일의 확장자는 '.mm'으로 정해져 있습니다.

test.mm

```
#import "test.h"   // 단 한 번 호출되는 #include라고 생각하면 된다

void test_cpp::hello(test_objc* t)  { // test_objc는 Objective-C의 클래스
  this->t = t_;
  [t hello:this]; // t의 hello:메서드를 인수 this로 호출하고 있다
}

@implementation test_objc      // 여기부터 @end까지가 test_objc의 구현이다
- (void)hello:(test_cpp*)t_ { // 인스턴스 메서드의 구현이다
  self->t = t_;     // C++의 'this'에 해당하는 것은 Objective-C에서는 'self'이다.
```

```
    t->hello(self);  //  C++의 메서드를 호출한다
}
@end
```

이처럼 C++ 코드 내에서 Objective-C의 오브젝트를 다루는 것은 아무런 문제가 없습니다. 다만, 이미 언급했듯이 iPhone OS의 API(Application Programming Interface)을 호출하기 위해서는 Objective-C를 사용해야만 하며, C++의 클래스와 Objective-C의 클래스에 상속 관계를 갖게 할 수 없다는 것입니다. 그렇지만 Objective-C++는 STL(Standard Template Library)을 사용할 수 있으므로, iPhone 애플리케이션 개발에서 충분히 C++를 이용할 수 있습니다.

1.3

페인팅 소프트웨어의 기본

최근의 OS는 마우스나 터치 패널 같은 포인팅 디바이스를 보통 '이벤트' 형식으로 다루고 있는데, iPhone과 Android 역시도 이벤트 형식을 취하고 있습니다. 그림 그리기 프로그램에서는 그 이벤트를 받아 그곳에 있는 좌표 등의 정보를 바탕으로 화면에 선을 그리는 작업을 반복함으로써 화면에 그리는 대로 따라서 그려지는 프로그램이 만들어집니다.

여기에서는 iPhone과 Android에 공통된 부분만을 뽑아 어떻게 하면 위에서 말한 기능들을 구현할 수 있는지 설명하겠습니다. 기본적으로는 다음과 같은 과정으로 구현할 수 있습니다.

캔버스 만들기

이 책에서는 손가락으로 터치하거나 선이 그려지는 화면상의 영역을 '캔버스'라고 하겠습니다. 그리고 화면 해상도에 관해 알아두어야 할 것이 있는데, iPhone에서는 화면 사이즈가 320×480 혹은, 640×960로 규정되어 있는 반면, Android에서는 화면 사이즈가 규정되어 있지 않다는 것입니다. 현재 출시되는 대부분의 Android 휴대폰이 주로 480×800이나 320×480의 해상도를 지원하기는 하지만 일부 변종이 있기도 하고, 향후 화면 사이즈가 320×480이 아닌 다른 디바이스에 표시할 때는 축소·확대하여 화면에 딱 맞도록 해야 합니다.

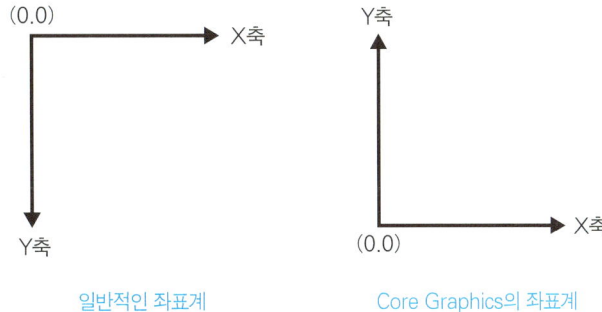

일반적인 좌표계　　　　　　Core Graphics의 좌표계

또한 사용할 라이브러리에 따라 원점(0, 0)이 이미지의 좌측 상단이 되기도 하고 좌측 하단이 되기도 합니다. 실제로 iPhone에서 자주 이용되는 Core Graphics의 기본 좌표계는 이미지의 좌측 하단이 원점이며, Y축의 양의 방향이 위쪽입니다.

좌표계를 통일해두지 않으면 설명하기 어려우므로, 이 책에서는 따로 언급하지 않는 한 원점은 좌측 상단이고 Y축의 양의 방향은 아래로 하겠습니다. 다시 말해, 가로 320, 세로 480인 이미지의 범위는 (0, 0), (319, 0), (319, 479), (0, 479)로 에워싸인 직사각형이 됩니다.

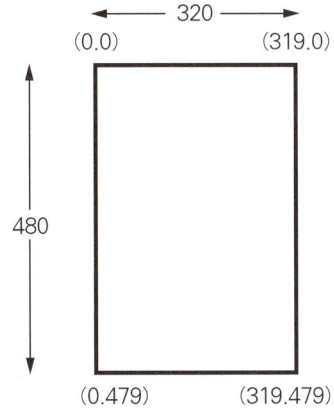

선 정보

SharePaint는 손가락이 움직이는 대로 선이 그려질 뿐만 아니라 일러스트도 그릴 수 있어야 하므로 색, 선의 두께, 선의 농도 등과 같은 '선에 대한 정보'를 숙지하고 있어야 할 것입니다. 여기서는 iPhone과 Android에서 같이 만드는 것은 물론이고 데이터도 공유해야 하기 때문에 각 OS에 제공하는 선 정보용 구조체나 클래스를 사용하지 않고, 동일한 데이터를 가질 수 있도록 설계한 클래스를 준비하기로 하겠습니다. 색을 표현하기 위해서는 RGB 각각 8비트로 $8 \times 3 = 24$비트의 데이터가 필요한데, int의 크기인 32비트 내에 들어오므로 iPhone, Android 모두 int를 사용하겠습니다. 선의 두께와 선의 농도에도 int를 할당하면 되겠지요. 구조체로 한다면 이러한 것을 떠올리면 될 것입니다.

C 언어로는 다음과 같은 형태로 표기할 수 있습니다.

```
typedef struct {
  int color, width, density;
} PenProperties;
```

iPhone과 Android 각각에서 이에 준한 클래스를 C++과 Java로 작성해보겠습니다.

이벤트 할당

기본적으로 iPhone에서는 캔버스(iPhone의 경우는 UIView)의 표시에 의해 화면 터치 이벤트를 받아들일 수 있으며, 터치 이벤트를 받는 오브젝트는 UIView 자신이 됩니다. Android도 View라는 클래스를 표시하여 화면 터치 이벤트를 View 자신이 받아들이는 iPhone의 경우와 같은 구조로 되어 있습니다. 어떤 의미에서는 단순하고 알기 쉬운 구조라고 할 수 있습니다.

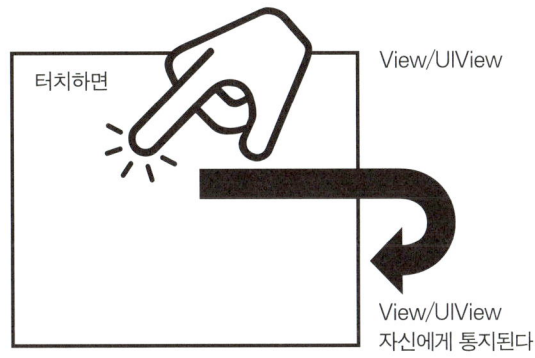

터치하면

View/UIView

View/UIView
자신에게 통지된다

선 그리기

터치 이벤트에는 '눌렀다', '떨어졌다, '드래그 중', '누르고 있다', '캔버스 밖으로 나왔다' 등등 다양한 정보가 포함되어 있는데, 플랫폼에 따라 그 내용은 다릅니다. 예를 들어, iPhone의 경우에는 멀티터치에 관한 정보도 이벤트에서 가져올 수 있습니다. 하지만 지금 만들고자 하는 것은 iPhone과 Android에서 같은 동작을 하는 프로토타입의 애플리케이션입니다. 터치 이벤트 중에서 '눌렀다', '드래그 중', '떨어졌다'에 대해서만 처리하도록 하겠습니다.

다음과 같은 흐름에 따라 손가락으로 터치한 궤적대로 선이 그려집니다.

- '눌렀다'일 때 : 선 그리기를 시작하는 처리. 어디를 눌렀는지는 기억해둔다.
- '드래그 중'일 때 : 직전에 눌려진 위치에서 현재 누르고 있는 위치까지 선을 긋고, 현재 눌려진 위치를 기억해둔다.
- '떨어졌다'일 때 : 선 그리기를 종료하는 처리를 한다.

좀 더 쉽게 설명하기 위해 화면 위에 손가락을 둔 채로 움직이다가 손가락을 때는 동작을 'stroke'라고 부르기로 하지요. stroke 중에는 매초마다 수십 번의 (횟수는 환경에 따라 다릅니다) '드래그 중' 이벤트가 통지될 것이므로, 한 번의 stroke 안에는 한 번의 '눌렀다' 이벤트와 수십

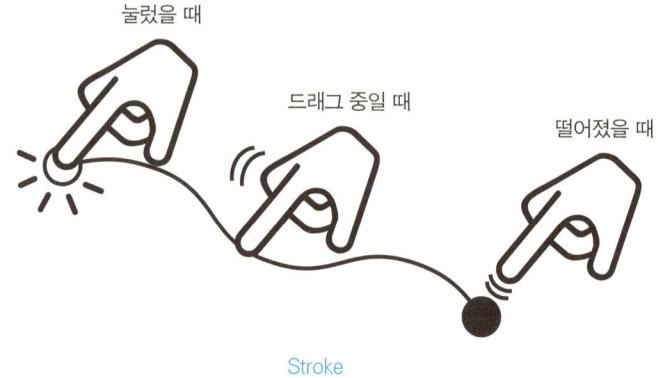

눌렀을 때

드래그 중일 때

떨어졌을 때

Stroke

~수백 번의 '드래그 중' 이벤트, 마지막으로 '떨어졌다' 이벤트가 포함될 것입니다.

더블 버퍼

이상의 방법으로도 직접 화면에 선을 그릴 수는 있지만 사실은 약간의 문제가 있습니다. OS 등에 따라 동작은 다르지만, 예를 들어 캔버스 위로 대화상자 같은 별개의 윈도가 표시되면 그 부분의 이미지가 지워져버리는 경우가 있습니다.

대화상자의 흔적이 사라져 버릴지도!

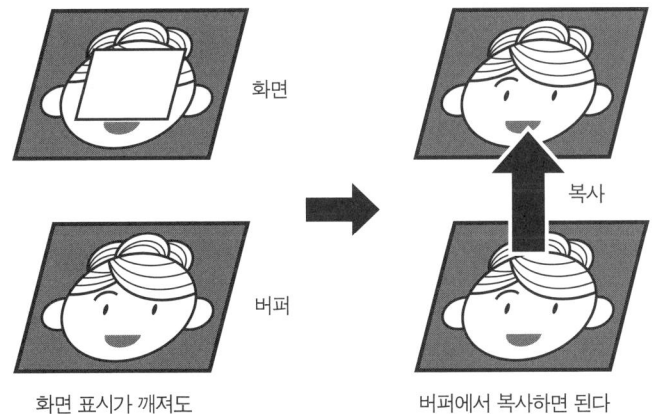

화면

복사

버퍼

화면 표시가 깨져도

버퍼에서 복사하면 된다

그러므로 위젯에 의해 지워진 영역에 무엇이 그려져 있었는지 애플리케이션이 기억해둘 필요가 있습니다. 이 SharePaint에서는 화면 전체를 이미지로 기억해두기로 하겠습니다. 다시 말해, '기억해 두어야 하는 이미지'에 먼저 그림을 그린 후 변경된 영역을 실제 스크린으로 전송하는 것입니다.

이런 구조를 '더블 버퍼'라고 하며, 이는 이미지 처리 애플리케이션에서 사용되는 기본적인 테크닉입니다. 조금 번거로운 느낌도 들지만 나중에 레이어를 합성할 때도 필수적으로 사용되기 때문에 이 단계에서 미리 도입하기로 하겠습니다.

그럼, Chapter 2와 3에서 Android와 iPhone에서의 구체적인 구현 과정을 살펴보겠습니다.

먼저 Java로 Android용 그리기 소프트웨어의 프로토타입을 만들어보겠습니다. 이 책에서는 Java의 기초에 대해서는 생략합니다. 그리고 iPhone용 애플리케이션도 같은 컴퓨터에서 개발하는 것을 전제로 하여 Intel Mac의 화면을 예로 들긴 했지만, Windows나 Linux에서도 같은 작업이 가능하리라 봅니다.

Chapter 2

Android
에서의
기본적인
그리기 기능
구현

개발 환경 구축

Android에서는 Eclipse와 Ant(XML 설정 파일을 이용하는 자바 빌드 툴)에서의 개발을 지원하고 있는데, 여기서는 Eclipse로 개발환경을 정하였으며, 버전은 2.2(Froyo)이지만, 샘플에서는 1.5(Cupcake) 버전에서도 지원하는 API들만을 사용했기 때문에 현재 출시된 대부분의 Android 폰에서 동일하게 개발할 수 있을 것입니다.

Eclipse 설치

Eclipse는 공식 페이지의 다운로드 사이트(http://www.eclipse.org/downloads/index.php)에서 다운로드할 수 있습니다. 여러 종류의 패키지가 있는데, 그 중에서 'Eclipse IDE for Java Developers'를 선택합니다.

Eclipse IDE for Java Developers (92 MB)
The essential tools for any Java developer, including a Java IDE, a CVS client, XML Editor and Mylyn. More...
Downloads: 491,568

이 파일을 풀어서 적당한 폴더에 옮기면 Eclipse 설치는 완료됩니다.

Android SDK 설치

Android SDK의 공식 페이지(http://developer.android.com/sdk/index.html)에서 Mac OS X(Intel)를 다운로드하고 적당한 폴더에 풀어주세요. 예를 들어, 여기서는 ~/sdk에다 푼 후 'android-sdk_r07-mac_x86'이라는 폴더 이름을 'android-sdk'로 짧게 변경했습니다. 다음은 터미널을 열어 사용자의 root 폴더에 .bash_profile을 생성하기 위해 vi ~/.bash_profile 등으로 셸의 설정 파일을 열고 다음 행을 추가해줍니다.

```
export   PATH=$PATH:~/sdk/android-sdk/tools
```

이것으로 SDK의 설치는 끝났습니다. PATH 설정이 유효한지 확인하기 위해 터미널의 새 창을 열어 'adb version'이라고 입력한 후 버전 정보가 표시되면 설치는 성공입니다. 집필 시점에서 다운로드했던 SDK로는 'Android Debug Bridge version 1.0.26'이라고 출력되었습니다.

플러그인 설정

이번에는 Android 개발용 플러그인을 설정해보겠습니다. 공식 페이지에 있는 설명처럼 다음과 같은 절차로 플러그인을 설정할 수 있습니다. Eclipse 3.5(Galileo) 버전의 예를 들었지만 Eclipse 3.4(Ganymede) 혹은 Eclipse 3.6(Helio)에서도 공식 페이지의 설명대로 수행하면 문제 없이 개발할 수 있다는 것을 확인했습니다.

Eclipse의 [Help] 메뉴에서 [Install New Software]를 선택하고, 대화상자의 〈Add〉 버튼을 클릭합니다. 그러면 또 다른 대화상자가 열리는데, Name에는 'Android Plugin'이라고 입력하고, Location에는 'https://dl-ssl.google.com/android/eclipse/'라고 입력한 후 〈OK〉 버튼

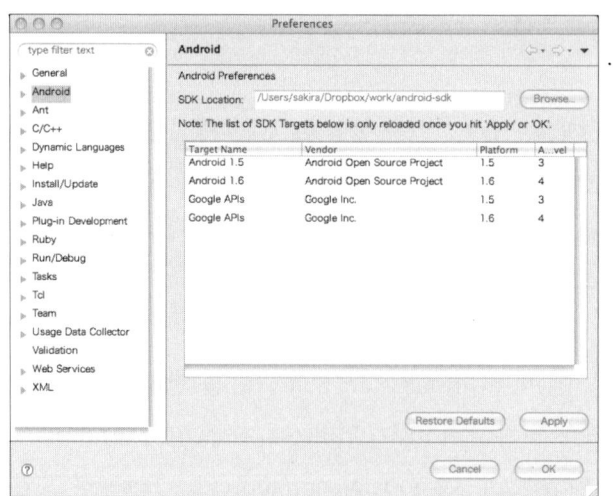

을 클릭합니다.

조금 기다리면 Name에 'Developer Tools'가 표시되는데, 앞에 있는 체크박스에 체크 표시를 하고 〈Next〉 버튼을 클릭합니다. 또 다시 〈Next〉 버튼을 클릭하면 라이선스 동의 화면이 나타납니다. 'I accept the terms of the license agreements'를 선택해 라이선스에 동의한 후 〈Finish〉 버튼을 클릭하고 잠시 기다리면 플러그인 설치가 완료됩니다. 설치가 종료되면 Eclipse를 재시작해야 한다는 대화상자가 나타나는데 〈Yes〉 버튼을 클릭하여 재시작합니다.

마지막으로 Eclipse 메뉴에서 [Preferences]를 선택하고, 표시되는 설정 대화상자의 왼쪽 탭에서 'Android'를 선택하면 SDK Location에서 Android SDK를 넣은 폴더를 확인할 수 있습니다. Target Name 부분에 대상으로 하는 Android 버전이 포함되어 있는지도 확인해야 합니다. (1.5 부터 2.2 버전까지 모두 포함되어 있으면 더욱 안전합니다.)

프로젝트 작성

Eclipse를 실행하여 [File] 메뉴에서 [New] → [Project]를 선택합니다. 표시되는 위저드에서 [Android] → [Android Project]를 선택하고 〈Next〉 버튼을 클릭하여 다음 단계로 진행합니다.

　Project Name에는 관리하기 쉬운 이름을 정하는 것이 좋은데, 여기서는 'SharePaint'로 하겠습니다. Project를 저장하는 장소는 독자 여러분이 관리하기 편한 장소로 하면 됩니다. 장소 선정이 고민이라면 'Create new project in workspace'를 선택하세요. Build Target에서는 'Android 1.5'로 설정하겠습니다. 아직도 Android 1.5를 사용하는 디바이스는 많이 있습니다.

　다음은 Properties를 설정할 차례입니다. 이곳에서 설정한 내용은 Android Market에 등록해서, 사용자의 단말기에 저장되고 실행될 때까지 유효하기 때문에, 주의해서 설정하는 것이 좋습니다. 물론 나중에 변경할 수도 있으므로, 지나치게 겁먹을 필요는 없습니다.

　Application Name은 'Share Paint'로 하겠습니다. Package name은 전 세계에서 개발되는 다른 패키지와 중복되지 않도록 특히 주의해야 합니다.

　Java에는 패키지에 이름을 붙이는 규칙이 있습니다. 예를 들어, 이 애플리케이션이 PaintSoft라는 일본회사에서 개발되고, 회사의 인터넷 도메인이 paintsoft.co.jp라고 가정한다면 jp.co.paintsoft.sharepaint와 같은 형식이 될 것입니다. 또한 'Create Activity'의 체크박스에 체크 표시를 하고, Name에는 'SharePaint'라고 입력합니다. Min SDK Version은 '3'으로 설정하겠습니다.

Activity라는 것은 애플리케이션이 실행될 때의 화면이라고 생각하면 됩니다. 화면에 표시되지 않고 백그라운드에서만 실행되는 애플리케이션 같은 것도 Android에서 만들 수 있는데, 그런 경우에는 이 항목을 사용하지 않습니다. 여기까지 입력해야 〈Finish〉 버튼을 클릭해 마칠 수 있게 됩니다. 버튼을 클릭하면 SharePaint 프로젝트가 생성됩니다.

개발하면서 항상 실제 디바이스로 동작을 확인하는 것은 번거롭고 시간도 걸리는 일이므로, 편의를 위해 Android 에뮬레이터를 준비하는 것이 좋습니다. 준비한다고는 했지만 이미 Android SDK에는 에뮬레이터가 포함되어 있기 때문에 우리가 해야 할 일은 Eclipse에서 사용할 수 있도록 설정하는 것입니다.

Eclipse의 [Window] 메뉴에서 [Android SDK and AVD Manager]를 선택합니다. 표시되는 대화상자의 왼쪽 탭에서 'Virtual Devices'를 선택하여 개발에 사용할 에뮬레이터를 설정합니다.

구체적으로는 〈New〉 버튼을 클릭하여 Name에 적당한 이름을 입력하고, Target은 'Android 1.5-API Level 3'으로 설정합니다. 이번에는 SD 카드를 사용할 필요가 없지만 만약 SD 카드를 사용하는 애플리케이션을 만든다면 SD Card에 대한 설정도 필요하겠지요. Skin에서는 기본값으로 되어 있는 'HVGA' 선택하겠습니다. 필요한 정보의 입력을 마쳤으면 〈Create AVD〉 버튼을 클릭합니다. 이제 에뮬레이터의 준비가 다 되었습니다.

이 단계에서도 에뮬레이터를 실행할 수 있습니다. 당장이라도 시험해보고 싶다면 [Run] 메뉴에서 [Debug Configurations]을 선택하고 'Android Application'을 선택하여 적당히 configuration을 설정하면 SharePaint 프로젝트를 만들고 에뮬레이터에서 실행되는 것까지 체험할 수 있으니 꼭 한 번 시도해보기 바랍니다. 물론 아직은 아무 코드도 작성하지 않았기 때문에 에뮬레이터에서 어떤 일도 일어나지는 않습니다.

Android와 iPhone을 비교할 때 거의 언급되지 않는 것이 있습니다. 아마도 iPhone에 빠져 있는 사람들이라면 말로 표현하지는 않아도 느끼고는 있을 것입니다.

그것은 '목적을 달성하는 데 있어 그 과정도 소홀히 하지 않는다'는 불문율로, Apple에서 개발자들에게 부과하는 HumanInterfaceGuideline이라는 무거운 과제의 곳곳에는 그러한 불문율을 실감할 만한 기술들이 숨어 있습니다. 이런 가이드라인에 의해 iPhone의 놀라운 터치감이 비로소 실현될 수 있는 것입니다.

예를 들어, 버튼을 클릭했을 때 아무리 중요하고 비중 있는 작업을 처리하고 있던 중이더라도 처리를 일시 정지하고, 버튼이 클릭되어 있는 화면을 변경하여 사용자에게 응답합니다.

예전에는 이런 상황에서 어떻게 했을까요? 처리가 끝나기까지 화면에 아무런 변화도 없고, 사용자는 몇 번이나 버튼을 클릭해야 할지 알 수 없었습니다. 아니면 전혀 반응하지 않았을지도 모르지요.

iPhone에 있어서 가장 중요한 것은 처리 속도가 아니라, 사용자의 의도대로 움직이는 것입니다.

✉ **후지카와 히로유키(Hiroyuki-Fujikawa/@cqa02303)**
통근전차 내 프로그래머

PenProperties 클래스

앞에서 설명한 것과 같이 stroke의 색과 두께, 농도를 담는 클래스를 만들어보겠습니다. 이 책
에서는 SharePaint 프로젝트 내의 src 폴더에 모든 소스 코드를 저장할 것입니다. SharePaint
에서는 이 중에서 jp.co.paintsoft.sharepaint 패키지 안에 모든 소스 코드를 두고 작업할 것
이므로 'jp.co.paintsoft.sharepaint'를 선택한 상태에서 [File] 메뉴에서 [New] → [class]를 선
택합니다. 혹은 패키지를 마우스 오른쪽 버튼으로 클릭하여 표시되는 팝업 메뉴에서 클래스를
만들 수도 있습니다. 지금 작업할 것은 PenProperties라는 이름의 클래스이므로, 'New Jave
Class' 대화상자의 Name에 'PenProperties'라고 입력하고, 나머지는 기본값 그대로 둔 채
〈Finish〉 버튼을 클릭합니다.

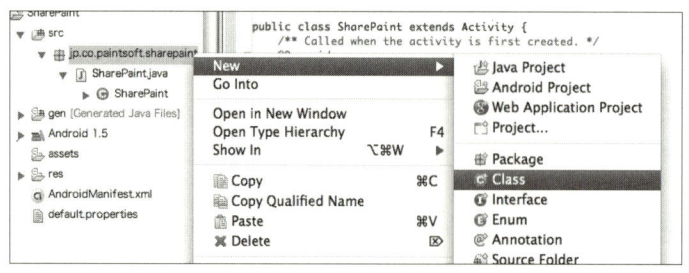

이렇게 하면 PenProperties.java 파일이 편집 가능한 상태로 열립니다. 이 파일을 다음과 같
이 변경합니다. 아주 간단하지만 우선 이런 것부터 시작해보세요.

PenProperties.java

```java
public class PenProperties {
    int color, width, density;    // 각각 색, 펜 두께, 펜 농도를 나타낸다

    PenProperties(int c, int w, int d) {   // 생성자
        this.color = c;       // 인수 c를 자신의 color로 설정한다
        this.width = w;       // 인수 w를 자신의 width로 설정한다
        this.density = d;     // 인수 d를 자신의 denstiy로 설정한다
    }

    PenProperties() {                // 기본 생성자
        this.color = 0xff000000;     // 검은색으로 지정한다
        this.width = 3;              // 펜 두께는 3이다
        this.density = 128;          // 펜 농도는 128(0~255의 중간)로 한다
    }
}
```

캔버스

위젯이란

GUI 라이브러리에는 대체로 '위젯'이라는 것이 많이 들어있습니다. 위젯은 버튼 또는 화면에 표시할 이미지, 라디오버튼이나 슬라이더 등등, 아무튼 GUI를 구축하는 데 편리한 것들을 모아 놓은 것이라고 생각하면 됩니다. 물론 iPhone과 Android에도 예로 들었던 것들을 포함해 다양한 위젯들이 제공되고 있습니다.

모든 위젯의 기저 클래스로서 android.view.View라는 것이 있습니다. 이것은 단순하고 기본적인 기능을 가지고 있는 위젯으로, 예를 들어 View 상에 문자나 직선, 곡선을 그리는 기능을 가지고 있으며 터치 이벤트를 발생시킬 수도 있습니다. 그림 그리기 기능을 구현하기 위해서는 기능이 복잡하지 않은 View가 다루기 편해 보이므로, 이 클래스를 상속하기로 하겠습니다.

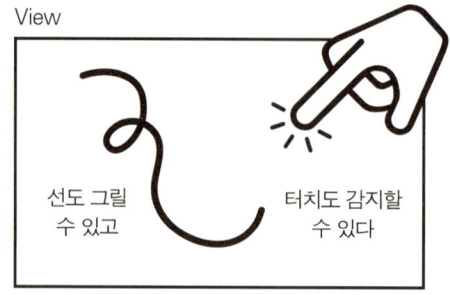

캔버스의 정의와 초기화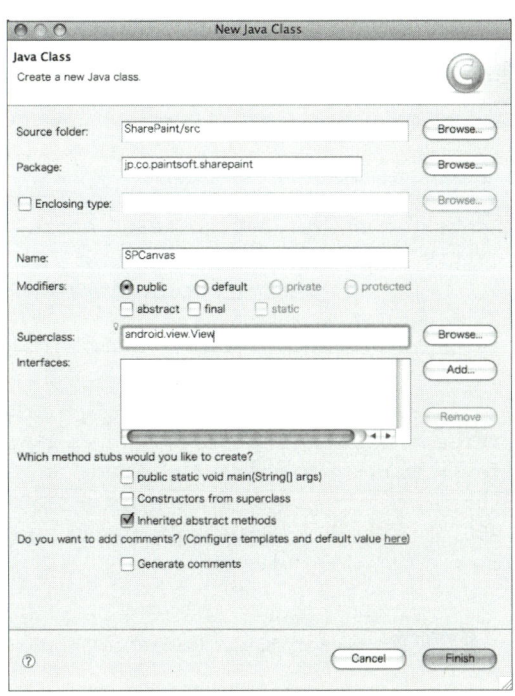

앞에서와 마찬가지로 위저드를 이용하여 SPCanvas 클래스를 만듭니다. 'Superclass' 항목에 'android.view.View'를 입력하는 곳이 앞에서 본 예와는 다르지만 나머지는 동일합니다(아래 그림 참조).

 다음으로 '마지막에 어디를 터치했는지'를 기억해둘 장소가 필요한데, 이것은 인스턴스 변수로 정의해두겠습니다. 현재 stroke 상태에 관한 정보도 가지고 있으면 편리하므로, 그것도 인스턴스 변수로 확보해두겠습니다. 좌표는 정수값으로 하는 것이 실용적입니다. 또한 더블버퍼용 이미지 클래스(Bitmap)도 다음 페이지 위쪽에 있는 코드와 같은 형태로 정의합니다.

 다음 페이지의 위쪽 코드 중 Bitmap 부분을 입력하면 Eclipse에서 에러를 나타내는 빨간 ×표가 줄 앞에 표시되는데, 이 때 적절한 import문을 추가해주어야 합니다. 빨간 ×표를 클릭하면 어떻게 할 것인지 선택할 수 있는데, 여기서는 'import Bitmap (android.graphics)'를 선택하겠습니다. 이 부분은 Eclipse를 사용한 경험이 있는 사람이라면 당연히 알고 있을 것이라 생각합니다.

```java
public class SPCanvas extends View {
    int width, height;              // 캔버스의 폭과 높이
    int last_x, last_y;             // 직전의 좌표
    boolean on_stroke;              // stroke 중인가
    PenProperties pen_properties;   // 선의 정보(색과 폭 등)
    Bitmap image_buffer;            // 더블버퍼용 이미지
```

이번에는 이 SPCanvas 클래스의 초기화 코드를 살펴보겠습니다. 위젯의 레이아웃은 XML로 지정할 예정인데, XML에서 자동적으로 호출되기 위해서는 생성자(constructor)가 이런 형태를 가져야 한다는 점과 생성자가 public이 아니면 XML에서 호출할 수 없다는 점에 주의해야 합니다. 애플리케이션이 막 실행되었을 때는 아직 stroke가 시작되지 않은 상태이므로, on_stroke 의 초기값은 false(거짓)로 설정되어 있습니다. 그리고 Stroke 클래스의 인스턴스는 펜의 색과 두께, 모양 등의 정보를 가질 수 있으며, pen_properties에 그것을 지정하고 있습니다. 또한 더블버퍼용 이미지는 지금 만들지 않고 null로 해둡니다.

SPCanvas.java

```java
public SPCanvas(Context context, AttributeSet attrs) {  // 생성자
    super(context, attrs);  // View의 생성자에 context와 attrs를 전달한다
    setup();                // 실제 처리는 setup()에 위임한다
}

void setup() {                              // 생성자의 실제 처리
    this.on_stroke = false;                 // 맨 처음 상태는 stroke 중이 아니다
    this.pen_properties = new PenProperties();  // 펜은 기본값으로
    this.image_buffer = null;               // 이미지는 우선 null로
    this.width = 320;                       // 캔버스의 폭을 320으로 고정한다
    this.height = 480;                      // 캔버스의 높이를 480으로 고정한다
    clear_canvas();                         // 캔버스를 지운다
}
```

download \SharePaint_ch2\SharePaint_ch2\src\jp\co\paintsoft\sharepaint\SPCanvas.java

캔버스를 지우는 clear_canvas( )의 실제 내용은 다음과 같습니다. 더블버퍼용 이미지를 캔버스의 폭(width)과 높이(height)만한 크기로 만들어 흰색으로 칠합니다.

createBitmap의 인수로 지정한 ARGB_8888은 int의 32비트 중 알파 채널(투명도)에서 8비트, 레드(Red)에서 8비트, 그린(Green)에서 8비트, 블루(Blue)에서 8비트를 사용한다는 의미입니다. 다시 말해, 각각의 요소들은 0~255의 값을 가지게 됩니다. 그러므로 마지막 행의 eraseColor의 인수인 0xffffffff는 알파 채널이 0xff(=255)로 불투명도는 최대(투명도 최소)이고, R=255, G=255, B=255이므로 '불투명한 흰색'을 지정한다는 것입니다.

invalidate라는 것은 '이 영역이 유효하지 않으니 다시 그려야 한다'고 Android에게 알려주는 명령이라고 생각하면 됩니다. Android는 다른 곳으로부터의 다시 그리기 요청들도 모아서 onDraw를 호출하여 화면에 그려줍니다. 캔버스를 다시 그릴 목적으로 직접 onDraw를 호출하지는 마세요.

SPCanvas.java

```
void clear_canvas() {            // 캔버스를 준비(버퍼 화면의 준비)한다
  if (this.image_buffer != null)  // 만약 image_buffer를 이미 사용하고 있었다면
    this.image_buffer.recycle();  // 그 image_buffer를 버린다
  this.image_buffer = Bitmap.createBitmap(this.width, this.height,
      Bitmap.Config.ARGB_8888);   // 더블버퍼 이미지를 만든다
  this.image_buffer.eraseColor(0xffffffff);  // 흰색으로 전체를 칠한다
  invalidate();                   // 캔버스 전체를 다시 그린다
}
```

이번에는 이렇게 화면에 다시 그리기 요청이 들어왔을 때 호출되는 image_buffer의 내용을 화면에 그리는 부분에 대해 살펴보겠습니다. 첫 번째 줄에 나오는 @Override는 어노테이션 (annotation)이라고 하며 프로그래밍 할 때 실수를 피하기 위한 것입니다. 부모 클래스의 메서드를 오버라이드(override)할 때는 붙여주어야 한다는 것을 잊지 마세요.

```
@Override
protected void onDraw(Canvas canvas) {    // 화면 그리기가 필요해지면 호출된다
  super.onDraw(canvas);
  if (this.image_buffer != null) {        // 만약 버퍼의 초기화가 끝나 있다면
    canvas.drawBitmap(this.image_buffer, 0, 0, null);
  }              // 그 버퍼의 내용을 canvas에 그대로 그린다
}
```

화면 터치 받아들이기

이제 화면 터치 이벤트가 통지되었을 때 호출되는 메서드만 정의하면 프로토타입은 완성됩니다. 이것은 Android의 View 클래스에서 onTouchEvent 메서드로 다루어집니다. 인수의 내용

```
@Override
public boolean onTouchEvent(MotionEvent event) {
  if (this.image_buffer == null)    // 만약 캔버스 준비가 되어 있지 않다면
    return false;                   // 처리하지 않고 되돌아간다
  int x = (int)event.getX();
  int y = (int)event.getY();

    switch (event.getAction()) {    // 이벤트의 종류를 상태로 구분한다
    case MotionEvent.ACTION_DOWN:   // 눌렀을 때는
      touchPressed(x, y);           // touchPressed를 실행한다
      break;
    case MotionEvent.ACTION_MOVE:   // 드래그 중일 때는
      touchDragged(x, y);           // touchDragged를 실행한다
      break;
    case MotionEvent.ACTION_UP:     // 손가락이 떨어졌을 때는
      touchReleased(x, y);          // touchReleased를 실행한다
      break;
    }
  return true;                      // 처리완료
}
```

으로 현재 상태가 눌렸는지, 드래그 중인지, 떨어져 있는지 등을 판별할 수 있습니다. 실제 처리를 하는 touchPressed, touchDragged, touchReleased에 대해서는 나중에 설명하겠습니다.

실제 처리는 다음과 같은 형태가 됩니다. touchPressed와 touchReleased에 대해서는 인스턴스 변수 on_stroke에 대해 주의하는 정도면 되지만, touchDragged에 대해서는 조금 설명이 필요할지도 모르겠습니다. drawLine은 뒤에 설명하겠지만 더블버퍼를 위한 이미지(image_buffer) 상에 좌표(last_x, last_y)로부터 좌표(x, y)로 선을 그리는 역할을 합니다. 펜의 색이나 두께 등은 pen_properties의 속성에 따릅니다.

여기서 만약 펜의 두께를 고려하지 않는다면 pen_width_half 같은 작업은 필요 없을 것입니다. 2개의 점(last_x, last_y), (x, y)가 들어가는 직사각형 모양만큼 버퍼의 이미지를 스크린에 그리기만 하면 되겠지요. 하지만 실제로는 이 직사각형의 왼쪽 끝 X좌표에 대해서는 last_x와 x의 작은 쪽부터, 최대로는 펜 두께의 절반만큼 선이 벗어날 가능성이 있습니다. 이 때문에 여기서는 pen_width_half라는 것을 일부러 계산하는 것입니다.

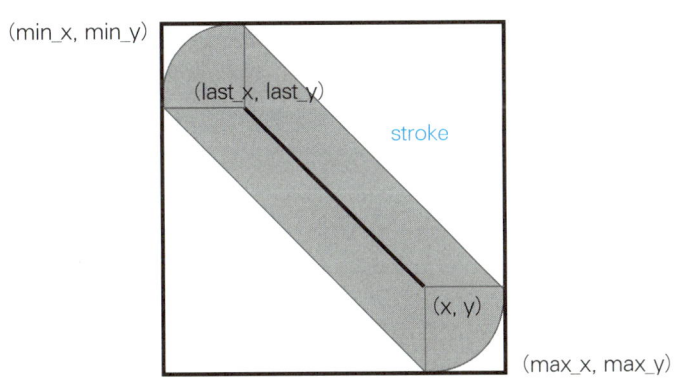

이번에는 invalidate가 인수를 가지고 호출되었습니다. 앞에서 했던 인수 없는 호출은 캔버스 전체 화면을 갱신하는 것을 의미했지만, 이번에는 갱신하는 영역을 최소한으로 하기 위해 좌표 (min_x, min_y)를 좌측 상단으로, (max_x, max_y)를 우측 하단으로 하는 직사각형 영역에 대해서

만 갱신을 요청 합니다.

SPCanvas.java

```
void touchPressed(int x, int y) {
  this.last_x = x;          // 직전의 X좌표를 눌려진 X좌표로
  this.last_y = y;          // 직전의 Y좌표를 눌려진 Y좌표로
  this.on_stroke = true;    // stroke를 시작한다
}

void touchDragged(int x, int y) {
  drawLine(this.last_x, this.last_y, x, y);  // 버퍼에 선을 그린다
    // 아래는 버퍼의 이미지를 화면에 반영하기 위한 것이다
  int pen_width_half = this.pen_properties.width / 2 + 1;
    // 선 두께의 반만큼 벗어날 가능성이 있다
  int min_x = Math.min(x, this.last_x) - pen_width_half; // 좌단
  int max_x = Math.max(x, this.last_x) + pen_width_half; // 우단
  int min_y = Math.min(y, this.last_y) - pen_width_half; // 상단
  int max_y = Math.max(y, this.last_y) + pen_width_half; // 하단
  invalidate(new Rect(min_x, min_y, max_x, max_y));
    // 선이 그려진 영역을 포함하는 최대한 작은 직사각형 영역의 버퍼를 화면에 반영한다
  this.last_x = x;  // 현재의 X좌표로 last_x를 갱신한다
  this.last_y = y;  // 현재의 Y좌표로 last_y를 갱신한다
}

void touchReleased(int x, int y) {  // 여기서 x, y는 실제로 사용하지 않는다
  this.on_stroke = false;           // stroke를 종료한다
}
```

버퍼에 선 그리기

drawLine 메서드의 내용은 다음과 같습니다. image_buffer에 그리고 싶어도 Bitmap인 image_buffer에 직접 그리는 메커니즘은 제공되고 있지 않기 때문에 그림을 그리는 창구로 canvas를 지정하고, 이 canvas를 통해 선이나 점을 그리는 형태가 됩니다. 마지막 줄에서 canvas의 drawLine 메서드를 실행하고 있는데, 여기서 실제 image_buffer에 그림을 그린다

고 생각하면 됩니다.

 paint에는 그림을 그리는 선의 속성을 지정합니다. pen_properties에 저장되어 있는 색과 두께를 그대로 지정하고, 선의 양끝을 둥글게 지정합니다. 선의 양끝을 둥글게 함으로써 선을 이어갈 때 매끄럽게 연결되는 것처럼 보이게 할 수 있습니다. 또한 Paint의 인스턴스에는 그 밖의 속성에 대한 지정도 할 수 있는데 흥미가 있는 사람은 여러 가지 시도를 해보는 것도 좋을 것입니다.

SPCanvas.java

```
void drawLine(int x0, int y0, int x1, int y1) {
    Canvas canvas = new Canvas(this.image_buffer);
    Paint paint = new Paint(Paint.ANTI_ALIAS_FLAG);
        // 안티앨리어스된 펜을 만든다
    paint.setStrokeCap(Paint.Cap.ROUND);
        // 선 양 끝을 둥글게 설정한다
    paint.setStrokeWidth(this.pen_properties.width);  // 펜의 두께를 설정한다
    paint.setColor(this.pen_properties.color);        // 펜의 색을 설정한다
    canvas.drawLine(x0, y0, x1, y1, paint);
        // canvas 상에 (x0, y0)에서 (x1, y1)으로의 선을 paint의 속성대로 그린다
}
```

캔버스 화면 설정하기

Android에서는 위젯의 화면 배치에 XML을 이용하는 것이 일반적이므로, 이것을 이용하기로 하겠습니다. 우선은 버튼 같은 것도 없이 캔버스를 화면에 가득 채우는 것만 해보겠습니다. 프로젝트의 res/layout 안에 main.xml이라는 파일이 있는데, 이 파일을 더블클릭하여 편집합니다.

 처음에는 레이아웃이 그대로 화면에 표시되어 있는데, 아

래에 있는 탭의 'main.xml'을 선택하여 XML을 직접 편집해보겠습니다. 편집이라고 해야 TextView 부분을 다음과 같이 변경하는 것이 전부입니다. 직접 만든 클래스를 지정할 때는 패키지 이름도 포함해야 한다는 것은 주의해야 합니다. 또한 파라미터인 layout_width, layout_height는 상위 계층, 여기서는 타이틀 바 등을 제외한 화면을 꽉 채우는 LinearLayout인데, 여기에 꽉 차도록 SPCanvas를 준비하도록 지정되어 있습니다.

main.xml

```xml
<?xml version="1.0" encoding="utf-8"?>
<LinearLayout xmlns:android="http://schemas.android.com/apk/res/android"
    android:orientation="vertical"
    android:layout_width="fill_parent"
    android:layout_height="fill_parent"
    >
<jp.co.paintsoft.sharepaint.SPCanvas
    android:layout_width="fill_parent"
    android:layout_height="fill_parent"
    android:id="@+id/sp_canvas"
    />
</LinearLayout>
```

download \SharePaint_ch2\SharePaint_ch2\res\layout\main.xml

실행하기

이제, 이 프로토타입을 에뮬레이터에서 실행해봅시다. 실제 디바이스, 즉 Android 본체에서 동작시키는 것은 다음 절에서 다시 설명하겠습니다. Android SDK에서 제공되는 것은 시뮬레이터가 아닌 에뮬레이터인데, 에뮬레이터용으로 만들어진 패키지 파일은 그대로 실제 디바이스에서 동작이 가능하며 이런 특징은 의외로 편리합니다.

이렇다 할 기능은 없지만 흰 캔버스에 검은 선을 그릴 수 있게 되었습니다. 이 상태에서 여러분 스스로 코드를 변경하여 펜의 색이나 두께만이라도 변경해보는 것도 흥미로울 것입니다. 그럼, 다음에는 색과 두께를 애플리케이션 내에서 어떻게 변경하는지에 대해 살펴보겠습니다.

색과 두께의 선택

단순한 메모 용도라면 선의 색은 검은색으로 충분하겠지만 일러스트를 그릴 때는 다양한 색을
선택하고 선의 두께도 지정할 수 있어야 재미있겠지요? 메뉴에서 선의 색이나 두께를 선택할
수 있도록 만들어보겠습니다.

선의 색과 두께의 변경

그림을 그리는 부분(touchDragged)을 살펴보세요. 인스턴스 변수인 pen_properties의 내용을
변경하면 선의 색과 두께를 바꿀 수 있을 것 같지요? 그렇다면 실제로 색을 변경하는 코드를
작성해보겠습니다.

  캔버스 위에 버튼을 만들고, 버튼을 클릭하면 호출되는 대화상자를 통해 선의 색과 두께를
변경해보겠습니다. 버튼의 배치는 main.xml을 통해서 하게 되는데, 호출 버튼은 캔버스의
우측 하단에 두기로 하겠습니다. 이를 위해 AbsoluteLayout과 LinearLayout을 사용합니다.
AbsoluteLayout(참고 : Android 1.6 버전부터 AbsoluteLayout은 deprecated 되었습니다. 최신 2.2 버전까
지도 정상 동작은 하지만, 앞으로 새로운 프로젝트를 만들 때에는 RelativeLayout이나 FrameLayout 사용을 권
합니다.)을 루트로, 다시 말해 가장 바깥쪽 프레임을 고정 레이아웃으로 지정하고 그 안쪽에 캔

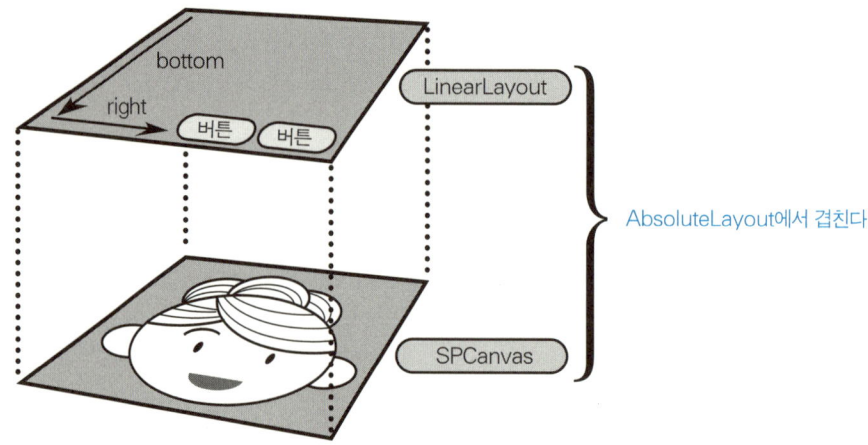

버스와 버튼을 겹치도록 배치합니다. SPCanvas와 LinearLayout 자체도 중첩되도록 배치합니다. LinearLayout의 좌표와 크기는 캔버스의 좌표와 크기가 같습니다. 이렇게 캔버스 상에 버튼 표시를 구현했습니다. 버튼은 Button 클래스이지만 LinearLayout 안에서 우측 하단에 배치하기 위해 'android:gravity = "bottom|right"'를 지정했습니다.

이 Button에는 'android:id="@+id¦pen_prop_btn"'이라는 파라미터도 지정되어 있습니다. 이처럼 ID를 덧붙임으로써 Java 코드 안에서 'pen_prop_btn'이라는 이름으로 이 Button 객체를 참조할 수 있게 되었습니다. 이에 대해서는 나중에 설명하도록 하겠습니다. 동시에 SPCanvas의 파라미터에도 android:id를 추가하고 있으므로 주의하세요. ID를 부가하는 이유는 앞에서 살펴본 Button과 마찬가지입니다.

main.xml

```xml
<?xml version="1.0" encoding="utf-8"?>
<AbsoluteLayout xmlns:android="http://schemas.android.com/apk/res/android"
    android:orientation="vertical"
    android:layout_width="fill_parent"
    android:layout_height="fill_parent"
    >
    <jp.co.paintsoft.sharepaint.SPCanvas
        android:layout_width="fill_parent"
```

```
            android:layout_height="fill_parent"
            android:id="@+id/sp_canvas"
            />
    <LinearLayout
        android:gravity="bottom|right"
        android:layout_width="fill_parent"
        android:layout_height="fill_parent">
        <Button android:layout_width="wrap_content"
            android:layout_height="wrap_content"
            android:text="Pen"
            android:id="@+id/pen_prop_btn"/>
    </LinearLayout>
</AbsoluteLayout>
```

펜 설정 대화상자의 화면 설계

펜의 색과 두께를 설정하는 대화상자를 다음과 같은 이미지로 만들어보겠습니다. 대략적인 러프 스케치라도 좋으니 수첩 등에 간단하게 그려보고 실제 위젯을 배치해보기 바랍니다. 아래 그림에서는 나중에 추가할 예정인 농도와 레이어에 대한 위젯도 그려보았습니다.

위젯의 레이아웃을 지정하는 파일은 main.xml과 마찬가지로 res/layout 폴더에 XML 파일로

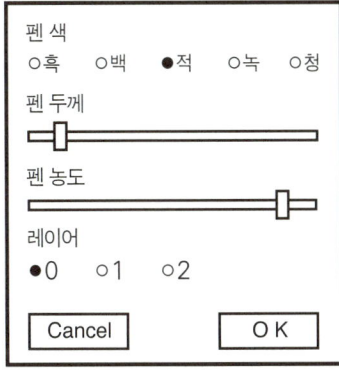

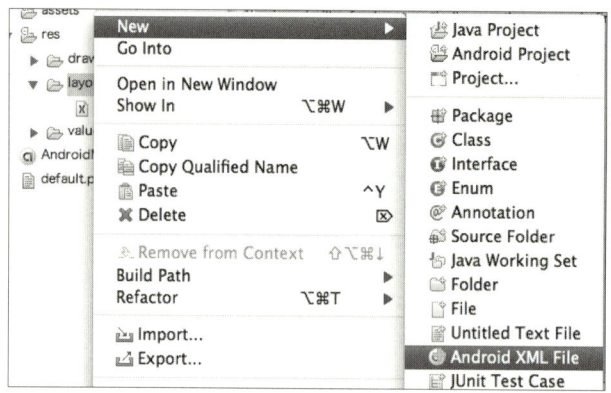

두면 되므로, layout을 선택하고 [File] 메뉴 → [New] → [Android XML File]을 차례대로 선택합니다. 여기에서 File에 'pen_properties.xml'이라고 입력하고 나머지는 기본값 그대로 둔 채 〈Finish〉 버튼을 클릭하면 파일이 생성되면서 편집 가능한 상태가 됩니다.

위에서 설명한 내용을 구현하기 위한 XML 코드는 다음과 같습니다. 우선은 슬라이더와 버튼의 위치를 지정하고 이름을 정해줍니다. 레이어를 조작하는 SharePaint까지는 아직 멀었지만 지금 단계에서 레이어 조작에 대한 이미지를 잡아두기 위해 위젯만 일단 배치해두겠습니다. 다소 긴 내용이지만 간단히 설명하겠습니다.

가장 바깥쪽 LinearLayout에서는 라벨과 라디오버튼들, 슬라이더 등을 세로 방향으로 나열하도록 지정하고 있습니다. orientation="vertical"은 세로 방향이라고 지정하는 것이고, layout_width, layout_height가 모두 "fill_parent"라는 것은 화면 전체를 가득 채우도록 지정하는 것입니다.

pen_properties.xml

```
<?xml version="1.0" encoding="utf-8"?>
<LinearLayout
    xmlns:android="http://schemas.android.com/apk/res/android"
    android:orientation="vertical"
    android:layout_width="fill_parent"
    android:layout_height="fill_parent">
```

라벨의 표시는 TextView를 이용합니다.

```
<TextView android:text="펜 색"
    android:layout_width="wrap_content"
    android:layout_height="wrap_content"/>
```

라디오버튼에는 RadioButton을 사용합니다. 라디오버튼이란 복수의 선택지 중에서 하나를 선택하는 경우에 사용되기 때문에 '복수의 선택지'를 묶어서 그룹으로 만들어야 하는데, RadioGroup이 그 역할을 하고 있습니다. RadioGroup에서는 orientation="horizontal"로 하여 라디오버튼의 나열 방향을 수평으로 지정하고, layout_width="fill_parent"로 하여 가로로 화면에 가득 차도록 지정하고 있습니다. android:id는 Java 코드에서 어느 버튼이 클릭되었는지 등을 알기 위해 부가한 것인데, 이에 대한 구체적인 방법은 나중에 설명하겠습니다.

```
<RadioGroup android:orientation="horizontal"
    android:layout_width="fill_parent"
    android:layout_height="wrap_content">
    <RadioButton android:text="흑" android:id="@+id/pencolor_black" />
    <RadioButton android:text="백" android:id="@+id/pencolor_white" />
    <RadioButton android:text="적" android:id="@+id/pencolor_red" />
    <RadioButton android:text="녹" android:id="@+id/pencolor_green" />
    <RadioButton android:text="청" android:id="@+id/pencolor_blue" />
</RadioGroup>
```

펜의 두께와 농도는 슬라이더 바를 이용해 설정합니다. Android의 클래스에서는 SeekBar가 슬라이더 바에 해당됩니다. 다만, 이번에는 펜 농도를 설정하는 부분은 위젯만 배치하고, 실제 구현 방법은 Chapter 7에서 설명하겠습니다. 여기서는 슬라이더의 최대값을 android:max에서 지정하고 있고, 펜 두께는 '25', 펜 농도는 '255'로 하고 있습니다.

```
<TextView android:text="펜 두께"
    android:layout_width="wrap_content" android:layout_height="wrap_content" />
<SeekBar android:layout_width="fill_parent"
    android:max="25"
    android:layout_height="wrap_content" android:id="@+id/pen_width" />
<TextView android:text="펜 농도"
    android:layout_width="wrap_content"
android:layout_height="wrap_content" />
  <SeekBar android:layout_width="fill_parent"
    android:max="255"
    android:layout_height="wrap_content" android:id="@+id/pen_density" />
```

레이어의 구현 역시 Chapter 7에서 설명할 것이므로 지금은 위젯만 배치하겠습니다. 배치하는 방법은 펜 색의 경우와 같습니다.

```
<TextView android:text="레이어"
    android:layout_width="wrap_content" android:layout_height="wrap_content" />
<RadioGroup android:orientation="horizontal"
    android:layout_width="fill_parent"
    android:layout_height="wrap_content">
    <RadioButton android:text="0" android:id="@+id/layer_0" />
    <RadioButton android:text="1" android:id="@+id/layer_1" />
    <RadioButton android:text="2" android:id="@+id/layer_2" />
</RadioGroup>
```

다음의 TextView는 중간에 공간을 만들기 위해 사용하고 있는데, 'layout_weight="1"'로 지정하고 있다는 점을 주목하세요. 파일의 처음에 있는 LinearLayout이 이 TextView를 직접 포함하는 레이아웃인데, LinearLayout에 포함된 다른 요소의 layout_weight는 기본값인 "0"입니다. 그런데 이 TextView만 layout_weight가 "1"이기 때문에 이보다 위에 기술된 라벨과 라디오버튼 등은 화면 위쪽으로, 그리고 이보다 아래에 기술된 버튼은 화면 아래에 배치됩니다.

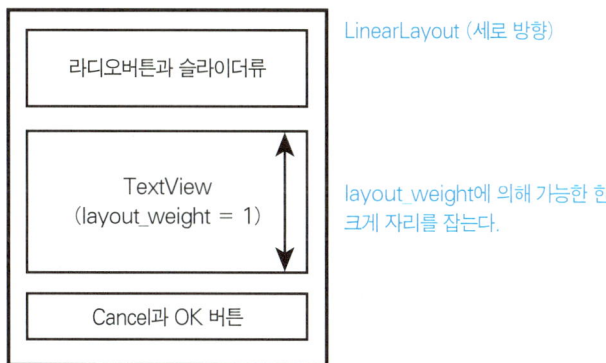

라디오버튼과 슬라이더류

TextView
(layout_weight = 1)

Cancel과 OK 버튼

LinearLayout (세로 방향)

layout_weight에 의해 가능한 한
크게 자리를 잡는다.

```
<TextView android:text=" " android:layout_weight="1"
android:layout_width="wrap_content" android:layout_height="wrap_content"/>
```

마지막으로, LinearLayout 안에서 〈Cancel〉 버튼과 〈OK〉 버튼을 제일 아래에 배치합니다. 이 2개의 버튼을 가로로 나열하기 위해 LinearLayout의 orientation은 "Horizontal"으로 지정합니다.

```
<LinearLayout android:orientation="horizontal"
  android:layout_width="fill_parent"
  android:layout_height="wrap_content">
```

2개의 버튼을 그냥 LinearLayout에 배치하면 서로 너무 붙어버려 버튼을 클릭할 때 실수할 수도 있으니 그 사이에 공백을 넣어보겠습니다. 이 마지막 LinearLayout에는 실제로는 2개의 버튼과 공백으로 된 TextView가 더해져서 모두 3개의 요소가 배치됩니다. 그리고 각각 layout_weight="1"로 지정되어 있기 때문에 〈Cancel〉 버튼과 〈공백〉과 〈OK〉 버튼의 여백이 화면 폭의 1/3씩 차지하게 됩니다. 이것으로 두 버튼 사이에는 적당한 공백이 생기게 됩니다.

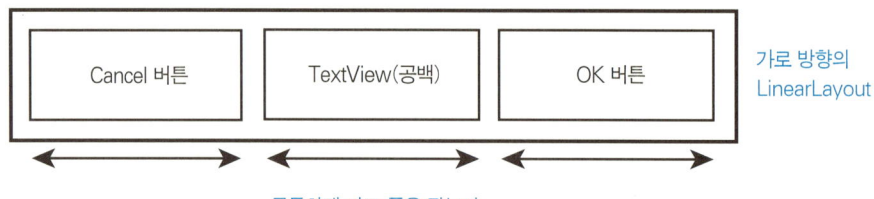

| Cancel 버튼 | TextView(공백) | OK 버튼 |

가로 방향의 LinearLayout

균등하게 가로 폭을 잡는다

```xml
<Button android:text="Cancel" android:id="@+id/pen_prop_cancel"
  android:layout_weight="1"
  android:layout_width="wrap_content"
  android:layout_height="wrap_content"/>
<TextView android:text=" " android:layout_weight="1"
  android:layout_width="wrap_content"
  android:layout_height="wrap_content"/>
<Button android:text="OK" android:id="@+id/pen_prop_ok"
  android:layout_weight="1"
  android:layout_width="wrap_content"
  android:layout_height="wrap_content"/>
  </LinearLayout>
</LinearLayout>
```

이와 같이 'pen_properties.xml'이라고 입력한 후 아래쪽에 있는 Layout 탭을 클릭하면 그림과 같이 실제 레이아웃이 표시됩니다. 이것을 보면서 XML 파일에서 미세하게 조정을 하면 됩니다.

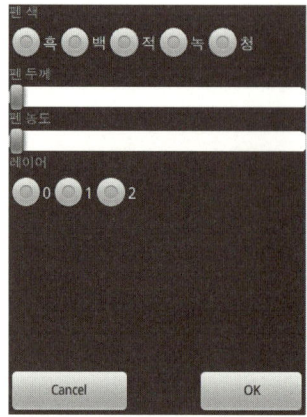

펜 대화상자의 호출

XML로 작성한 이 화면을 Android 애플리케이션에서 나타내게 하려면 Activity를 추가해야 합니다. 이 Activity를 'PenSettingsView'라는 이름으로 아래와 같이 만듭니다. package문과 import문은 지면상 생략합니다.

PenSettingsView.java

```java
public class PenSettingsView extends Activity {   // Activity일 필요가 있다

    @Override
    public void onCreate(Bundle savedInstanceState) {
        super.onCreate(savedInstanceState);
        setContentView(R.layout.pen_properties);
                // 아까 XML로 기술했던 펜 설정 화면으로 설정한다
    }
}
```

download \SharePaint_ch2\SharePaint_ch2\src\jp\co\paintsoft\sharepaint\PenSettingView.java

또한 프로젝트의 최상위 폴더에 있는 AndroidManifest.xml의 〈application~ 〉과 〈/application〉 사이에는 다음과 같이 Activity의 추가 선언이 필요합니다. 이 부분은 빠뜨리기 쉬우니 주의하세요.

AndroidManifest.xml

```xml
<activity android:name=".PenSettingsView"></activity>
```

download \SharePaint_ch2\SharePaint_ch2\AndroidManifest.xml

캔버스 상의 버튼을 클릭해 PenSettingsView를 표시하도록 하기 위해서는 다음과 같이 SharePaint.java 안의 onCreate( ) 메서드를 변경해야 합니다. Button pen_prop_btn을 가져오는 행의 R.id.pen_prop_btn은 정수값입니다. 그리고 프로젝트 안에 gen 폴더를 보면 'R.java'라는 파일을 찾을 수 있는데, 이것은 XML 파일 안에 'android:id="@+id/무엇 무엇' 이라고 정의된 ID를 Java에서 참조함으로써 XML에 정의된 위젯과 문자열 등을 참조할 수 있는

메커니즘입니다. 또한 이 R.java는 Eclipse가 자동적으로 XML로부터 생성한 것이므로 임의로 변경하면 안 됩니다.

이렇게 R.java에서 정의된 R.id.pen_prop_btn을 이용하여 앞의 main.xml에서 정의했던 펜의 버튼을 가져올 수 있습니다. 또한 같은 메커니즘을 이용하여 main.xml에서 정의된 캔버스도 클래스 변수 SharePaint.canvas로 가져오고 있다는 것을 알 수 있습니다.

다음으로 이 pen_prop_btn을 누를 때의 동작은 'pen_prop_btn.setOnClickListener'라고 시작되는 곳에서 지정하고 있습니다. 중요한 것은 버튼을 클릭하게 되면 startActivityForResult에서 PenSettingsView를 호출하게 되는데, 익명 클래스(anonymous class)를 사용한 처리는 Java에서는 흔히 사용하는 방법이므로 이에 대한 설명은 생략하겠습니다. 또한 이 안에서 그냥 this라고만 입력하면 View.OnClickListener(에서 파생된 익명 클래스)의 인스턴스인 this를 의미하기 때문에 onClick( )이 입력되어 있는 곳에서 외부 클래스인 SharePaint의 this를 의미하도록 하기 위해서는 'SharePaint.this'라고 지정해야 합니다.

클래스의 시작 부분에서는 리퀘스트 코드도 추가하고 있습니다. 다양한 Activity가 SharePaint 클래스로부터 호출될 수 있는데, 모두 이곳으로 돌아올 때는 onActivityResult( )라는 메서드가 호출됩니다. 리퀘스트 코드를 사용하면 어느 타이밍에서 어느 Activity의 호출에 대한 복귀인지 식별할 수 있습니다. onActivityResult( )는 나중에 사용할 것이므로, 그때 다시 설명하겠습니다.

SharePaint.java

```
public class SharePaint extends Activity {
    static final int ShowPenPropertiesId = 0;   // 리퀘스트 코드
    static SPCanvas canvas = null;              // 캔버스

    public void onCreate(Bundle savedInstanceState) {
        super.onCreate(savedInstanceState);
        setContentView(R.layout.main);  // onCreate()의 여기까지는 지금까지와 같다

        SharePaint.canvas = (SPCanvas)findViewById(R.id.sp_canvas);
```

```
                // 여기부터는 PenSettingsView를 표시하기 위한 부분이다
    Button pen_prop_btn = (Button) findViewById(R.id.pen_prop_btn);
                // 캔버스 상의 버튼을 취득한다
    pen_prop_btn.setOnClickListener(new View.OnClickListener() {
        public void onClick(View v) {
            Intent intent = new Intent(SharePaint.this,    // 「this」가 아닌
                                    PenSettingsView.class);
            // 호출할 Activity의 클래스
            startActivityForResult(intent,
                SharePaint.ShowPenPropertiesId);    // 위에서 추가한 리퀘스트 코드

        }});
    }
```

download \SharePaint_ch2\SharePaint_ch2\src\jp\co\paintsoft\sharepaint\SharePaint.java

여기까지 했으면 에뮬레이터 상에서 버튼의 동작을 확인할 수 있으니 꼭 시험해보기 바랍니다. 펜의 설정 화면이 표시되나요?

이번에는 이 슬라이더와 버튼과 pen_properties의 내용을 연계시키는 코드를 살펴보겠습니다. 우선 설정 대화상자가 표시되는 타이밍에 pen_properties에 포함된 두께에 대한 정보를 슬라이더로 옮깁니다. 그렇게 하기 위해서는 Intent에 펜의 두께에 관한 정보를 넣은 후에 PenSettingsView를 호출해야 합니다. 잠시 후에 살펴보겠지만, 다른 Activity를 호출할때, Intent를 이용하여 필요한 값들을 넘겨줄 수 있습니다. 그 태그로서 다음과 같이 클래스 상수 'PenWidth Name'을 추가합니다. 또한 펜의 색을 전달하기 위한 상수 'PenColorName'도 준비해둡니다.

SharePaint.java

```
static final int ShowPenPropertiesId = 0;
static final String PenWidthName = "PenWidth";
static final String PenColorName = "PenColor";
static SPCanvas canvas = null;
```

실제로 Intent에 펜 두께에 관한 정보를 설정하는 것은 다음 부분입니다. 펜 두께용 태그와 현재 펜의 두께 정보를 변수 intent에 설정하고 나서 PenSettingView의 Activity를 호출합니다.

2.5 색과 두께의 선택 —— 69

```
            Intent intent = new Intent(SharePaint.this,
            PenSettingsView.class);

            intent.putExtra(SharePaint.PenColorName,          // 펜 색의 태그
                SharePaint.canvas.pen_properties.color);      // 펜 색
            intent.putExtra(SharePaint.PenWidthName,          // 펜 두께의 태그
                SharePaint.canvas.pen_properties.width);      // 펜 두께

            startActivityForResult(intent,
                SharePaint.ShowPenPropertiesId);
```

PenSettingsView가 종료되면 조금 전에도 언급했듯이 onActivityResult( ) 메서드가 호출되므로, 이곳에서 새롭게 설정된 펜의 색과 두께를 캔버스로 반환하면 됩니다.

SharePaint.java

```
    @Override
    protected void onActivityResult(int reqid, int result, Intent intent) {
        if (reqid == ShowPenPropertiesId)  // PenSettingsView에서 온 리턴 값에서
            if (result == RESULT_OK) {     // OK 버튼이 클릭되었다면
              int pen_width = intent.getIntExtra(SharePaint.PenWidthName, -1);
              if (pen_width >= 0)            // 펜 두께를 설정한다
                SharePaint.canvas.pen_properties.width = pen_width;
              int pen_color = intent.getIntExtra(SharePaint.PenColorName, 0);
              if (pen_color != 0)            // 펜 색을 설정한다
                SharePaint.canvas.pen_properties.color = pen_color;
            }
    }
```

이번에는 호출되는 쪽의 PenSettingsView의 변경점입니다. 전달된 Intent에 담겨 있는 펜의 정보를 펜 두께 슬라이더와 펜 색 라디오버튼에 반영합니다. 만약 〈OK〉 버튼이 클릭되면 슬라이더와 라디오버튼의 정보를 다시 Intent 객체에 저장한 후 Activity를 종료시키도록 기술하겠습니다.

우선, 펜 두께 슬라이더와 펜 색 라디오버튼을 인스턴스 변수로 선언합니다.

PenSettingsView.java

```
public class PenSettingsView extends Activity {
  SeekBar pen_width_slider = null;            // 펜 두께 슬라이더
  RadioButton[] pen_color_btns = new RadioButton[5];  // 펜 색 라디오버튼
```

다음은 onCreate( ) 메서드 내의 setContentView( )의 다음부터입니다. 여기서 인스턴스 변수에 슬라이더와 버튼을 저장합니다.

```
pen_width_slider = (SeekBar)findViewById(R.id.pen_width);
pen_color_btns[0] = (RadioButton)findViewById(R.id.pencolor_black);
pen_color_btns[1] = (RadioButton)findViewById(R.id.pencolor_white);
pen_color_btns[2] = (RadioButton)findViewById(R.id.pencolor_red);
pen_color_btns[3] = (RadioButton)findViewById(R.id.pencolor_green);
pen_color_btns[4] = (RadioButton)findViewById(R.id.pencolor_blue);
```

이어서 SharePaint 클래스에서 전달된 Intent로부터 펜의 두께와 색을 설정하겠습니다. getIntExtra( )의 두 번째 인수는 기본값입니다. 첫 번째 인수의 태그가 Intent 안에 없으면 이 기본값이 반환됩니다.

슬라이더로서 이용하는 SeekBar는 기본값으로 0~100의 값을 가지는데, 따로 지정하지 않으면 최대값은 100이 됩니다. 하지만 두께가 100픽셀이라면 캔버스 크기에 비해 지나치게 크겠지요? 그래서 여기서는 최대 25픽셀로 하겠습니다. pen_properties.xml에서 android:max="25"로 기술했던 부분이 여기에 해당합니다(64페이지 참조).

setColorButton( ) 메서드는 뒤에서 정의하고 있으므로 Intent를 가져오는 것에 대해 살펴보도록 하지요.

```
int pen_width = getIntent().getIntExtra(SharePaint.PenWidthName, -1);
if (pen_width >= 0)                  // 만약 Intent에 펜 두께의 정보가 들어있다면
    pen_width_slider.setProgress(pen_width);   // 펜 두께를 설정한다
int pen_color = getIntent().getIntExtra(SharePaint.PenColorName, 0);
if (pen_color != 0)               // 만약 Intent에 펜 색의 정보가 들어있다면
    setColorButton(pen_color);   // 그 색으로 라디오버튼을 설정한다
```

onCreate() 메서드의 마지막은 〈Cancel〉 버튼과 〈OK〉 버튼을 설정하는 것으로 마무리하겠습니다. 우선 〈Cancel〉 버튼과 〈OK〉 버튼을 가져옵니다.

```
Button cancel_btn = (Button)findViewById(R.id.pen_prop_cancel);
Button ok_btn = (Button)findViewById(R.id.pen_prop_ok);
```

〈Cancel〉 버튼이 클릭된 경우에는 RESULT_CANCELED를 결과로 저장하고 이 Activity를 종료합니다. Activity가 종료되면 SharePaint Activity로 되돌아갑니다.

```
cancel_btn.setOnClickListener(new View.OnClickListener() {
  public void onClick(View v) {
    setResult(RESULT_CANCELED);
    finish();
  }});
```

〈OK〉 버튼이 클릭된 경우에는 슬라이더의 값과 라디오버튼의 상태를 Intent에 저장하고 원래 Activity, 즉 호출했던 SharePaint Activity로 되돌아가야 하는데 실제 처리는 okButton Pressed() 메서드에서 기술합니다.

```
ok_btn.setOnClickListener(new View.OnClickListener() {
  public void onClick(View v) {
    okButtonPressed();
  }});
```

이 애플리케이션, SharePaint에서 색은 ARGB 32비트의 int로 표현되고 있다는 것을 잊지 마세요. 흑색은 0xff000000, 적색은 A의 요소와 R의 요소가 0xff이고 나머지가 0x00이므로, 0xffff0000이라는 식으로 표현됩니다. 따라서 인수 col에 전달된 수치에 의해 어느 라디오버튼에 체크할지 다음과 같이 기술할 수 있습니다.

PenSettingsView.java

```
void setColorButton(int col) {
  if (col == 0xff000000)       // 흑색
    pen_color_btns[0].setChecked(true);
  else if (col == 0xffff0000)  // 적색
    pen_color_btns[2].setChecked(true);
  ……
  (이하, 백색, 녹색, 청색도 동일하다.)
}
```

마지막은 〈OK〉 버튼이 클릭되었을 때 실제로 실행되는 okButtonPressed( ) 메서드입니다. 값을 반환하기 위한 Intent 객체를 만들어 펜의 색과 두께에 대한 정보를 저장한 후 이 Activity 를 종료합니다.

PenSettingsView.java

```
void okButtonPressed() {
  Intent intent = new Intent();  // 값을 되돌리기 위한 Intent를 준비한다
  int pencolor = 0;
  if (pen_color_btns[0].isChecked())
    pencolor = 0xff000000;          // 흑색
  else if (pen_color_btns[1].isChecked())
```

```
        pencolor = 0xffffffff;   // 흰색
    ......
    (이하 적색, 녹색, 청색도 동일하다)
    if (pencolor != 0)            // 만약 라디오버튼 중 하나가 클릭되었다면
        intent.putExtra(SharePaint.PenColorName, pencolor);
                                  // PenColorName 태그와 함께 펜 색을 intent에 저장한다
```

슬라이더는 어떤 값을 가져도 유효하므로 값을 체크하지 않고 그대로 intent에 저장합니다. 펜 두께는 0~25이고 슬라이더도 0~25의 값을 가지므로 그 값을 그대로 사용합니다.

```
    intent.putExtra(SharePaint.PenWidthName,
        pen_width_slider.getProgress());
```

이러한 정보를 저장한 intent를 반환값으로 하고, 이 Activity(PenSettingsView)를 종료합니다. 이렇게 해서 호출한 원래 Activity(SharePaint)에서 이 Intent를 받을 수 있습니다.

```
    setResult(RESULT_OK, intent);
    finish();
}
```

여기서 setResult( )를 호출하지 않고 그냥 finish( )만 호출한 경우에는 기본적으로 RESULT_ CANCELED가 호출한 Activity로 전달되므로, 의도한 바가 아니라면 반드시 setResult( )를 호출해 주도록 합니다.

펜의 농도와 레이어는 설정을 해도 값이 변하지 않고 보존도 할 수 없지만, 지금까지의 과정을 통해 기본적인 기능인 색과 두께를 설정할 수 있게 되었습니다. 에뮬레이터에서뿐만 아니라

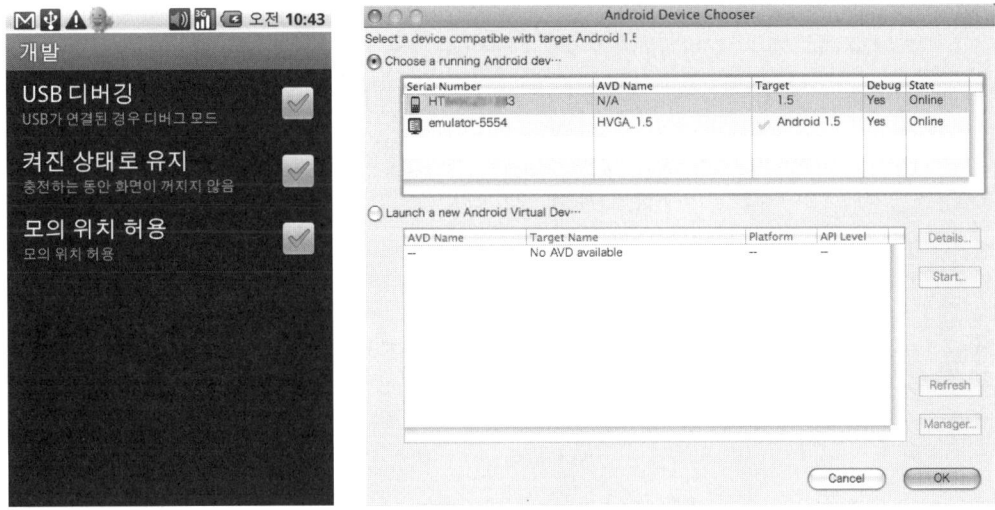

실제 기기에서 동작시켜보는 것도 아주 흥미로운 경험이 될 것입니다.

　실제 디바이스에서 디버그할 때는 [Run] 메뉴에서 [Debug Configurations]를 선택하고 Target 태그의 Deployment Target Selection Mode에서 'Manual'을 선택하면 됩니다. 실제 디바이스 설정 → 애플리케이션 → 개발 → USB 디버그에 체크 표시한 후 컴퓨터에 USB로 연결하면 에뮬레이터와 실제 디바이스 중 어느 것으로 동작시킬 것인지 디버그할 때 선택할 수 있습니다.

이 Chapter에서는 iPhone에서 프로토타입을 구현하는 방법에 대해 살펴보겠습니다. Objective-C++에 관해서는 Chapter 1에서 설명한 대로 Objective-C와 C++의 기본적인 지식만 알고 있다면 문제없으니 그렇게 걱정하지 않아도 됩니다. 알고리즘과 사용자 인터페이스 등의 구조는 Android에서 작성한 것과 완전히 동일합니다. 하지만 개발 환경은 intel Mac만 지원하고 있으므로 이 점에 대해서는 주의를 해야 합니다.

Chapter 3

iPhone
에서의
기본적인
그리기 기능
구현

개발 환경 구축

iPhone SDK의 다운로드와 설치는 무료이며, 아래의 순서대로 따라하면 됩니다.

Apple Developer Connection 페이지(http://developer.apple.com/iphone/)를 열어주세요. 아직 계정을 가지고 있지 않다면 지금 만들어서 로그인하면 됩니다. 이때 iTunes 등의 계정이 아니라 Apple Developer Connection의 계정을 영어로 만드는 것이 좋습니다. 아직 계정을 가지고 있지 않다면 서두르세요.

덧붙이자면 이 과정에서 이메일 주소와 이름을 등록할 것을 요구하는데, 이름을 영문으로 표기할 것을 강력히 권합니다. 또한 App Store에서 애플리케이션을 배포·판매할 때의 규약도 여기서 입력한 정보가 적용되므로 정확한 정보를 입력하도록 주의하는 것이 좋습니다.

로그인하면 개발에 사용할 OS별 SDK 링크가 보일 것입니다. 이 책을 집필하던 시점에선 Snow Leopard(Mac OS X 10.6)용 iPhone SDK 4.1과 Xcode 3.2.4를 다운로드할 수 있었습니다.

Xcode and iOS SDK 4.1
This is the complete Xcode developer toolset for Mac, iPhone, and iPad. It includes the Xcode IDE, iOS Simulator, and all required tools and frameworks for building Mac OS X and iOS apps.

Posted: September 8, 2010
Snow Leopard Build: 10M2309

Snow Leopard Downloads
- Xcode 3.2.4 and iOS SDK 4.1
- Xcode 3.2.4 Readme

Other Downloads
- iOS SDK Agreement
- iPhone Configuration Utility

프로젝트 작성

이제부터 Xcode를 중심으로 iPhone SDK 사용 방법에 대해 설명하겠습니다. 이 책을 집필하는 시점에서 iPhone SDK의 최신 버전은 4.1 이었습니다. 개발 절차 등은 이 버전을 기본으로 기술하지만 이보다 최신 버전에서도 기본적으로 동일한 절차로 가능하리라 생각합니다.

　Xcode(설치한 드라이브의 Developer 폴더 안의 Applications에 있습니다)를 실행합니다. [File] 메뉴에서 [New Project]를 선택하고 iPhone OS의 'View-based Application'을 선택한 후 〈Choose〉 버튼을 클릭합니다. 대화상자가 열리면 'SharePaint'라는 이름으로 새 프로젝트를 만들고 저장할 폴더는 여러분이 관리하기 편한 장소로 지정합니다.

iPhone이나 iPod touch 같은 실제 디바이스에서 애플리케이션을 동작시키기 위해서는 테스트 용도라고 하더라도 아이폰 개발자 프로그램(iPhone Developer Program)의 계정(유료)이 필요합니다. 계정을 구입하고 나서도 유효해지기까지 며칠 걸리기 때문에 아직 계정이 없다면 지금 구입 절차를 밟는 것이 좋습니다. 개발자 인증서 발행 등에서도 이때 등록한 이름을 필요로 하는데 영문으로 표기하는 것이 가장 무난합니다. iTunes 계정은 영어로 하지 않는 경우도 많으므로 앞에서 언급했듯이 Apple Developer Connection에서 새롭게 알기 쉬운 영문 이름으로 계정을 만드는 것이 좋습니다.

다음은 iPhone Developer Program Portal에서 필요한 사항들입니다.

(1) 개발자 인증서 발행
(2) 디바이스 ID 등록
(3) 애플리케이션 ID 등록
(4) provisioning profile 발행과 등록

provisioning profile은 (1) ~ (3)의 정보를 포함한 열쇠 같은 것이라고 생각하면 됩니다. 이 provisioning profile도 같이 있어야만 iPhone과 iPod touch에 애플리케이션을 설치할 수 있습니다. 또한 사전에 등록한 디바이스에만 설치할 수 있습니다. 이런 시스템이 조금 엄격하다고 생각될지도 모르지만 주의해서 작업하는 것이 좋습니다.

일반적으로 실제 작업에서 가장 힘들었던 것은 (1)번 개발자 인증서 발행이라고 생각되므로 간단히 그 흐름을 설명하겠습니다.

우선, Mac의 애플리케이션 안의 유틸리티 폴더에 있는 '키체인 접근'을 실행합니다. 인증서를 삭제 또는 변경할 경우에도 이 애플리케이션을 이용해야 하므로 기억해두세요. 다음으로, 메뉴의 [키체인 접근]에서 [인증 지원] → [인증기관에 인증서를 요청]을 선택합니다. '사용자 이메일 주소' 항목과 '일반 이름' 항목에 각각 iPhone Developer Program의 등록에 사용했던 메일 주소와 이름을 입력하고, 요청 항목에서는 '디스크에 저장됨'을 선택한 후 〈계속〉 버튼을 클릭합니다. 여기서 인증서 요청을 위한 파일을 저장할 장소를 물어보는데, 적당한 장소에 저장하면 됩니다.

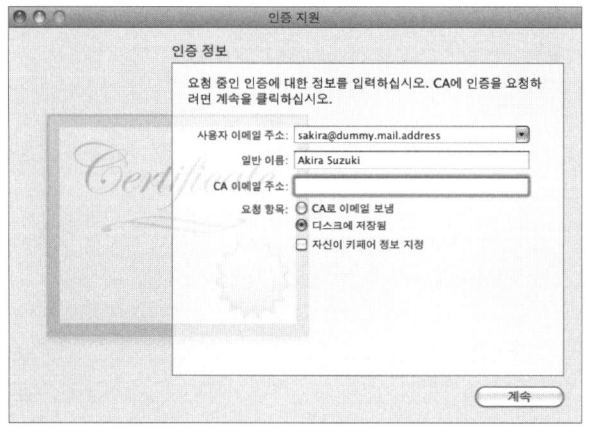

계속해서 iPhone Developer Program에 로그인하여 Program Portal에서 Certificates → Development 탭을 선택하고, 이 페이지에 있는 〈Add Certificate〉 버튼을 클릭한 후 〈파일을 선택〉 버튼을 클릭하고 조금 전의 인증서 요청을 위한 파일을 선택합니다. 잠시 기다렸다가 Development 탭을 다시 선택하면 업로드한 인증서 요청에 대해 'Approve'를 선택할수 있을 것입니다. 이것을 선택하면 인증서를 다운로드할 수 있습니다. 이 인증서와 WWDR intermediate certificate 모두를 개발에 사용할 Mac에 설치해야 하므로 2개 모두 이 페이지에서 다운로드 합니다. 후자는 특히 잊기 쉬우니 주의하세요.

이상으로, 키체인 접근의 인증서 안에 2개의 인증서가 보이는 것을 확인할 수 있을 것입니다.

Xcode로 작업하기 전에 (3)번 애플리케이션 ID 등록도 마치도록 하지요. Program Portal 페이지 좌측에서 'App IDs'를 선택하고, 위의 탭이 'Manage'라고 되어 있는 것을 확인합니다. Description는 'Share Paint'라고 입력하고, Bundle Seed ID는 'Generate New'를 선택한 후 Bundle Identifier는 Android에서와 같은 스타일로 'jp.co.paintsoft.sharepaint'라고 입력하고 〈Submit〉 버튼을 클릭합니다.

이로써 애플리케이션 ID 등록이 완료되었습니다. Share Paint의 애플리케이션 ID가 등

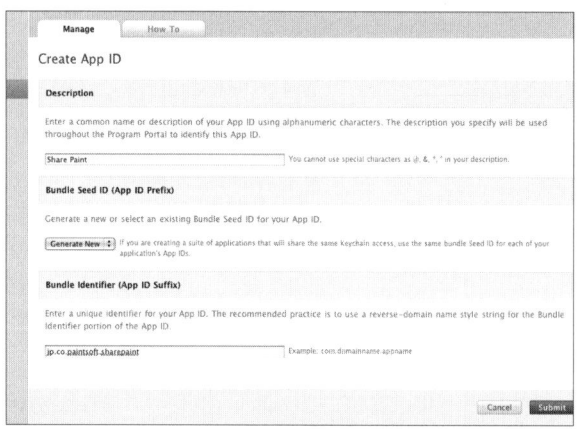

록되었다는 것은 [App IDs] → [Manage] 페이지에서 알 수 있습니다. 우측 끝에 있는 〈Configure〉 버튼을 클릭하세요.

여기에서 Push Notification Service와 애플리케이션 내의 과금 설정을 할 수 있는데, 이 책에서는 다루지 않습니다.

끝으로, Xcode의 SharePaint 프로젝트 페이지에서 'SharePaint-info.plist'를 선택하여 열어줍니다. 이때 보이는 키 중에 'Bundle Identifier'가 있는데 그 우측에 있는 값에 '×××××× ××××.jp.co.paintsoft.sharepaint' 형식의 Bundle Identifier 문자열을 설정해주세요. 이렇게 하여 Share Paint를 Xcode로 개발할 준비를 마쳤습니다.

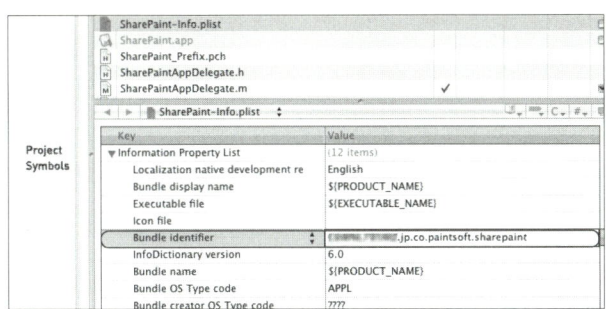

2008년 여름에 3G를 손에 넣고는 이거라면 스테레오 사진 뷰어가 될 수 있겠구나 하고 생각했는데, 이것이 iPhone 애플리케이션을 만들게 된 계기가 되었습니다. 원래 일반 사진과 스테레오 사진이 취미였는데, 무엇보다 스테레오 사진은 찍기도 보기도 불편한 것이 사실이라 가볍게 찍고 감상할 수 있는 카메라 애플리케이션을 만들기 위해 SDK를 다운로드했습니다.

업무에서는 Flash와 Director로 애플리케이션을 만들고 있었지만, Cocoa는 잠깐 만져본 정도였고, Objective-C는 물론이고 C도 거의 처음이었습니다. 그로부터 2주 만에 프로토타입을 만들었고, 'stereo maker'는 약 1개월 만에 완성할 수 있었습니다.

전 제 취향을 표현해줄 수 있는 카메라 애플리케이션들을 만들고 있습니다. 사진을 좋아하는 사람들에게 있어서 애플리케이션 개발이 가능하고 디자인도 아름다운 iPhone과 카메라는 아주 매력적인 소재입니다.

참고로, 제가 만든 카메라 애플리케이션으로 찍은 사진은 여기서 볼 수 있습니다.
http://m-hash.tumblr.com/

✉ 하시모토 유(twitter:m_hash)
TANDEM SYSTEMS 대표

PenProperties 클래스

PenProperties 클래스는 색과 선 두께 등 펜에 관한 정보를 저장하기 위한 클래스입니다. Android에서는 Java로 만들었지만, iPhone에서는 C++ 형식으로 만들어보겠습니다.

Xcode에서 SharePaint 프로젝트를 연 상태에서 [File] 메뉴에서 [New File]을 선택합니다. 열린 위저드 형식의 대화상자의 좌측 패널에서는 Mac OS X 중 'C and C++'을 선택하고, 우측 패널에서는 'C++ 파일'을 선택한 후 〈Next〉 버튼을 클릭합니다. 'New C++ File'이라고 표시되면 파일 이름은 'PenProperties.cpp'라고 입력합니다. 'also create "PenProperties.h"' 체크박스에 체크 표시되어 있는 것을 확인한 후 다른 값은 그대로 둔 채 〈Finish〉 버튼을 클릭합니다.

그러면 헤더 파일인 PenProperties.h가 열리면서 편집 가능한 상태가 되므로 다음과 같이 정의해줍니다.

PenProperties.h

```
class PenProperties {
 public:
  int color, width, density;

  PenProperties(int c, int w, int d);    // 생성자 (색, 두께, 농도)
  PenProperties(void);                   // 디폴트 생성자
};
```

Android의 PenProperties 클래스와 마찬가지로 생성자를 기술합니다. 서식은 약간 다르지만 기본적인 내용은 Android일 때와 같다는 것을 알 수 있을 것입니다.

PenProperties.cpp

```
PenProperties::PenProperties(int c, int w, int d) {
  this->color = c;
  this->width = w;
  this->density = d;
}

PenProperties::PenProperties(void) {
  this->color = 0xff000000;   // 펜 색(흑색)
  this->width = 3;            // 펜 두께는 (3)
  this->density = 128;        // 펜 농도(0~255의 중간)
}
```

3.4

캔버스

iPhone의 경우 위젯의 기본 클래스에 해당하는 것은 UIView입니다. 이것 역시 Android의 View와 마찬가지로 표면에 터치 이벤트의 발생과 직선, 곡선을 그리는 기능 등을 가지고 있습니다. 또한 특별히 명시하지 않아도 UIView 스스로 터치 이벤트를 가져옵니다. 그러므로 캔버스 클래스인 SPCanvas는 UIView를 상속하여 만들어보겠습니다.

캔버스의 정의와 초기화

Xcode의 [File] 메뉴에서 [New File]을 선택하여 위저드를 엽니다. iPhone OS의 Cocoa Touch Class에서 'Objective-C class' → 'UIView subclass'를 선택한 후 〈Next〉 버튼을 클릭합니다. 파일 이름은 'SPCanvas.mm'이라고 입력하고, 'also create "SPCanvas.h"' 체크박스에 체크 표시가 되었는지 확인합니다. 그리고 Objective-C++로 프로그래밍을 할 것이므로 확장자가 Objective-C 파일을 의미하는 'm'이 아니라, 'mm'이라는 점에 주의하세요.

다음은 헤더 파일에서 인스턴스 변수와 메서드를 선언합니다. Objective-C에서는 인스턴스 변수의 초기화는 생성자 안에서 합니다. '#import'란 단 한 번만 호출되는 #include입니다. #import문이 편한 경우가 많을 것이라고 생각되지만, #include가 익숙하다면 그것을 사용해도 무방합니다.

또한 @property라는 것도 익숙하지 않을 것입니다. 예를 들어, SPCanvas의 헤더 정의에서 인스턴스를 canvas라고 생성한 경우에 포인터는 bitmap_data에 'canvas–>bitmap_data'와 같은 형식으로 접근할 수 있습니다.

하지만 이 방법은 직접적으로 접근하는 것이고, getter와 setter를 거치지 않는 접근 방법입니다. 여기서 @property과 @synthesize를 설정함으로써 getter와 setter가 자동적으로 생성되고, 'canvas.bitmap_data'와 같은 형식으로 접근할 수 있게 됩니다. 그렇게 하지 않고 그냥 canvas–>bitmap_data로 직접 접근하는 것이 편하지 않느냐는 의견도 있을지 모르지만 꼭 그렇지는 않습니다. 다만, 이번에는 getter와 setter를 사용하지 않고 인스턴스 변수를 참조하겠습니다.

SPCanvas.h에서 발췌

```
#import "PenProperties.h"

@interface SPCanvas : UIView {
```

```
@public   // 모든 요소는 어디서든 접근할 수 있다
    int last_x, last_y, width, height;    // 바로 전의 좌표
    bool on_stroke;                        // stroke 중인가
    PenProperties pen_properties;          // 선의 색이나 두께
    unsigned int *bitmap_data;             // 더블버퍼용 비트맵 데이터
}

- (void)setup;          // 메서드 선언 (인수 없음)
- (void)clear_canvas;   // 메서드 선언 (인수 없음)
@end
```

Interface Builder 살펴보기

이 SPCanvas라는 클래스는 Android에서와 마찬가지로 코드에서 명시적으로 생성하지 않고, Interface Builder라고 하는 사용자 인터페이스 작성 툴을 이용합니다. 우선 이 툴에 조금 익숙해지는 것이 좋겠지요?

Xcode의 프로젝트 윈도우에서 Resources를 선택하면 MainWindow.xib, SharePaint-info. plist, SharePaintViewController.xib라는 3개의 파일이 나타납니다. 이 중에서 확장자가 xib인 파일이 Interface Builder에서 편집하는 파일로, 이제부터 이 파일을 'XIB 파일'이라고 부르 겠습니다.

MainWindow.xib는 간단히 말해 윈도우(iPhone에서는 화면 전체)와 ViewController를 연결하는 것이며, SharePaintViewController.xib는 ViewController 자체입니다. ViewController는 다시 간단히 말하면 UIView를 관리하기 위한 것입니다. 이 시점에서도 프로젝트를 빌드해서 시뮬레이터에서 실행시킬 수 있는데, 이때 표시되는 화면은 SharePaintViewController.xib에 의해 생성된 UIView의 인스턴스입니다. 여기에서 SPCanvas가 대신 표시되도록 변경해보겠습니다. 'SharePaintViewController.xib'를 더블클릭하세요.

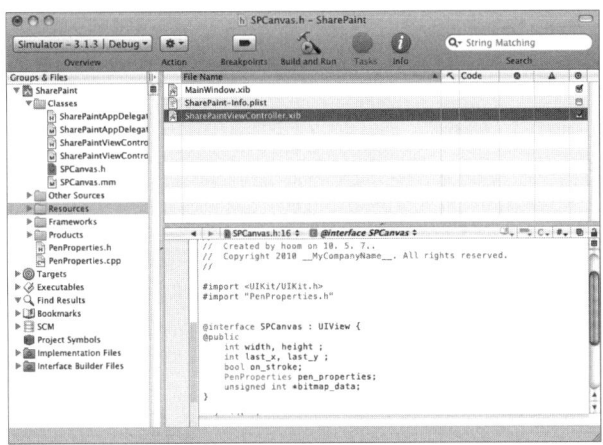

　Interface Builder라는 애플리케이션이 실행되고, 3개의 아이콘이 들어가 있는 작은 윈도가 표시될 것입니다. 3개의 아이콘에는 각각 File's Owner, First Responder, View라는 이름이 아래쪽에 붙어있습니다.

　File's Owner는 여기에서는 ViewController 자신이라고 생각하면 됩니다. 이 아이콘을 클릭하여 선택한 후 [Tools] 메뉴의 [Identity Inspector]를 선택하면 Class 부분에 SharePaintViewController라고 표시됩니다. 실제로 이 클래스는 Xcode의 Classes 중에서 SharePaintViewController.h 등에 정의되어 있는 것도 확인할 수 있습니다.

　그럼, 이 ViewController가 SPCanvas를 호출하도록 하려면 어떻게 하는 것이 좋을까요? View의 속성을 변경하는 것이 좋겠죠. 이 View가 ViewController가 최초로 작성하는 UIView입니다. Interface Builder의 SharePaintViewController.xib 윈도에서 'View'를 선택하세요. Inspector 화면이 열려 있는 상태라면 Class 부분이 'UIView'라고 표시되어 있다는 것을 알 수 있습니다. 만약 닫혀 있다면 다시 'Tools' → 'Identity Inspector'를 차례대로 선택합니다. 여기서 UIVew 부분을 'SPCanvas'로 바꿔주면 완료됩니다. [File] 메뉴에서 [Save]를 선택하여 저장하세요.

　물론 아직은 SPCanvas를 실질적으로 구현하는 SPCanvas.mm 쪽은 아예 손도 대지 않았으

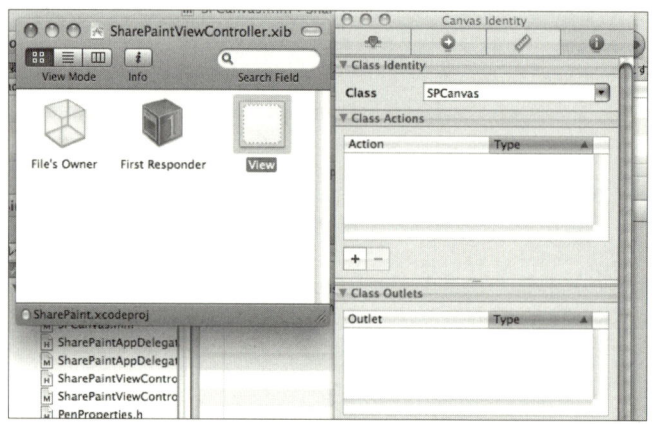

니 빌드하고 실행하더라도 아무런 변화는 없습니다. 다만, 앞으로 SPCanvas.mm의 내용을 서서히 작성해 갈 것이므로 도중에 가끔 'Build' → 'Build and Debug'를 선택하여 시험해보면 좋겠지요. 점점 완성되어 간다는 느낌이 들면서 훨씬 재미있어질 것입니다.

캔버스 초기화하기

Xcode에서 SPCanvas.mm을 열면 initWithFrame:, drawRect:, dealloc: 같은 메서드가 이미 준비되어 있는 것을 알 수 있습니다. 나머지는 이것들을 채워 가면 됩니다.

initWithFrame:은 생성자에 해당하는 메서드로, 보통은 이 안에 인스턴스의 초기화 코드를 작성하지만 이번에는 사용하지 않습니다. 그도 그럴 것이 SharePaintViewController.xib 안에서 SPCanvas를 정의했는데, XIB 파일에서 SPCanvas를 작성하게 되면 initWithFrame:은 호출되지 않고, initWithCoder: 메서드가 호출됩니다. 그러므로 initWithFrame:은 내버려두고 initWithCoder:를 다음 페이지 소스 코드와 같이 기술합니다. initWithFrame:은 삭제해도 무방합니다.

또한 인스턴스 변수에 액세스하기 위해서는 다음과 같이 self와 -〉 연산자를 이용해도 가능하고, 로컬 변수와 이름이 충돌하지 않는다면 self->가 없어도 괜찮습니다. C++의 this가 Objective-C에서는 self라고 생각해도 됩니다. 예를 들어, bitmap_data = NULL;이라도 상관없지만 인스턴스 변수라는 것을 강조하기 위해 여기서는 self->bitmap_data = NULL;로 하였습니다. 그리고 좀 전에도 언급했듯이 @property나 @synthesis와 같은 선언을 이용하면 Objective-C의 인스턴스 변수에 self.bitmpa_data = NULL;의 형태로 접근할 수도 있지만 자세한 설명은 생략하겠습니다.

SPCanvas.mm

```
- (id)initWithCoder:(NSCoder *)decoder {
  if (self = [super initWithCoder:decoder]) {
    self->bitmap_data = NULL;
    [self setup];                  // 실제 초기화는 setup 메서드에서
  }
  return self;
}

- (void)setup {
  self->on_stroke = false;      // stroke 중이 아니므로 false로
  self->pen_properties = PenProperties();
                                // 펜의 속성은 기본값
  self->bitmap_data = NULL;     // 더블버퍼 이미지는 Null로
  self->width = 320;            // 캔버스의 폭은 320
  self->height = 480;           // 캔버스의 높이는 480
  [self clear_canvas];          // 캔버스를 삭제
}
```

download \SharePaint_ch3\SharePaint_ch3\Classes\SPCanvas.mm

이 initWithCoder: 안에서 인스턴스 변수 bitmap_data가 C++의 인스턴스로서 만들어질 것이므로 C++에서와 같이 생성자 안에서 bitmap_data의 뒤처리를 해야만 합니다.

SPCanvas.mm

```
- (void)dealloc {
  if (self->bitmap_data)         // 더블버퍼용 데이터가 생성되어 있으면
    delete[] self->bitmap_data;  // 그것을 삭제하고
  [super dealloc];               // 부모 클래스도 해제한다
}
```

캔버스를 흰색으로 지우는 clear_canvas 메서드는 다음과 같이 구현합니다. Android에서와 내용은 같지만 실제 처리는 상당히 달라졌습니다. 이쪽에서는 실제 비트맵의 형식은 현재 명시적으로 지정하지 않은 채, 단순히 width×height 크기의 흰색 비트맵 이미지를 위한 배열을 만들고 그 속을 ARGB 형식의 흰색을 의미하는 0xffffffff로 채우고 나서 화면의 갱신을 요청합니다. Android에서의 invalidate( )에 해당하는 부분이 self setNeedsDisplay이고, 이것에 의해 캔버스 전체의 갱신이 요청되면서 간접적으로 drawRect:가 호출됩니다. 또한 하나의 색 요소가 8비트인데 ARGB라는 4개의 색 요소를 가지고 있으므로 1개의 픽셀에서 사용되는 것은 32비트=4바이트가 됩니다. 이것은 sizeof(unsigned int)의 크기와 일치한다는 점에 주의하세요.

SPCanvas.mm

```
- (void)clear_canvas {
  if (self->bitmap_data)       // 만약 bitmap_data가 NULL이 아니면
    delete[] bitmap_data;      // 그것을 해제한다

  int length = self->width * self->height;         // 픽셀 수를 length에 저장한다
  self->bitmap_data = new unsigned int[length];    // 비트맵 데이터 영역을 확보한다
  for (int i = 0; i < length; i ++)
    self->bitmap_data[i] = 0xffffffff;   // 불투명한 흰색으로 칠한다

  [self setNeedsDisplay];                 // 캔버스 갱신을 요청한다
}
```

다음은 화면의 다시 그리기 요청이 있을 때 호출되는 부분입니다. Android의 onDraw에서는 다시 그리는 영역이 지정되어 있지 않았지만, iPhone의 drawRect:에서는 명시적으로 지정되어 있습니다. 그러므로 더블버퍼의 이미지에서 다시 그려야 할 영역만 우선 추출하여 그것을 캔버스 상의 갱신 영역에 그려주는 방식으로 구현하면 됩니다. 그리고 여기서는 Core Graphics의 기능을 사용하므로 API는 C 언어 형식입니다. 조금 복잡하지만 해야 할 일에 있어서 그렇게 큰 차이가 나는 것은 아니므로 하나씩 살펴보기로 하겠습니다.

우선 비트맵 데이터에서 갱신에 필요한 영역인 rect 부분에 해당하는 이미지를 만들어보겠습니다. rect.origin은 직사각형 rect의 좌측 상단의 정점이고, rect.size는 rect의 가로(width)와

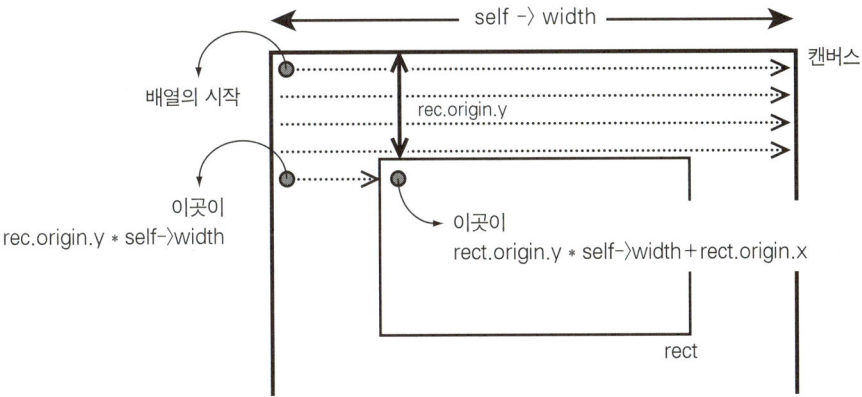

세로(height)이고, self->width는 이미지의 가로 폭입니다. 그러므로 rect.origin.y * self->width + rect.origin.x는 비트맵 데이터 안에서 좌측 상단 픽셀인 배열의 시작점으로부터의 위치를 의미합니다.

```
- (void)drawRect:(CGRect)rect {
  CGDataProviderRef providerref =
    CGDataProviderCreateWithData(NULL, // 메모리 확보는 OS에게 맡긴다
        self->bitmap_data +
        ((int)(rect.origin.y) * self->width + (int)(rect.origin.x)),
                                // 데이터 시작 포인터를 지정한다
        rect.size.width * rect.size.height * 4, NULL); // 이미지 크기를 지정한다
```

다음으로 imgref에 실제 CGImage의 내용을 가리키는 포인터를 저장합니다. 위에서 작성한 비트맵의 픽셀 형식대로 rect.size와 동일한 크기를 가진 CGImage가 만들어집니다. 비트맵의 형식은 Android 버전과 같은 구조로 하겠습니다. 즉, ARGB의 각 요소가 8비트씩 모두 32비트이고, 알파 채널은 픽셀 데이터의 처음에 둡니다.

데이터의 가로 폭을 (rect.size.width가 아니라) self->width로 지정함으로써 캔버스의 이미지

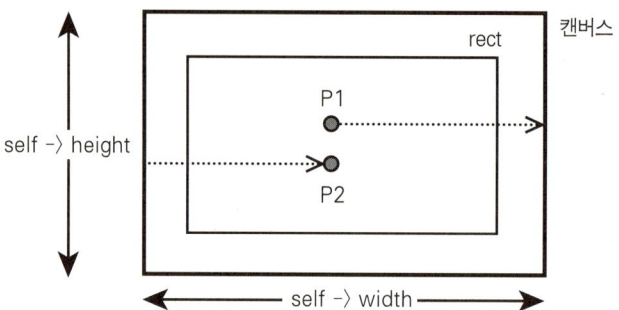

를 잘라낼 수 있도록 하였습니다. 다시 말해, (x, y)에 있는 픽셀(P1)보다 한 픽셀 아래에 있는 (x, y+1) 픽셀(P2)의 데이터 상의 위치로는 (P1)보다 self-〉width*4만큼 앞쪽에 있게 되는 것입니다.

```
CGColorSpaceRef colorspace = CGColorSpaceCreateDeviceRGB();
CGImageRef imgref =
  CGImageCreate(rect.size.width, rect.size.height,    // 이미지의 폭과 높이
          8, 32,        // 색 요소별 비트 수와 픽셀별 비트 수
          self->width * 4,    // 이미지의 가로 1열의 바이트 수
          colorspace, kCGImageAlphaPremultipliedFirst,   // 나머지 인수는 기본값
          providerref, NULL, NO, kCGRenderingIntentDefault);
```

CGImage를 작성할 때는 사용했지만 이제는 필요 없어진 colorspace와 providerref를 해제하고, imgref의 내용대로 UIImage를 생성합니다.

```
CGColorSpaceRelease(colorspace);      // 더 이상 필요 없으므로 해제한다
CGDataProviderRelease(providerref);    // 더 이상 필요 없으므로 해제한다
UIImage *img = [[UIImage alloc] initWithCGImage:imgref];
```

그리고 img 이미지의 내용을 캔버스(SPCanvas) 상의 직사각형 영역 rect에 그립니다.

```
[img drawInRect:rect];
```

이제는 img도 imgref도 필요가 없어졌기 때문에 모두 해제하고 drawRect: 메서드를 종료합니다. 오브젝트나 구조체를 만들고 해제하는 작업을 반복하는 것이 다소 번거로울 수 있지만, 이것은 퍼포먼스를 추구하기 위한 iPhone 플랫폼의 특징이기도 합니다. 이 부분을 확실하게 해놓지 않으면 메모리 누수로 이어지지만 확실하게 처리하기만 하면 가비지 컬렉션을 이용하는 Android보다 퍼포먼스 상에서 유리해지기 때문에 반드시 숙지해두는 것이 좋습니다.

```
[img release];
CGImageRelease(imgref);
}
```

화면 터치 감지하기

그리고 화면 터치가 통지되었을 때 발생한 이벤트가 '눌렸다', '드래그 중이다', '떨어졌다'인 경우에 호출되는 메서드만 정의하면 프로토타입이 완성됩니다. Android에서는 모든 이벤트에 대해 onTouchEvent( )가 호출되었지만, iPhone은 각각 touchesBegan:withEvent:, touchesMoved:withEvent:, touchesEnded:withEvent:라는 식으로, 각기 다른 메서드가 호출되도록 되어 있습니다.

이들 touches... 메서드는 SPCanvas에서 정의해도 동작을 하지만, 이번에는 그것을 관리하는 SharePaintViewController에서 구현해보겠습니다. 뒷부분으로 가면 캔버스의 확대·축소와 애니메이션을 수행할 때 스크린 상의 좌표와 캔버스 상의 좌표 변환이 필요하게 됩니다. 또한 멀티터치를 구현할 때 손가락의 거리 등을 측정해야 하며 확대·축소 표시를 위해 새로이 뷰를 추가해야 합니다. 여기서 복수의 뷰에 대한 처리 문제가 발생하는데, 그것들을 객관적으로 다루기 위해서는 뷰 컨트롤러인 SharePaintViewController에서 다루는 편이 이해하기 쉬울 것입니다. 다만, 실제로는 SPCanvas에서 정의하더라도 문제가 있는 것은 아니므로 익숙한 방법으로 구현하면 됩니다.

SharePaintViewController에서 SPCanvas를 사용할 거라면 #import "SPCanvas.h"라는 행을 SharePaintViewConteroller에서 불러와야만 하는데, SPCanvas.h는 Objective-C++로 기술되어 있으므로, SharePaintViewController.m의 확장자도 Objective-C를 의미하는 .m에서 Objective-C++의 .mm으로 변경할 필요가 있다는 점에 주의하세요. 프로젝트 윈도 안의 파일을 마우스 오른쪽 버튼으로 클릭(혹은 ctrl을 누르면서 클릭)한 후 'Rename'을 선택하여 확장자를 변경할 수 있습니다.

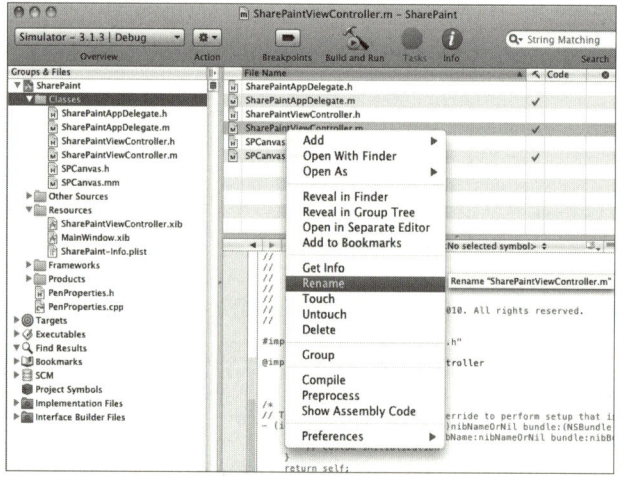

실제 코드는 다음과 같습니다. 혹시나 해서 말하지만 지금 SharePaintViewController.mm 파일을 편집 중이므로 혼동하지 않도록 주의하세요.

SharePaintController.mm

```
#import "SPCanvas.h"
```

download \SharePaint_ch3\SharePaint_ch3\Classes\SharePaintController.mm

우선은 화면에 손가락 터치가 시작될 때 호출되는 touchesBegan:withEvent:부터 기술해 나가겠습니다.

```
- (void) touchesBegan: (NSSet*) touches withEvent: (VIEvent*) event {
  SPCanvs* canvas = (SPCanvas*) self.view;
```

앞에서 설명했듯이 self.view에는 SharePaintViewController가 관리하고 있는 뷰가 저장되어 있고, 실제로는 SPCanvas의 인스턴스라는 것을 우리는 알고 있지만 컴파일러는 알 수 없기 때문에 'SPCanvas*'로 캐스팅하겠습니다. 또한 두 번째 인수 event는 사용하지 않습니다.

```
if (canvas->bitmap_data == NULL)       // 만약 캔버스 준비가 되어 있지 않다면
  return;   // 아무것도 하지 않고 되돌아간다
UITouch *touch = [touches anyObject];   // 터치를 하나 꺼낸다
```

iPhone OS는 멀티터치를 전제로 하고 있기 때문에 (NSSet*) touches에는 여러 개의 터치 이벤트가 들어있을 가능성이 있지만, SharePaint는 프로토타입 단계이므로 멀티터치에 대해서는 아직 고려하지 않습니다. 터치 이벤트는 하나밖에 들어있지 않기 때문에 하나를 추출하여 변수 touch에 저장합니다.

```
if (touch) {
  CGPoint pt = [touch locationInView:canvas];   // 캔버스 상에서의 좌표를 구한다
  [canvas touchPressedAtX:pt.x y:pt.y];          // 그 좌표가 눌러졌을 때의 처리이다
}
}
```

touch가 nil이 아니라 실제로 내용이 저장되어 있다면 그곳에서 캔버스 상의 좌표를 꺼내서 캔버스에 touchPressedAtX:y: 메서드가 실행되도록 합니다. 이 메서드는 Android의 touchPressed( )에 해당합니다.

나머지 2개의 touchesMoved:withEvent:와 touchesEnded:withEvent:에 대해서는 실질적으로 touchesBegan:withEvent:와 다르지 않지만 처음인 만큼 코드를 실어두겠습니다. 설명은 생략합니다.

```
- (void)touchesMoved:(NSSet*)touches withEvent:(VIEvent*)event {
  SPCanvas* canvas = (SPCanvas*)self.view;
  if (canvas->bitmap_data == NULL)      // 만약 캔버스 준비가 되어 있지 않다면
    return;                             // 아무것도 하지 않고 되돌아간다
  UITouch *touch = [touches anyObject];  // 터치를 하나 꺼낸다
  if (touch) {
    CGPoint pt = [touch locationInView:canvas];  // 캔버스 상에서의 좌표를 구한다
    [canvas touchDraggedAtX:pt.x y:pt.y];   // 그 좌표로 드래그 되었을 때의 처리
  }
}
- (void)touchesEnded:(NSSet*)touches withEvent:(VIEvent*)event {
  SPCanvas* canvas = (SPCanvas*)self.view;
  if (canvas->bitmap_data == NULL)      // 만약 캔버스 준비가 되어 있지 않다면
    return;                             // 아무것도 하지 않고 되돌아간다
  UITouch *touch = [touches anyObject];  // 터치를 하나 꺼낸다
  if (touch) {
    CGPoint pt = [touch locationInView:canvas];  // 캔버스 상에서의 좌표를 구한다
    [canvas touchReleasedAtX:pt.x y:pt.y];   // 그 좌표에서 손가락이 떨어졌을 때의 처리
  }
}
```

다시 SPCanvas로 돌아갑니다. 우선은 헤더인 SPCanvas.h를 편집하여 추가할 메서드를 선언합니다.

SPCanvas.h

```
- (void)touchPressedAtX:(int)x y:(int)y;
- (void)touchDraggedAtX:(int)x y:(int)y;
- (void)touchReleasedAtX:(int)x y:(int)y;
```

이어서 선언한 메서드들을 구현해보겠습니다. touchPressedAtX:y:의 구현 방법은 Android 버전일 때와 완전히 동일합니다.

SPCanvas.mm

```
- (void)touchPressedAtX:(int)x y:(int)y {
  self->last_x = x;        // 바로 전의 X좌표를 눌려진 X좌표로
  self->last_y = y;        // 바로 전의 Y좌표를 눌려진 Y좌표로
  self->on_stroke = true;  // stroke를 시작한다
}
```

실제로 선을 그리는 것은 drawLineFromX:y:toX:y: 메서드지만 이 부분은 나중에 설명하기로 하겠습니다. 남은 코드는 Android에서 했던 것과 같습니다. setNeedsDisplayInRect: 메서드가 Android에서의 invalidate( )에 해당하고, 거기서 주어진 인수의 직사각형 영역의 지정 방법이 좌측 상단의 좌표와 직사각형의 폭과 높이라는 점만은 주의하세요. Android에서는 직사각형 영역을 좌측 상단의 좌표와 우측 하단의 좌표로 지정했었습니다.

SPCanvas.mm

```
- (void)touchDraggedAtX:(int)x y:(int)y {
  [self drawLineFromX:self->last_x y:self->last_y toX:x y:y];
      // 버퍼에 선을 그린다

      // 이하는 버퍼 이미지를 캔버스에 반영하기 위한 부분이다
  int pen_width_half = self->pen_properties.width / 2 + 1;
  int min_x = std::min(x, self->last_x) - pen_width_half;   // 좌단
  int max_x = std::max(x, self->last_x) + pen_width_half;   // 우단
  int min_y = std::min(y, self->last_y) - pen_width_half;   // 상단
  int max_y = std::max(y, self->last_y) + pen_width_half;   // 하단
  [self setNeedsDisplayInRect:CGRectMake(min_x, min_y,     // 좌측 상단의 좌표
```

```
                                       max_x - min_x + 1,     // 폭
                                       max_y - min_y + 1)];   // 높이
  self->last_x = x;   // 현재 X좌표로 last_x를 치환한다
  self->last_y = y;   // 현재 Y좌표로 last_y를 치환한다
}
```

touchReleasedAtX:y:도 Android에서와 동일하게 처리합니다.

SPCanvas.mm

```
- (void)touchReleasedAtX:(int)x y:(int)y {   // x, y는 사용하지 않는다
  self->on_stroke = false;                   // stroke를 종료한다
}
```


버퍼에 선 그리기

실제로 선을 bitmap_data에 그리는 drawLineFromX:y:toX:y: 메서드를 살펴보겠습니다.

SPCanvas.h에는 '- (void)drawLineFromX:(int)x y:(int)y toX:(int)x y:(int)y;'라고 이 메서드의 선언을 추가해줍니다.

다음은 구현부입니다. Android에서 한 것보다 조금 깁니다. 또한 소스 코드의 형태가 Objective-C 같지 않고 C 언어처럼 보입니다. 그 이유는 그래픽스의 그림 그리는 부분에 대해서는 drawRect:일 때와 마찬가지로 Core Graphics를 사용하고 있기 때문입니다. Mac OS X 에서 사용되는 프레임워크이므로 Mac OS X와 같은 코드를 이용할 수 있다는 장점이 있는 반면, 통일감이 결여된다는 단점도 있습니다. 그렇지만 개념이나 알고리즘은 Android 버전과 동일하므로 어려워 말고 해결해 봅시다.

제일 처음 CGContext의 작성입니다. 비트맵 데이터는 단순한 unsigned int의 배열이지만 그것을 이미지 데이터로서 파악하고 그리기를 수행하기 위한 창구를 준비하는 것으로, Android에서 말하는 Canvas 클래스와 같은 것이라고 생각하면 됩니다.

SPCanvas.mm

```
- (void)drawLineFromX:(int)x0 y:(int)y0 toX:(int)x1 y:(int)y1 {
  CGColorSpaceRef colorspace = CGColorSpaceCreateDeviceRGB();
  CGContextRef context =
  CGBitmapContextCreate(self->bitmap_data,        // 데이터의 시작 포인터
                        self->width, self->height, 8, // 폭, 높이, 색 요소별 비트 수
                        self->width * 4,          // 1행의 바이트 수
                        colorspace,
                        kCGImageAlphaPremultipliedFirst); // ARGB의 색 요소를 지정
```

다음으로 CTM의 설정입니다. CTM이란 Current Transformation Matrix의 약자로, 확대 · 축소나 회전, 반전 등의 변환을 주어진 좌표에 대해 어떻게 풀어서 그릴 것인가를 지정하는 것입니다. 이름에 'Matrix(행렬)'라는 단어가 들어있지만 보통은 행렬의 의미는 그다지 염두에 두지 않아도 됩니다.

그런데 왜 이런 것이 필요할까요? 실은 Core Graphics의 좌표 개념이 iPhone API와 다르기

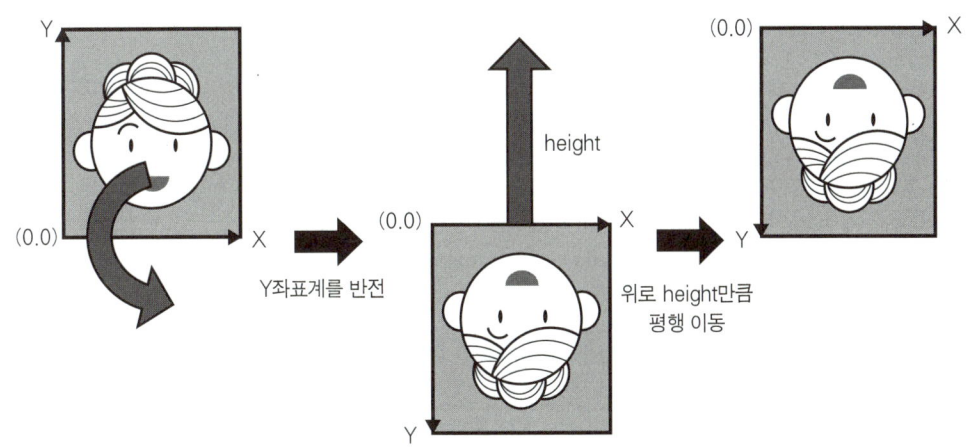

Y좌표계를 반전   위로 height만큼 평행 이동

때문입니다. Core Graphics 쪽은 이미지의 왼쪽 아래가 원점(0, 0)인 데 대해 다른 것을 예로 들면 UIView 등에서는 원점(0, 0)이 우측 상단입니다. Core Graphics의 좌표계는 수학의 XY 좌표계와 같게 설계되었던 것일까요?

어찌 되었든 CTM이 기본값인 채로는 아래 위가 거꾸로 그려지게 됩니다. 그래서 Y좌표를 반전시키지만 그대로라면 화면 밖으로 벗어나 버릴 테니, 원점의 위치가 캔버스의 좌측 상단에 오도록 위로 평행 이동하여 옮겨줍니다.

```
CGAffineTransform ctm = CGAffineTransformMakeScale(1, -1);   // Y 좌표를 반전한다
ctm = CGAffineTransformTranslate(ctm, 0, - self->height);
                                        // 위로 height만큼 평행 이동한다
CGContextConcatCTM(context, ctm);   // CTM을 context에 설정한다
```

클래스 PenProperties에서는 색은 32비트 int이고 ARGB의 4가지 색 요소마다 1바이트 (0~255)로 정의되어 있었습니다. 그런데 Core Graphics에서 사용하는 CGColor는 각 색 요소를 0.0~1.0의 부동소수점으로 지정하기 때문에 다음과 같은 변환 과정이 필요합니다.

```
CGContextSetLineCap(context, kCGLineCapRound);   // 선의 양끝은 둥글게
int pen_color = self->pen_properties.color;      // ARGB 형식의 팬 색
CGFloat components[4];   // RGBA의 색 요소
components[0] = (pen_color & 0x00ff0000) / (255.0 * 0x10000); // 적색
components[1] = (pen_color & 0x0000ff00) / (255.0 * 0x100);   // 녹색
components[2] = (pen_color & 0x000000ff) / 255.0;             // 청색
components[3] = (pen_color & 0xff000000) / (255.0 * 0x1000000); // 알파 채널
CGColorRef color = CGColorCreate(colorspace, components);   // 색을 만든다
CGContextSetStrokeColorWithColor(context, color);   // 그 색으로 그리기를 지정한다
CGContextSetLineWidth(context, self->pen_properties.width);   // 선의 폭을 설정한다
```

선 그리기는 다음과 같습니다. 3개의 명령으로 나눠져 있는데, 여기서 좌표(x0, y0)에서 (x1, y1)으로 선을 그립니다.

```
CGContextMoveToPoint(context, x0, y0);        // 선의 시작점을 (x0, y0)에
CGContextAddLineToPoint(context, x1, y1);     // 선의 종료점을 (x1, y1)에
CGContextDrawPath(context, kCGPathStroke);    // 선 그리기를 실행한다
```

마지막으로 사용이 끝난 리소스를 해제시키고 종료합니다.

```
    CGColorSpaceRelease(colorspace);   // colorspace는 더 이상 필요 없다
    CGColorRelease(color);             // color는 더 이상 필요 없으므로 해제한다
    CGContextRelease(context);         // context도 필요 없어졌으므로 해제한다
}
```

실행하기

그렇다면 이 프로토타입을 시뮬레이터에서 실행해보겠습니다. 이것만으로도 실제로 동작할 수 있다니 재미있습니다.

iPhone과 iPod touch에서 직접 실행해보는 것은 'chapter 3.6 iPhone에서의 작동'에서 다시 설명하겠습니다. iPhone SDK에 들어있는 것은 Android의 에뮬레이터가 아닌 시뮬레이터이므로, 여기에서 작성된 바이너리는 실제 기기에서 동작하지 않습니다. 또한 본체에서 동작시킬 바이너리를 만들 수 있더라도 iPhone Developer Program에 등록하지 않는 한 기기에서 동작시키기 위한 전자키를 만들 수도 입수할 수도 없습니다. 다시 말해, 실제 기기에서 테스트를 해보기 위해서는 iPhone Developer Program에 가입(유료)해야 합니다. 가입을 하지 않은 분들은 시뮬레이터로 동작을 확인해보세요.

실제 기기에서 테스트하기 전에 Android 버전과 같이 색과 두께를 선택할 수 있도록 만들어보겠습니다.

색과 두께의 선택

Android용 프로토타입과 마찬가지 방법으로 선의 색과 두께를 선택할 수 있도록 해보겠습니다. Android나 iPhone 모두 소스 코드에서 동적으로 위젯을 배치할 수도 있지만, 이 경우에는 GUI 툴을 사용하는 것이 편하므로 Interface Builder를 사용해보겠습니다. Android일 때와 마찬가지로 레이어의 구현은 아직 이르지만 레이어 위젯을 배치할 장소 정도만 잡아놓기로 하죠.

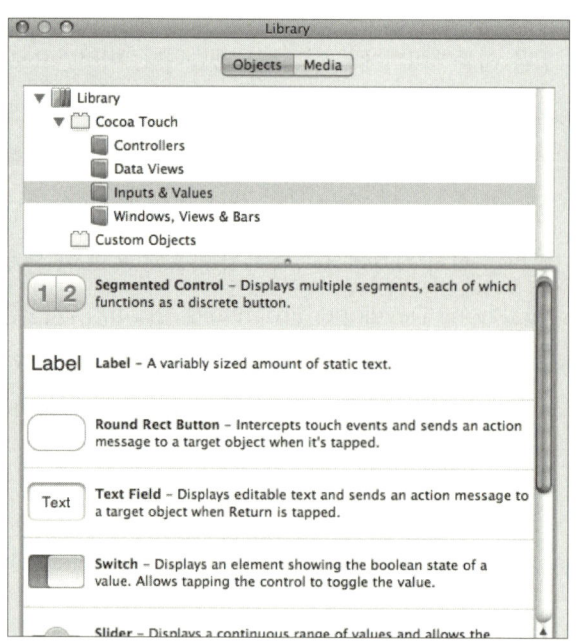

프로젝트 윈도 SharePaint의 Resources 안의 'SharePaintViewController.xib'를 더블클릭하여 interface Builder를 실행하세요. SharePaintViewController.xib 윈도에는 지금까지는 File's Owner, First Responder, View라는 3개의 아이콘이 들어있을 뿐이었지만, 여기에 UIViewController와 UIview를 새롭게 추가해보겠습니다. 아이콘의 추가는 Library 윈도에서 각각 드래그 앤 드롭으로 할 수 있습니다. 만약 Library 윈도가 열려있지 않다면 [Tools] 메뉴에서 [Library]를 선택해서 열어주세요.

Library 윈도의 Controllers 안에 'View Controller'라는 항목이 있는데, 이것을 Share PaintViewController.xib 윈도로 드래그하여 삽입합니다. 또한 Windows, Views & Bars, 안의 View도 드래그하여 삽입합니다.

이렇게 해서 아이콘이 5개가 되었습니다. View가 2개라 복잡하니 원래 있었던 View를 SPCanvas로, 새롭게 추가한 View를 PenDialogView 등으로 구별하기 쉽게 변경합니다. 아이콘 아래의 이름을 클릭하면 이름을 변경할 수 있습니다. 새로 추가한 ViewController도 PenDialogViewController 등으로 이름을 변경해둡니다.

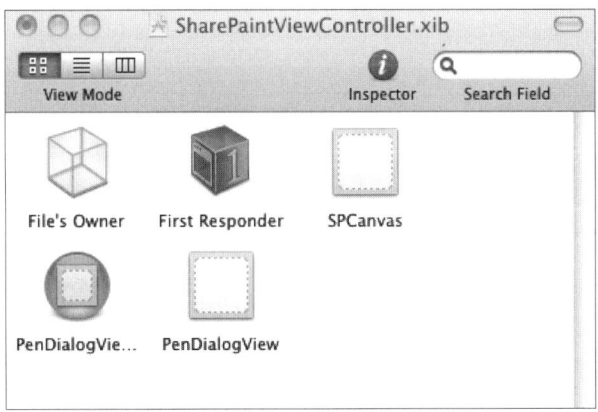

그리고 PenDialogView를 더블클릭해서 열린 윈도 안에 라벨과 버튼, 슬라이더 등을 추가해

갑니다. 라벨에는 'Label'을, 라디오버튼에 해당하는 것에는 'Segmented Control'을, 슬라이더에는 'Slider'를 각각 View 윈도에 드래그 앤 드롭하세요. 라벨의 문자는 일반 Mac OS의 애플리케이션과 마찬가지로 클릭해서 변경할 수 있습니다.

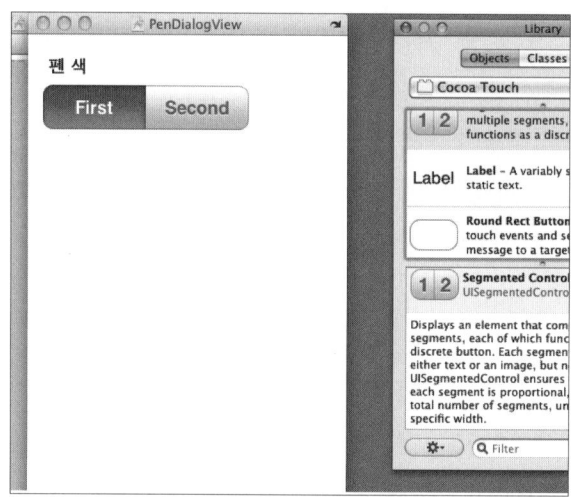

Segmented Control 버튼의 수는 Attribute Inspector에서 Segments의 수를 변경해주면 됩니다. 슬라이더와 〈Cancel〉 버튼, 〈OK〉 버튼도 차례로 배치해 나갑니다.

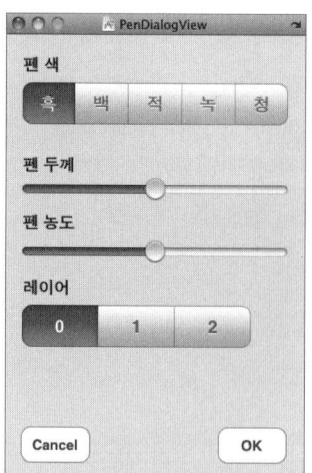

다음으로 PenDialogViewController에서 관리하는 뷰를 조금 전에 화면 설정을 했던 PenDialogView로 설정합니다. PenDialogViewController를 마우스 오른쪽 버튼으로 클릭하면 검은 플로팅 윈도가 표시되는데, 거기에서 view의 오른쪽 끝에 있는 ○에서부터 PenDialogView로 드래그합니다. 이로써 이 플로팅 윈도의 view 우측 끝에는 PenDialogView가 표시되며, 관리할 뷰로 등록된 것을 확인할 수 있습니다.

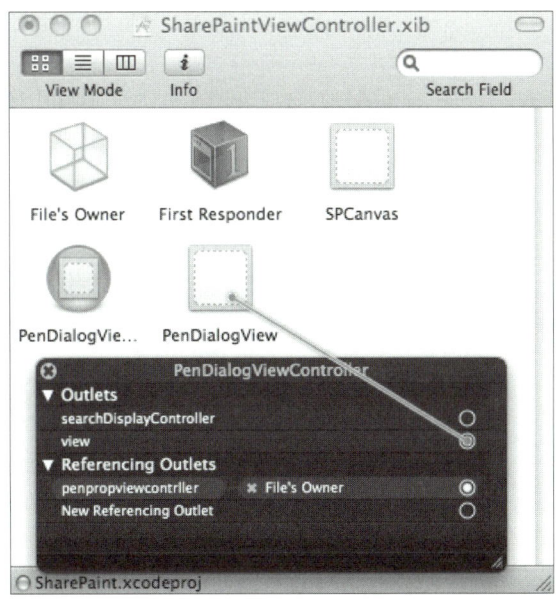

이 PenDialogViewController를 SharePaintViewController에서 호출하려면 IBOutlet이라는 메커니즘을 이용해야 합니다. 프로젝트 윈도에서 SharePaintViewController.h를 연 후 다음과 같이 IBOutlet 행을 추가합니다.

SharePaintViewController.h

```
@interface SharePaintViewController : UIViewController {
    IBOutlet UIViewController* penpropviewcontroller;   // IBOutlet 행을 추가한다
}
```

download \SharePaint_ch3\SharePaint_ch3\Classes\SharePaintViewController.h

IBOutlet만 없으면 단순한 인스턴스 변수 penpropviewcontroller의 선언이지만 이 IBOutlet을 추가함으로써 Interface Builder에서 penpropviewcontroller를 인식할 수 있게 됩니다. SharePaintViewController.h를 저장하고 Interface Builder로 전환한 후 File'sOwner를 마우스 오른쪽 버튼으로 클릭(또는 ctrl 키를 누르면서 클릭)하면 플로팅 윈도 안에 'penpropviewcontroller' 항목이 보일 것입니다. 그럼, 조금 전과 마찬가지로 우측 끝에 있는 '○'를 클릭하여 PenDialogViewController로 드래그하여 대응시킵니다. 이로써 클래스 SharePaintViewController 안에서 PenDialogViewController로 액세스할 수 있게 되었습니다.

이번에는 캔버스 위에 버튼을 만들어보겠습니다. Interface Builder에서 Library 윈도의 'Round Rect Button'을 SPCanvas의 뷰 위로 드래그 앤 드롭하여 설정합니다.

이제 버튼을 클릭하면 PenPropDialogViewController가 표시되게 해야 하는데, 이 메커니즘도 IBAction를 사용하면 의외로 간단히 만들 수 있습니다. SharePaintViewController.h 메서드 선언부에 다음 선언을 기술하세요.

SharePaintViewController.h

```
- (IBAction)showPenPropDialog:(id)sender;
```

실질적으로는 반환값이 없는 (void) 메서드지만 이처럼 IBAction을 지정하면 IBOutlet과 마찬가지로 Interface Builder에서 이 메서드를 인식할 수 있습니다. SharePaintViewController.h를 저장하고, Interface Builder로 전환해주세요. 여기서 File's Owner(즉, SharePaintViewController)를 마우스 오른쪽 버튼으로 클릭하면 Received Actions에 방금 전에 추가한 showPenPropDialog:를 확인할 수 있습니다. 우측에 있는 '○'를 클릭하여 SPCanvas 위에 있던 Pen 버튼까지 마우스(혹은 트랙 패드)로 선을 연결하세요. 연결한 후 마우스(혹은 트랙 패드) 버튼에서 손을 떼면 이 버튼에서 발생하는 어느 이벤트에 showPenPropDialog:를 할당할지 선택지가 팝업되어 나타납니다. 그러면 'Touch Up Inside'를 선택합니다. 이것은 이 Pen 버튼의 안쪽에서 손가락을 뗄 때 발생하는 이벤트가 됩니다.

여기까지 작업을 마쳤다면 File's Owner를 마우스 오른쪽 버튼으로 클릭하여 표시되는 플로팅 윈도의 모습은 다음과 같습니다.

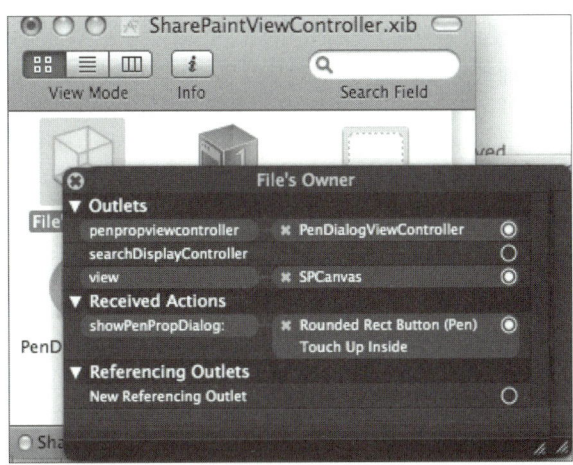

나머지는 showPenPropDialog 메서드의 내부를 구현하면 되는데, 아래와 같이 간단하게 수정하면 끝납니다.

SharePaintViewController.mm

```
- (IBAction)showPenPropDialog:(id)sender {
    [self presentModalViewController:penpropviewcontroller animated:YES];
}
```

이로써 Pen 버튼이 클릭되면 showPenPropDialog 메서드가 호출되고, penpropviewcontroller(=PenDialogViewController)로 View Controller의 (일시적인) 이동이 실행됩니다. 이것도 상당히 재미있으니 꼭 한번 시뮬레이터로 시험해보기 바랍니다.

이번에는 펜 설정 대화상자와 실제 펜 정보를 연계시켜보겠습니다. 이 부분은 Android 버전보다 조금 간단히 기술할 수 있습니다.

iPhone 버전과 Android 버전의 조작성을 가능한 한 동일하게 만들기 위해서는 기본적으로 화면의 구성과 처리하는 내용을 Android와 같게 해주어야 합니다. 현 단계의 프로토타입에서는 펜의 색과 두께의 정보만 변경이 가능하게 되어 있으니, 여기서도 우선은 펜 색을 선택하는 Segmented Control과 펜 두께를 조정하는 슬라이더를 코드(SharePaintViewController.mm) 쪽에 표시해보겠습니다. 우선, 헤더 파일의 변수 선언부에 아래의 내용을 추가하고 저장합니다.

SharePaintViewController.h

```
IBOutlet UISegmentedControl* pen_color_btns;
IBOutlet UISlider* pen_width_slider;
```

계속해서 Interface Builder 쪽에서 이 정보들과 화면상의 요소들을 연결시킵니다. File's Owner를 마우스 오른쪽 버튼으로 클릭하면 표시되는 플로팅 윈도에 pen_color_btns와 pen_ width_slider가 보일 것이므로 지금까지와 같은 방법으로 각각을 펜 색용 Segmented Control과 펜 두께용 슬라이더에 연결시키고 XIB 파일을 저장하세요.

다시 Xcode로 돌아가서 SharePaintViewController.mm을 다음과 같이 변경합니다. setColorButton: 메서드에 대해서는 나중에 설명하겠습니다.

SharePaintViewController.mm

```
- (IBAction)showPenPropDialog:(id)sender {
  SPCanvas* canvas = (SPCanvas*)self.view;          // 캔버스를 확보
  [self setColorButton:canvas->pen_properties.color]; // 펜 색 대화상자에 반영
  self->pen_width_slider.minimumValue = 1;   // 펜 두께 슬라이더의 최소값을 1로
  self->pen_width_slider.maximumValue = 25;  // 펜 두께 슬라이더의 최대값을 25로
  self->pen_width_slider.value = canvas->pen_properties.width;
          // 펜 두께를 대화상자에 반영
  [self presentModalViewController:penpropviewcontroller animated:YES];
          // 대화상자의 표시 (이전 그대로)
}
```

ARGB 형식의 색을 대화상자 상의 라디오버튼(Segmented Control)에 반영시키는 setColorButton: 메서드는 다음과 같이 기술할 수 있습니다. 기술하는 방법까지 포함해 Android 버전과 거의 같습니다. UISegmentedControl의 selectedSegmentIndex는 좌측부터 카운트하여 몇 번째 버튼이 선택된 상태인지에 관한 정보를 저장하고 또 몇 번째 버튼을 선택 상태로 할 것인지 설정할 수 있는 프로퍼티입니다.

SharePaintViewController.mm

```
- (void)setColorButton:(int)col {    // col은 ARGB (각 8비트) 형식
  if (col == 0xff000000)          // 흑색
    pen_color_btns.selectedSegmentIndex = 0;
  else if (col == 0xffff0000)   // 적색
    pen_color_btns.selectedSegmentIndex = 2;
  else if (col == 0xff00ff00)   // 청색
    pen_color_btns.selectedSegmentIndex = 3;
  else if (col == 0xff0000ff)   // 녹색
    pen_color_btns.selectedSegmentIndex = 4;
```

```
    else                   // 그 이외에는 흰색으로
        pen_color_btns.selectedSegmentIndex = 1;
}
```

이로써 Pen 버튼이 클릭되었을 때 펜 색과 펜 두께를 반영한 대화상자(PenDialogView)를 표시할 수 있게 되었습니다. 나머지는 이 대화상자 안에서 〈OK〉와 〈Cancel〉 버튼이 클릭되었을 때의 처리를 수행하면 프로토타입의 iPhone 버전은 완성입니다. 각각의 버튼이 클릭되었을 때 호출하는 메서드를 Pen 버튼에서 했던 것과 같이 IBAction을 사용해서 정의해보겠습니다. 헤더 파일에 아래의 메서드 선언을 추가하고 저장합니다.

SharePaintViewController.h

```
- (IBAction) applyPenPropDialog:(id)sender;..   // OK 버튼용
- (IBAction) dismissPenPropDialog:(id)sender;   // Cancel 버튼용
```

Inerface Builder로 이동해서 File's Owner를 마우스 오른쪽 버튼으로 클릭하면 applyPenPropDialog와 dismissPenPropDialog 2개가 Received Action에 표시되는데, Pen 버튼일 때와 마찬가지로 각각 〈OK〉 버튼과 〈Cancel〉 버튼의 Touch Up Inside 이벤트로 연결합니다. 이렇게 〈OK〉 버튼과 〈Cancel〉 버튼을 클릭했을 때 각각의 메서드가 호출되도록 만들었으니 이제 2개의 메서드를 구현해주면 완성입니다.

SharePaintViewController.mm

```
- (IBAction)applyPenPropDialog:(id)sender {   // sender는 사용하지 않는다
    SPCanvas* canvas = (SPCanvas*)self.view;   // 캔버스를 확보한다
    int col;                   // ARGB 형식의 색 정보
    switch (self->pen_color_btns.selectedSegmentIndex) {
                               // 라디오버튼 중 어느 것이 클릭되었는가
        case 0:                // 제일 좌측이라면 (0부터 번호가 시작되는 것에 주의)
            col = 0xff000000;  // 흑색
            break;
        case 1:                // 두 번째라면
            col = 0xffffffff;  // 흰색
            break;
```

```
    case 2:                  // 세 번째라면
      col = 0xffff0000;      // 적색
      break;
    case 3:                  // 네 번째라면
      col = 0xff00ff00;      // 녹색
      break;
    case 4:                  // 제일 우측이라면
      col = 0xff0000ff;      // 청색
      break;
    default:
      break;
  }
  canvas->pen_properties.color = col;                    // 그 색을 펜의 색으로 설정한다
  canvas->pen_properties.width = (int)self->pen_width_slider.value;
                             // 펜 두께 슬라이더의 값을 펜 두께로 설정한다
  [self dismissModalViewControllerAnimated:YES];    // 대화상자를 닫는다
}
```

한편 〈Cancel〉 버튼의 경우는 대화상자를 닫는 처리만 하면 됩니다.

```
- (IBAction)dismissPenPropDialog:(id)sender {
  [self dismissModalViewControllerAnimated:YES];
}
```

이상으로, 펜 두께와 색도 바꿀 수 있게 되었습니다. 꼭 시뮬레이터에서 뿐만 아니라 실제 기기에서도 동작시켜 시험해보세요. 여기까지 수행했다면 실제로 그림을 그려보는 것도 재미있을 것입니다.

iPhone에서의 작동

Android와는 달리 iPhone 플랫폼에는 provisioning 시스템이 있어, 실제 디바이스(iPhone과 iPod touch)에서 애플리케이션을 실행하기가 조금 번거롭습니다. 사실 이전의 iPhone SDK에서는 훨씬 더 번거로웠기 때문에 별로 도움도 안 되는 지식들까지 알아야 했지만 최신 iPhone SDK에서는 그런 부분들이 많이 줄었습니다.

Chapter 3의 첫머리에서 이미 개발자 인증서의 발행과 애플리케이션 ID 등록을 마쳤으니 이제부터는 디바이스 ID 등록과 provisioning profile의 발행과 등록을 해보겠습니다. 그 전에 만약을 위해 확인해둘 것이 있습니다. iPhone 시뮬레이터에서 SharePaint 프로토타입은 잘 동작하던가요? 시뮬레이터에서 동작하지 않는다면 실제 기기에서도 동작하지 않습니다. 문제가 있다면 이 단계에서 해결해야 합니다.

디바이스 ID의 등록

그럼 iPhone이나 iPod touch (이하 디바이스)를 USB로 Mac에 연결하고 Xcode의 [Window]메뉴에서 [Organizer]를 선택해 Organizer 윈도를 엽니다. 윈도 우측의 'DEVICES' 항목에 지금 연결된 디바이스의 이름이 나타나는데, 그것을 클릭합니다.

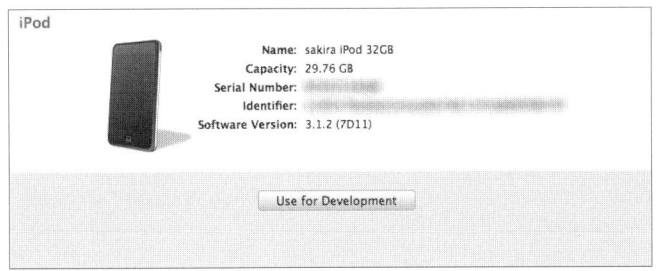

만약 〈Use for Development〉 버튼이 표시되어 있다면, 그것을 클릭하여 애플리케이션 개발에 사용할 수 있게 합니다. 이렇게 하여 'DEVICES' 항목의 디바이스 명칭 옆에 ○ 표시가 녹색이 되면 성공입니다. 여기서 에러가 발생한다면 디바이스의 iPhone OS 버전과 iPhone SDK로 대응 가능한 버전이 틀린지 등 여러 가지 가능성을 생각할 수 있습니다. iPhone OS SDK의 최신판이 설치되어 있는지 확인해보세요. 디바이스를 재시작하면 인식되는 경우도 있습니다.

다음으로 Safari 등 웹 브라우저에서 iPhone Developer Program을 열어 좌측의 'Devices'를 선택합니다. Manage 탭의 Add Devices 탭에서 디바이스 ID를 등록할 수 있습니다.

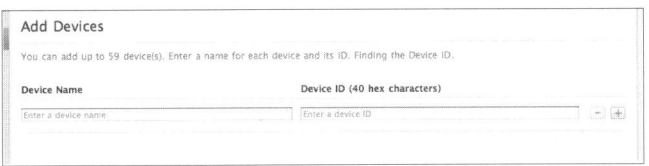

Device Name에는 자신이 알기 쉽도록 디바이스 이름을 입력합니다. Device ID에는 Xcode의 Organizer 윈도의 Identifier에 표시되어 있는 문자열을 복사하여 붙여 넣으세요. 우측 끝의 〈+〉 버튼을 클릭하여 한 번에 여러 ID를 등록할 수 있습니다. 모든 입력이 끝나면 〈Submit〉 버튼을 클릭하여 등록을 완료합니다.

이 작업은 개발에 사용하는 디바이스에 필요한 것이므로 만약 iPhone과 iPod touch를 여러 개 가지고 있다면 모두 등록해두는 것도 좋습니다. 또한 베타테스트에 사용할 수 있는 애드혹 배포에도 이 디바이스 ID 등록이 필요하므로 베타테스트를 수행할 생각이라면 테스트하는 쪽에 이 ID를 보내달라고 사전에 부탁해두는 것이 좋습니다. 이 Device ID는 Xcode뿐만 아니라 iTunes에서도 확인할 수 있습니다.

Provisioning profile의 발행과 등록

이번에는 provisioning profile의 발행에 대해 살펴보겠습니다. 좌측 항목에서 'Provisioning'을 선택하고 Development 탭을 선택한 후 〈New Profile〉 버튼을 클릭합니다.

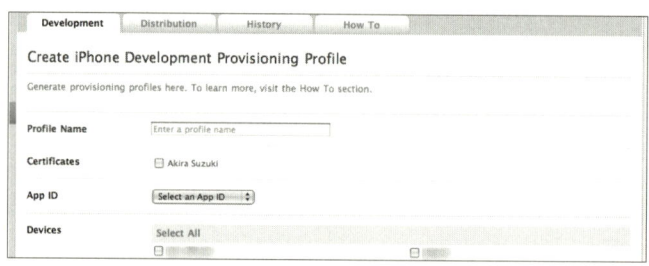

Profile Name에 이해하기 쉬운 이름, 예를 들어 여기서는 'SharePaint_development' 등으로 입력해둡니다. Certificates에는 보통 한 사람밖엔 등록되어 있지 않을 것이므로 체크박스에 체크 표시해주세요. App ID는 Chapter 3의 처음에 등록했던 애플리케이션 ID 'Share Paint'를 선택하고, Devices에는 SharePaint 개발에 사용할 iPhone과 iPod의 체크박스에 체크 표시해주세요. 특별한 사정이 없다면 'Select All'을 선택하여 등록된 모든 디바이스에서 개발 가능으로 해도 괜찮습니다. 여기까지 마치고 나면 〈Submit〉 버튼을 클립합니다.

잠시 기다렸다 다시 Development 탭을 선택하면 SharePaint_development행의 제일 우측에 〈Download〉 버튼이 나타납니다. 이 버튼을 클릭하면 provisioning profile이 다운로드됩니다.

앞의 예에서는 'SharePaint_development.mobileprovision'이라는 이름의 파일이 생성됩니다. 이 파일을 Dock 안의 Xcode 아이콘에 드래그&드롭합니다. 혹은 Xcode의 Organizer 윈도의 우측에 IPHONE DEVELOPMENT를 펼친 곳에 있는 Provisioning Profiles로 드래그&드롭하세요.

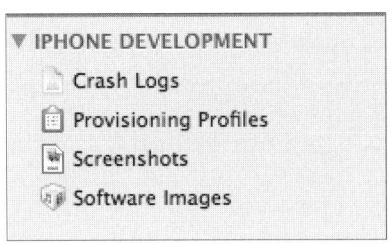

다시 'DEVICES' 항목에서 개발용 디바이스를 선택하고 'Provisioning' 항목에 좀 전의 SharePaint_development가 나타나면 등록은 완료됩니다. 이로써 실제 디바이스에서 SharePaint 애플리케이션을 설치하고 디버깅 할 수 있게 되었습니다. Xcode의 프로젝트 윈도의 좌측 상단의 [Overview] 드롭다운 메뉴에서 [iPhone device 4.1]을 선택합니다. 만약 이 드롭다운 메뉴가 없을 경우에는 [Project] 메뉴에서 [Edit Project Settings]를 선택해서 나오는 메뉴의 General 탭에서 [Base SDK for All Configurations] 항목 중에 [iPhone Device 4.1]을 선택해주면 됩니다.

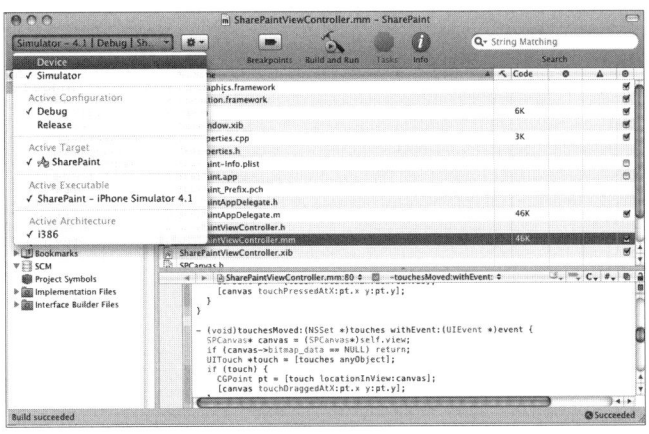

이 상태에서 [Build] 메뉴에서 [Build and Debug]를 선택하면 실제 디바이스에 대한 빌드 →
설치 → 실행 및 디버거 접속까지를 자동적으로 실행합니다. 한 번 설치하면 provisioning의
유효 기간까지는 Mac에 연결하지 않아도 애플리케이션을 실행해서 사용할 수 있으니 실제 개
발자라면 직접 다양한 방법으로 시도해보기 바랍니다.

Android에서도, iPhone/iPod touch에서도 동작이 가능해짐에 따라 더 흥미로와진 SharePaint
가 되었습니다. 하지만 애써 그림을 그려 놓아도 애플리케이션을 종료하면 그림이 사라져 버리
고 맙니다. 다음 Chapter에서는 이런 문제에 대한 해결책을 생각해보기로 하겠습니다.

매일 천 개 이상의 안드로이드 애플리케이션이 마켓에 등록됩니다. 그러면 현재까지 배포된 애플리케이션 수는 어마 어마 하겠죠? 하지만 사용자의 스마트폰에 설치되어 지워지지 않는 애플리케이션은 소수이며, 그 중에 자주 사용되는 애플리케이션은 몇 개 되지 않습니다. 그러면 어떻게 해야 내가 만든 애플리케이션이 사용자 폰에서 지워지지 않고 자주 사용되는 애플리케이션이 될 수 있을까요? 답은 아주 간단합니다. 잘 만들면 됩니다! 잘 만든다라는 말이 너무 막연하게 들리나요? 그러면 개발자 입장에서 안드로이드 애플리케이션을 잘 만들 수 있는 방법 몇 가지를 알려 드리겠습니다.

첫째로 애플리케이션의 안정성을 확보해야 합니다. 안드로이드 플랫폼은 임베디드 시스템에 설치될 수 있으며 현재 주 타깃은 휴대전화입니다. 필요할 때 걸려오는 전화를 즉시 받을 수 없다면 아무리 유용한 애플리케이션이라도 사용하려 하는 사람이 없을 것입니다. 물론 안드로이드 플랫폼에서 애플리케이션을 컨트롤하고 있긴 하지만 개발자가 지켜야 하는 조건들이 있습니다. 안드로이드 레퍼런스 문서를 잘 살펴본 후 지켜야 할 조건들을 잘 확인해보세요. 특히 라이프 사이클 관련 정책들을 잘 확인해야 합니다.

둘째로 UI 응답성을 확보해야 합니다. 안드로이드 프로그래밍에서 별도의 스레드를 생성하지 않는 이상 작성된 코드의 대부분은 UI Thread에서 동작합니다(Handler를 사용하더라도 마찬가지입니다). 라이프 사이클 주기나 화면 갱신이 필요한 시점에 UI Thread에서 각각의 콜백 함수들이 호출됩니다. 이때 이 함수 안에서 네트워크 응답을 기다리는 무거운 동작을 하게 되면 UI Thread의 사이클 전체가 그 동작이 완료되기까지 기다려야 합니다. 이렇게 되면 화면 갱신이 멈추게 될 뿐만 아니라 애플리케이션이 멈춰버리게 됩니다. 그러면 사용자는 답답해질 수밖에 없습니다.

셋째로 사용성을 확보해야 합니다. 사용자가 자주 사용하는 애플리케이션은 사용자가 능숙하게 조작할 수 있어야 합니다. 반대로 사용자가 조작하기 쉬운 애플리케이션이라야 사용자가 자주 사용하게 되겠지요. 애플리케이션의 막강한 기능도 중요하지만 사용성 또한 아주 중요합니다. 항상 사용자의 입장에서 한번 더 생각해야 합니다. 부모님, 여자 친구가 사용한다고 생각해보세요!

✉ **김종훈**

올라웍스에서 Android로 다양한 애플리케이션을 개발하고 있으며,
현재 ScanSearch Android 버전 개발에 심혈을 기울이고 있다.

화면에 선을 그릴 수 있게는 되었지만 어떤 방법으로든 이미지 정보를 내부에 저장하지 않으면 이미지 전송은 고사하고 iPhone과 Android 자체에도 이미지를 저장하는 것조차 마음대로 할 수 없게 됩니다. 이 chapter에서는 이미지를 주고받거나 저장소에 저장하는 준비 단계로 애플리케이션 내부에서의 이미지 표현 방법을 살펴보겠습니다.

Chapter 4

이미지
데이터의 표현

벡터계의 선택

2D 그래픽에서 데이터를 유지하기 위한 대표적인 방법으로 다음의 2가지가 있습니다. 하나는 래스터계, 또 다른 하나는 벡터계입니다.

래스터계를 기본으로 하는 소프트웨어의 대표적인 것으로는 Photoshop이다 Painter 등이 있으며, 이미지를 픽셀 단위로 표현하는 것이 특징입니다.

반면에 벡터계를 기본으로 하는 대표적인 소프트웨어로는 illustrator를 들 수 있습니다. 이미지를 선의 집합으로 표현하는 것이 특징이며 이미지의 확대 · 축소에 강하고 데이터 크기를 줄이기 쉽다는 등의 이점이 있는 반면에 사용법이 어려울 수 있다는 결점도 있습니다.

이번 SharePaint는 데이터의 저장 형식에 벡터계의 형식을 이용합니다. 좀 더 구체적으로 말하면 '언제, 누가, 어떤 선을 그었는지'에 대한 정보의 집합으로 하나의 이미지를 표현하고자 합니다. 이 방법을 이용하면 통신의 지연 등에 의해 복수 디바이스의 이미지 동기화가 어긋나더라도 정확한 이미지로 복원할 수 있을 뿐만 아니라, 한 번에 주고받는 통신 데이터의 양이 줄어들 것으로 예상되기 때문입니다. 래스터계에서 동일한 기능을 구현할 경우 대량의 데이터 통신이 필요해지는 등 단점이 있습니다. 사실 벡터계의 형식을 사용할 경우에도 조작 방법과 표시 방법에 있어서는 래스터계의 기능도 채용해야 한다거나, 그려진 이미지를 JPEG이나 PNG 같은 래스터 형식으로 변환하는 기능도 앞으로는 지원할 수 있어야 할 것입니다.

이를 위해서는 '언제, 누가, 어떤 선을 그었는지'에 대한 정보를 가지는 클래스를 정의하고, 그 인스턴스의 가변 길이 리스트로 정보를 유지해두는 것이 좋습니다. 그럼 우선 Java로 클래스를 정의해보겠습니다.

stroke의 정의 (Android)

Eclipse의 SharePaint 프로젝트의 소스 파일에 SPStroke.java를 추가하고, 다음과 같이 기술합니다. 이제부터는 메서드도 추가해 갈 것입니다. SPStroke 클래스의 정의를 살펴보면, 우선 선을 그린 시각을 저장하기 위해 클라이언트 쪽과 서버 쪽 시각에 대한 변수를 양쪽 모두 준비했습니다. 그 이유에 대해서는 서버와 연계하는 곳에서 설명하겠지만 간단히 말하자면 클라이언트 쪽에서의 시각이 각 단말기별로 다를 가능성이 있는데, 그런 경우에 선을 긋는 순서가 이상해질 수 있으므로 그것을 방지하기 위해 서버 쪽의 시각을 사용해야 하는 것입니다. 또한 복수의 사용자가 캔버스를 공유하게 될 것이므로 어느 선을 누가 그렸는지 기억하기 위해 사용자의 이름도 저장해야 합니다.

SPStroke.java

```java
package jp.co.paintsoft.sharepaint;

import java.util.Vector;

public class SPStroke {
  long client_time, server_time;
                                    // 선을 그린 시각 (클라이언트 쪽과 서버 쪽 모두)

  String user_name;                 // 사용자 이름
  PenProperties pen_properties;     // 선의 색과 두께 등
  int layer;                        // 레이어 번호
  Vector<Integer> x_array, y_array; // X좌표와 Y좌표의 배열
}
```

download \SharePaint_ch4android\SharePaint_ch4android\src\jp\co\paintsoft\sharepaint\SPStroke.java

이 SPStroke의 정보를 한 행의 문자열로 변환하여 서버와 데이터를 주고받기로 하고, 서버

에는 여러 행의 문자열로 이미지 데이터를 저장하는 것으로 하겠습니다. stroke의 각 요소를 'layer:1'처럼 '변수 이름:값'으로 표현하고, 그것을 공백으로 구분하여 한 행으로 모읍니다. 단, x_array와 y_array만은 10-101 25-95 33-99와 같이 (x, y) 좌표를 'x-y' 형태로 표현한 문자열을 연결한 것을 행의 끝에 이어서 쓰기로 하고, PenProperties는 'pen_properties:color=ff00ff00,width=3,density=128'과 같은 형식으로 표현하기로 하겠습니다.

이때 문자열로 변환하는 toString( ) 메서드는 다음과 같이 기술할 수 있습니다.

SPStroke.java

```
@Override
public String toString() {
    StringBuilder strb = new StringBuilder();        // 가변 문자열

    strb.append(" clinet_time:" + client_time);   // 클라이언트 시각
    strb.append(" server_time:" + server_time);   // 서버 시각
    strb.append(" user_name:" + user_name);        // 사용자 이름
    strb.append(" pen_properties:" + pen_properties);  // pen_properties
    strb.append(" layer:" + layer);                // 레이어 번호
```

또한 PenProperties의 toString( ) 메서드는 이제부터 오버라이드하여 다시 구현합니다. 나머지는 stroke에 포함되는 점의 좌표를 'X좌표-Y좌표' 형식으로 출력합니다.

```
    strb.append(" points:");
    for (int i = 0; i < x_array.size(); i ++) {
      strb.append(" " + x_array.get(i));
      strb.append("-" + y_array.get(i));
      }

    return strb.toString();   // String으로 반환한다
    }
```

서버로 보내지는 문자열은 이 toString( ) 메서드로 작성할 수 있는데, 거꾸로 서버에서 보내지는 문자열로부터 SPStroke의 인스턴스를 작성할 필요도 있기 때문에 다음과 같이 생성자와 그곳에서 호출되는 인스턴스 초기화용 메서드를 기술합니다.

SPStroke.java

```
void setup_variables() {
                            // 인스턴스 변수의 초기화를 위해 생성자로부터 호출된다
  client_time = server_time = layer = 0;    // int는 모두 0으로 초기화한다
  user_name = null;    // Object는 기본적으로 모두 null이다
  pen_properties = null;
}
```

다음부터가 생성자의 본체가 됩니다. PenProperties의 생성자는 이 뒤에 정의합니다.

```
public SPStroke(String str) {    // 문자열로부터 SPStroke를 작성한다
  setup_variables();                       // 인스턴스 변수를 초기화한다
  x_array = new Vector<Integer>();    // 빈 배열을 설정한다
  y_array = new Vector<Integer>();    // 빈 배열을 설정한다
  String[] tag_point = str.split(" points:");
```

문자열 중 point: 태그 뒤에는 stroke의 좌표만 오도록 규정되어 있기 때문에 tag_point[0]에는 stroke의 좌표 이외의 모든 정보가, tag_point[1]에는 stroke의 좌표가 들어있습니다.

```
String[] keyvals = tag_point[0].split("\\s");    // 문자열을 공백으로 구분한다
for (int i = 0; i < keyvals.length; i ++) {
  String[] keyval = keyvals[i].split(":");        // 태그와 값을 분리한다
  if (keyval[0].equals("client_time"))            // 태그가 'client_time'이라면
    client_time = Long.parseLong(keyval[1]);      // 값을 'client_time'으로 설정한다
  else if (keyval[0].equals("server_time"))
```

server_time, layer에 대한 처리는 동일하므로 생략합니다. 구체적인 코드는 서포트 페이지(URL은 책 뒤에 기재되어 있습니다)의 소스 코드를 참조하세요. pen_properites의 생성은 PenProperties의 생성자에게 맡기고 있습니다.

```java
    else if (keyval[0].equals("pen_properties"))
      pen_properties = new PenProperties(keyval[1]);
    else if (keyval[0].equals("user_name"))
      user_name = keyval[1];
  }
```

이것으로 각 태그의 해석을 마치겠습니다. 다음은 stroke에 포함되는 점 좌표의 해석입니다.

```java
if (tag_point.length < 2) return;
    String[] xys = tag_point[1].split("\\s"); // 공백으로 구분한다
    for (int i = 0; i < xys.length; i ++) {
      String[] xy = xys[i].split("-");        // X좌표와 Y좌표를 분리한다
      if (xy.length == 2) {
        x_array.add(Integer.parseInt(xy[0])); // X좌표의 x_array에 추가한다
        y_array.add(Integer.parseInt(xy[1])); // Y좌표의 y_array에 추가한다
      }
    }
  } // 생성자를 종료한다
```

PenProperties 클래스에도 toString( ) 메서드의 오버라이드와 String을 인수로 하는 생성자의 추가 등, PenStroke 클래스와 마찬가지로 수행합니다. 상세한 내용은 http://www.mentorbook. co.kr → 자료실에서 소스 코드를 다운로드하여 참조하세요. (download) \SharePaint_ch4android\ SharePaint_ch4android\src\jp\co\paintsoft\sharepaint\SPStroke.java)

PenProperties의 color 인스턴스는 int로 선언되어 있는데, 문자열 표현으로는 32비트의 16진수 표기(ff00ff00 등)로 규정되어 있습니다. Integer.parseInt(var, 16)를 사용하면 자릿수가 채

워지지 않아 에러가 발생할 수 있으므로 this.color = (int) Long.parseLong(val, 16); 등으로 한 번 long으로 문자열을 해석하고 나서 int로 다시 형 변환을 합니다.

stroke의 정의 (iPhone)

iPhone용으로는 C++로 SPStroke 클래스를 기술해보겠습니다. 문자열이나 배열 등도 일반적인 iPhone 애플리케이션에서는 Objective-C의 NSString이나 NSMutableArray를 사용하지만, 이 책에서는 오히려 STL(Standard Template Library)을 사용합니다.

덧붙여 Java의 long이 64비트인 반면에 iPhone SDK 표준 컴파일러에서 long은 32비트(int도 32비트)로 되어 있습니다. 정합성을 위해 client_time과 server_time은 long long int로 선언합니다. 애초에 이곳에는 1970년 1월 1일 0시부터의 시간이 밀리 초 단위로 저장되기 때문에 32비트 long으로는 충분하지 않습니다.

SPStroke.h

```
#import <string>
#import <vector>
#import "PenProperties.h"

class SPStroke {
public:
    long long client_time, server_time;    // 선을 그은 시각 (클라이언트 쪽과 서버 쪽 모두)
    std::string user_name;                  // 사용자 이름
    PenProperties pen_properties;           // 선의 색과 두께 등
    int layer;                              // 레이어 번호
    std::vector<int> x_array, y_array;      // X좌표와 Y좌표를 배열한다

    SPStroke(std::string str);              // 문자열을 인수로 하는 생성자
    void setup_variables(void);             // 생성자에서 호출하는 변수를 초기화한다
    std::string toString(void);             // 서버로 보낼 문자열을 생성한다
};
```

구현하는 알고리즘은 Java의 경우와 약간 다릅니다. 문자열로부터 SPStroke 인스턴스를 생성하는 생성자에서는 문자열을 공백으로 구분하면서 태그와 값을 해석해 갑니다.

SPStroke.cpp

```
SPStroke::SPStroke(std::string str) {
  setup_variables();              // 클라이언트 시각, 서버 시각, 레이어 번호 등을 초기화한다
  bool before_points = true;      // 문자열 중 해석하고 있는 곳이 "points:"의 앞이다
```

주어진 문자열 str을 공백으로 구분하면서 해석을 합니다. 다음 공백의 바로 앞까지는 '태그:값'이나 'X좌표-Y좌표'의 형태를 취하고 있을 것이므로, 그 곳의 문자열을 keyval에 대입하고, 동시에 그만큼 변수 str의 앞쪽을 삭제하는 작업을 반복합니다. 마지막에는 str은 빈 문자열이 될 것이므로 거기서 처리를 종료합니다.

```
unsigned int is, ic;            // 문자열 str 내 공백의 위치와 '태그:값'에서 ':'의 위치
std::string keyval, key, val;   // 각각 '태그:값' '태그' '값'을 위한 문자열
while (!str.empty()) {          // 문자열 str이 텅빌 때까지 반복한다
  is = str.find(" ");           // 선두부터 다음 공백의 위치를 찾는다
  if (is != std::string::npos) {  // 만약 공백이 str에 포함되어 있으면
    keyval = str.substr(0, is);   // 그 앞까지가 '태그:값'이거나 'X-Y'이다
    str.erase(0, is + 1);       // 선두의 '태그:값'나 'X-Y'를 제거한다
  } else {                      // 더 이상 공백이 str에 포함되어 있지 않으면
    keyval = str;               // str 자신이 '태그:값'이나 'X-Y'의 형태를 취하고 있다
    str = "";                   // 더 이상 해석할 내용이 str에 남아 있지 않다
  }
```

만약 해석해야 할 문자열이 points:라면 이 다음은 stroke 좌표 정보만이 저장되어 있을 것입니다. 플래그를 설정하고 while문의 처음으로 돌아갑니다.

```
if (keyval == "points:") {
  before_points = false;
  continue;
}
```

현재 위치가 아직 'points: 앞'이라면 뒤에 나오게 될 데이터의 형식은 '태그:값'일 것이므로,
그렇게 순차적으로 해석해 갑니다.

```
if (before_points) {
  ic = keyval.find(":");           // ':'의 위치를 찾는다
  key = keyval.substr(0, ic);      // 태그를 추출한다
  val = keyval.substr(ic + 1);     // 값을 추출한다
  if (key == "client_time") {      // 만약 태그가 'client_time'이라면
    std::istringstream istr(val);  // 값을 istringstream에서
    istr >> this->client_time;     // 정수값으로 만들어 client_time에 저장한다
  } else if (key == "server_time") {
```

나머지 server_time, layer, pen_properties, user_name에 대해서도 같은 식으로 해석해 갑니다. 다만, pen_properties에 대해서는 'PenProperties(val)'처럼 하여 PenProperties 클래스로 해석을 넘깁니다. 상세한 내용은 http://www.mentorbook.co.kr → 자료실에서 소스 코드를 다운로드하여 참조하세요. (download \SharePaint_ch4iphone\SharePaint_ch4iphone\Classes\SPStroke.cpp)

points: 태그보다 뒤에는 stroke의 좌표가 X좌표−Y좌표의 형태로 들어있을 뿐이므로, 아래와 같이 해석할 수 있습니다.

```
} else {
  int x, y;
  char d;
  std::istringstream istr(keyval);  // keyval에는 'X좌표-Y좌표'의 형태
  istr >> x >> d >> y;  // x에는 X좌표를, y에는 Y좌표를 (d에는 '-'가 들어가지만 무시)
```

```
        this->x_array.push_back(x);           // x_array 끝에 X좌표를 추가한다
        this->y_array.push_back(y);           // y_array 끝에 Y좌표를 추가한다
    }
  }
}
```

인스턴스 변수를 초기화하는 setup_variable( )의 메서드 내용은 다음과 같이 Android 버전
과 동일합니다.

```
void SPStroke::setup_variables(void) {
  client_time = server_time = layer = 0;
  user_name = "";
}
```

인스턴스에서 서버로 전송하기 위한 문자열을 생성하는 toString( ) 메서드는 다음과 같이 기
술할 수 있습니다. ostringstream을 사용하면 좀 더 간결하게 기술할 수 있습니다.

SPStroke.cpp

```
std::string SPStroke::toString(void) {
  std::ostringstream strs;       // 출력 스트림을 준비한다
                                 // 모든 태그와 값을 스트림으로 보낸다
  strs << " client_time:" << client_time
  << " server_time:" << server_time
    << " user_name:" << user_name
  << " pen_properties:" << pen_properties.toString()
  << " layer:" << layer;
                                 // 남은 것은 stroke의 좌표뿐이다
  strs << " points:";
  for (int i = 0; i < x_array.size(); i ++)
    strs << " " << x_array[i]
    << "-" << y_array[i];

  return strs.str();             // 스트림을 string으로 변환하여 반환한다
}
```

PenProperties 클래스도 Android의 경우와 마찬가지로 string을 인수로 가지는 생성자와 toString( ) 메서드를 오버라이드한 정의가 필요하지만 이 이상은 비슷한 설명의 반복이므로 생략하겠습니다. 상세한 내용은 http://www.mentorbook.co.kr → 자료실에서 소스 코드를 다운로드하여 참조하세요. (download) \SharePaint_ch4iphone\SharePaint_ch4iphone\Classes\SPStroke.cpp)

이제는 Objective-C++에서도 Java의 경우와 거의 같은 방식으로 작성할 수 있다는 것을 알 수 있겠지요? 이렇게 Java와 C++는 그 외형이 비슷하기 때문에 iPhone에서 C++로 개발하는 것이 iPhone과 Android에서 소스 코드에 대한 유지 보수 부담을 줄일 수 있는 길입니다.

그렇다면 이 SPStroke 클래스를 사용하여 이미지의 내부적인 저장을 구현하고, 이어서 서버에 데이터를 저장하는 단계로 넘어가보겠습니다.

벡터 형식에서의 이미지 저장 (Android)

여기에서는 앞에서 사양과 클래스를 정한 SPStroke를 이용하여 Android 버전의 SharePaint로 그린 이미지를 저장해보겠습니다. 그리고 이 구조를 이용하여 되돌리기 기능도 덤으로 구현해 보겠습니다. 우선 SPStroke 클래스의 집합을 인스턴스 변수로 저장합니다.

SPCanvas.java

```
TreeMap<Long, SPStroke> strokes_history;
      // stroke 발생 시각을 키로 하는 맵을 선언한다
Vector<Integer> x_array, y_array;
      // 현재의 stroke 정보를 저장해두는 인스턴스 변수
```

download \SharePaint_ch4android\SharePaint_ch4android\src\jp\co\paintsoft\sharepaint\SPCanvas.java

이에 대응하는 초기화 코드도 setup( )에 추가합니다.

SPCanvas.java

```
this.strokes_history = new TreeMap<Long, SPStroke>();
this.x_array = this.y_array = null;
```

그리고 그리기를 수행할 때 SPStroke의 인스턴스를 새로 만들고, 그것을 strokes_history 에 추가해 가겠습니다. stroke 정보는 x_array, y_array에 축적되므로 우선은 손가락이 화면

에 터치된 순간에 그 2개의 내용을 비우고 드래그 중인 좌표를 x_array, y_array에 추가한 후 손가락을 화면에서 떼었을 때, 그 정보들을 바탕으로 SPStroke의 인스턴스를 만들어 그것을 strokes_history에 추가하는 순서로 진행됩니다. 아래는 그 샘플 코드입니다.

SPCanvas.java:touchPressed의 끝

```
this.x_array = new Vector<Integer>();
this.y_array = new Vector<Integer>();
this.x_array.add(x);
this.y_array.add(y);
```

SPCanvas.java:touchDragged의 끝

```
this.x_array.add(x);
this.y_array.add(y);
```

Integer의 가변 길이 배열인 this.x_array와 this.y_array는 그 내용을 복사하는 것이 아니라 포인터 채로 stroke.x_array나 stroke.y_array로 옮깁니다. 이 때문에 touchPressed( ) 메서드 안에서는 this.x_array.clear( )로 요소를 삭제하지 않고 새로 만든 인스턴스를 this.x_array에 대입합니다.

만약 clear( )로 요소를 삭제한다면 각 stroke에 포함되는 x_array, y_array도 동시에 비게 됩니다. pen_properties도 같은 이유로 내용을 복사한 새로운 PenProperties 인스턴스를 stroke.pen_properties에 저장합니다. Java에서의 대입은 C 언어의 관점에서 보면 포인터의 대입이기 때문에, 클래스 인스턴스 전체가 복사되는 것이 아니라 포인터 값만 복사된다는 점을 유의하세요.

SPCanvas.java

```java
void touchReleased(int x, int y) {   // x, y는 실제로는 사용하지 않는다
  SPStroke stroke = new SPStroke();
  stroke.user_name = "testuser";      // 잠정적으로 이름을 붙여둔다
  stroke.client_time = System.currentTimeMillis(); // 현재의 시각을 설정한다
  stroke.pen_properties = new PenProperties(this.pen_properties);
      // pen_properties의 내용을 복사해 stroke에 저장한다
  stroke.x_array = this.x_array;      // 축적된 좌표를 stroke에 저장한다
  stroke.y_array = this.y_array;
  strokes_history.put(stroke.client_time, stroke);
      // 시각을 키로 하여 stroke의 정보를 저장한다
  this.x_array = this.y_array = null;
      // 좌표의 정보를 더 이상 변경할 수 없게 해둔다
  this.on_stroke = false;  // stroke를 종료한다
}
```

또한 SPStroke에 인수가 없는 생성자를, PenProperties에 복제 생성자를 정의할 필요가 있으므로 각각 다음과 같이 기술합니다.

SPStroke.java

```java
public SPStroke() {
  setup_variables();
    x_array = y_array = null;
}
```

download \SharePaint_ch4android\SharePaint_ch4android\src\jp\co\paintsoft\sharepaint\SPStroke.java

PenProperties.java

```java
PenProperties(PenProperties penprop) {
  this.color = penprop.color;
  this.width = penprop.width;
  this.density = penprop.density;
}
```

download \SharePaint_ch4android\SharePaint_ch4android\src\jp\co\paintsoft\sharepaint\PenProperties.java

이로써 SPCanvas에 그려진 내용은 모두 그 인스턴스 변수 strokes_history에 저장됩니다. strokes_history의 형식은 맵이 아니라 배열이라야 하지 않느냐는 의견도 있을 수 있겠지만 네트워크를 경유하는 데이터를 다루기 위해 이러한 형식을 채용했습니다. 이 부분은 서버와의 통신을 구현할 때 다시 자세히 설명하기로 하지요.

먼저 시작한 개발자들의 메시지

스마트폰 애플리케이션 개발에는 다양한 개발 환경이 존재하지만 기능적인 면에서의 차이는 사실 적습니다.

Android의 특징으로 스마트폰뿐만 아니라 지금까지 특수하다고 여겨졌던 임베디드에 가까운 영역으로 애플리케이션 개발자들을 끌어들였고, 사용자들에게도 다양한 기기에서 통일된 조작을 기대할 수 있게 되었습니다.

반면에 주의해야 할 것은 다양한 기기들이 존재하기 때문에 개발할 때 설치할 기기의 사양을 알고 명시할 필요가 있다는 것입니다.

Android의 버전만 해도 1.5~2.1의 기기들이 존재하고, 애플리케이션에 따라 화면 사이즈와 키보드의 유무, RAM 용량, CPU · 가속기의 성능 등을 알아둘 필요가 있으며, 때에 따라서는 요구 사양대로 하지 않으면 안 됩니다(동작 여부뿐만 아니라, 사용 편의성이라는 의미에서도).

스마트폰은 버전 업그레이드될 가능성이 있고, 모델의 교체 시기도 빠르기 때문에 비교적 새 버전과 고성능 하드웨어가 많이 이용될 수도 있지만, 가전기기 등에 사용되는 Android는 버전을 업그레이드하는 일조차 거의 없겠지요.

Android Market에서는 요구 사양을 명시할 수 있고 유료 애플리케이션이라도 24시간 내로 반품이 가능하게 되어 있어, 트러블이 발생할 우려는 적지만 되도록 많은 사람들이 편리하게 이용하기 위해서는 구현할 기능과 요구 사양 간의 밸런스를 고려하는 것도 중요합니다.

아직은 Windows 체험 지수처럼 누구라도 알기 쉬운 지표는 없지만, 앞으로 애플리케이션을 도입할 때의 기준으로서 도입되지 않을까 생각합니다(아니면 이제 슬슬 누군가가 만들지 않을까요?).

✉ catsin

미니 기계를 좋아하는 잡식성 SE. 임베디드부터 시스템까지 무엇이든 다룬다.

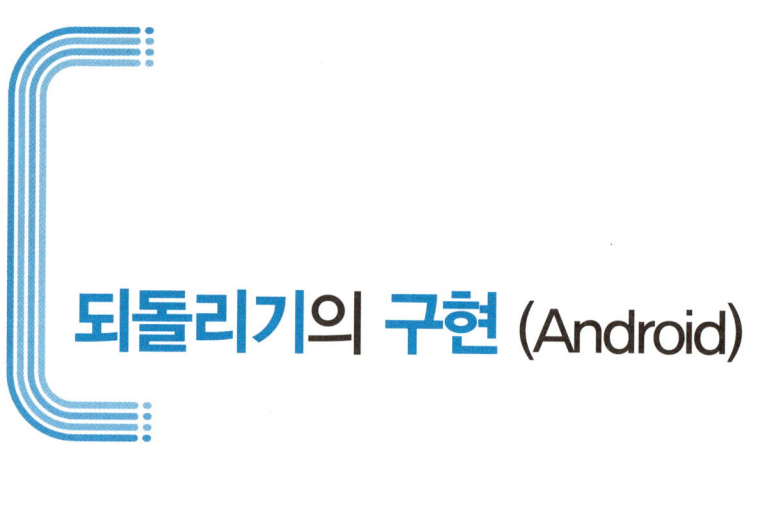

되돌리기의 구현 (Android)

앞에서는 이미지 정보를 strokes_history에 저장하는 과정에 대해 살펴봤습니다. 이제부터는 저장한 데이터를 이용하여 되돌리기(Undo) 기능을 구현해보겠습니다. 그렇게 어려운 내용은 없으며 한번 캔버스를 초기화시킨 후 strokes_history에 마지막으로 추가된 stroke를 빼고 화면에 다시 그려주기만 하면 됩니다.

한 번의 stroke를 이미지로 그리는 drawStroke( ) 메서드와 1단계의 되돌리기를 실행하는 undoOneStroke( ) 메서드를 다음과 같이 기술해보겠습니다. 처음은 drawStroke( ) 쪽을 먼저 살펴보도록 하겠습니다. 이 메서드는 비트맵 이미지인 bitmap에 stroke를 그립니다. 우선 drawLine( )과 마찬가지로 그릴 대상인 비트맵 이미지로 Canvas를 만들고, 이 Canvas를 통해서 그림을 그릴 수 있게 하는 것입니다.

SPCanvas.java

```
public void drawStroke(Bitmap bitmap, SPStroke stroke) {
    if (stroke.x_array.size() == 0) return; // Stroke가 비어 있으면 아무것도 하지 않는다
    Canvas canvas = new Canvas(bitmap);     // bitmap에 그리기 위한 Canvas를 준비한다
```

다음 중 paint에 관한 부분은 실질적으로 drawLine( )과 동일합니다. 다만, stroke의 색이나 두께에 대해서는 stroke에 들어있는 정보를 이용합니다. stroke에는 적색이나 청색 같은 펜 색

에 관한 정보도 들어있기 때문입니다. 이때 this.pen_properties라고 잘못 사용해 버리면 현재의 펜 정보로 stroke 곡선을 그리게 되니 주의해야 합니다.

paint의 setStroke( )에서는 주어진 패스에 대해 패스의 내부를 칠할 것인지 path만 그릴 것인지 선택해야 합니다. 기본값은 내부를 채우는 것으로 되어 있기 때문에 Paint.Style.STROKE로 지정하여 path만 그리도록 지정합니다.

```
Paint paint = new Paint(Paint.ANTI_ALIAS_FLAG);    // 안티앨리어스
paint.setStyle(Paint.Style.STROKE);                // path만 그리기
paint.setStrokeCap(Paint.Cap.ROUND);               // 선의 끝은 둥글게
paint.setStrokeJoin(Paint.Join.ROUND);             // 선의 이음매도 둥글게
paint.setStrokeWidth(stroke.pen_properties.width); // 선의 두께
paint.setColor(stroke.pen_properties.color);       // 선의 색
```

stroke 곡선은 여러 개의 선분으로 이루어져 있습니다. 예를 들어, 배열 x_array, y_array에 좌표(x0, x1, ..., x51)가, (y0, y1, ..., y51)과 같은 형식으로 각각 52개씩 들어있다고 가정해봅시다. 그럼, 그려야만 하는 stroke에 포함되는 선분은 (x0, y0)−(x1, y1)과 (x1, y1)−(x2, y2).... 마지막으로 (x50, y50)−(x51, y51)이 될 것이므로 전부 51행이 됩니다. android.graphics.Path를 사용하여 이 stroke를 단숨에 그려보도록 하겠습니다.

```
Path path = new Path();
path.moveTo(stroke.x_array.get(0), stroke.y_array.get(0));   // 최초의 점을 지정한다
for (int i = 1; i < stroke.x_array.size(); i ++)
  path.lineTo(stroke.x_array.get(i),
              stroke.y_array.get(i));    // stroke의 정점을 차례대로 지정한다
canvas.drawPath(path, paint);           // 이 path를 따라 그린다
}
```

다음으로 마지막 stroke만을 취소하고 1단계의 되돌리기를 수행하는 undoOneStroke( ) 메

서드입니다. 최초로 stroke가 발생했는지, 다시 말해 조금이라도 그려져 있는지 체크하여 그려져 있다면 인스턴스 변수인 비트맵 이미지의 image_buffer를 흰색으로 칠합니다(초기화합니다).

SPCanvas.java

```java
public void undoOneStroke() {
    if (this.strokes_history.isEmpty()) return;
        // stroke가 아직 발생하지 않았다면 아무것도 하지 않는다
    image_buffer.eraseColor(0xffffffff);    // 전체를 흰색으로 칠한다
```

모든 stroke가 발생한 시각을 가져와 마지막 stroke를 제외한 모든 stroke를 다시 그리면 되돌리기 기능은 완성입니다. 여기서도 '일부러 시각을 얻어오지 않더라도 stroke의 배열을 저장해두면 고생할 필요가 없을 텐데'라고 생각하는 분이 있을지 모르겠습니다. 다만, 앞으로 서버를 경유해 다른 클라이언트의 stroke가 여기에 섞인다고 생각하면 stroke의 발생 시각을 키로 한 맵(TreeMap)으로 stroke를 저장해두는 것이 의미가 있을 것입니다.

TreeMap은 자동적으로 순서가 정렬되는 Map입니다. TreeMap의 keySet( ) 메서드로 키를 Set(집합)으로 가져와 hist_times_set에 저장하는데, TreeMap의 키이므로 순서대로 정렬되어 있습니다. 그 순서는 Long형의 데이터로 작은 것부터 큰 순서대로, 여기서는 stroke가 발생한 시각으로 과거부터 최근까지의 오름차순 순서를 의미합니다.

```java
Set<Long> hist_times = this.strokes_history.keySet();
    // stroke가 발생한 모든 시각의 집합을 가져온다
```

가장 최근에 stroke가 발생한 시각인 last_time을 가져와 그 시각을 hist_times에서 삭제합니다. 그리고 그 시각에 발생했던 stroke도 인스턴스 변수 strokes_history에서 삭제합니다.

```
Long last_time = (new TreeSet<Long>(hist_times)).last();
// TreeSet을 이용하여 hist_times에서 가장 마지막 것을 가져올 수 있다.
hist_times.remove(last_time); // 가장 마지막 시간만 제거
this.strokes_history.remove(last_time);
```

끝으로, 과거로부터 현재까지의 stroke를 차례대로 추출하고, 그것을 인스턴스 변수 image_buffer에 그려줍니다.

```
Iterator<Long> it = hist_times.iterator();
                    // stroke_history의 키 쪽 Iterator
while (it.hasNext())  // 다음 키가 있으면
  drawStroke(image_buffer,
    strokes_history.get(it.next()));
                    // 그 stroke를 image_buffer에 그린다
```

캔버스의 내용인 비트맵 이미지 image_buffer에 그리기를 마쳤으면, 마지막으로 invalidate( )로 화면의 갱신 요청을 합니다. 이로써 undoOneStroke( )가 완성되었습니다.

```
invalidate( );
}
```

이번에는 되돌리기 버튼을 캔버스에 배치해보겠습니다. Pen 버튼의 좌측 옆에 두기로 할까요? main.xml의 Pen 버튼에 관한 기술이 나오기 직전에 다음 코드를 삽입해주세요.

```
<Button android:layout_width="wrap_content"
    android:layout_height="wrap_content"
    android:text="Undo"
    android:id="@+id/undo_btn"/>
```

나머지는 이 Undo 버튼이 클릭되었을 때 SPCanvas의 undoOneStroke( )를 호출하도록 하면 됩니다. SharePaint.java의 onCreate( ) 메서드 끝에 pen_prop_btn과 동일하게 다음 코드를 추가해주세요.

SharePaint.java

```
Button undo_btn = (Button)findViewById(R.id.undo_btn);
    // Undo 버튼 가져오기
undo_btn.setOnClickListener(new View.OnClickListener() {
  public void onClick(View v) {   // Undo 버튼이 클릭되었으면
    SharePaint.canvas.undoOneStroke();
      // SPCanvas의 undoOneStroke( )를 실행한다
  }});
```

이로써 Undo 버튼에 되돌리기 동작이 할당되었습니다. Eclipse 안에서 디버그 기능 등을 이용해 동작을 확인해보세요. 조금씩 기능이 추가되어가는 것을 보는 것도 즐거운 일이지요.

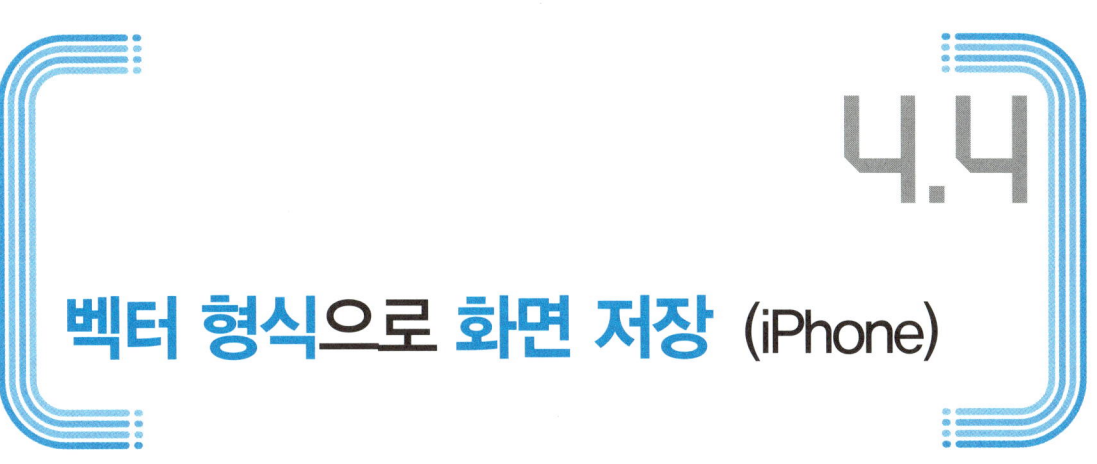

벡터 형식으로 화면 저장 (iPhone)

4.4

여기에서는 Android에서와 마찬가지로 SPStroke( )의 집합으로 이미지를 저장하고, 되돌리는(Undo) 기능까지 구현해보겠습니다. 맵이나 배열에는 STL을 이용하기로 하겠습니다. 또한 #import ⟨map⟩과 #import ⟨vector⟩ 및 import 'SPStroke.h'가 필요합니다.

SPCanvas.h

```
std::map<long long, SPStroke> strokes_history;
        // stroke 발생 시각을 키로 하는 맵을 선언한다
std::vector<int> x_array, y_array;
        // 현재의 stroke 정보를 축적해둘 인스턴스 변수
```

download \SharePaint_ch4iphone\SharePaint_ch4iphone\Classes\SPCanvas.h

Java의 경우와 달리 strokes_history의 초기화는 선언 단계에서 마쳤기 때문에 void setup( )에 초기화 코드는 필요하지 않습니다.

SPStroke의 작성과 그 strokes_history에 추가되는 알고리즘은 Android와 같기 때문에 상세한 설명은 생략합니다. 다음에 코드를 실어두었습니다.

SPCanvas.mm의 touchPressedAtX:y:끝 ●

```
self->x_array.clear();
self->y_array.clear();
self->x_array.push_back(x);
self->y_array.push_back(y);
```

SPCanvas.mm의 touchDraggedAtX:y:끝 ●

```
self->x_array.push_back(x);
self->y_array.push_back(y);
```

Android 버전에서와 마찬가지로 SPStroke 클래스에 디폴트 생성자가 필요하므로 setup_variable( )을 호출만 하는 SPStroke(void) 생성자를 만들어야 합니다.

또한 시각을 가져오기 위해 NSDate의 timeIntervalSince1970 메서드를 사용합니다. 이 메서드의 반환값은 double형의 초로, Android에서 사용된 long형 밀리 초에 맞추기 위해 1000배로 되어 있습니다(반복하지만 Android의 long은 64비트지만 iPhone의 long은 32비트이고 long long이 64비트입니다). 그리고 NSDate date로 NSDate의 인스턴스가 만들어지는데, init~ 로 작성되지 않았기 때문에 autorelease pool이라는 메커니즘에 의해 자동으로 해제되어 release 메서드를 호출하지 않아도 괜찮습니다. 소스 코드 내에서 SPStroke stroke;라는 선언을 사용하고 있으므로, 사전에 SPStroke의 생성자를 작성해두는 것을 잊지 마세요.

SPCanvas.mm의 touchReleasedAtX:y: ●

```
- (void)touchReleasedAtX:(int)x y:(int)y {
  SPStroke stroke;
  stroke.user_name = "testuser";   // 잠정적으로 이름을 붙여둔다
  stroke.client_time = (long long)([[NSDate date]
                    timeIntervalSince1970] * 1000);
                           // 현재 시각을 설정한다
```

나머지는 pen_properties나 x_array, y_array를 stroke에 복사하면 완성됩니다. Java(Android)에서는 대입연산자(=)가 포인터의 복사였지만, 이번에는 값을 복사하는 것이므로 아무 생각 없이 그냥 대입하는 것으로 충분합니다.

```
    stroke.pen_properties = self->pen_properties;   // 펜 정보를 stroke에 저장한다
    stroke.x_array = self->x_array;   // 축적된 좌표를 stroke에 저장한다
    stroke.y_array = self->y_array;
    strokes_history[stroke.client_time] = stroke;
                        // 시각을 키로 하여 stroke의 정보를 저장한다
    self->on_stroke = false;   // stroke를 종료한다
}
```

Android에서는 위의 코드 끝에 'this.x_array = null ;' 등을 추가했었는데, 이번에는 생략하고 있습니다. 이것은 Java와 C++ 클래스의 구현 방법의 차이에 의한 것입니다.

Java의 클래스는 C++에서 클래스의 포인터 형으로 다루어집니다. 예를 들어, Java에서 Vector〈Integer〉 x_array;라는 선언은 C++식으로 표현하면 Vector〈Integer〉 *x_array;에 해당한다고 생각하면 이해하기 쉽습니다. 가령, 이 형식으로 C++도 구현했다면 this.x_array=new Vector〈Integer〉( ); 등이 필요하지만 이것도 생략했습니다.

다시 설명하면, 위 코드에서 stroke.x_array=this.x_array는 Java와 C++에서 의미가 완전히 다릅니다. Java의 경우는 this.x_array의 포인터를 strokes.x_array로 옮기는 것뿐이기 때문에, 이 코드 다음에 this.x_array의 값을 변경하게 되면 this.x_array의 주소를 참조하고 있던 stroke.x_array의 내용, 더 나아가 strokes_history의 내용까지도 변경되어 버립니다.

그래서 this.x_array의 내용이 이 이상 변경되지 않도록 'this.x_array = null ;'과 같은 처리를 하는 것입니다.

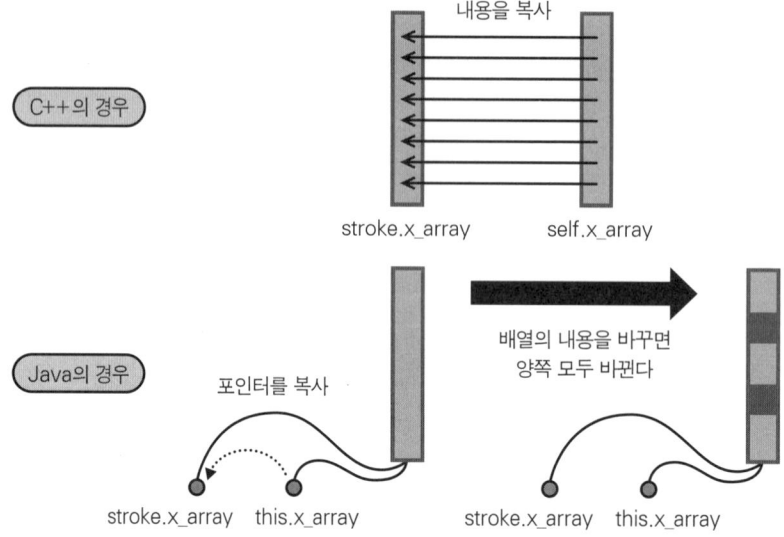

C++의 경우

내용을 복사

stroke.x_array   self.x_array

Java의 경우

포인터를 복사

배열의 내용을 바꾸면
양쪽 모두 바뀐다

stroke.x_array   this.x_array   stroke.x_array   this.x_array

---

그 반면에 C++에서 stroke.x_array = this.x_array;라는 것은 this.x_array라는 배열의 내용을 stroke.x_array에 복사하는 코드가 됩니다. 의미는 이 쪽이 이해하기 쉽지만 실행 속도나 메모리 효율 측면에서는 포인터 다루는 것보다 불리해지기 쉽습니다. 이 경우에는 값을 복사한 후에 this.x_array에 다른 값을 대입하더라도 strokes_history의 내용에는 영향을 주지 않습니다.

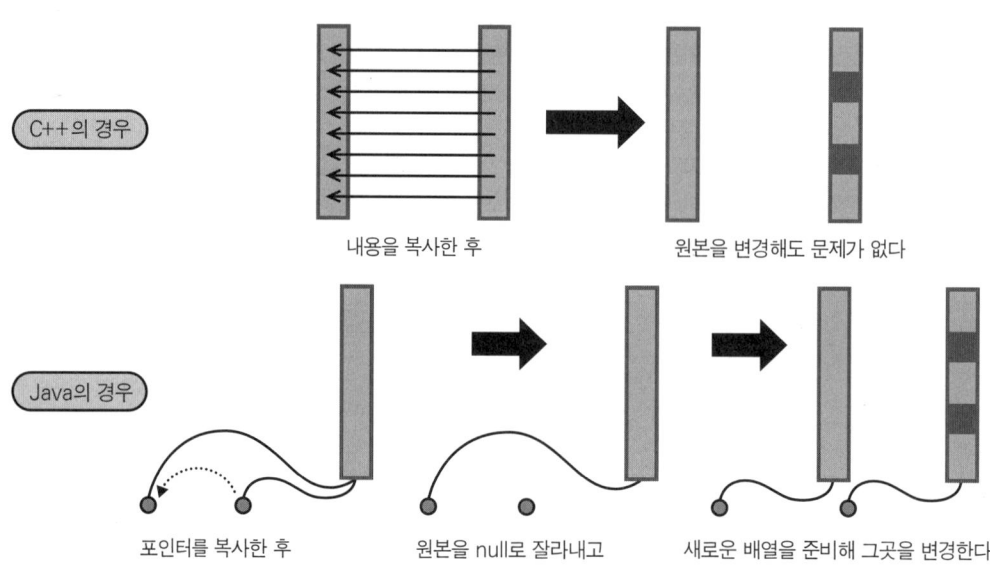

C++의 경우

내용을 복사한 후   원본을 변경해도 문제가 없다

Java의 경우

포인터를 복사한 후   원본을 null로 잘라내고   새로운 배열을 준비해 그곳을 변경한다

이렇게 표면적으로는 C++와 Java가 유사한 언어로 보이지만 내부적으로 어떻게 되어 있는지는 이해할 필요가 있습니다(Objective-C는 표면적으로도 내부적으로도 Java/C++과는 조금 다르지만요).

따라서 SPCanvas에 그려진 내용에 대해서는 모두 그 인스턴스 변수 strokes_history에 저장됩니다.

retain, release, autorelease

Mac OS X 이후의 Objective-C에서는 메모리 관리를 위해 가비지 컬렉션(garbage collection)을 사용할 수 있지만, iPhone OS에서는 가비지 컬렉션을 지원하지 않습니다. 그러므로 레퍼런스 카운터에 의해서 오브젝트를 해제하고 메모리를 관리해야 합니다. 오브젝트 객체 obj는 자신을 참조하는 카운터를 가지고 있는데, 'obj retain'에 의해 카운터가 증가하고, 'obj release'에 의해 카운터가 감소하며, 카운터가 0이 되면 그 오브젝트가 해제되는 구조입니다. 다시 말해, 'obj release'에 의해 obj가 반드시 해제된다고는 할 수 없습니다.

생각하기에 따라서는 레퍼런스 카운터라는 것은 obj를 관리하고 있는 변수의 개수로서, 'obj retain'함으로써 obj를 관리할 책임을 가지게 되고, 'obj release'함으로써 그 책임을 버리는 것이지요. 모든 변수가 책임을 버린 순간 그 obj는 소멸합니다. 일단 어떤 오브젝트를 retain했다면 사용자가 책임을 지고 release해야 합니다. 불필요해지더라도 자동으로 메모리에서 소멸되지 않기 때문에 메모리 누수가 발생하게 됩니다. 덧붙여 SharePaint에서는 release는 사용하고 있지만, retain은 명시적으로 사용하고 있지 않습니다. autorelease를 사용하면 스스로 관리하지 않아도 AutoreleasePool이라고 하는 것이 대신 관리해줍니다. AutoreleasePool은 기본적으로는 이벤트 루프 안에서 관리하고 있는 오브젝트를 해제합니다(사용자가 명시적으로 AutoreleasePool을 작성하고 오브젝트를 해제하는 타이밍을 지정할 수도 있는데, 멀티 스레드 등의 경우에는 그것이 필요합니다). 다시 말해, 레퍼런스 카운터 값 자체에 변화는 없지만 언젠가 자동적으로 해제될 것이므로 직접 release할 필요가 없어졌으므로 함부로 release해버리면 안 됩니다.

오브젝트를 생성할 때 [foo 'Foo alloc] init...'과 'init'로 시작하는 메서드를 이용한 경우에는 레퍼런스 카운터가 1인 상태로 생성되는데, [foo autorelease]로 AutoreleasePool에 관리를 맡기던가, foo의 사용을 마치고 [foo release]로 영역을 해제해야 합니다. 한편으로, foo=[Foo foowith...] 등과 같이 'init'로 시작하지 않는 메서드로 오브젝트를 생성하거나 얻어오는 경우에는 autorelease된 상태라고 생각하면 됩니다. 이런 경우에는 마음대로 release해서는 안 되기 때문에 주의해야 합니다.

되돌리기 기능 (iPhone)

Android에서와 같은 방식으로 iPhone에서도 되돌리기(Undo) 기능을 구현해보겠습니다. iPhone 도 알고리즘 자체는 Android 버전과 동일합니다.

stroke를 이미지에 그리는 drawStroke:with: 메서드와 1단계의 되돌리기 기능을 실행하는 undoOneStroke 메서드를 살펴보겠습니다. 헤더 파일(SPCanvas.h)도 필요에 따라 변경해주세요. 시작 부분은 drawLineFromX:y:toX:y: 메서드와 동일합니다.

SPCanvas.mm

```
- (void)drawStroke:(unsigned int*)bitmap with:(SPStroke)stroke {
  CGColorSpaceRef colorspace = CGColorSpaceCreateDeviceRGB();
```

download \SharePaint_ch4iphone\SharePaint_ch4iphone\Classes\SPCanvas.mm

비트맵에 그림을 그리는 창구(context)를 준비하는 부분은 drawLineFromX:y:toX:y:에서의 self->bitmap_data를 대신해 인수로 주어진 bitmap에 대해 작성하고 있습니다. 그것에 이어지는 부분도 drawLineFromX:y:toX:y:와 마찬가지입니다.

```
CGContextRef context =
CGBitmapContextCreate(bitmap,
                      self->width, self->height, 8,
                      self->width * 4,
                      colorspace,
                      kCGImageAlphaPremultipliedFirst);
CGAffineTransform ctm = CGAffineTransformMakeScale(1, -1);
ctm = CGAffineTransformTranslate(ctm, 0, - self->height);
CGContextConcatCTM(context, ctm);
```

이번에는 곡선(선분의 연속)의 정보를 context에 전부 주고 한 번에 그려보겠습니다. 그렇게 하기 위해 선분과 선분의 연결 형태도 CGContextSetLineJoin( )에서 지정해둡니다.

```
CGContextSetLineCap(context, kCGLineCapRound);     // 선의 양 끝은 둥글게 한다
CGContextSetLineJoin(context, kCGLineJoinRound);   // 선의 이음매는 둥글게 한다
```

펜의 색은 stroke에 저장되어 있는 색을 사용합니다. 선의 두께도 마찬가지입니다.

```
int pen_color = stroke.pen_properties.color;  // ARGB 형식의 펜 색
CGFloat components[4];
components[0] = (pen_color & 0x00ff0000) / (255.0 * 0x10000);   // 적색
components[1] = (pen_color & 0x0000ff00) / (255.0 * 0x100);     // 녹색
components[2] = (pen_color & 0x000000ff) / 255.0;              // 청색
components[3] = (pen_color & 0xff000000) / (255.0 * 0x1000000); // 알파
CGColorRef color = CGColorCreate(colorspace, components);
CGContextSetStrokeColorWithColor(context, color);  // 정해진 색으로 그리기를 지정한다
CGContextSetLineWidth(context, stroke.pen_properties.width);  // 선의 두께를 설정한다
```

나머지는 배열 x_array, y_array의 내용에 따라 순차적으로 context에 선분의 정보를 주고, CGContextDrawPath( ) 메서드로 한 번에 그려줍니다. 마지막으로 메모리 리소스 해제가 필요한 것은 drawLineFromX:y:toX:y:와 같습니다.

```
CGContextMoveToPoint(context,
                     stroke.x_array[0],
                     stroke.y_array[0]);
    // 선분의 시작점을 (stroke.x_array[0], stoke.y_array[0])으로
for (int i = 1; i < stroke.x_array.size(); i ++)
  CGContextAddLineToPoint(context,
                          stroke.x_array[i],
                          stroke.y_array[i]);
    // 다음 선분의 끝점을 (stroke.x_array[i], stroke.y_array[i])으로
CGContextDrawPath(context, kCGPathStroke);   // 선분을 그린다

CGColorSpaceRelease(colorspace);
CGColorRelease(color);         // color는 더 이상 필요하지 않으므로 해제한다
CGContextRelease(context);     // context도 필요하지 않으므로 해제한다
}
```

마지막 stroke만을 제외하고 모든 stroke를 그리는 undoOneStroke 메서드는 다음과 같이 기술할 수 있습니다. STL 덕분에 Android 버전보다 좀 더 간결하게 작성할 수 있습니다. 맨 처음에 stroke의 이력이 없다면 그대로 돌아가는 부분이나 캔버스를 흰색(초기값)으로 칠하는 부분은 Android에서 작성한 내용과 거의 비슷합니다.

```
- (void)undoOneStroke {
  if (self->strokes_history.empty()) return;

  for (int i = 0; i < self->width * self->height; i ++)
    self->bitmap_data[i] = 0xffffffff;
```

인스턴스 변수 strokes_history는 STL의 std::map으로 선언했지만 내용은 Java의 HashMap 과는 달리 키의 크기에 의해 자동적으로 순서가 정렬됩니다. 다시 말해, strokes_history. begin( )은 맨 처음의 stroke에 대한 이터레이터이고, strokes_history.end( )는 마지막의 다음 stroke에 대한 이터레이터가 됩니다.

여기서 주의하지 않으면 안 되는 것이 '마지막의 다음'이라는 곳입니다. 이 때문에 마지막 stroke를 나타내기 위해 디크리멘트 연산자(--)를 strokes_history.end( ) 앞에 붙이고, 그것을 strokes_history.erase( ) 메서드로 넘기는 것입니다. 이렇게 하면 마지막 stroke만 삭제할 수 있습니다.

```
self->strokes_history.erase(-- self->strokes_history.end());
    // 마지막 요소를 삭제한다
```

나머지는 strokes_history의 내용을 그 순서에 따라 그리기만 하면 됩니다. 앞에서도 말했듯이 이미 stroke는 그 발생 시각 순으로 정렬되어 있기 때문에 일반적인 iterator의 사용으로도 발생한 순서대로 stroke를 그려낼 수 있다는 것입니다.

또한, *(it ++)의 내용은 stroke 발생 시각과 stroke에 의한 페어(std::pair)이기 때문에 stroke만 뽑아내기 위해서는 (*(it ++)).second라고 하면 됩니다.

마지막으로 화면 전체를 다시 그리는 요청을 하고 종료합니다. 이제 undoOneStroke 메서드가 완성되었습니다.

```
std::map<long long, SPStroke>::iterator it
  = self->strokes_history.begin();
while (it != self->strokes_history.end())
  [self drawStroke:self->bitmap_data with:(*(it ++)).second];

[self setNeedsDisplay];
}
```

다음은 Android 버전과 마찬가지로 되돌리기 버튼을 캔버스 위에 배치해보겠습니다. Xcode의 프로젝트 윈도우에서 'SharePaintViewController.xib'를 더블클릭하여 Interface Builder를 실행합니다.

Library 윈도에서 Round Rect Button을 드래그하여 Pen 버튼 옆에 배치하고, 그 라벨을 Undo 등으로 해주세요. 나머지는 이 버튼으로부터 방금 전에 만든 undoOneStroke를 호출하도록 하면 완성입니다.

SPCanvas.h에 있는 undoOneStroke 메서드의 선언을 이 버튼에서 직접 호출할 수 있도록 IBAction을 사용하게끔 변경하고 저장합니다. 또한 SPCanvas.mm의 undoOneStroke도 이에 따라 변경합니다.

SPCanvas.h

```
- (IBAction) undoOneStroke:(id)sender ;
```

다시 Interface Builder로 돌아가 SPCanvas 아이콘을 마우스 오른쪽 버튼으로 클릭하면 플로팅 윈도의 'Received Action' 항목에 undoOneStroke가 표시되는데, 이것과 방금 만들어 놓은 Undo 버튼의 Touch Up Inside 액션을 이어줍니다. 이 부분의 작업은 Interface Builder 덕분에 아주 편했지요?

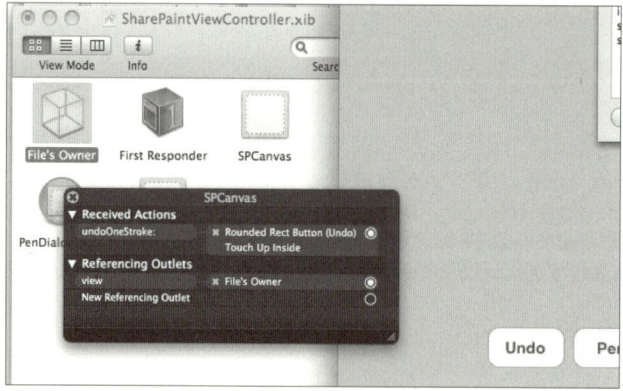

이렇게 해서 메뉴 내의 Undo 버튼에 실제 되돌리기 동작이 할당되었으므로 시뮬레이터 등에서 동작을 확인해보세요.

PC에서 Windows 애플리케이션과 모바일 애플리케이션(주로 BREW)을 개발해온 지 10년 정도 된 프리랜서로서 앞으로도 모바일 플랫폼을 중심으로 일을 하고 싶은데, 현재로는 100% iPhone 애플리케이션 개발 작업만 하고 있습니다. 그런데 왜 지금은 iPhone일까요? 이에 대해서는 2가지 이유를 들 수 있는데 하나는 App Store, 또 하나는 Cocoa 프레임워크 때문입니다.

iPhone의 App Store에서 특징적인 것은 애플리케이션 심사가 있다는 점, 그리고 과금 결제가 iTunes 계정에서 이루어진다는 점입니다. 우선 애플리케이션 심사의 가장 좋은 점은 사용자에게 유리한 시스템이라는 것입니다. 심사가 있기 때문에 사용자는 전혀 동작하지도 않는 쓰레기 애플리케이션에 낚일 일도 없으며, 또한 멀웨어(Malware) 등의 걱정도 없이 안심하고 애플리케이션을 구입할 수 있습니다. 또 결제 방법에 있어서 이미 iPod/iTunes로 보급된 iTunes 계정을 그대로 사용할 수 있다는 점입니다. 이런 점들을 생각한다면 모바일 애플리케이션을 판매하려 할 경우 현 상황에선 App Store가 최상의 선택이라고 생각합니다.

또 한 가지 이유는 Cocoa 프레임워크(UIKit)의 완성도인데, 이것은 UI를 작성하는 데 있어서 현존하는 프레임워크 중 개발 효율과 응답성의 밸런스가 가장 좋은 프레임워크가 아닐까 생각하기 때문입니다.

우선 모바일에 있어서 왜 UI가 중요한지 살펴보면, PC 등과 달리 굳이 매뉴얼을 읽는 습관을 들이지 않아도 된다는 점, 그리고 이동할 때 등과 같이 뭔가를 하면서 사용하는 경우가 많다는 점 때문입니다. 오히려 이런 점들은 프레임워크 문제라기보다는 설계·디자인의 문제이므로 모바일에서는 어느 플랫폼에서나 같다고 생각해도 좋을 것입니다. 다만, 보다 직관적인 UI를 지향한다면 애플리케이션 개발의 비중에서 로직 자체보다 UI 개발 비중이 커지게 됩니다. 그래서 UI 프레임워크가 얼마나 사용하기 편한가라는 점은 모바일 애플리케이션의 플랫폼에 있어서 매우 중요한 점이 아닐 수 없습니다.

또한 UI의 응답성도 중요한데, 이른바 무거운 느낌이 들지 않도록 해야 할 필요성이 커졌습니다. 이미 Cocoa 프레임워크가 상당히 최적화되어 있기 때문에 웬만큼만 하면 무겁지 않게 만들 수 있습니다(물론 최적화하면 더욱 빨라집니다). 또한 고도의 애니메이션도 간단한 API로 제공되고 있어 multi touch의 조작감을 보충하는 멋진 시각 효과도 아주 간단히 구현할 수 있으며, 더욱 다양해 보이는 UI를 간단히 만들 수도 있습니다.

✉ **모리 타쿠마**(@takuma104)
프리랜서 프로그래머. 대표적인 애플리케이션은 NatsuLion for iPhone, TiltShift Generator(@fladdit 씨와 공동 제작)
http://twitter.com/takuma104

지금 우리가 만들고 있는 SharePaint는(한두 사람에 한하지 않은) 복수의 사용자가 각각 떨어진 장소에서 동시에 하나의 그림이나 일러스트 등을 작성하는 애플리케이션입니다. 그렇기 때문에 이 애플리케이션에서는 이미지 데이터의 공유가 반드시 필요합니다. 이런 경우, 데이터 공유를 위한 서버를 준비하는 것이 최적의 해결 방법이겠지요. 이번 chapter에서는 Google 애플리케이션 엔진(Google App Engine)을 사용하여 이 SharePaint 서버를 만들어보겠습니다. 물론 Google 애플리케이션 엔진을 사용하지 않고 직접 서버를 준비하는 것도 하나의 선택이 될 수 있고, 그 편이 유리할 수도 있겠지만 이 책을 읽는 독자 누구라도 간단히 준비할 수 있는 환경으로서 Google 애플리케이션 엔진을 채용했습니다.

직접 서버를 준비한 분들이라면 동작을 확인할 때 이 chapter의 내용을 자신의 상황에 맞게 적당히 바꿔 가면서 읽어주세요.

Chapter 5

데이터 저장
서버

Google 애플리케이션 엔진(GAE)이란

Google 애플리케이션 엔진(Google App Engine, 이하 GAE)이란 Google이 제공하는 서버 인프라입니다. 현재 휴대전화를 소유하고 있다면 개인이라도 무료로 자신이 만든 서비스를 Google의 클라우드 상에서 동작시켜볼 수 있고, 정해진 자원 내에서는 무료로 계속 이용할 수도 있습니다.

현재 GAE에서 네이티브로 이용할 수 있는 프로그래밍 언어는 Python 및 Java이지만 Java VM 상에서 Ruby나 Perl 등을 포함한 많은 언어도 가능합니다. 이 책에서는 이 언어들 중 네이티브로 이용이 가능하고 기술이 간편하다는 점에서 Python을 채용하기로 했습니다.

GAE를 사용한 개발 순서는 다음과 같습니다.

(1) 로컬 컴퓨터의 개발 환경 정비(Google 계정 만들기도 포함)

(2) 코드 작성

(3) 로컬 컴퓨터에서 웹 서비스를 동작시키고 웹 브라우저로 동작을 확인

(4) 필요에 따라 (2)부터 반복

(5) Google 서버에 프로그램 전송

(6) 컴퓨터와 iPhone, Android에서 동작을 확인

(7) 필요에 따라 (2)와 (5)로 간다.

(8) 완성

적어도 지금 작성하려는 SharePaint 서버는 로컬(여러분 앞에 있는) 컴퓨터에서 동작 확인과 대부분의 디버그를 할 수 있습니다.

데이터 통신량이 적을 경우 GAE는 무료로 사용이 가능하므로 개인이라도 우선 시험 삼아 사용해보는 것이 좋습니다. 무료로 사용할 수 있는 리소스는 Google 페이지(http://code.google.com/intl/ko/appengine/docs/quotas.html)에 기술되어 있듯이 일일 최대 65,000건의 사용자 요청, 10,000MB의 수신대역, 10,000MB 발신대역, 6.5CPU 시간으로 되어 있습니다. 적어도 SharePaint의 서버를 수십 명이 사용할 수 있는 정도라면 정말 여유 있는 수치입니다. 무료로는 부족할 것 같다면 GAE의 관리 화면에서 유료화한 후 그대로 서비스를 계속해도 좋고, 다른 서비스로 이행하거나 자비 서버로의 이행을 고려하는 것도 좋을 것입니다.

GAE 개발 환경 준비

Java로 GAE 서비스를 개발할 경우에는 Eclipse용 GAE SDK 플러그인을 제공하고 있지만, Python용으로는 통합 개발 환경을 제공하지 않고 있습니다. 하지만 기본적으로는 Python을 CGI로 실행하고, 그 스토리지로 Google이 제공하는 데이터베이스를 이용할 수 있기 때문에 어려울 것은 없습니다. 다시 말해 표준 출력으로 HTML을 출력하는 Python 코드를 작성할 수 있으면 충분합니다. Google 자체에서 쉬운 튜토리얼을 제공하고 있으므로 그것부터 우선 시험해보는 것이 좋습니다. 그리고 이 책에서는 Intel Mac에서의 조작 사례를 설명하고 있지만 Windows나 Linux에서 개발하는 분이라도 필요에 맞게 바꿔주면 됩니다.

Google 애플리케이션 만들기

우선 Google의 계정은 미리 준비해주세요. 여러분은 현재 Android용 애플리케이션을 함께 개발 중이므로 이미 Google 계정을 가지고 있을 것입니다. Google 페이지에서 Google 코드를 찾아가면 App Engine의 링크가 나타납니다. 이것을 클릭해서 Google 애플리케이션 엔진 페이지로 이동해 주세요(http://code.google.com/intl/ko-KR/appengine/).

이 페이지의 우측에는 '시작하기' 가이드가 있으므로 기본적으로는 이에 따라 로그인한 후 SDK의 다운로드와 설치를 수행합니다. '로그인' 링크를 클릭하면 메일 주소와 패스워드의 입력을 요구받게 되는데, Google 계정과 패스워드를 입력하고 로그인하세요.

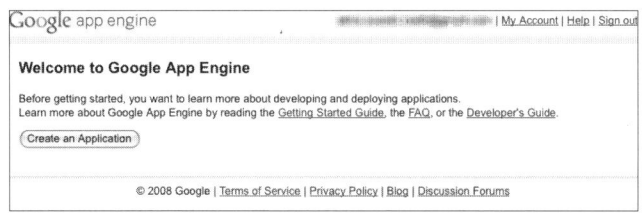

〈Create an Application〉 버튼을 클릭하면 'Verify Your Account by SMS'라는 페이지로 이동하게 되는데, Country and Carrier에서 'Other (Not Listed)'를 선택하고 Mobile Number에는 사용하는 국가 코드를 포함한 휴대전화번호를 입력합니다(역자 주 : 한국의 국가 코드는 82입니다. 010-2345-XXXX라면 82102345XXXX를 입력합니다). 입력을 마쳤으면 〈Send〉 버튼을 클릭합니다.

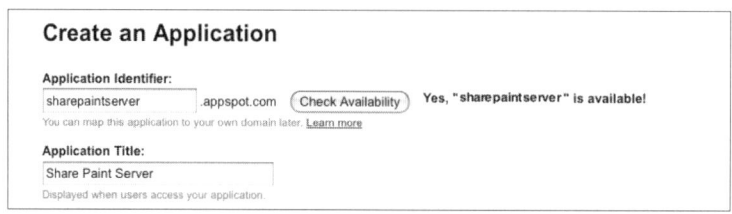

Verify Your Account by SMS

To create applications with Google App Engine, you need a verification code. Select the country and carrier for your mobile phone and enter your mobile phone number. The verification code will be sent to it via SMS. Note you will only need to verify your account once.

Country and Carrier:
✓ Other (Not Listed)
Canada
Japan
United States

not on the list, select Other (Not Listed). What carriers are supported?

Include your country code and full phone number. eg. +1 650 555 1212

Send

© 2008 Google | Terms of Service | Privacy Policy | Blog | Discussion Forums

'An Authentication Code Has Been Sent to(여러분의 휴대폰 번호)'라는 페이지로 이동하면 휴대 전화로 도착한 인증 코드를 Enter Account Code에 입력하고 〈Send〉 버튼을 클릭합니다.

An Authentication Code Has Been Sent to

Within a few minutes, you should receive a text message on your phone that includes a verification code. When you receive it, enter it below. If you don't receive the text message, try sending it again, or see the App Engine FAQ.

Enter Account Code:

Send

이 과정을 마치면 애플리케이션 생성 페이지로 이동합니다. Application Identifier에 알기 쉬운 이름을... 이라고 말하고 싶지만, 이미 다른 사람이 사용하고 있는 ID는 사용할 수 없습니다. 자신의 계정 이름도 섞어서 해보고 이런저런 시행착오를 거치면서 사용할 수 있는 ID를 찾아보세요. 사용하고 싶은 ID를 입력하고 〈Check Availability〉 버튼을 클릭했을 때, 사용할 수 있는 ID라면 'Yes, (여러문이 입력한 ID) is available!'이라고 표시됩니다. Application Title에는 알기 쉬운 이름을 입력해주세요. 여기에서는 이 책을 위해 sharepaintserver를 확보했습니다. 나머지는 Term of Service를 읽어보고 'I accept these terms.'의 체크박스에 체크 표시하고 〈Create Application〉 버튼을 클릭합니다.

Create an Application

Application Identifier:

sharepaintserver .appspot.com (Check Availability) Yes, "sharepaintserver" is available!

You can map this application to your own domain later. Learn more

Application Title:

Share Paint Server

Displayed when users access your application.

제대로 진행되었다면 'Application Registered Successfully'라고 표시됩니다. 이로써 Google 서버 상에서 SharePaint 서버를 동작시킬 준비가 완료되었습니다.

SDK의 설치와 설정

Google 애플리케이션 엔진 페이지의 우측 상단을 보면 다운로드 링크가 있습니다. 이 페이지에서 Mac OS X용 SDK for Python을 다운로드하여 설치합니다. 다운로드된 디스크 이미지를 열면 GoogleAppEngineLauncher라는 애플리케이션이 있는데, 이것을 애플리케이션 폴더로 드래그해 넣으면 됩니다.

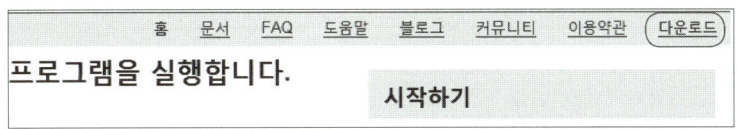

설치된 GoogleAppEngineLauncher를 실행하면 'Make Command Symlinks?'라는 대화상자가 나타나는 경우가 있는데, 이 경우 〈OK〉 버튼을 클릭하여 심볼릭 링크를 거는 것이 좋습니다. 이렇게 하여 준비가 완료되었습니다.

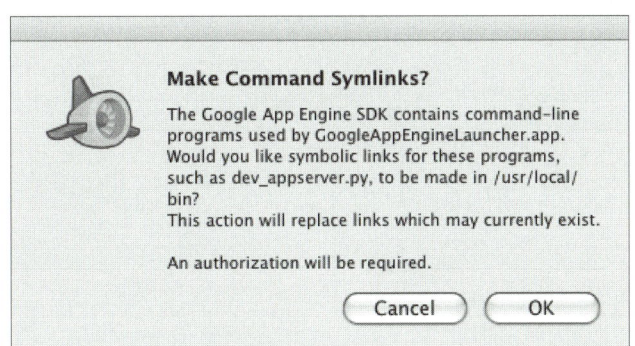

지금까지의 과정을 잘 따라왔다면 한번 연습 삼아 Google이 제공하는 튜토리얼을 시험해보기 바랍니다. 다소 트러블이 있더라도 몇 시간이면 끝낼 정도의 분량입니다. 당장이라도 서비스를 시작할 수 있을 것 같은 기분이 들면서 마음이 들뜰 것입니다.

(http://code.google.com/intl/ko-KR/appengine/docs/python/gettingstarted/)

SharePaint 서버 사양

서버를 만드는 데 있어서 어떠한 기능들이 필요한지 다시 한 번 정리해보겠습니다.

이 서버의 목적은 iPhone과 Android의 애플리케이션인 SharePaint에서 공유되는 캔버스를 관리하는 것이었습니다. 실험용라도 여러 개의 그림을 관리할 수 있는 쪽이 좋겠지요. 그리고 누가 그림을 그렸는지도 알아야 하니, 사용자를 구별할 수 없다면 곤란할 것입니다. 보존 기간이나 보존 용량에 대해서는 일단 나중으로 미루고 지금은 고려하지 않겠습니다.

이번에는 서버의 기능에 대해 잠시 생각해보기로 하겠습니다. 이 서버는 어떤 일들을 수행할 수 있어야 할까요? iPhone과 Android에서 SharePaint로 그림을 그릴 때마다 서버로 데이터를 전송합니다. 그렇다면 서버 쪽에서는 '어느 그림에, 누가, 어떻게 그렸는지'를 저장해두어야 합니다.

또한 다른 사용자들도 동시에 그림을 그리고 있다는 것을 염두에 둔다면 서버는 수신이 완료되었을 때 완료되었다는 정보뿐 아니라 그 사이에 그림에다 어떤 사람이 어떻게 그렸다는 정보도 포함해서 응답을 해야 합니다.

그 이외에는 사용자가 누구인지 식별하는 기능과 새로운 그림을 위해 백지 캔버스를 준비하는 기능, 서버 상에 있는 그림을 열거하는 기능이나 그리다만 그림을 다시 그리는 기능 등도 있으면 좋겠지요.

5.4

서버 시각과 클라이언트 시각

복수의 클라이언트가 하나의 캔버스에다 그림을 그리는 것이므로 '언제 stroke가 그려졌는지' 에 대한 정보는 클라이언트 쪽보다 서버의 시각을 우선하는 것이 적절하겠네요. 만약 클라이언 트의 시간으로만 판단하게 되면 단말기의 시각 설정이 잘못되어 있을 경우에 stroke의 순서가 이상해져 버리기 때문입니다.

그렇다면 클라이언트의 시각을 stroke 정보에 포함시키는 것은 쓸데없는 일이 아닌가 하는 생각이 들 수도 있겠지만 그렇지는 않습니다. 단말기가 항상 네트워크에 접속되어 있고, 더구 나 통신 에러가 일어나지 않는다면 그래도 상관없겠지만 실제로 그런 일은 없습니다. 네트워크 에 연결되지 않은 오프라인 상태에서 그림을 추가할 수 없으면 불편할 것입니다.

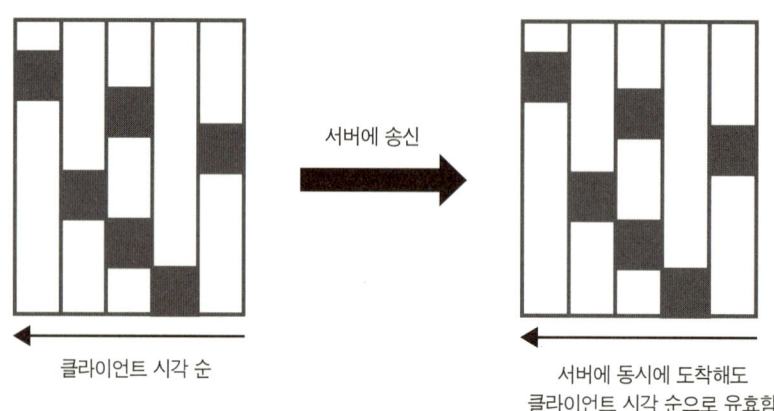

서버에 송신

클라이언트 시각 순

서버에 동시에 도착해도
클라이언트 시각 순으로 유효함

그래서 서버에서 stroke 저장에 실패한 경우 클라이언트 쪽에서 stroke를 저장해두었다가 온라인 상태가 되면 한 번에 복수의 stroke를 서버에 저장하도록 만들면 어떨까요? 이때 서버에 저장된 시각밖에 기록되지 않는다면 어느 stroke가 먼저인지 순서가 일정하지 않겠지요.

서버 쪽 시각과 클라이언트 쪽 시각을 모두 사용해 stroke가 행해진 순서를 결정하도록 한다면 어느 정도 오프라인 상태에서도 정합성을 가질 수 있을 것입니다. 완전한 정합성을 구현하기는 불가능하지만 사용자가 사용하기에 불편하지 않도록 최선을 다해야겠지요.

먼저 시작한 개발자들의 메시지

무언가를 배우는 데 있어서 가장 중요한 것은 기초를 탄탄하게 다지는 것이라고 이야기하곤 합니다. 프로그래밍도 예외는 아니라서 기초를 다지는 것이 가장 중요하다는 것은 두말할 나위가 없습니다. 다만 기초를 다진다는 것이 처음부터 차근차근 공부해 나가야 한다는 것을 의미하지는 않습니다. 아이러니하게 들릴 수도 있겠지만 기초를 닦는 가장 좋은 방법은 처음부터 실전에 뛰어드는 것입니다. 실제로 개발해야 할 것을 하나 정한 다음 그것을 완성시켜 가는 과정에서 모르는 것은 찾아보고 고민해보는 작업을 계속 반복하다 보면 결국은 어느새 기초가 탄탄히 다져져 있는 자신을 발견하게 될 것입니다. 기본적인 문법과 개발 툴의 사용 방법을 간단하게나마 알고 있다면 만들고자 하는 애플리케이션을 하나 정해서 바로 시작해보세요. 이 책은 그런 의미에서 아이폰과 안드로이드를 처음 시작하는 개발자들에게 좋은 가이드가 되어 줄 것이라고 생각합니다.

✉ 김덕환

석사/박사 과정에서 임베디드 시스템을 전공했으며, 국내에 모바일 애플리케이션 플랫폼이
도입되기 시작한 초창기부터 시작해 모바일 애플리케이션 개발자로서 8년 이상의 경력을 가지고 있다.
현재는 올라웍스에서 ScanSearch application 개발을 총괄하면서
올라웍스 전체의 소프트웨어 설계 책임자(Chief Architect)로 근무하고 있다.

사용자 ID와 캔버스 ID

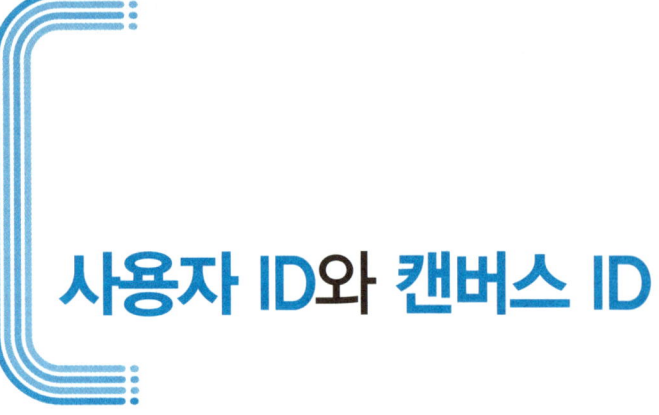

전 세계에서 하나의 캔버스를 공유해서 함께 메모를 하거나 일러스트를 그리는 것은 즐거울 것 같지만 편의상 좋지 않은 경우도 있을 수 있고 서버의 부하를 고려하면 현실적이지도 않습니다. 그러므로 여러 캔버스를 하나의·서버에서 제공할 수 있도록 할 필요가 있습니다. 그렇게 하기 위해서는 복수의 캔버스를 식별하기 위한 ID를 할당해야 합니다.

또한 누가 그리기 시작한 일러스트인지, 그 외에 누가 참가하고 있는지 등도 관리할 수 있어야겠지요? 그렇다면 사용자에 대한 ID도 필요하게 됩니다.

닉네임과 사용자 ID

SharePaint는 사용자끼리 메모와 일러스트를 공유하는 애플리케이션이므로 누가 어느 캔버스를 그리고 있는지와 같은 정보를 서버가 파악하고 있어야만 합니다.

한편으로는 나중에 자기가 그린 캔버스를 찾기 쉽도록 어느 정도는 사용자가 ID를 지정할 수 있게 하는 것이 편리해 보입니다. 하지만 다른 사람이 동일한 사용자 ID를 사용하고 싶어 할지도 모르겠군요.

그러므로 사용자에게 공백을 포함하지 않도록 닉네임을 정하게 하고, 거기에 자동적으로 생성된 키를 문자열로 추가하여 사용자 ID로 하는 것은 어떨까요? 예를 들어, 어떤 사용자가 'akirasuzuki'라는 닉네임을 지정하면 클라이언트가 '20100311081144123'이라는 키를 생성하여 사용자 ID는 akirasuzuki@20100311081144123 등으로 하면 되겠지요.

그 중에서 사용자가 감지하는 것은 닉네임뿐이고, 사용자 ID 자체와 키는 클라이언트 애플리케이션, 즉 Android와 iPhone에서 돌아가는 SharePaint만 알고 있으면 충분합니다. 이 방법이라면 한 사람이 복수의 단말기를 동시에 사용하는 경우라도 서버에서 구별할 수 있게 되므로 편리합니다.

물론 다른 사람이 같은 닉네임을 사용하는 경우에는 다른 사람과 구별할 수 없게 되지만 그건 그것대로 새로운 만남의 가능성으로 생각하는 것도 좋지 않을까요?

캔버스 ID

새롭게 캔버스를 만들 때 나중에 그 ID를 보고 누가 만든 캔버스인지 파악하기 쉽다면 편리하겠지요. 그래서 캔버스를 만든 사용자의 닉네임을 캔버스 ID에 포함시켜보겠습니다.

또한 한 사용자가 다른 사용자에게 '이 그림 좀 보세요', '이 다음을 그려주세요'라고 캔버스 ID를 매개로 커뮤니케이션을 하려면 누가 봐도 쉽게 이해할 수 있는 문자열로 하는 것이 바람직하겠지요.

SharePaint 서버에서는, 예를 들어 'akirasuzuki씨가 2010년 4월 15일 18시 32분 55.567초에 그리기 시작한 캔버스'에 대해서는 'akirasuzuki@2010415183255567' 같이 '닉네임@날짜시각'의 형식을 갖춰야 할 것입니다.

먼저 시작한 개발자들의 메시지

Android 애플리케이션 개발의 매력은 '자유'입니다. 전화와 이메일, 브라우저 등의 기본적인 애플리케이션은 누구나 개발할 수 있습니다. 제 경우는 'simeji'라는 소프트웨어 키보드 기능이 있는 IME를 공개한 적이 있는데, 이렇게 근본적인 애플리케이션 정도는 자유롭게 개발할 수 있습니다. 그리고 이 애플리케이션들은 Intent라는 기능으로 자유롭게 연계할 수도 있습니다.

아무리 뛰어난 아이디어를 가진 애플리케이션이라도 최소한 필요한 기능만 가지고 있다면 사용자로부터 좋은 평가를 받기는 어렵겠지요. '○○"도" 되면 좋겠어요'라는 사용자들의 요구를 자주 듣습니다. 핵심 기능에 더해 Twitter에 투고할 수 있다던가, 음성 입력을 할 수 있다는 등 옵션 기능을 충실하게 함으로써 좋은 평가를 받는 애플리케이션이 만들어지는 것입니다.

이런 옵션 기능들을 고루 갖추는 것은 힘든 작업이지만, Intent에 의한 애플리케이션의 연계를 이용하면 편리합니다. 예를 들어, Twitter에 투고하는 기능을 추가하고 싶을 때, Twitter용 프로그램을 작성할 필요가 없습니다. Intent를 사용하여 Twitter 애플리케이션에 투고를 의뢰하기만 하면 되는 것입니다. 이 기능 덕분에 개발자는 자신의 아이디어의 핵심 기능에 주력할 수 있게 되었고, 사용자의 만족도가 높은 애플리케이션을 제공할 수가 있게 되었습니다.

개발자가 하고 싶은 것만 하면 된다는 자유, 이 얼마나 멋진 일인가요!

✉ adamrocker

Android가 공개(2007/11/05)된 이후 Android 개발을 수행하여
일본에서 단말기가 발매되기 전부터 일본어 입력 애플리케이션인 Simeji를 만들고 버전업하고 있다.
디자이너 야노 린 씨와의 개발 유닛 'rockrin'의 rock 쪽. 샐러리맨으로 회사에 근무하고 있으며
온/오프에서 모두 행복한 개발 라이프를 즐기고 있다.

5.6

통신 형식과 데이터 저장 형식

서버가 데이터를 저장하는 방식은 단순한 것으로 해보겠습니다. 클라이언트(iPhone이나 Android의 SharePaint)가 1회의 stroke를 1행의 문자열로 만들어 서버에 전송하면 서버는 수신한 문자열을 통째로 저장하며, 필요에 따라 전체 혹은 차이 나는 부분의 stroke 정보를 클라이언트로 보냅니다.

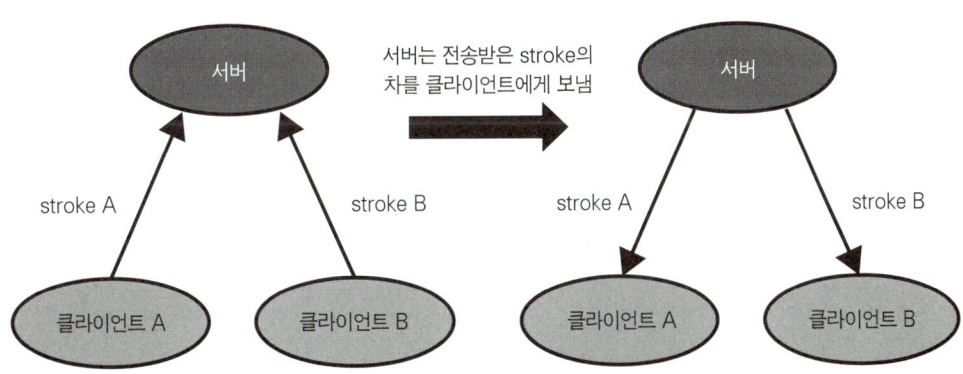

이런 형식이라면 서버 쪽에서 다루는 정보는 단순해지고, 클라이언트의 기능을 확장하더라도 서버 쪽의 변경은 최소한으로 마칠 수 있습니다. 이런 단순한 방법에서는 서버의 속도 저하 등이 문제가 되는 경우도 있지만, SharePaint에서는 다루는 데이터가 적을 뿐만 아니라 액세스하

는 사용자의 수도 한정될 것으로 예상할 수 있습니다. 사용자의 수가 늘어나고 서버의 부하가 문제가 될 경우에는 GAE 이외의 이용도 포함하여 시스템의 재고가 필요하게 될지도 모릅니다.

stroke의 데이터는 '4.1 벡터계의 선택'에서 정의했던 서식을 그대로 사용합니다. 이 데이터 형에 맞추어 서버와 클라이언트의 통신 부분을 구현함으로써 복수의 캔버스를 공유할 수 있게 되는 것입니다.

클라이언트와 서버의 통신 형식

stroke 정보의 형식에 대해서는 이것으로 충분하다고 해도 클라이언트와 서버가 서로 통신을 할 때는 stroke 추가 등의 명령도 필요해집니다. 명령 형식은 다음과 같습니다.

클라이언트로부터 송신된 문자열은 캔버스ID:라는 문자열로 시작되는 것으로 하겠습니다. 그리고 그 뒤부터 커맨드 문자열로 append:가 포함되어 있으면 stroke 정보를 추가하고, delete:가 포함되어 있으면 해당 stroke를 삭제하며, get_strokes:가 포함되어 있으면 모든 stroke를 얻어옵니다. 이로써 복수의 클라이언트에서 단일 캔버스를 공유하는 것이 가능해집 니다.

그리고 캔버스가 1개뿐이면 역시 곤란하므로 캔버스를 선택할 수 있도록 하겠습니다. 캔버스를 검색하는 커맨드는 'search_canvas_list:'로 지정합니다. 또한 append:에 해당하는 캔버스 ID가 서버 상에 존재하지 않으면 새 캔버스를 만들어보도록 하겠습니다.

한 가지 덧붙이면, 조금 전에 클라이언트 쪽에서 stroke의 정보를 어떻게 인코딩할 것인지를 규정했지만 실은 서버 쪽에서는 각 stroke 정보를 해석할 필요가 없습니다. 기본적으로 stroke 정보가 보내지면 그것을 1행으로 저장하고, 그 보다 앞에 다른 사용자에 의한 새로운 stroke 정보가 저장되어 있을 때 그 차이만큼 문자열로 돌려보내기만 하면 기본 동작은 완료됩니다.

각 커맨드별 동작

GAE에서는 데이터를 저장할 때 '데이터스토어'라고 하는 것을 사용합니다. 이것은 데이터베이스 형태로 저장하고 호출하는 것이므로 사전에 어떻게 사용할 것인지 구조를 파악해두는 것이 좋겠지요. 여기에서는 프로토타입인 만큼 구조는 가능한 한 단순하게 만들어보겠습니다.

그렇다면 어떤 정보를 저장해둬야 좋을지 다시 한 번 생각해보기로 합시다. 1회의 stroke가 발생하면 클라이언트 단말기로부터는 '캔버스 ID', '사용자 ID', '클라이언트에서의 stroke 발생 시각(client_time)', '서버에서의 시각(sever_time)', '레이어 번호(layer)', '선의 색과 두께 등(pen_properties)' 그리고 'stroke에 포함되는 점의 좌표(x_array, y_array)'가 보내져 옵니다. 이 중에서 서버에서의 시각은 서버가 정하는 것이므로 데이터를 수신한 후에 그 값을 결정하게 됩니다. 이만큼이나 되는 정보를 텍스트 그대로 데이터베이스에 넣어두고 사용할 때마다 검색해도 동작은 하겠지만 효율은 좋지 않을 것입니다.

GAE 데이터스토어에 내장되어 있는 검색 기능을 이용할 수 있도록 각 커맨드별로 검색에 사용할 항목을 뽑아봅시다.

우선은 delete 커맨드. 지정된 stroke를 삭제하는 커맨드로 되돌리기 동작에 사용합니다. 다른 사용자의 stroke가 잘못해서 지워지지 않도록, 되돌리기로 자신의 stroke만 지울 수 있게 해야 합니다. 어떻게 stroke를 지정할지도 정해져 있지 않지만 이 기능에는 사용자 ID와 클라이언트 시각(client_time)이 있으면 충분합니다. 만약을 위해 캔버스 ID도 있으면 더욱 안전하겠지요. 즉, 캔버스 ID와 사용자 ID와 클라이언트 시각으로 stroke를 지정하기로 하겠습니다.

get_strokes 커맨드에는 캔버스 ID만 있으면 충분합니다.

append 커맨드는 stroke가 발생할 때마다 발행되기 때문에 가장 빈번하게 이용되는 커맨드로, 클라이언트 쪽의 처리를 생각하면 조금 복잡합니다. stroke를 저장하는 것은 물론이고 다른 사용자가 stroke를 추가하거나 삭제하는 경우를 생각하지 않으면 안 됩니다. 좀 더 구체적으로는 A가 그림을 그리고 append 커맨드가 실행된 후에 B나 C가 같은 캔버스에 그린 다음 다시 A가 그리고 append 커맨드가 발행된 경우라면 직전의 append 커맨드 다음에 B나 C에 의한 stroke가 있었다는 사실을 서버가 A에게 통지해야만 합니다. 이를 위해서는 캔버스 ID, 사용자 ID, 서버 시각에 의한 검색이 필요할 것입니다.

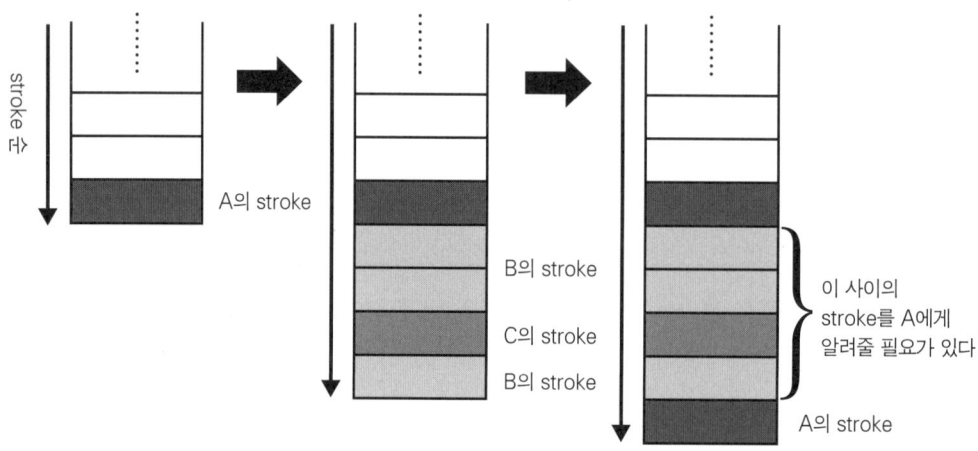

delete 커맨드에 대해 조금 보충하겠습니다. 단순히 해당 stroke를 GAE 데이터스토어에서 삭제하는 것만으로는 append 커맨드 시 서버 쪽 동작에서 문제가 발생합니다. 다시 말해, A와 B가 하나의 캔버스를 공유하고 있고, A가 그림을 그리는 중에 B가 좀 전의 stroke를 되돌리기 기능으로 취소했다고 가정해봅시다. 이 상태에서 B가 그린 stroke 정보가 삭제되더라도 앞에서 설명한 append 방법으로는 삭제되었다는 사실이 A쪽 클라이언트에게 통지되지 않습니다. 그래서 delete 커맨드가 발행되었다는 표시를 서버 쪽에 보관해두고, append 커맨드가 들어오면 stroke 추가 정보와 함께 클라이언트에게 보내야 합니다. 지정한 stroke의 삭제도 수행합니다.

그리고 한 가지 덧붙일 것은 각 stroke에 대해 ID를 지정해두면 stroke 검색 등에서 편리하기 때문에 이것도 준비해두기로 하지요. 즉, 데이터베이스에서 말하는 primary 키입니다. delete 커맨드를 실행할 때 'delete가 지정된 이 stroke가 실제로는 어느 것일까?'하고 서버가 찾을 때

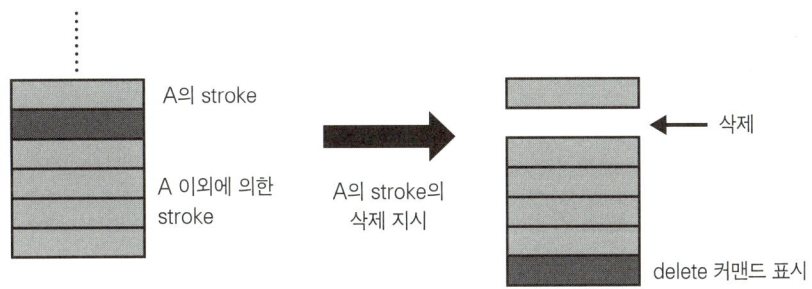

사용할 수 있습니다. 이 형식에 대해서는 다각도로 생각해볼 수 있지만 '닉네임@클라이언트 시각'으로 정해두겠습니다. 이것을 stroke ID라 부르기로 합니다.

다만, primary 키로서 정상적으로 동작하지 않는 경우도 생각해봐야 합니다. 즉, 한 사람의 사용자가 복수의 단말을 가지고 있는데 클라이언트 쪽 시각이 미묘하게 틀려 있을 경우, 그 복수의 단말에서 같은 클라이언트 시각을 가진 stroke를 발생시킬 수도 있습니다. 그러나 시각의 단위는 밀리 초이므로 실제로는 그럴 가능성이 희박하기 때문에 이 경우는 예외로 하고 특별히 언급하지 않겠습니다.

마지막으로, search_canvas_list 커맨드입니다. 이것은 지정한 닉네임 쪽이 그리기 시작한 캔버스를 검색하기 위해 사용할 것입니다. 그리고 닉네임으로 캔버스 ID를 검색할 수 있도록 한 데이터베이스를 stroke용 데이터베이스와 별도로 준비하겠습니다. 검색한 캔버스를 갱신된 순서로 정렬할 수 있게 해도 편리할 듯하니 최종 갱신 시각도 기록해두겠습니다.

데이터베이스의 항목

이상과 같이 데이터베이스의 항목들이 모두 등장했는데 다시 정리해보겠습니다. 처음은 stroke용 데이터베이스부터 시작합니다.

(1) stroke ID (닉네임@클라이언트 시각)

(2) 캔버스 ID

(3) 사용자 ID

(4) append인가 delete인가

(5) stroke가 발생했을 때의 클라이언트의 시각(client_time)

(6) stroke가 서버에 수신되었을 때의 서버의 시각(server_time)

(7) 레이어 번호

(8) 클라이언트에서 보내진 문자열

데이터는 중복되어 있고 정규화라는 의미에서는 적정하다고 할 수 없지만, 이것으로 그럭저럭 사용할 수 있는 서버를 간단하게 만들 수 있을 것 같습니다.

또한 search_canvas_list에서 사용되는 캔버스용 데이터베이스에는 아래와 같은 항목을 준비할 것입니다.

(1) 캔버스 ID

(2) 작성한 사용자의 닉네임

(3) 캔버스의 최종 갱신 시각

GAE 사용하기

Python에서 GAE의 서비스를 작성할 때에는 터미널에서의 작업이 다소 필요한 경우도 있습니다. 기본적으로는 Mac OS 상의 GoogleAppEngineLauncher 애플리케이션과 적당한 텍스트 에디터로 수행할 수 있습니다. 터미널 상에서의 조작에 대해서는 Google에서 제공하는 Python 판 튜토리얼을 참조하세요.

GAE에서의 프로젝트 작성

그럼, SharePaint 서버의 프로토타입을 만들어보겠습니다. GoogleAppEngineLauncher 애플리케이션의 [File] 메뉴에서 [New Application]을 선택하세요. Application Name에는 앞에서 GAE 등록에 사용했던 Application Identifier와 동일한 것을 입력하세요. 앞에서도 설명했지만 이 책에서는 'sharepaintserver'라고 입력했습니다. Application Directory에는 언제나 작업하는 폴더를 지정하면 됩니다. 그런 다음 〈Create〉 버튼을 클릭하면 아주 간단한 CGI 애플리케이션이 생성됩니다.

생성된 애플리케이션을 선택하고 〈Run〉 버튼을 클릭한 후 조금 기다리면 이름 왼편의 동그란 표시가 녹색으로 바뀌며 동작 중임을 나타냅니다. 이 상태에서 〈Browser〉 버튼을 클릭하면 웹 브라우저에서 페이지가 열리고, 'Hello World!'라고 표시됩니다. 여기까지 잘 되지 않는다면 〈logs〉 버튼을 클릭해보세요. 서버의 로그가 표시되므로 문제점과 연결된 에러를 찾아내는 데 단서가 될 수 있습니다.

GAE 작업용 폴더를 Finder로 살펴보면 sharepaintserver라는 이름의 폴더가 만들어져 있을 것입니다. 이 안에는 app.yaml, index.yaml, main.py라는 3개의 파일이 들어있습니다. app.yaml의 내용을 텍스트 에디터 등으로 열어보면 'sharepaintserver라는 python으로 기술된 애플리케이션의 선언으로, 모든 액세스에 대해서 main.py를 실행한다'고 추정되는 내용이 기술되어 있을 것입니다.

다음으로 실행되는 main.py의 내용을 살펴보면 여러 가지가 기술되어 있는데, 본질적으로는 무엇인가 하고 있는 부분은 이것뿐인 것 같습니다. HTTP의 GET에 대해 'Hello world!'라는 문자열을 출력하는 것으로 보이는데, 이는 실제 웹 브라우저를 이용해 모두 확인한 대로입니다.

main.py

```
def get(self):
    self.reponse.out.write('Hello world!')
```

download \SharePaint_ch5\main.py

이 main.py에 delete:, append:, get_strokes:, search_canvas_list: 등의 커맨드를 CGI로 작성하면 SharePaint 서비스는 완성입니다.

GAE가 표준적으로 제공하고 있는 프로그래밍 언어 중에서 가장 간단하게 서비스할 수 있는 것으로서 Python을 채용했지만, 이 언어는 지금까지 이 책에서 다뤄 왔던 Objective-C, C++, Java 등과는 크게 다른 성질을 가지고 있습니다. 그 중에서도 가장 주의해야 할 사항 중 하나가 인덴트(들여쓰기)입니다.

Python에서는 인덴트로 if문이나 루프 같은 블록의 시작과 종료를 표현합니다. 이 때문에 작은 코드로 알고리즘을 기술할 수 있다는 이점이 있긴 하지만 인덴트에 TAB을 사용할 때는 주의해야 합니다. Python에서는 TAB은 공백이 8개에 해당한다고 규정되어 있기 때문에 그렇게 설정을 하고 사용하면 되지만 익숙해지기 전까지는 TAB보다는 프로그래머가 공백을 이용해 명시적으로 인덴트를 수행하는 편이 무난할 것이라고 생각합니다. 한번 사용한 탭이나 공백은 계속 유지해야 하므로 가능하면 Python용 모드가 있는 텍스트 에디터를 사용하는 것이 좋겠지요.

Xcode의 에디터에는 Python 모드가 있으므로 이것을 사용하는 것도 좋습니다.

각 커맨드의 구현에 앞서

이제부터 각 커맨드에 따라 stroke의 저장과 삭제 등의 처리를 수행해보겠습니다. POST 메서드가 보내는 내용에는 각종 ID와 커맨드 문자열이 그대로 들어있기 때문에 여기서는 ID와 커맨드를 분리하고 필요한 처리로 분기시켜 나가겠습니다.

main.py를 편집하기 전에 또 하나 알아둘 것은 인코딩 방식에 대한 것입니다. 소스 코드 자체는 ASCII 문자열로 기술할 수 있지만 주석처럼 소스 코드에 한글이 들어가는 경우에는 main.py의 문자 인코딩 방식을 지정해야만 합니다. 인코딩 방식을 지정하지 않으면 Google 서버에서 동작시켰을 때 에러가 발생하는 경우가 있습니다. 여기서는 UTF-8로 편집할 것인데, 이런 경우 main.py의 두 번째 행에 '# -*- coding: utf-8 -*-'을 삽입할 필요가 있습니다.

main.py

```
#!/usr/bin/env python
# -*- coding: utf-8 -*-
#
```

그러면 처리하는 내용에 대해 살펴보겠습니다. 맨 처음은 사용할 라이브러리를 지정하는 것입니다. GAE는 잘 만들어져 있기 때문에 SharePaint 서버를 호출할 때마다 모든 import문이 실행되는 것은 아니므로 걱정하지 말고 import해도 괜찮습니다. 처음 2행은 'New Application...'

으로 애플리케이션의 템플릿을 만들었을 때 작성된 것이므로 그 이후부터 입력하면 됩니다.

main.py

```
import wsgiref.handlers
from google.appengine.ext import webapp

import re          # 정규 표현 라이브러리
import time         # 시각 라이브러리
import datetime     # 날짜 시각 라이브러리
import urllib       # URL 조작 라이브러리
import logging      # 디버그용 등으로 로그를 출력하기 위한 라이브러리
from google.appengine.ext import db  # GAE 데이터 스토어 라이브러리
```

문자열 (unicode)의 내부 처리를 UTF-8로 수행하도록 지정합니다.

```
import sys
stdin = sys.stdin
stdout = sys.stdout
reload(sys)
sys.setdefaultencoding('utf-8')
sys.stdin = stdin
sys.stdout = stdout
```

stroke용 데이터베이스의 정의

먼저 stroke용 데이터베이스를 정의하겠습니다. 기본적으로 데이터베이스의 항목을 정의할 때에는 db.Model 클래스를 상속하고, 각 항목은 db.Property의 서브 클래스로 지정합니다.

다음 소스 코드에서는 문자열을 저장하기 위한 클래스로서 StringProperty와 TextProperty

의 2종류를 구분하여 사용하고 있습니다. StringProperty는 길이가 500바이트까지로 제한되어 있지만 검색이나 정렬을 위한 키로서 사용할 수 있습니다. TextProperty는 검색이나 정렬용 키로는 사용할 수 없지만 길이의 제한이 없습니다. 다만, 데이터스토어에는 1개의 엔티티당 1메가바이트라는 제한이 있기 때문에 당연히 1메가바이트보다 큰 문자열을 TextProperty에 저장할 수 없지만 SharePaint 서버가 이 제한에 걸리는 일은 없을 것입니다.

```python
class StrokeProperties(db.Model):
    stroke_id = db.StringProperty()       # stroke ID
    canvas_id = db.StringProperty()       # 캔버스 ID
    user_id = db.StringProperty()         # 사용자 ID
    is_append = db.BooleanProperty()      # append인가 delete인가
    client_time = db.IntegerProperty(default = 0) # 클라이언트 시각
    server_time = db.IntegerProperty(default = 0) # 서버 시각
    layer = db.IntegerProperty()          # 레이어 번호
    rawtext = db.TextProperty()           # 클라이언트로부터의 문자열
```

클라이언트로부터 수신된 문자열(text)을 해석하여 StrokeProperties 클래스의 각 Property 값을 설정하는 것이 다음의 parse_text( ) 메서드입니다. 제일 처음에는 points: 태그의 앞만 추출합니다. append 커맨드에서는 points: 태그 뒤로는 점의 좌표가 오도록 사양을 정했기 때문에 이 좌표의 수가 수십 개가 되리라는 것은 쉽게 상상할 수 있습니다. 그 부분까지 각 Property 검색에 포함하는 것은 지나친 낭비일 것입니다. 그러므로 points:까지의 문자열만 뽑아내고 거기에서 각 Property를 추출하도록 하겠습니다. 아래가 그 코드이며, 이미 언급했듯이 Python이기 때문에 들여쓰기에 주의해야 합니다.

```python
def parse_text(self, text):   # 'text'에 클라이언트로부터 수신한 문자열이 들어가 있다
    tm = re.match(r"(.+ )points: ", text)   # 우선 'points:' 직전까지 검색한다
    if tm:   # 만약 points:가 있다면
        props = tm.group(1)   # 좌표 데이터를 제외하고 평가한다
    else:   # 만약 points:가 없다면
        props = text   # text 전체를 평가 대상으로 한다
```

이번에는 캔버스 ID를 추출해보겠습니다. 캔버스 ID는 문자열의 처음에 들어가고 그 형식은 작성자 닉네임@캔버스 작성 시각으로 한다고 정했습니다. 또한 re.match( ) 함수에서는 문자열의 첫머리만을 매치 대상으로 삼는다는 점에 주의하세요.

```
tm = re.match(r"([^\s]+@\d{17}): ", props)   # 행 첫머리의 '닉네임@시각:'을 검색한다
if tm:                                       # 만약 캔버스 ID로 시작하고 있다면
  self.canvas_id = tm.group(1)  # 그것을 인스턴스 변수 canvas_id에 저장한다
```

그 밖의 Property는 '프로퍼티 이름:값'으로 표현하고 있으므로 이런 형식을 검색해서 해당하는 인스턴스 변수에 저장해 갑니다. re.search( )는 문자열의 첫머리뿐 아니라 문자열 전체를 검색합니다.

```
tm = re.search(r" user_name:(.+?) ", props)
if tm: self.user_id = tm.group(1)        # 사용자 ID 취득
if re.search(r" append: ", props):       # 만약 append:가 있으면
  self.is_append = True                  # is_append는 true
elif re.search(r" delete: ", props):     # 만약 delete:가 있다면
  self.is_append = False                 # is_append는 false
tm = re.search(r" client_time:(\d+) ", props)
if tm: self.client_time = int(tm.group(1)) # 클라이언트 시각 취득
```

서버가 stroke 정보를 수신한 시각을 나타내는 인스턴스 변수 server_time은 당연한 말이지만 서버에서 지정해야만 합니다. time.time( ) 메서드는 1970년 1월 1일 이후의 초수를 부동소수점형으로 반환하기 때문에 client_time과 같은 형식으로 맞추기 위해 time.time( )*1000으로 하여 밀리 초로 변환하고 있습니다.

앞에서도 언급했듯이 'server_time'의 값은 서버에서 설정해야 합니다. 클라이언트에도 이 server_time의 값을 돌려줘야 하기 때문에 클라이언트로부터 받은 문자열에 포함된 'server_

```
self.server_time = int(time.time() * 1000)  # 서버 시각은 서버의 현재 시각이다
tm = re.search(r" layer:(\d+) ", props)      # layer: 태그를 검색한다
if tm: self.layer = int(tm.group(1))          # 레이어 번호 취득

self.stroke_id = str(self.user_id) + "@" + str(self.client_time)
         # stroke ID를 '사용자 ID@클라이언트'로 설정한다
```

time:수치' 부분을 'server_time:서버 시각'으로 치환한 후 그것을 인스턴스 변수 rawtext에저 장해야 합니다. 아래에서 parse_text( ) 메서드는 종료됩니다.

```
# 클라이언트로부터 받은 문자열에 서버 시각을 집어넣는다
text = re.sub(r" server_time:(\d+) ",
              " server_time:" + str(self.server_time) + " ",
              text)
self.rawtext = text   # 그것을 '클라이언트에서 보내진 문자열'로 설정한다
```

append 커맨드

이번에는 stroke를 데이터베이스에 저장하는 exec_append( ) 메서드에 대해 살펴보겠습니다. 이것은 클라이언트에서 온 문자열 text에 대해 append 커맨드를 실행하는 것입니다.

update_canvas_properties( ), stroke_after_the_previous( ), 그리고 stroke_is_duplicated( ) 메서드에 대해서는 나중에 설명하겠습니다.

```
# append 커맨드의 실행 (stroke의 추가)
def exec_append(text):                  # 인수인 text는 클라이언트에서 온 문자열이다
    stroke = StrokeProperties()         # stroke 데이터베이스용 엔티티(행)를 작성한다
    stroke.parse_text(text)             # 텍스트의 값으로 각 항목을 설정한다
    if stroke_is_duplicated(stroke):    # 만약 stroke가 데이터베이스에 등록되어 있다면
        return   []                     # 아무것도 하지 않고 돌아간다(빈 줄을 반환)
    stroke.put()                        # stroke 데이터베이스에 저장한다
    update_canvas_properties(stroke)    # 캔버스 데이터베이스를 갱신한다
    return strokes_after_the_previous(stroke)
                                        # 직전의 stroke 이후의 stroke를 반환한다
```

delete 커맨드

다음은 stroke를 삭제하는 delete 커맨드를 실행하는 exec_delete( ) 메서드입니다. 이곳에서는 stroke 데이터의 추가뿐 아니라 stroke의 검색과 삭제도 수행합니다.

```
# delete 커맨드의 실행 (stroke의 삭제)
def exec_delete(text):   # 입력되는 text에는 delete:가 포함되어 있다고 가정한다
    dstroke = StrokeProperties()        # stroke 데이터베이스용 행을 작성한다
    dstroke.parse_text(text)            # delete용 stroke 데이터를 추출한다
    if stroke_is_duplicated(dstroke):   # 만약 stroke가 데이터베이스에 이미 등록되어 있다면
        return []                       # 아무것도 하지 않고 돌아간다 (빈 줄을 반환)
    dstroke.put()                       # delete 마크를 데이터베이스에 등록한다
```

이번에는 삭제해야 할 stroke를 검색합니다. 클라이언트 시각과 사용자 ID로 stroke ID가 정의되어 있는데, delete 커맨드를 발행할 문자열에도 캔버스 ID, 사용자 ID, 클라이언트 시각은 포함되어 있으므로 dstroke.stroke_id에 기록되어 있는 stroke ID로 검색을 수행합니다.

```
query = StrokeProperties.all()        # 모든 stroke 중에서
query.filter('stroke_id = ', dstroke.stroke_id)
                                       # stroke ID가 dstroke_id와 일치하는
query.filter('is_append = ', True)     # (delete가 아니라) append stroke를
query.order('-server_time')            # 서버 시각으로 최근의 것에서
astroke = query.get()                  # 1개만 추출하여 그것을 astroke로 한다
```

만약 해당하는 stroke가 데이터베이스에 들어있지 않다면 astroke에는 None이 들어갑니다. astroke에 stroke 데이터가 들어있고, 만일을 위해 그 캔버스 ID가 dstroke(클라이언트로부터 지정된 문자열에서 생성된 StrokeProperties 인스턴스)의 것과 일치함을 체크하고 나서 검색된 astroke를 삭제합니다.

```
if (astroke and astroke.canvas_id == dstroke.canvas_id):
    astroke.delete()                   # 검색된 stroke를 데이터베이스에서 삭제한다
    update_canvas_properties(astroke)  # 캔버스 데이터베이스도 갱신한다
return []                              # 클라이언트에게 돌려줄 stroke 정보는 없다
```

이 검색 방법을 이용하면 stroke_is_duplicated() 메서드를 다음과 같이 간단히 구현할 수 있습니다. 인수로 있는 stroke가 이미 데이터베이스에 등록되어 있다면 그 stroke를 반환하고, 데이터베이스에 없다면 None을 반환합니다. 데이터베이스에 등록되어 있는지 아닌지는 사용자 ID와 클라이언트 시각을 체크하면 쉽게 알 수 있습니다.

main.py

```
# 중복된 stroke의 검출
def stroke_is_duplicated(stroke):
    query = StrokeProperties.all()  # stroke 데이터베이스 중에서
    query.filter('user_id = ', stroke.user_id)    # 사용자 ID가 동일하고
    query.filter('client_time = ', stroke.client_time)  # 클라이언트 시각이 동일하며
    query.filter('is_append = ', stroke.is_append)  # append / delete도 동일한 것을
    return query.get()  # 반환한다. 동일하지 않다면 None이 반환된다
```

get_strokes 커맨드

현재 편집 중인 캔버스에 포함된 모든 stroke를 가져오는 get_strokes 커맨드의 코드는 비교적 단순해서 캔버스에 들어있는 모든 stroke를 클라이언트에게 돌려주는 것뿐입니다. 편집 중인 캔버스와 동일한 캔버스 ID를 가진 stroke 중에서 is_append가 True인 것을 서버에 저장된 시각 순으로 문자열의 리스트로 반환하는 처리를 하면 되는 것이지요.

main.py

```
# get_strokes 커맨드의 실행 (해당 캔버스의 모든 stroke를 가져옴)
def exec_get_strokes(text):
  tm = re.match(r"([^\s]+@\d{17}): ", text)   # 캔버스 ID를 검색한다
  strlist = []   # 클라이언트에 반환할 문자열은 처음에는 비어 있다
  if tm: # 만약 캔버스 ID가 발견되면
    canvas_id = tm.group(1)                   # canvas_id에 그것을 저장한다
    query = StrokeProperties.all()            # 데이터베이스의 모든 stroke로부터
    query.filter('canvas_id = ', canvas_id)   # 캔버스 ID가 동일한
    query.filter('is_append = ', True).order('server_time')
                 # ppend stroke를 서버에 저장된 시각 순으로
    for stroke in query:                      # 추출하고
      strlist.append(stroke.rawtext)          # 그 문자열을 strlist에 추가한다
  return strlist
```

캔버스 데이터베이스의 정의

캔버스 데이터베이스의 정의와 그 갱신 방법에 대해 살펴보겠습니다. 캔버스 데이터베이스는 닉네임으로 캔버스를 검색하기 위해 사용됩니다. 그 항목은 캔버스 ID, 캔버스 소유자(작성자)의 닉네임 그리고 그 캔버스의 최종 갱신 시각입니다.

```
class CanvasProperties(db.Model):
    canvas_id = db.StringProperty(required = True)        # 캔버스 ID
    owner_nick = db.StringProperty(required = True)       # 소유자의 닉네임
    last_time = db.DateTimeProperty(auto_now = True)      # 최종 갱신 시각
```

search_canvas_list 커맨드

그럼, 닉네임으로 캔버스 이름을 검색하는 메서드를 살펴보겠습니다. 클라이언트에서 온 문자열에서 닉네임을 뽑아내고, 모든 캔버스 중에서 그 닉네임을 가진 사용자가 소유한 캔버스를 검색하고, 마지막으로 갱신된 것부터 앞으로 정렬하여 출력합니다.

```
# search_canvas_list 커맨드의 실행(닉네임으로 캔버스를 검색)
def exec_search_canvas_list(text):   # 인수 text는 클라이언트에서 온 문자열이다
    canvases = []                              # 제일 처음은 캔버스 이름의 리스트를 비운다
    tm = re.search(" nickname:([^\s]+)", text)      # 닉네임을 검색한다
    if tm:                                # 만약 닉네임 지정이 발견되면
        query = CanvasProperties.all()                  # 캔버스 데이터베이스 전체에서
        query.filter(u"owner_nick = ", tm.group(1))   # 소유자의 닉네임을 검색하여
        query.order("-last_time")   # 최종 갱신 시각으로 새로운 것부터 오래된 순(내림차순)으로
        for c in query:                      # 각 캔버스에 대해
            canvases.append(str(c.canvas_id))   # 그 이름을 canvases 리스트에 추가한다
    return canvases
```

데이터베이스의 갱신을 하지 않으면 검색을 해도 의미가 없어지기 때문에 append 커맨드와 delete 커맨드가 실행될 때 동시에 캔버스 데이터베이스도 갱신도록 하고 있습니다.

이것을 수행하는 것이 주어진 stroke에서 캔버스의 정보를 갱신하는 update_canvas_properties( ) 메서드입니다. 인수인 stroke로부터 캔버스 ID를 추출하고, 해당 캔버스의 최종

갱신 시각을 실행된 시점의 시각으로 갱신합니다. 만약 캔버스가 그 시점에서 데이터베이스에 존재하지 않는다면 새롭게 캔버스 데이터베이스를 추가합니다.

```python
def update_canvas_properties(stroke):     # 인수는 StrokeProperties의 인스턴스
  query = CanvasProperties.all()          # 전체 캔버스 중에서
  query.filter('canvas_id = ', stroke.canvas_id)
                          # 캔버스 ID가 stroke에 등록되어 있는 것과 같은 것을
  canvas = query.get()    # 하나 꺼내어 그것을 canvas로 한다
  if canvas:              # 만약 캔버스를 잘 꺼내어 왔다면
    canvas.last_time = datetime.datetime.now()    # 갱신 시각을 현재로 하고
    canvas.put()          # 데이터베이스를 갱신한다
  else:                   # 캔버스가 만약 데이터베이스에 등록되어 있지 않다면
    m = re.match(r"(.+)@\d{17}$", stroke.canvas_id)
                          # 캔버스 ID로 닉네임을 검색한다
    if m:
      nickname = m.group(1)    # nickname에 그것을 넣는다
    else:
      nickname = ""
    ncanvas = CanvasProperties(canvas_id = stroke.canvas_id,
                               owner_nick = nickname,
                               last_time = datetime.datetime.now())
                          # 새로운 캔버스를 ncanvas로 만들고
    ncanvas.put()         # 그것을 데이터베이스에 등록한다
```

다음은 stroke를 추가하는 append 커맨드를 실행할 때 클라이언트에 응답하는, 다시 말해 그 사용자의 바로 전 stroke 이후에 (주로 다른 사용자에 의해) 추가된 stroke를 전부 돌려주는 strokes_after_the_previous( ) 메서드입니다. 단, 도중에 delete 커맨드가 나온 경우, 즉 다른 사용자가 되돌리기를 실행한 경우에는 그대로 클라이언트 쪽에서 그리기를 계속할 수는 없습니다. 일단 캔버스를 초기화하고 다시 한 번 모든 stroke를 다시 그리는 것이 무난합니다. 그렇기 때문에 도중에 delete 커맨드가 나왔을 때는 stroke의 열을 반환하지 않고 delete 커맨드가 중간에 들어갔다는 것만 응답하기로 하겠습니다.

main.py

```
                  # stroke의 직전 stroke 이후의 stroke를 문자열의 리스트로 반환한다
def strokes_after_the_previous(stroke):
  # 직전의 stroke를 찾는다
  pquery = StrokeProperties.all()                    # stroke 중에서
  pquery.filter('canvas_id = ', stroke.canvas_id)    # 캔버스 ID와
  pquery.filter('user_id = ', stroke.user_id)    # 사용자 ID가 stroke와 같은 것 중에서
  pquery.filter('is_append = ', True)            # append의 stroke이고
  pquery.order('-server_time')  # 마지막에 추가된 것부터
  prevs = pquery.fetch(2)           # 2개의 stroke만 뽑아낸다
  prev_stroke = prevs[0]            # prev_stroke를 직전의 stroke로
  # 만약 prev_stroke가 stroke라면 다시 그 전의 것을 가져온다
  if (prev_stroke and
      prev_stroke.server_time == stroke.server_time and
      len(prevs) >= 2):
    prev_stroke = prevs[1]
  if prev_stroke:   # 만약 직전 stroke가 있다면 검색 대상인 stroke를
    search_from = prev_stroke.server_time          # 직전 stroke 이후를
  else:             # 직전 stroke가 없다면
    search_from = stroke.server_time               # 이번 stroke(이후)를
  query = StrokeProperties.all()                    # 검색한다. 다만,
  query.filter('canvas_id = ', stroke.canvas_id)   # 캔버스 ID는 같고
  query.filter('server_time >= ', search_from)
  query.order('server_time')       # 서버 시각의 순으로 나열한다
  strlist = []
  for s in query:                         # 각 stroke에 대해
    if s.is_append:                       # 만약 append stroke라면
      strlist.append(s.rawtext)    # 그것을 출력용 배열에 넣는다
      logging.info("strokes_after... " + s.rawtext)
    else:                                # 만약 delete stroke이고
      if s.user_id != stroke.user_id:              # 자신의 stroke가 아니라면
        logging.info("strokes_after... delete: ")
        return [str(stroke.canvas_id) + ": delete: "] # 전체 stroke의 재취득을 재촉한다
  return strlist   # 전부가 append stroke라면 그것을 전부 반환한다
```

이렇게 하여 준비를 끝냈습니다. GoogleAppEngineLauncher에서 'New Application'을 선택했을 때 main.py에 만들어진 MainHandler 클래스에 메서드를 추가하여 각종 커맨드를 호출하도록 하면 SharePaint 서버의 프로토타입은 완성됩니다.

클라이언트와의 송·수신

각 커맨드는 HTTP의 POST 메서드를 경유해 호출됩니다. 특히 append 커맨드가 실행될 때 서버에 전달되는 문자열은 길어질 것이 예상되기 때문에 GET 메서드를 이용하는 호출일 경우에는 255바이트의 제한을 쉽게 넘어버리고 맙니다. 따라서 POST 메서드로 커맨드를 받기 위해서는 MainHandler 클래스의 post( )를 오버라이드하여 정의해야 합니다. 이곳에서 사용되는 self.request.body는 CGI로 전달되는 그대로의 문자열입니다.

main.py

```python
class MainHandler(webapp.RequestHandler):

  def get(self):
    self.reponse.out.write('Hello world!')

  def post(self):
    self.parse_text(self.request.body)
```

parse_text( ) 메서드의 구현은 다음과 같습니다. 전달된 문자열을 해석하여 각 커맨드를 실행하고, 커맨드에 맞는 응답을 클라이언트로 출력합니다. 맨 처음의 text = unicode(text)에서 str형인 문자열 text를 unicode형으로 변환합니다. 그리고 이 이후의 문자열 처리는 기본적으로 unicode형으로 수행합니다.

```python
def parse_text(self, text):
  text = unicode(text)    # text의 형을 str에서 unicode로 변환한다
  logging.info("input = " + text)   # 입력된 문자열을 로그로 출력한다
                          # 로그는 GoogleAppEngineLauncher의 Logs 윈도에 출력된다
```

각 커맨드 문자열은 '캔버스 ID:커맨드 이름:'으로 시작되므로 정규 표현 '[^|s]+|s+([^|s]+?):' 에 맨 처음 매치했을 때의 괄호 '( )' 속이 커맨드 이름입니다.

커맨드 이름을 알면 나머지는 그에 맞게 적절한 메서드를 호출할 수 있습니다. 각 커맨드용 메서드의 반환값은 문자열의 리스트로서 변수 strlist에 저장합니다.

```
m = re.match(r"[^\s]+\s+([^\s]+?): ", text)    # 커맨드를 검색한다
strlist = [u"Hello. ", u"This is the Share Paint Server."]
# 커맨드가 아닐 때의 더미 응답 문자열
if m:    # 만약 커맨드를 발견하면
    cmd = m.group(1)                    # 그것을 변수 cmd에 대입한다
    logging.info("cmd = " + cmd)        # 커맨드 이름을 로그에 출력한다
    if cmd == "append":                 # 만약 append 커맨드라면
        strlist = exec_append(text)     # exec_append()를 실행한다 (이하 동일)
    elif cmd == "delete":
        strlist = exec_delete(text)
    elif cmd == "get_strokes":
        strlist = exec_get_strokes(text)
    elif cmd == "search_canvas_list":
        strlist = exec_search_canvas_list(text)
```

CGI의 응답은 HTML이 아닌 플레인 텍스트로서 strlist의 각 행에 구분 문자로서 개행 기호("\n")를 추가한 후에 출력합니다.

```
self.response.headers['Content-Type'] = "text/plain"
# 응답 형식은 플레인 텍스트
for line in strlist:    # 리스트 strlist에 포함된 문자열에 대해
    self.response.out.write(line + "\n")    # 각 행에 개행 기호를 부가해 출력한다
```

디버그

웹 애플리케이션으로 작성한 GAE 애플리케이션이라면 웹 브라우저로 액세스해서 동작을 확

인하면 좋겠지만, SharePaint 서버의 동작을 확인하기 위해서는 전용 클라이언트가 필요합니다. 더구나 그 전용 클라이언트인 SharePaint에는 서버와의 통신 기능이 아직 구현되지 않았기 때문에 우선은 웹 브라우저로라도 낮은 레벨의 디버그 정도는 할 수 있도록 해보겠습니다. HTTP의 get 메서드로도 커맨드를 보낼 수 있게 해봅시다.

MainHandler 클래스의 get 메서드를 다음과 같이 바꿔서 기술합니다.

main.py

```
def get(self):
  self.request.body = urllib.quote_plus(self.request.body)
  self.post()
```

우선은 Google 서버에 업로드하지 않고 로컬 컴퓨터에서 동작을 확인해보겠습니다. Google AppEngineLauncher로부터 'sharepaintserver'를 선택하고 〈Run〉 버튼을 클릭합니다. sharepaintserver행 왼쪽의 ○가 녹색이 되면 테스트 환경의 실행이 완료됩니다. 또한 〈Logs〉 버튼을 클릭하여 Log Console을 열어두면 스크립트가 실행되는 모습을 볼 수 있으니 참고하세요.

여기서 〈Browser〉 버튼을 클릭하면 웹 브라우저가 실행되고 sharepaintserver로의 get 메서드를 실행합니다. 여기에서는 아무 커맨드도 선택되지 않은 경우의 메시지인 'Hello. This is the Share Paint Server.'가 표시됩니다. 이것이 제대로 표시되지 않거나 에러 메시지가 나타난 경우에는 메시지와 Log Console의 내용을 참고하여 main.py의 문제점을 수정하세요.

이제, 커맨드를 실행해보겠습니다. 예를 들어, append 커맨드라면

캔버스 ID: append: user_id:사용자 ID client_time:클라이언트 시각 server_time:0 layer: 레이어 번호 pen_properties:color=펜 색,width=펜 두께, density=펜 농도 points: X좌표-Y좌표 X좌표-Y좌표...와 같은 형식이 된다고 정했으니, 조금 길어서 읽기는 어렵지만 이런 식의 문자열을 입력값으로 넘겨주면 어떨까요?

```
suzuki@20100101000000000:  append:  user_id:akira@20091130235959999
client_time:20100214123055000  server_time:0 layer:0 pen_properties:color=
00ff0000,width=3,density=255  points:10-10 30-15
```

이 문자열을 SharePaint 서버에게 전달하기 위해서는 get 메서드를 사용하는 것이 편리합니다. URL에 삽입하면 웹 브라우저를 사용할 수 있기 때문이지요. 단, 문자열을 이대로는 받아들일 수 없으므로 URI 인코딩을 해야 합니다. 이것이 main.py의 get 메서드에서 urllib.quote_ plus를 사용해 URI 인코딩을 하는 이유입니다.

로컬 컴퓨터에서도 Python 등을 사용하여 역시 URI 인코딩을 할 수 있습니다. 당연히 GAE 애플리케이션을 동작시키기 위해서도 사용되고 있으며, Mac OS라면 Python은 기본으로 설치되어 있습니다. Mac에서 터미널을 열고 다음과 같이 입력합니다. 표시되는 버전 등은 환경에 따라 다르지만 기본적인 사용 방법은 동일합니다.

터미널

```
$ python
Python 2.6.1 (r261:67515, Feb 11 2010, 00:51:29)
[GCC 4.2.1 (Apple Inc. build 5646)] on darwin
Type "help", "copyright", "credits" or "license" for more information.
>>>
```

이제는 Python이 시작되었기 때문에 스크립트와 동일하게 커맨드를 입력할 수 있습니다. 〉〉〉가 프롬프트이므로 그 다음에 이어지는 부분이 커맨드를 입력하는 부분입니다. 다시 말해, urllib.quote( )라는 함수에 문자열을 건네면 URI 인코딩된 문자열이 반환됩니다. 마지막에 싱글 쿼테이션으로 둘러싸인 부분('suzuki~ +30-15')이 인코딩된 문자열입니다.

터미널

```
>>> import urllib
>>> urllib.quote_plus("suzuki@20100101000000000: append: user_name:
akira@20091130235959999 client_time:1257265781377  server_time:0  layer:0
pen_properties:color=fff0000,width=3,density=255  points:10-10 30-15")
'suzuki%4020100101000000000%3A+append%3A+user_name%3Aakira%402009113023595999
99+client_time%3A20100214123055000+server_time%3A0+layer%3A0+pen_propertie
s%3Acolor%3Dffff0000%2Cwidth%3D3%2Cdensity%3D255+points%3A+10-10+30-15'
```

물론 다른 스크립트 언어에서도 같은 작업을 할 수 있으니 익숙한 환경에서 작업해도 됩니다. 예를 들어, Ruby에서는 다음과 같이 사용하면 됩니다.

```
$ irb
>> require 'cgi'
=> true
>> CGI.escape("suzuki@20100101000000000: append: user_name:akira@200911302
35959999 client_time:1257265781377  server_time:0  layer:0  pen_properties:
color=ffff0000,width=3,density=255  points:10-10 30-15")
=>'suzuki%4020100101000000000%3A+append%3A+user_name%3Aakira%402009113023595
9999+client_time%3A1257265781377+server_time%3A0+layer%3A0+pen_properties%3A
color%3Dffff0000%2Cwidth%3D3%2Cdensity%3D255+points%3A10-10+30-15'
```

SharePaint 서버의 동작 시험을 표시하고 있는 웹 브라우저의 URL 끝에 '?'를 추가하고 다시 그 뒤에 복사해둔 이 인코딩된 문자열을 붙여넣은 후 다시 SharePaint 서버의 페이지를 표시합니다. 이렇게 하면 준비한 stroke 문자열을 SharePaint 서버에 get 메서드를 경유하여 송신한 것과 같은 효과를 얻을 수 있습니다. 서버로의 응답도 문자열이므로 브라우저 화면에서 내용을 확인할 수 있습니다.

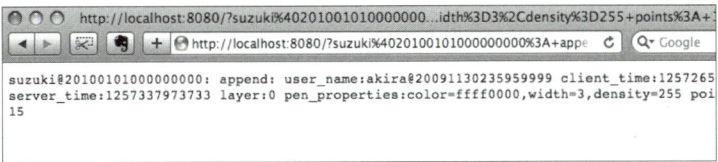

예를 들어, 앞의 예를 입력해보면 그 응답으로서 입력한 stroke(단, server_time:에 값을 설정함) 문자열이 표시됩니다.

마찬가지로 delete, get_strokes, search_canvas_list 커맨드의 동작도 확인하세요. 또한 데이터베이스의 내용에 대해서는 GoogleAppEngineLauncher의 〈SDK Console〉 버튼을 클릭했을 때 표시되는 화면에서 확인이나 삭제 등을 할 수 있으므로 그곳의 정보도 디버그할 때 참고하세요.

애플리케이션의 버전 설정

이 책에서는 애플리케이션의 배포 방법까지는 다루지 않았지만 베타 버전의 배포나 정식 버전의 배포 등을 할 때는 버전을 지정해야 합니다. 버전을 변경하지 않고 배포하려고 해도 iPhone이나 Android에서 그 애플리케이션의 최신 버전을 정상적으로 설치할 수 없는 등의 문제가 발생합니다.

iPhone SDK에서는 info.plist의 Bundle version 항목에서 지정할 수 있습니다. 0 이상의 정수와 피리어드 '.'를 조합하여 표현하면 됩니다. 숫자는 큰 쪽이 새로운 버전으로 간주되므로, 버전을 업그레이드 할 때는 이전보다 큰 숫자로 지정해야 합니다.

Android SDK에서는 Manifest.xml의 Version code와 Version name을 변경해주세요. Version name은 문자열이면 되지만 Version code는 0보다 큰 정수입니다. 새로운 버전을 공개할 때마다 Version code의 수치는 크게 지정하세요.

GAE 서버에 업로드

이제 이 SharePaint 서버를 GAE 서버에 등록해보겠습니다. GoogleAppEngineLaucher를 사용하면 간단합니다. 등록하고자 하는 애플리케이션을 선택한 후 〈Deploy〉 버튼을 클릭하기만 하면 됩니다. 잘 되지 않는 경우에는 Application Name이 GAE 페이지(appengine.google.com)에서 등록한 애플리케이션 이름과 같은지 등을 확인해보세요. 또한 이 페이지의 Admin Logs에서 애플리케이션의 업로드 상황도 확인할 수 있으므로 그 부분도 참조하기 바랍니다.

업로드한 SharePaint 서버의 동작 확인은 앞에서 설명한 대로 웹 브라우저에서 할 수 있습니다. Datastore에 저장된 stroke와 캔버스 정보는 같은 페이지에 있는 Data Viewer로 확인과 변경이 가능하며, 로그는 Logs에서 참조할 수 있습니다.

다만, 로그의 열람 등은 역시 로컬 컴퓨터에서 동작시키는 편이 간단하므로 필요한 디버그나 동작 확인을 마치고 나서 GAE에 업로드하는 것이 좋습니다.

어찌 보면 iOS와 안드로이드는 닮았다고 할 수 있습니다. 애플리케이션을 개발하는 개발자의 입장에서도 별 차이를 느끼지 못할 정도로 개발자에게 제공되는 애플리케이션 프레임워크가 매우 잘 만들어져 있기 때문이죠.

게다가 개발 언어도 두 가지 모두 객체지향 언어로 작성하고 있으며, MVC 패턴을 적용하고 풍부한 라이브러리와 함께검증된 IDE를 등에 업고 개발자들의 편의를 돕고 있습니다. 하지만 iOS는 말 그대로 OS이며, 안드로이드는 Linux OS 위에 DalvikVM을 올린 소프트웨어 스택입니다. 엄밀하게 따지면 OS 레벨에서 비교하는 것 자체가 무리입니다.

그렇기 때문에 서로 다른 iOS와 안드로이드 간의 경쟁은 소모적일 수밖에 없습니다. 이런 경쟁은 나중으로 갈수록 정치적인 싸움으로 번지기 마련이죠. 하지만 여러 플랫폼을 잘 활용한다면 그 만큼 애플리케이션 사용자들이 늘어나게 될 것입니다. 어떤 플랫폼으로 개발할지 고민하는 것보다는 역량이 있다면 여러 플랫폼에 도전하는 것이 훨씬 더 희망적인 일이 될 것입니다!

✉ 이해일

올라웍스에서 ScanSearch Android 1.0 베이스 버전을 개발하였으며, 현재 ScanSearch iPhone 1.1 업데이트 버전을 릴리즈한 상태다. 안드로이드를 개발하며 터득한 지식들을 개인 블로그인 http://blog.vizpei.kr에 포스팅하고 있으며, 트위터 아이디는 @vizpei이다.

GAE는 웹 서비스를 위한 것이므로 제공되는 서비스는 HTTP 서버로서 동작합니다. 이 때문에 SharePaint도 HTTP를 사용하여 서버와 통신하는 기능을 가질 필요가 있습니다.

이 Chapter에서는 iPhone과 Android 각각에 대해서 SharePaint에 HTTP 클라이언트 기능을 가지게 하고, GAE에서 구현된 SharePaint 서버와 연계시키는 방법을 살펴보겠습니다. HTTP 통신을 사용하는 방법은 iPhone과 Android에서 사용하는 라이브러리가 많이 다르기 때문에 우선 양쪽 플랫폼에 랩퍼 클래스를 준비하고, 애플리케이션의 코어 부분에서 같은 형식으로 호출할 수 있도록 하는 것이 편리할 것입니다.

오프라인에서도 계속 그릴 수 있도록 그리는 중에 캔버스의 stroke 정보는 클라이언트 쪽에서도 지금까지와 마찬가지로 저장해두지만 어디까지 서버에 보냈는지에 관한 정보도 기록해둘 필요가 있습니다. 이런 정보 관리도 랩퍼 클래스에서 다룸으로써 애플리케이션 코어 부분에서는 온라인인지 오프라인인지에 관계없이 동작하도록 해 보겠습니다.

Chapter 6

SharePaint
서버와의
연계

SharePaint 서버와의 통신 (iPhone)

서버와 통신할 때의 커맨드로 규정한 것들은 캔버스 검색, stroke 추가, stroke 삭제, 모든 stroke 가져오기의 전부 4가지였으며, 그 형식은 모두 문자열로 수행되었습니다.

클라이언트 쪽에서 보내는 것은 1행 이상의 문자열, 받는 것도 1행 이상으로 구성된 문자열입니다. 따라서 작성할 랩퍼의 인터페이스는 문자열을 받아서 문자열을 반환하도록 하는 것이라 할 수 있습니다.

성실한 iPhone 애플리케이션이라면 문자열에 NSString을 사용하겠지만 SharePaint에서는 C++과 STL(Standard Template Library)을 적극적으로 사용할 방침이므로 지금까지와 마찬가지로 STL의 std::string을 문자열 조작에 이용하기로 하겠습니다.

이미 펜의 색이나 두께, 레이어 번호, stroke 발생 시각, 그리고 stroke에 포함될 선의 양끝 좌표 등 SPStroke 클래스에 포함되는 정보 자체는 SPStroke의 toString( ) 메서드를 사용해 문자열로 변환할 수 있게 되어 있습니다. 나머지는 캔버스 ID와 커맨드 이름(append: 등)을 덧붙이면 서버에 송신할 문자열이 됩니다.

기존에 있던 캔버스에 그리는 경우에는 원래 캔버스 ID를 그대로 사용하지만 새로운 캔버스에 그리기 시작하는 경우에는 새로 캔버스 ID를 생성해야 합니다. 그래서 우선, 첫 단계로 캔버스 ID를 생성하는 메서드를 SPCanvas 클래스에 추가해보겠습니다.

헤더 파일에도 canvasID 메서드와 문자열 canvas_id의 인스턴스 변수를 추가합니다. 또한 사용자의 닉네임과 ID의 선언에 대해서도 서버와의 연계에 필요하므로 추가해두겠습니다.

SPCanvas.h

```
std::string user_nickname;           // 사용자의 닉네임
std::string canvas_id, user_id;      // 캔버스 ID와 사용자 ID
```

다음은 캔버스 ID를 반환하는 메서드를 구현한 코드입니다(198페이지 참조). 캔버스 ID는 '닉네임 @201002,,,형식의 시각'으로 정해져 있는데, NSDateFormatter를 사용하여 'yyyyMMdd HHmmssSSS'로 정리하고 있습니다. 즉, yyyy는 숫자 4자리로 된 서력, ss는 초, SSS는 밀리 초라는 식으로 연결한 것입니다.

이미 캔버스 ID가 정해져 있다면(빈 문자열이 아니라면), 그 캔버스 ID를 반환합니다. 캔버스에 그림을 그리기 시작했다면 캔버스는 지정되어 있는 것이므로, 그 캔버스의 ID를 얻을 수 있지만 새로 캔버스를 만드는 경우에는 캔버스 ID를 생성하는 순서입니다.

또한 잠정적으로 캔버스 ID를 'testuser@19700101000000000' 등으로 고정해둡니다. 아직 캔버스를 선택하는 부분은 준비가 되어 있지 않기 때문에 캔버스가 공유되는 모습을 보기 위해서는 임시로 고정된 캔버스 ID를 지정해둘 필요가 있습니다. 물론 이대로라면 모든 사용자가 같은 캔버스를 공유하게 되겠지요. 나중에 닉네임 등록과 캔버스의 검색과 선택을 할 수 있게 되면 이 디버그용 행은 삭제하세요.

SPCanvas.mm

```
- (std::string)canvasID {
  self->canvas_id = "testuser@19700101000000000";  // 디버그용
  if (self->canvas_id == "") {  // 만약 캔버스 id가 정해져 있지 않다면
  NSDateFormatter로 시각 표기를 지정한다
  NSDateFormatter *formatter = [[[NSDateFormatter alloc] init] autorelease];
    // 타임 존은 GMT로 통일한다
    [formatter setTimeZone:[NSTimeZone timeZoneWithAbbreviation:@"GMT"]];
    [formatter setDateFormat:@"yyyyMMddHHmmssSSS"];
    // 그 포맷으로 현재 시각을 문자열(NSString)로 표기한다
    NSString* nowstr = [formatter stringFromDate:[NSDate date]];
    // NSString의 문자열을 std::string의 문자열로 변환한다
    std::string nowstr_([nowstr UTF8String]);
    // 닉네임과 연결해 캔버스 id를 생성하고 인스턴스 변수로 저장한다
    self->canvas_id = self->user_nickname + "@" + nowstr_;
  }
  return self->canvas_id;  // 저장된 캔버스 id를 반환한다
}
```

　　사용자 ID를 반환하는 userID 메서드도 '닉네임@201002... 형식의 시각'의 형식으로 이 canvasID 와 완전히 똑같이 기술할 수 있으므로 상세한 설명은 생략하겠습니다. 사용자 ID 쪽은 디버그 용이라도 고정하면 동작이 혼란스러워지므로 canvasID 메서드에서 부가했던 것 같은 디버그 용 라인은 넣지 마세요.

　　지금까지 사용자 ID는 잠정적인 것을 사용해 왔지만 이제는 원래 형식으로 된 것을 사용할 수 있게 되었습니다. 저장되는 stroke에서도 이 정보를 사용하도록 하지요. stroke의 저장은 touchReleasedAtX:y: 메서드에서 행해지므로 다음과 같이 변경하면 됩니다.

SPCanvas.mm (void)touchReleasedAtX:y: 의 시작

```
- (void)touchReleasedAtX:(int)x y:(int)y {  // x, y는 사용하지 않는다
  SPStroke stroke;
  stroke.user_name = [self userID];        // 사용자 ID를 설정한다
  stroke.client_time = (long long)([[NSDate date]
                       timeIntervalSince1970] * 1000);
```

서버로의 데이터 송신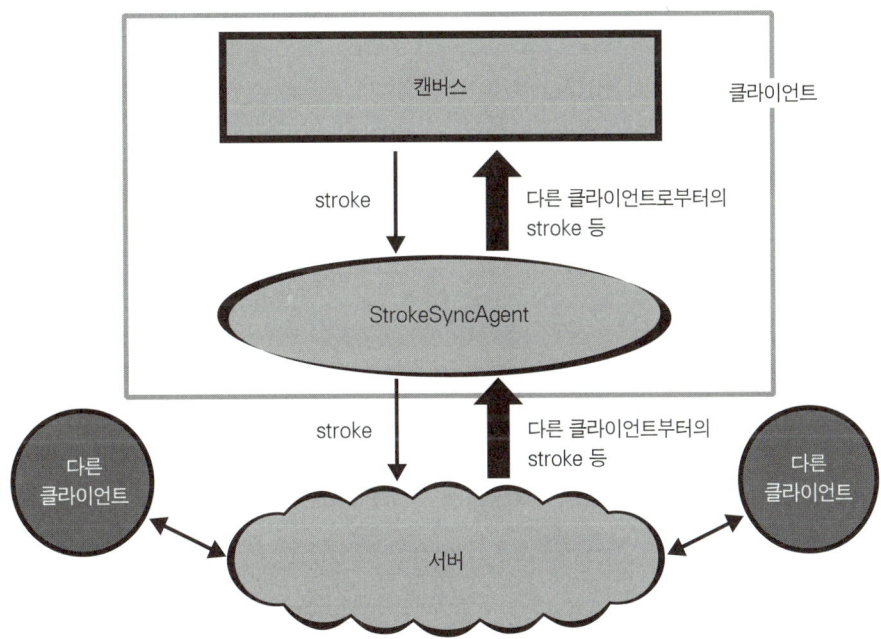

서버와 통신하는 랩퍼 클래스는 'StrokeSyncAgent'라고 이름을 지정하겠습니다. 캔버스 클래스는 이 StrokeSyncAgent에게 stroke의 추가·삭제 같은 커맨드의 실행을 통지하고, StrokeSyncAgent는 그것을 받아 서버로 데이터를 송·수신하거나 에러 처리 등을 합니다. 캔버스에 그림을 그리는 루틴에서는 통신에 관한 다양하고 복잡한 처리를 StrokeSyncAgent에 위임함으로써 페인트 툴로서의 기능에 집중할 수 있습니다.

그럼, 이 StrokeSyncAgent의 구체적인 동작에 대해서 생각해보겠습니다. 우선은 커맨드 실행 지시를 받고 서버에게 커맨드를 송신하는 부분부터 살펴봅니다. StrokeSyncAgent는 Objective-C++로 작성할 것이므로 지금까지 해왔던 것처럼 StrokeSyncAgent.h와 StrokeSyncAgent.mm을 만들고 다음과 같이 StrokeSyncAgent.h를 기술합니다.

다음에 보이는 코드에서는 주로 서버의 송신에 관한 부분만 굵은 글씨로 표시했고, 그 밖의 수신에 관한 내용은 '서버로부터의 데이터 수신' 부분(213페이지 참조)에서 다시 설명하겠습니다.

서버로의 송신이 실패한 경우에는 다시 송신할 필요가 있는데, 그 사이에도 캔버스 상에는 계속 그림을 그릴 수 있는 것이 좋겠지요. 서버로부터 정상적인 응답을 받기 전에 다음 액션을 허용하지 않도록 하는 방법도 있지만, 그렇게 하면 프로그래밍 하기는 편할지 몰라도 사용자 쪽에서는 여러 가지로 불편할 것입니다. 그러므로 SharePaint 서버와 데이터를 송·수신하는 사이에도 다른 처리는 계속 할 수 있도록 해야 하는데, 이것을 '비동기 통신'이라고 합니다. iPhone의 API에는 이 비동기 통신을 위한 방법이 마련되어 있으므로 iPhone에서 구현할 때는 이것을 사용하기로 하겠습니다.

또한 그렇게 하기 위해서는 서버로 송신하기 위한 커맨드를 StrokeSyncAgent에서 캐싱하여 기억해두어야 하는데, 이것을 문자열(std::string)의 가변 길이 배열(std::vector)로 표현해보겠습니다. #import에는 〈string〉과 〈vector〉가 필요합니다.

StrokeSyncAgent.h

```
#import <UIKit/UIKit.h>
#import <string>
#import <vector>
#import <map>
#import "SPStroke.h"
```

download \SharePaint_ch6iphone\SharePaint_ch6iphone\Classes\StrokeSyncAgent.h

StrokeSyncAgent 클래스의 선언 중에서 SPCanvas 및 StrokeSyncDelegate라는 2개의 Objective-C 클래스를 이용하는데, StrokeSyncAgent는 나중에 정의할 것이므로 여기서는 SPCanvas와 StrokeSyncDelegate라는 클래스가 존재한다는 것만을 다음과 같이 선언해둡니다. C++에서 말하는 class SPStroke;와 같은 것이라고 생각하면 됩니다.

그리고 SPCanvas는 이미 SharePaint의 애플리케이션에서 사용되고 있는 캔버스의 클래스이며, StrokeSyncDelegate는 비동기 통신을 할 때 데이터의 수신에 사용하는 클래스입니다.

```
@class SPCanvas;
@class StrokeSyncDelegate;
```

이번에는 C++의 클래스로서 StrokeSyncAgent의 정의에 대해 알아보겠습니다. 우선은 기본적인 인스턴스 변수의 선언부터 시작합니다. SharePaint 서버의 URL(ServerURL)과 서버와의 접속(connection)은 HTTP 통신을 위해서는 필수입니다. 비동기 통신을 채용하기로 정했기 때문에 경우에 따라서는 능동적으로 통신을 취소해야 하는 경우도 있습니다. 그런 경우에는 서버와의 접속(connection)에 취소를 지시하면 됩니다.

어떤 문제로 인해 통신이 종료되지 않는 경우가 있을지도 모릅니다. 그런 경우에 대비해 타임아웃 시간을 정하기로 하겠습니다.

또한 서버와의 통신의 타임아웃을 판정하기 위해 마지막으로 서버에 데이터를 전송했던 시각과 아직 서버와 통신 중인지에 대한 플래그도 준비해두겠습니다.

```
class StrokeSyncAgent {
public:
  NSString* ServerURL;      // SharePaint 서버의 URL
  StrokeSyncDelegate* delegate;   // 데이터 수신에 사용한다
  NSTimeInterval timeout;        // 타임아웃까지의 시간

  NSURLConnection *connection;   // 서버와의 접속
  bool requesting;               // 통신 중인가
  NSTimeInterval last_request_time;   // 마지막으로 서버에 데이터를 보낸 시각
```

다음은 캔버스와의 통신을 위해 사용하는 인스턴스 변수입니다. 이 중에서 서버로 데이터를 보내는 데 관련된 것은 서버로 미송신한 커맨드를 저장하는 queued_commands뿐입니다.

```
typedef enum {None = 0, Strokes, Refresh} response;   // 캔버스로의 응답
std::vector<std::string> queued_commands;   // 서버에 보내야 하는 커맨드를 큐
std::vector<SPStroke> returned_strokes;   // 수신된 stroke
bool canvas_should_be_refreshed;   // 캔버스에 다시 그리도록 지시한다
std::vector<std::string> canvas_list;   // 검색한 캔버스의 리스트

SPCanvas* canvas;   // 캔버스의 인스턴스를 확보한다
```

생성자와 소멸자에 대한 것은 나중에 설명하겠습니다.

```
StrokeSyncAgent(void);
~StrokeSyncAgent(void);
```

get_response( ) 메서드는 서버로부터의 데이터 수신에 사용되기 때문에 나중에 설명하겠습니다. 4개의 메서드 append_stroke( ), delete_stroke( ), get_strokes( ), search_canvas_list( )는 각각 SharePaint 서버에 append, delete, get_strokes, search_canvas_list 커맨드를 송신합니다. 예를 들어, 캔버스에서 append_stroke( )를 호출한다고 가정해보겠습니다. 통신이 가능한 상태라면 그대로 append 커맨드를 SharePaint 서버에 송신하고, 통신이 불가능한 상태라면 커맨드용 큐에 넣어 두고, 통신 상태가 회복되면 순차적으로 커맨드를 꺼내서 송신합니다. 큐에 저장하는 부분에 사용되는 것이 queue_command( ) 메서드입니다(다음 페이지의 그림 참조).

```
StrokeSyncAgent::response get_response(void);
void queue_command(std::string&);   // 커맨드를 큐에 저장한다
void append_stroke(SPStroke&);   // append 커맨드를 캔버스로부터 받는다
void delete_stroke(SPStroke&);   // delete 커맨드를 캔버스로부터 받는다
void get_strokes(void);   // get_strokes 커맨드를 캔버스로부터 받는다
void search_canvas_list(std::string nickname);
          // search_canvas_list 커맨드를 캔버스로부터 받는다
```

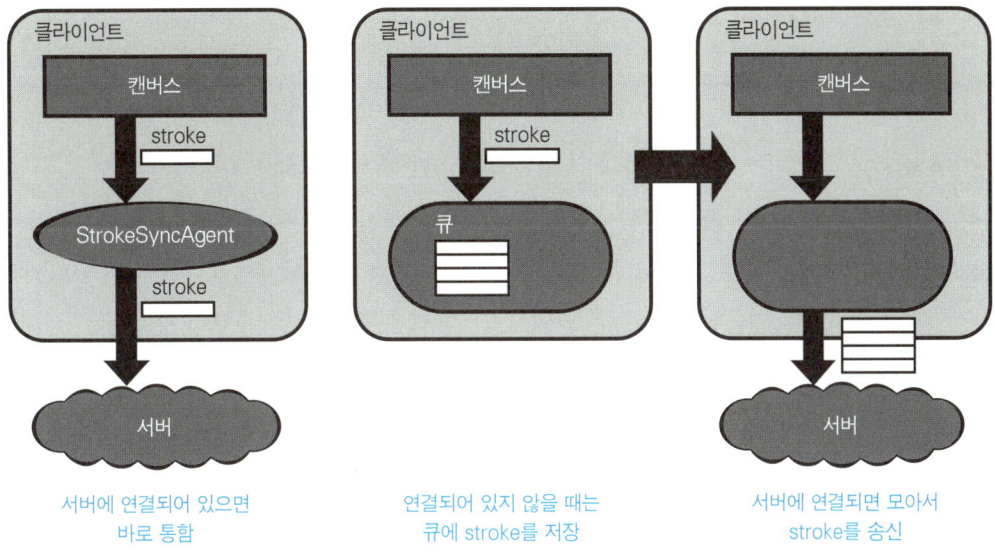

서버에 연결되어 있으면   연결되어 있지 않을 때는   서버에 연결되면 모아서
바로 통함   큐에 stroke를 저장   stroke를 송신

큐에 저장된 커맨드를 실제로 순차적으로 서버에 송신하는 것이 send_queued_command( ) 메서드, 개별 커맨드를 서버로 송신하는 것이 send_command( ) 메서드입니다. send_command( ) 커맨드의 두 번째 인수에서는 이 통신이 동기인지 비동기인지를 지정합니다.

송신에 성공하면 그 커맨드를 큐에서 삭제해야 하는데, 그것을 실행하는 것이 dequeue_command( ) 메서드입니다. 또한 비동기 통신에서는 dequeue_command( )와 queue_command( )가 별도의 스레드로 실행된다는 점에 주의하세요. 따라서 이 부분에서 배타적 처리가 필요해진다는 점을 기억해두세요.

```cpp
void send_command(std::string&, bool sychronous = false);
        // 커맨드를 서버로 송신한다
void send_queued_command(void);    // 큐에 저장된 커맨드를 순차적으로 송신한다
void dequeue_command(void);        // 큐로부터 커맨드를 삭제한다

void clear_connection(void);    // 접속 해제
void connectionDidFinishLoading(std::string);    // 수신 시에 성공
```

```
    void connectionDidFailWithError(void);          // 수신에 실패
};
```

이제 송신과 관련된 부분의 구현에 대해 살펴보기로 하지요. 헤더 파일에서는 SPCanvas
에 대해 Objective-C의 클래스라는 의미의 선언밖에 하지 않았기 때문에 구현하는 쪽에서
SPCanvas.h를 import할 필요가 있습니다.

StrokeSyncAgent.mm

```
#import  "SPCanvas.h"
#import  "StrokeSyncAgent.h"
```

맨 처음은 생성자입니다. 서버 URL은 테스트용으로 로컬의 GAE 애플리케이션의 URL을 지
정하기로 하지요. 타임아웃은 임시로 10초로 설정해두겠습니다. StrokeSyncDelegate는 비동
기 통신에서 데이터의 수신 등을 담당하는 클래스인데, 이에 대해서는 데이터 수신을 해설하는
부분에서 설명하겠습니다.

```
StrokeSyncAgent::StrokeSyncAgent(void) {
  this->ServerURL = @"http://localhost:8080";  // 서버의 URL은 임시 테스트용
  this->delegate = [[StrokeSyncDelegate alloc] init];  // delegate를 작성한다
  this->delegate->agent = this;  // delegate가 수신한 데이터는 이 클래스에서 수취한다
  this->timeout = 10.0;

  this->connection = nil;        // 접속하고 있지 않다
  this->requesting = false;      // 커맨드를 수신하고 있지 않다
  this->last_request_time = 0.0;  // 전 회의 수신 시각이 없다 (실제로는 1970년으로 지정)
```

캔버스와의 통신에 사용되는 인스턴스 변수도 초기화해둡니다.

```
  this->queued_commands.clear();  // 큐에 저장된 커맨드
  this->returned_strokes.clear(); // 서버에서 돌아온 stroke
```

```
  this->canvas_should_be_refreshed = false;   // 캔버스를 다시 그려야 하는가
  this->canvas_list.clear();    // 서버에서 돌아온 검색된 캔버스 이름
}
```

소멸자에서는 delegate와 connection을 해제합니다. 또한 nil에 대해 release를 호출해도 아무 일도 일어나지 않는다는, 즉 에러도 발생하지 않는다는 점에 주의하세요.

StrokeSyncAgent.mm

```
StrokeSyncAgent::~StrokeSyncAgent(void) {
  [this->delegate release];
  [this->connection release];
}
```

다음은 append_stroke( )입니다. 커맨드는 캔버스 ID: append: stroke 정보로 이루어지므로 그 형식대로 cmd 문자열을 작성하고, queue_command( )에 전달함으로써 큐에 저장하게 됩니다. 통신이 가능한 상태라면 queue_command( )는 cmd 문자열을 SharePaint 서버로 전송합니다.

StrokeSyncAgent.mm

```
void StrokeSyncAgent::append_stroke(SPStroke& stroke) {
  std::string cmd = [this->canvas canvasID] + ": append: " + stroke.toString();
  queue_command(cmd);
}
```

다음은 delete 커맨드를 발행하는 delete_stroke( ) 메서드에 대해 살펴보겠습니다. 기본적으로는 append_stroke( ) 메서드와 동일하지만 stroke의 정점에 관한 정보는 비교적 사이즈가 크고 낭비가 많아 생략하고 있습니다. Stroke의 삭제를 위해서는 굳이 정점 정보까지 보낼 필요는 없기 때문에 정점 정보는 삭제하고 보내도 문제는 없습니다.

StrokeSyncAgent.mm

```
void StrokeSyncAgent::delete_stroke(SPStroke& stroke) {
  stroke.x_array.clear();    // 정점 좌표(X좌표)를 삭제
  stroke.y_array.clear();    // 정점 좌표(Y좌표)를 삭제
  std::string cmd = [this->canvas canvasID] + ": delete: " + stroke.toString();
  queue_command(cmd);
}
```

stroke 리스트를 가져오는 get_strokes 커맨드를 발행하는 get_strokes( ) 메서드에는 stroke 정보는 필요 없으며 캔버스 ID만 주어지면 됩니다.

StrokeSyncAgent.mm

```
void StrokeSyncAgent::get_strokes(void) {
  std::string cmd = [this->canvas canvasID] + ": get_strokes: ";
  queue_command(cmd);
}
```

SharePaint 서버가 받아들이는 커맨드에는 이제 한 가지 search_canvas_list가 남아 있지만 이것은 나중에 설명하기로 하고 위에서 여러 차례 등장했던 queue_command( )에 대해 살펴보기로 하겠습니다.

queue_command( ) 메서드는 인수로 받아들인 커맨드(cmd)를 우선 큐(queue_commands)에 저장하고 다른 커맨드를 송신하는 중이면 그대로 종료, 그렇지 않다면 큐에 들어있는 커맨드를 순차적으로 서버로 송신하는 send_queued_command( ) 메서드로 처리를 옮깁니다. 도중에 타임아웃을 판정하는 처리도 들어있습니다.

그런데 비동기 통신을 수행하는 API는 iPhone OS에서 제공하고 있고, 이 StrokeSyncAgent 에서도 그것을 사용한다고 설명한 바 있습니다. 그렇다면 큐에 넣거나 하지 않고 전부 비동기로 커맨드를 송신해도 되지 않을까요? 캔버스 상의 stroke에는 저마다 순서가 있기 때문에 그

순서를 지켜서 그리지 않으면 그림이 이상해져 버릴 것입니다. 물론 클라이언트 쪽에서도 시간을 보존하고 있으니 그 시간 순서대로 다시 그리기만 하면 다른 사용자가 그 캔버스에 손을 대지 않는 한 문제가 일어나지는 않을 것입니다. 그런데 만약 다른 사용자가 잘못된 시간에 그림을 그린다면 어떻게 될까요? 예를 들어, iPhone의 시각이 5분 빠르게 된 채로 같은 캔버스에 그림을 그리는 것입니다. 아마도 그리는 순서가 엉망이 되어 버리겠지요(아래 그림 참조).

그렇기 때문에 모든 사용자에게 평등한 기준으로 순서를 매겨둘 필요가 있습니다. 그 기준으로 SharePaint가 선택한 것은 서버에 stroke 정보가 저장된 시각입니다.

이번에 큐에 저장된 순서대로 성실하게 SharePaint 서버로 커맨드를 보내는 것은 그러한 이유 때문입니다. 그린 순서대로 커맨드가 서버에 도착하지 않는다면 서버 시각을 기준으로 삼는 의미가 없어집니다. 그린 순서대로 커맨드를 큐에 저장하고 서버에 저장된 것이 확인되면 큐에 저장했다가 커맨드를 송신하는 일을 반복합니다. 또한 여기서 인스턴스 변수인 queued_commands의 내용을 변경하고 있는데, 앞에서도 말했듯이 배타적 제어가 필요하기 때문에 Objective-C의 @synchronized를 이용합니다.

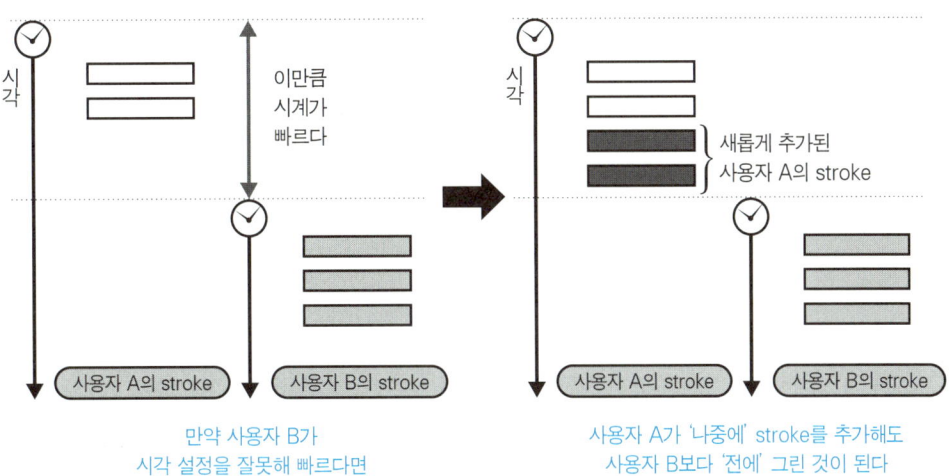

원래대로라면 @synchronized의 인수로는 배타 제어의 대상인 queued_commands를 지정해야 하지만 여기서는 Objective-C의 인스턴스를 지정해야 합니다. 그렇습니다. queued_commands는 STL의 std::vector〈std::string〉 형으로 정의되어 있으므로 C++ 쪽의 인스턴스였습니다. 조금 부자연스럽지만 본질적으로 배타 제어 자체의 메커니즘에는 문제가 없기 때문에 인수로는 Objective-C의 인스턴스인 StrokeSyncDelegate* delegate를 이용하기로 하겠습니다.

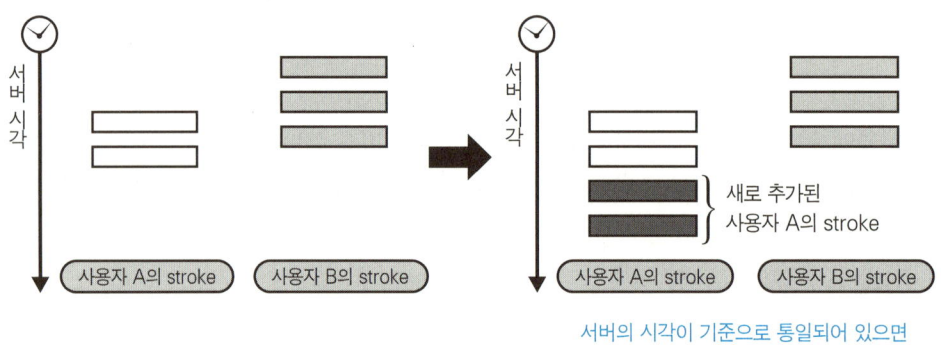

서버의 시각이 기준으로 통일되어 있으면
stroke의 순서가 어긋나지 않는다

StrokeSyncAgent.mm

```
void StrokeSyncAgent::queue_command(std::string& cmd) {
  @synchronized (this->delegate) {
    this->queued_commands.push_back(cmd);          // 큐 끝에 커맨드를 추가한다
  }

  if (this->requesting) {                          // 만약 다른 커맨드를 송신 중이라면
    if (this->last_request_time + this->timeout <
        [[NSDate date] timeIntervalSince1970])     // 만약 타임아웃이라면
      connectionDidFailWithError();                // 에러로 취급하여 접속을 끊는다
    else {
      return;                                      // 타임아웃이 아니라면 그대로 돌아간다
    }
  }

                                                   //다른 커맨드를 송신 중이 아니라면(아이들 상태라면)
  send_queued_command();   // 큐에 들어있는 커맨드를 송신한다
}
```

이번에는 send_queued_command( )와 dequeue_command( )의 2개의 메서드도 함께 살펴보겠습니다. queue_command( )와 함께 보면 흐름을 파악하기 쉽겠지요.

send_queued_command( )는 큐에 저장되어 있는 커맨드 중 최초의 것, 즉 제일 오래된 것을 send_command( ) 메서드에 전달합니다. send_command( )는 이번에야 말로 실제로 SharePaint 서버에 커맨드를 송신하는 메서드로, 두 번째의 인수는 동기 통신 여부를 지정합니다. 여기서는 비동기 통신으로 지정하고 있습니다.

StrokeSyncAgent.mm

```
void StrokeSyncAgent::send_queued_command(void) {
  @synchronized (this->delegate) {
    if (!this->queued_commands.empty())          // 큐가 비어 있지 않다면
      send_command(queued_commands[0], false);   // 비동기로 큐의 제일 첫 커맨드를 송신한다
  }
}
```

그리고 dequeue_command( ) 메서드는 큐에서 제일 첫 커맨드를 제거합니다. 이 메서드는 커맨드의 송신이 성공한 후에 호출됩니다. 송신과 동시에 큐에서 커맨드를 제거하지 않는 이유는 송신에 실패했을 때 다시 보내는 것을 고려했기 때문입니다.

```
void StrokeSyncAgent::dequeue_command(void) {
  @synchronized (this->delegate) {
    if (!this->queued_commands.empty())
      this->queued_commands.erase(this->queued_commands.begin());
  }
}
```

이제 append_stroke( ), delete_stroke( ), get_strokes( )와 queue_command( ), dequeue_command( ), 그리고 send_queued_command( )와 send_command( )의 관계를 시계열로 살

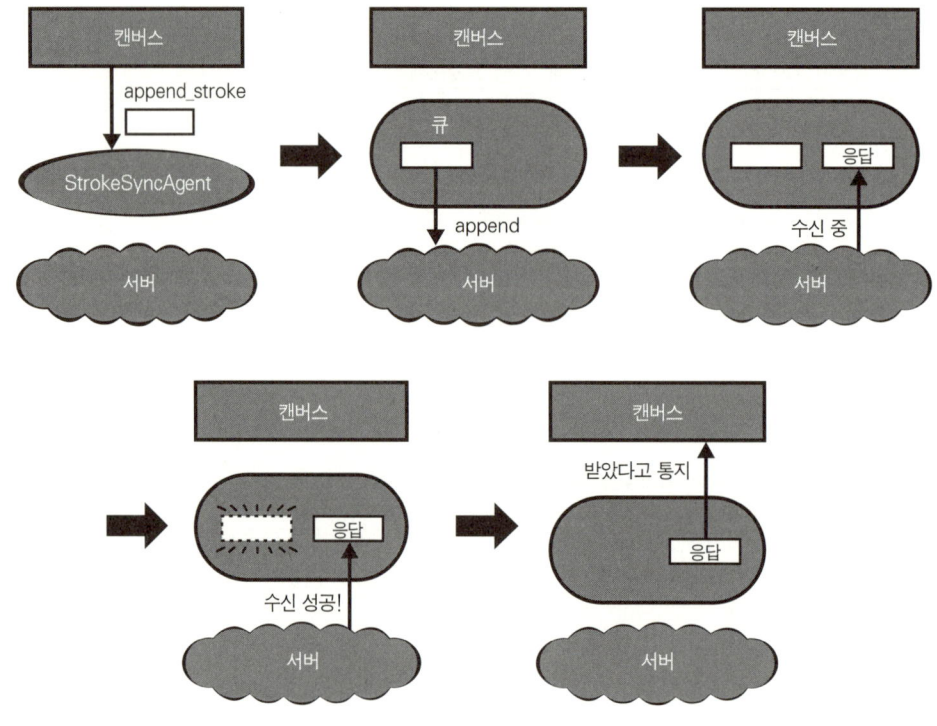

서버로부터의 응답까지 수신에 성공했다면
큐에서 stroke 삭제

펴보겠습니다.

 이번에 살펴볼 것은 앞에서 설명을 미루었던 search_canvas_list 커맨드의 실행 부분입니다. 이 커맨드가 사용되는 상황을 살펴보면 다른 것들과는 조금 다른 면이 있다는 것을 알 수 있습니다. 다른 커맨드는 캔버스에 그림을 그리는 도중에 발생되며, 발생되고 나서도 서버의 응답을 기다리지 않고 다음 stroke를 그리는 동작 등을 합니다. 한편 search_canvas_list 커맨드는 사용자가 검색할 닉네임을 입력하고 서버로부터 응답을 기다리는 동안에 다른 동작을 할 필요가 없습니다. 아니, 필요 없다기보다 응답을 대기 중인 사용자에게 다른 조작을 허용하는 것이 오히려 혼란을 유발할지도 모릅니다. 그런 이유에서 search_canvas_list는 동기 통신을 이용합니다.

search_canvas_list에는 닉네임만 지정하면 충분하므로 '캔버스 ID: search_canvas_list: nickname: 닉네임'이라는 형식의 문자열을 cmd에 저장하고, 그것을 send_command( ) 메서드가 서버로 송신합니다.

send_command( ) 메서드의 두 번째 인수가 true이므로, 동기로 통신이 수행됩니다. 즉, 이 send_command( ) 행의 실행이 종료되었을 때는 이미 SharePaint 서버로부터 응답(캔버스 이름 리스트)을 받았다는 의미입니다. 따라서 캔버스에서 search_canvas_list( ) 메서드의 호출을 마치면 캔버스 이름 리스트를 바로 사용할 수 있는 상태가 됩니다.

StrokeSyncAgent.mm

```
void StrokeSyncAgent::search_canvas_list(std::string nickname) {
  std::string cmd = [this->canvas canvasID] +
  ": search_canvas_list: nickname:" + nickname;  // 커맨드를 생성한다
  send_command(cmd, true);  // 동기 통신으로 서버에 커맨드를 송신한다
}
```

마지막으로, 실제로 SharePaint 서버로 커맨드를 송신하는 send_command( ) 메서드입니다. NSMutableURLRequest로 서버에 보낼 송신 내용과 방법을 설정하고, NSURLConnection으로 실제 송신을 하는 것이 대략적인 흐름입니다.

NSMutableURLRequest에서는 NSData로 송신 내용을 지정하기 때문에 먼저 std::string 형식의 커맨드 문자열을 NSData로 변환해야 합니다.

StrokeSyncAgent.mm

```
void StrokeSyncAgent::send_command(std::string& cmd, bool synchronous) {
  //stroke로부터 서버에 전달하는 데이터를 NSData로 작성한다
  NSData* body = [NSData dataWithBytes:cmd.data() length:cmd.size()];
```

SharePaint 서버의 URL, Cache 무시, 타임아웃 시간을 설정하여 NSMutableURLRequest

를 작성합니다. 송신할 내용은 방금 전에 커맨드로 만든 NSData의 데이터이고, 송신 방법은 POST 메서드를 사용합니다.

```
// 데이터를 서버로 송신한다
NSMutableURLRequest* request =
[NSMutableURLRequest requestWithURL:[NSURL URLWithString:this->ServerURL]];
[request setTimeoutInterval:this->timeout];   // 타임아웃을 지정한다
[request setHTTPMethod:@"POST"];   // 송신 방법은 POST 메서드로
[request setHTTPBody:body];         // 커맨드 문자열의 송신을 지정한다
```

synchronous는 이 send_command( ) 메서드의 두 번째 인수인데, 동기 통신인지 비동기 통신인지를 지정한 것입니다.

먼저 동기 통신의 경우를 살펴보겠습니다. 이 경우에 NSURLConnection 메서드의 반환값 (NSData* data)에는 통신의 결과가 저장됩니다. 만약 에러 등에 의해 통신에 실패하면 data에는 nil이 들어가지만 통신에 성공하면 NSData 형식의 data를 다시 std::string 형식의 문자열로 변환하고 stroke 등의 정보를 추출합니다. connectionDidFinishLoading( )에 대해서는 다음에 설명하기로 하겠습니다.

```
if (synchronous) {
  //동기 통신의 경우
  NSURLResponse *response;
  NSData *data = [NSURLConnection
                sendSynchronousRequest:request
  // 동기 통신으로 위에서 지정한 방법으로 송신한다
                returningResponse:&response   // 응답 파라미터
                error:NULL];
  if (data) {   // 만약 송·수신에 성공하면
      std::string str((char *)[data bytes], [data length]);   // 문자열로 변환하여
      connectionDidFinishLoading(str);   // 그 문자열을 해석한다
  }
}
```

비동기 통신의 경우는 송신 준비만 하고, 실제 송·수신 처리는 백그라운드에서 합니다. 서버로부터의 데이터 수신에 사용되는 delegate는 데이터 수신에서 설명할 StrokeSyncDelegate의 인스턴스입니다.

송신 개시 시각은 queue_command( ) 메서드 내에서 타임아웃을 판정할 때 사용됩니다.

```
  } else {
    // 비동기 통신의 경우
    this->connection = [[NSURLConnection alloc]
                          initWithRequest:request    // 위에서 지정한 송신 방법으로
                          delegate:this->delegate    // delegate를 지정한다
                          startImmediately:YES];    // 곧 바로 백그라운드에서 통신을 시작한다
    this->requesting = true;    // '통신 중'이라는 플래그를 True로 설정한다
    this->last_request_time = [[NSDate date] timeIntervalSince1970];
    // 송신 개시 시각을 설정한다
  }
}
```

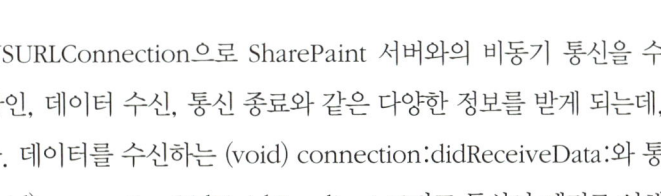

서버로부터의 데이터 수신

StrokeSyncAgent 클래스는 NSURLConnection으로 SharePaint 서버와의 비동기 통신을 수행합니다. 통신 중에는 인증 확인, 데이터 수신, 통신 종료와 같은 다양한 정보를 받게 되는데, 이것을 delegate가 담당합니다. 데이터를 수신하는 (void) connection:didReceiveData:와 통신을 종료할 때에 호출되는 (void) connectionDidFinishLoading: 그리고 통신이 에러로 인해 중단되었을 때 호출되는 (void) connectiondidFailWithError:의 3가지를 구현한 delegate를 StrokeSyncDelegate로 작성해보겠습니다.

또한 NSURLConnection은 그 밖에도 delegate로의 통신이 정해져 있는데, 도중에 명시적으로

취소하지 않는 한 최종적으로 connectionDidFinishLoading:이나 connection:didFailWithError: 중 하나를 호출한다고 규정되어 있습니다. 보다 상세하게 제어를 해야 할 경우에는 다른 메서드도 구현할 필요가 있겠지요.

선언은 다음과 같이 할 수 있습니다. 어차피 StrokeSyncAgent 안에서만 사용되기 때문에 헤더를 StrokeSyncAgent.h에 같이 두고 있습니다.

StrokeSyncAgent.h

```
@interface StrokeSyncDelegate : NSObject {
  @public
  StrokeSyncAgent *agent;    // StrokeSyncDelegate를 호출할 곳
  std::string response;      // SharePaint 서버로부터 반환된 문자열을 저장한다
}

- (void)connection:(NSURLConnection *)conn didReceiveData:(NSData *)data;
                          // 데이터 수신 시

  void clear_connection:(void);    // 통신 리소스를 해제한다
- (void)connectionDidFinishLoading:(NSURLConnection *)conn;    // 통신 종료 시
- (void)connection:(NSURLConnection *)conn didFailWithError:(NSError
*)error;                          // 통신 중단 시
@end
```

download \SharePaint_ch6iphone\SharePaint_ch6iphone\Classes\StrokeSyncAgent.h

이것은 다음과 같이 구현합니다. 이 역시 StrokeSyncAgent에서만 사용하므로, 구현도 StrokeSyncAgent.mm에서 같이 작성하겠습니다.

connection:didReceiveData: 메서드에서는 서버로부터 데이터가 도착할 때마다 부분적으로라도 NSData형식으로 데이터를 받아들이고 수신할 때마다 std::string형식의 문자열로 변환하여 response에 추가해 갑니다.

StrokeSyncAgent.mm

```
@implementation StrokeSyncDelegate

- (void)connection:(NSURLConnection *)conn didReceiveData:(NSData *)data {
  std::string newstr((char *)[data bytes], [data length]);
                         // 수신된 데이터를 문자열로 변환하여
  response += newstr;  // response 문자열에 추가한다
}
```

download \SharePaint_ch6iphone\SharePaint_ch6iphone\Classes\StrokeSyncAgent.mm

connectionDidFinishLoading: 메서드와 connection:didFailWithError: 메서드는 모두 StrokeSyncAgent 쪽에 결과를 통지하고 있을 뿐이며, 통신이 정상적으로 종료된 경우이든 중단된 경우이든 다음 통신에서는 처음부터 다시 해야 하므로 인스턴스 변수 response는 빈 문자열로 초기화해두겠습니다.

```
- (void)connectionDidFinishLoading:(NSURLConnection *)conn {   // 통신 정상 종료
  if (agent) {
    agent->connectionDidFinishLoading(response);   // 수신한 문자열을 반환한다
  }
  response = "";   // 수신한 문자열을 비운다
}

- (void)connection:(NSURLConnection *)conn didFailWithError:(NSError *)error
{  //
  if (agent) {      // 통신 실패
    agent->connectionDidFailWithError();  // 실패 통지를 StrokeSyncAgent에 한다
  }
  response = "";   // 수신한 문자열을 비운다
}
@end
```

그럼, StrokeSyncDelegate로부터 통지를 받는 StrokeSyncAgent의 2개의 메서드, connection DidFinishLoading( )과 connectionDidFailWithError( )를 살펴보도록 하지요(이름은 비슷하게

했지만 StrokeSyncDelegate의 메서드가 아니라 StrokeSyncAgent의 메서드입니다).

connectionDidFinishLoading( )에서는 수신한 문자열이 stroke의 데이터인지, 다른 사용자에 의한 되돌리기 통지인지, 캔버스 검색의 결과인지를 판정하고 그 내용을 각각 인스턴스 변수 returned_strokes, canvas_should_be_refreshed, canvas_list에 저장합니다. 작업을 마치면 지금 막 송 · 수신에 성공한 커맨드는 큐에서 제거하고 큐에 저장된 다음 커맨드를 송신합니다.

SharePaint 서버로부터의 응답은 복수의 행으로 이루어지는 경우가 있기 때문에 우선은 행 단위로 문자열을 자르는 것부터 시작합니다. clear_connection( ) 메서드의 구체적인 내용에 대해서는 이 뒷부분에서 설명하겠습니다.

또한 인스턴스 변수 returned_strokes를 변경하고자 하는데 connectionDidFinishLoading을 주로 실행하는 것은 NSURLConnection에 의해 생성된 스레드입니다. 한편, 캔버스를 그리는 주 스레드에서도 returned_strokes를 참조하거나 변경하여 배타 제어가 필요하기 때문에 @synchronized를 이용해야 합니다.

그리고 원래대로라면 @synchronized의 인수에는 배타 제어의 대상인 returned_strokes를 지정해야 하지만, queued_commands의 경우와 마찬가지로 인수에는 Objective-C의 인스턴스인 StrokeSyncDelegate* delegate를 이용하기로 합니다.

StrokeSyncAgent.mm

```
void StrokeSyncAgent::connectionDidFinishLoading(std::string str) {
  unsigned int start_i, end_i;    // 문자열 str로부터 1행을 추출하는 데 사용하는 인덱스
  std::string line;    // 해석 중인 1행

  clear_connection();    // 통신 리소스를 해제한다
  @synchronized (this->delegate) {
    start_i = end_i = 0;    // 인덱스를 초기화한다
    while (start_i != std::string::npos) {    // str에 아직 해석할 부분이 남아 있다
      end_i = str.find("\n", start_i);        // 개행 코드를 검출한다
      if (end_i != std::string::npos) {       // 만약 개행 코드가 있다면
```

```
          line = str.substr(start_i, end_i - start_i);
                      // start_i~end_i 사이의 문자를 line에 저장한다
          start_i = end_i + 1;  // 다음 시작 인덱스를 설정한다
      } else {  // 만약 개행 코드가 발견되지 않는다면 남은 것은 마지막 1행이므로
        line = str.substr(start_i);      // 시작 인덱스로부터 str 끝까지를 line에 저장한다
        start_i = std::string::npos;  // 이제 종료한다
      }

                    // 문자열 line을 trim한다
      if (line.size() > 0) {
        std::string::iterator bi, ei;
        bi = line.begin();  // 문자열의 시작
        ei = line.end();      // 문자열의 끝
        while (isspace(*bi) && (bi != line.end())) bi ++;  // 공백은 스킵한다
        while (isspace(*ei) && (ei != line.begin())) ei --;
        line = std::string(bi, ei);  // bi~ei 사이만 line에 재입력한다
      }
```

각 행의 해석을 수행하겠습니다. SharePaint 서버로부터의 응답은 '(주로 다른 사용자에 의한) stroke의 추가', '(다른 사용자에 의한) stroke 삭제에 의한 되돌리기 통지', 그리고 '캔버스 검색결과인 캔버스 ID'의 3종류이기 때문에 그 중 어느 것인지 판단해야 합니다.

우선, 'stroke의 추가'인데 여기에는 'append:'라는 문자열이 포함되어 있다는 것을 확인할 수 있습니다. 그런 경우에는 stroke를 표현하는 문자열에서 SPStroke를 생성하고, 그것을 returned_strokes 끝에 추가합니다.

```
if (line.find(" append: ", 0) != std::string::npos) {
  // line의 내용이 stroke의 추가라면
  // stroke의 returned_strokes에 추가한다
  SPStroke stroke(line);  // line을 해석하여 SPStroke를 생성한다
  this->returned_strokes.push_back(stroke);
```

이번에는 '(다른 사용자에 의한) stroke 삭제의 통지'입니다. stroke의 삭제에는 delete:가 포함되어 있으므로, 이를 검색하고 만약 그것을 확인할 수 있다면 인스턴스 변수 canvas_should_ be_refreshed 플래그를 true로 해야 합니다.

```
      } else if (line.find(" delete: ", 0) != std::string::npos) {
          // 캔버스에 stroke 삭제를 통지한다
          this->canvas_should_be_refreshed = true;
```

그리고 '캔버스 검색 결과인 캔버스 ID'입니다. 이것은 search_canvas_list 커맨드의 실행 후에만 반환됩니다. 캔버스 ID에는 공백이 포함되지 않기 때문에 공백을 검색하여 발견되지 않으면 캔버스 ID라고 판단합니다. 캔버스 ID는 인스턴스 변수 std::vector⟨std::string⟩ canvas_list에 추가합니다.

또한 이상의 조건에 일치하지 않는 행은 SharePaint 서버의 정상적인 응답이 아니므로 파기하도록 합니다.

```
      } else if (line != "" && line.find(" ", 0) == std::string::npos) {
          // 캔버스 ID 리스트에 캔버스 ID를 추가한다
          this->canvas_list.push_back(line);
      }
    }
  }
```

이로써 커맨드의 송신, 서버로부터의 수신 그리고 그 해석에 이르는 하나의 처리가 종료되었습니다. 이제 통신 종료를 캔버스에 통지하고 종료한 커맨드는 삭제합니다. 또한 큐에 아직 커맨드가 남아 있으면 현재 큐에 남아 있는 가장 오래된 커맨드, 즉 지금 실행한 커맨드의 다음 커맨드의 실행을 지시합니다.

캔버스에 통지할 때는 NSNotification이라는 메커니즘을 이용합니다. 여기서는 통지할 곳을 지정하고 있지 않지만 캔버스에서 '누구로부터 어떠한 통지를 어떻게 받을 것인지'를 통지 센터에 등록해둠으로써 NSNotification에서의 통지가 가능해집니다.

통지에는 통상적으로 NSNotificationCenter라는 클래스를 이용하는 경우가 많은데, 이것은 동기 통신을 위한 클래스입니다. 이번과 같이 그리 중요하지 않은 스레드에서 메인 스레드로 비동기로 통지하기 위해서는 이렇게 NSNotificationQueue를 이용하는 편이 바람직합니다.

```
    // 통신 종료를 캔버스에 통지한다
    NSNotification* notification =
    [NSNotification notificationWithName:@"SPServerResponseGot"
                              object:this->delegate];   // 통지를 작성한다
    [[NSNotificationQueue defaultQueue] enqueueNotification:notification
                                    postingStyle:NSPostWhenIdle];
          // 통지를 통지 큐에 등록한다

    dequeue_command();        // 실행에 성공한 커맨드를 삭제한다
    send_queued_command();    // 다음 커맨드를 송신한다
}
```

그리고 통신에 실패했을 때 호출되는 connectionDidFailWithError( )에서는 리소스의 해제와 통신 중임을 나타내는 변수의 초기화를 수행합니다.

StrokeSyncAgent.mm

```
void StrokeSyncAgent::connectionDidFailWithError(void) {
  clear_connection();
}
```

통신 리소스를 해제하는 clear_connection( ) 메서드는 통신 성공 시의 connectionDidFinish Loading( )과 실패 시의 connectionDidFailWithError( ) 양쪽에서 모두 호출됩니다. 구체적인 리소스 해제와 플래그 초기화는 다음과 같습니다.

StrokeSyncAgent.mm

```
void StrokeSyncAgent::clear_connection(void) {
  [this->connection release];   // initWithRequest:로 작성되었기 때문에 해제가 필요하다
  this->connection = nil;              // 만일을 위해 nil을 대입해둔다
  this->requesting = false;            // 통신 중 플래그는 false로
  this->last_request_time = 0.0;   // 통신 개시 시각도 초기화한다
}
```

SharePaint 서버와의 통신 부분은 여기까지이지만, 아직 캔버스와의 통신에 이용하는 메서드인 get_response( )가 하나 더 남아있습니다. 이 메서드의 반환값은 StrokeSyncAgent::response 같은 형식으로 되어 있으며, 헤더에는 다음과 같이 정의되어 있습니다.

StrokeSyncAgent.h

```
typedef   enum   {None = 0, Stroke, Refresh}   response ;
```

캔버스가 StrokeSyncAgent에 커맨드를 발행하고, 그 응답을 get_response로 받아오는 구조입니다. 각각의 Stroke는 '추가 stroke 있음', Refresh는 '캔버스에 다시 그리기 필요'를 의미합니다. 비동기 통신이므로 캔버스에서는 적당한 타이밍에 이 통지를 체크하고, 만약 None 이외의 응답이 돌아오면 그 내용에 대응하여 처리를 하게 됩니다.

또한 get_response( )는 canvas_should_be_refreshed와 returned_strokes라는 2개의 인스턴스 변수를 체크하여 구현할 수 있습니다. Stroke와 Refresh 모두 플래그가 동시에 켜지는 상황도 충분히 생각할 수 있는데, 그런 경우에는 Refresh가 우선합니다. 이것은 캔버스의 다시 그리기가 필요한 경우에는 캔버스 쪽에서 다시 모든 stroke를 서버로부터 동시에 가져와야만 하므로 추가 stroke의 유무가 문제 되지 않기 때문입니다.

```
StrokeSyncAgent::response StrokeSyncAgent::get_response(void) {
  if (this->canvas_should_be_refreshed)          // 다른 사용자의 되돌리기 실행 등의 이유로
    return Refresh;    // 캔버스의 다시 그리기를 요청
  else if (!this->returned_strokes.empty())  // stroke 추가가 있었다
    return Strokes;    // stroke 추가를 캔버스에 통지
  else                 // 그렇지 않으면
    return None;       // 캔버스로 특별히 통지할 내용은 없다
}
```

SharePaint 서버와 통신하는 StrokeSyncAgent의 작성은 이것으로 끝이 났습니다. 그럼, SPCanvas도 StrokeSyncAgent를 경유하여 서버와 연계할 수 있도록 수정해보겠습니다. 우선은 헤더부터 살펴보지요. 헤더에서는 SPCanvas의 인스턴스 변수의 변경과 추가를 하고 있습니다.

지금까지 stroke_history의 형식은 std::map⟨long long. SPStroke⟩이었는데, 그 이유는 stroke 순서를 클라이언트의 시각만으로 결정했기 때문이었습니다. 이제는 서버와 연계하면서 stroke의 순서는 서버 시각과 클라이언트 시각 양쪽 모두를 이용해서 정해야 하기 때문에 long long의 페어인 std::pair ⟨long long, long long⟩을 키로 하고, 값은 SPStroke의 std::map으로 변경합니다(다시 말하지만 시각은 64비트 정수이기 때문에 long long이 된다는 점을 주의하세요).

이에 따라 서버 시각의 초기값도 initServerTime으로 준비하기로 했습니다. 이 변수는 setup 메서드 안에서 초기화 되고, 그 다음은 변경하지 않은 채 고정값으로 사용합니다.

그리고 물론 StrokeSyncAgent도 sync_agent라는 인스턴스 변수로서 SPCanvas에서 사용할 수 있도록 준비해둡니다.

SPCanvas.h

```
std::map<std::pair<long long, long long>, SPStroke> strokes_history;
                             // 형식을 변경한다
long long InitServerTime;    // 서버 시각의 초기값(추가)
StrokeSyncAgent sync_agent;  // SharePaint 서버와의 통신을 수행한다
```

또한 메서드에도 다음의 코드를 추가합니다. get_response는 StrokeSyncAgent를 경유하여 SharePaint 서버로부터 응답을 받고, redrawStrokes:는 SharePaint 서버의 요청에 따라 캔버스를 다시 그립니다.

SPCanvas.h

```
- (std::string)canvasID;
- (std::string)userID;
- (void)get_response:(NSNotification*)notification;
- (void)redrawStrokes:(unsigned int*)bitmap;
```

이 변수들의 초기화는 setup 메서드 안에서 이루어집니다. 닉네임(user_nickname)은 원래 사용자가 직접 설정할 수 있도록 해야 하지만 이 부분은 조금 더 기다려주세요. 이제 당분간은 테스트용 'iPhone'인 채로 가도록 하지요.

InitServerTime은 서버 시각의 초기값입니다. 다시 말해, stroke가 발생하고 캔버스에 그림을 그리는 순간에는 아직 서버에 stroke가 송신되지 않았기 때문에 서버 시각은 원래 미정이지만 잠정적으로 InitServerTime을 서버 시각으로 하기로 합니다. 이것은 아무 정수값이면 되지만, 예를 들어 0으로 지정해 버리면 조금 번거로워지게 됩니다.

stroke의 순서는 서버 시각과 클라이언트 시각으로 정하기로 했는데, 이때 서버 시각을 우선합니다. 여기서 서버 시각을 '0', 즉 1970년 1월 1일로 해버리면 최신 stroke가 제일 오래된 것으로 처리되기 때문에 서버 시각이 0일 때만 특별한 처리를 하게 됩니다. 그래서 0이 아니라 일부러 충분히 큰 값, 이번에는 1970년 1월 1일의 1만 년 후인 11970년 1월 1일로 했습니다(실은 윤년은 무시하고 있지만 충분히 미래이기만 하면 되는 만큼, 신경 쓰지 않아도 됩니다). 이렇게 하면 최신 stroke가 자동적으로 최신으로 다루어지게 됩니다.

SPCanvas.mm (void)setup 메서드 안

```
self->user_nickname = "iphone";
self->canvas_id = "";
self->user_id = "";

// StrokeSyncAgent와의 연계를 위해 추가한다
self->InitServerTime = (long long)10000 * 365 * 24 * 60 * 60 * 1000;
```

clear_canvas 메서드에서는 StrokeSyncAgent로부터 통지를 받기 위한 지정과 과거 stroke 의 취득을 지정합니다.

SPCanvas.mm (void)clear_canvas의 마지막

```
// StrokeSyncAgent 설정에 캔버스를 등록한다
self->sync_agent.canvas = self;
```

이번에는 NSNotification에 의해 StrokeSyncAgent로부터 통지를 받는 방법을 지정합니다. StrokeSyncAgent의 인스턴스 변수 delegate에 의한 'SPServerResponseGet'이라는 통지는 자신(self)의 메서드 get_response:로 받는 것으로 하겠습니다.

```
// 통신 종료 시의 응답을 받는다
[[NSNotificationCenter defaultCenter]
  addObserver:self                         // 자신의
     selector:@selector(get_response:)      // get_response: 메서드로
         name:@"SPServerResponseGot"         // 이 이름의 통지를 받는다
       object:self->sync_agent.delegate];
```

마지막으로, 더미 stroke를 서버에 등록하고 모든 stroke를 가져옵니다. 더미 stroke에는 stroke의 좌표가 들어있지 않기 때문에 그림에 영향을 주지는 않지만 실제로 stroke를 추가할

때 SharePaint 서버에서 '이전 stroke로부터의 변경점'을 검색할 때 '이전 stroke'를 나타내는 마커로 사용됩니다.

이것이 없다면 최초의 stroke부터 다음 stroke 사이에 다른 사용자의 stroke가 발생해도 검색할 수 없습니다. 드문 경우라고 생각하고 무시해도 되지만 모처럼이니 손을 좀 대보겠습니다.

```
SPStroke   stroke;     // 더미 stroke를 작성한다
stroke.user_name = [self userID];
stroke.client_time = (long long) ([[NSDate  date]
                                    timeIntervalSince1970] * 1000.0);
self->sync_agent.append_stroke(stroke);   // 서버에 등록한다
self->sync_agent.get_stroke( );           // 모든 stroke를 가져올 것을 지시한다
```

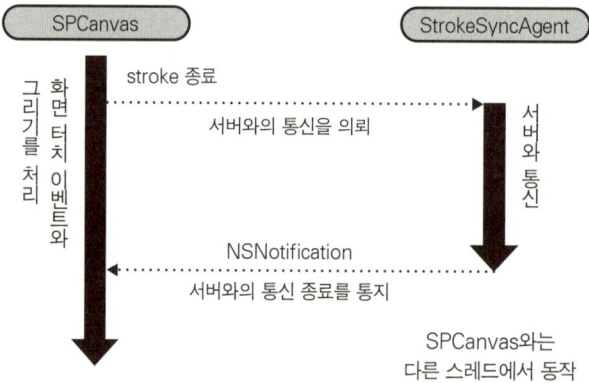

추가된 stroke를 서버에 추가하는 타이밍은 stroke를 종료할 때 하는 것이 가장 적당할 것 같습니다. touchReleasedAtX:y: 메서드의 끝을 다음과 같이 변경합니다.

strokes_history의 형 변경에 따른 서버의 시각 정보가 추가되고 또 StrokeSyncAgent의 sync_agent를 경유해 stroke의 추가를 SharePaint 서버에게 통지하는 내용이 추가되고 있습니다.

get_response 메서드는 sync_agent에게 서버가 응답했는지 확인하고, 응답이 있었을 경우의 처리를 수행합니다. 자세한 내용은 나중에 설명하겠습니다.

SPCanvas.mm (void) touchReleasedAtX:y:의 끝

```
// StrokesSyncAgent 연계를 위해 변경한다
std::pair<long long, long long> times;
        // 서버 시각과 클라이언트 시각을 키로
times.first = InitServerTime;       // 서버 시각을 설정한다
times.second = stroke.client_time;  // 클라이언트 시각을 설정한다
strokes_history[times] = stroke;    // 시각을 키로 하여 storke 정보를 저장한다

self->on_stroke = false;            // storke를 종료한다

// StrokeSyncAgent와의 연계
[self get_response:nil];    // 서버로부터의 반응을 체크한다
self->sync_agent.append_stroke(stroke);   // storke 추가를 서버에 통지한다
```

다음은 delete 커맨드가 발행되는 타이밍입니다. 이것은 되돌리기 부분에 있으면 딱 들어맞겠지요.

되돌리기의 대상이 되는 것은 오직 자기가 그린 stroke뿐이므로, 새 것부터 오래된 것 순으로 user_name이 사용자 ID와 같은 stroke를 찾습니다. 만약 발견이 되면 그 stroke를 삭제하는 것과 동시에 서버에도 통지합니다.

또한 strokes_history에 저장되어 있는 stroke를 다시 그리는 부분에 대해서는 새로 준비한 redrawStrokes: 메서드에 맡기도록 변경했습니다.

SPCanvas.mm

```
- (IBAction)undoOneStroke:(id)sender {
  if (self->strokes_history.empty()) return; // stroke가 없으면 아무것도 하지 않는다
```

```
// 자기 자신의 마지막 stroke를 검색한다
std::map<std::pair<long long, long long>, SPStroke>::iterator it;
it = self->strokes_history.end();   // 맨 끝에서부터 찾기 시작한다
do {
  it --;
  if (it->second.user_name == [self userID]) {   // 만약 사용자 ID가 같은 것이 발견되면
    self->sync_agent.delete_stroke(it->second);   // 서버에 보고한다
    self->strokes_history.erase(it);              // 그 stroke를 삭제한다
    [self redrawStrokes:self->bitmap_data];       // 다시 그린다
    return;   // 돌아간다
  }
} while (it != self->strokes_history.begin());   // 맨 처음까지 도달하면 아무것도 하지 않고 돌아간다
```

redrawStrokes:의 내용은 다음과 같이 undoOneStroke:의 다시 그리기 부분을 그대로 뽑아 낸 것으로 되어 있습니다.

SPCanvas.mm

```
- (void)redrawStrokes:(unsigned int*)bitmap {
  for (int i = 0; i < self->width * self->height; i ++)
    bitmap[i] = 0xffffffff;          // 캔버스 전체를 흰색으로 칠한다

  std::map<std::pair<long long, long long>, SPStroke>::iterator it
  = self->strokes_history.begin();   // 이터레이터를 strokes_history의 처음으로(제일 오래된 곳)
  while (it != self->strokes_history.end())   // 오래된 곳부터 새로운 곳의 순으로
    [self drawStroke:bitmap with:(*(it ++)).second];
                                     // bitmap_data에 stroke를 그려간다

[self setNeedsDisplay];              // 화면 갱신을 OS에 요청한다
}
```

끝으로, get_response 메서드입니다. stroke 종료 시에 호출되는 이 메서드에서는 SharePaint 서버로부터 응답이 있었는지 확인하고, 만약 있었다면 응답의 종류에 따라 캔버스의 다시 그리기 등을 수행합니다. 우선, 서버로부터의 응답이 stroke인 경우입니다.

만약 돌아온 것이 자신의 stroke라면 자신이 그린 stroke를 삭제하고 서버에서 반환된 stroke

를 저장해야 합니다. 왜냐하면 자신이 그린 stroke는 서버 시각을 임시로 InitServerTime으로 설정했던 것이고, 서버에서 돌아온 것은 진짜 서버 시각이 포함된 stroke이기 때문입니다. 만약 서버 시각이 InitServerTime인 상태 그대로라면 다른 사람이 그린 stroke보다 항상 자신의 stroke가 최신이라고 판단하게 됩니다. 애써서 캔버스까지 공유했는데, 사람들마다 보고 있는 메모나 그림이 다르면 안 되겠지요? (아래 그림 참조)

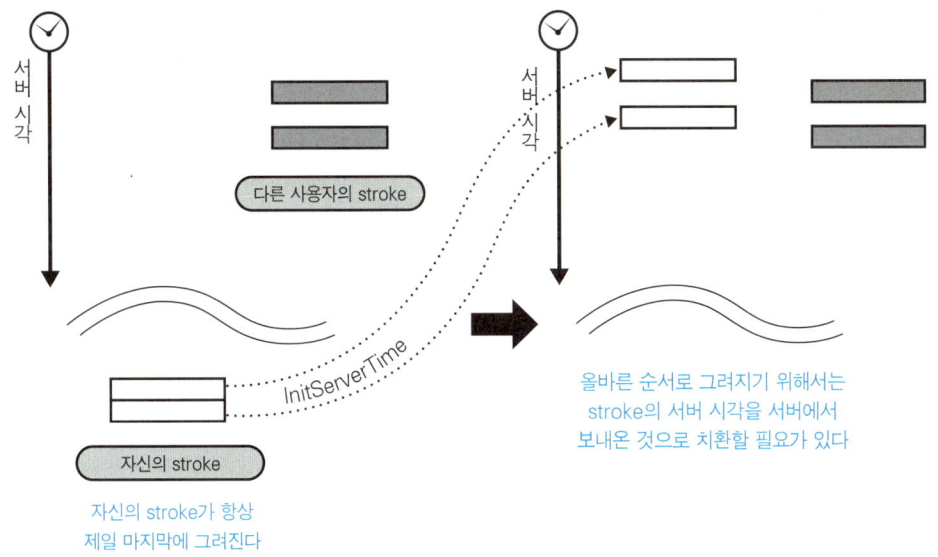

또한 만약 다른 사용자 stroke가 포함되어 있다면 모든 stroke를 다시 그립니다. 자신의 stroke뿐이라면 서버로 송신하는 것과 동시에 캔버스에 그리면 되니까 다시 그릴 필요는 없겠지요.

앞에서 StrokeSyncAgent에 대해 설명할 때, 복수의 스레드가 StrokeSyncAgent의 returned_strokes를 동시에 변경하는 것을 피하기 위해 @synchronized를 이용한다고 했습니다. 이 메서드에서도 returned_strokes를 변경하기 때문에 @synchronized를 지정하고 있다는 점에 주의해야 합니다.

SPCanvas.mm

```
- (void)get_response:(NSNotification*)notification {
  bool should_be_refresh = false;   // 캔버스 리프레시 플래그는 false로
  std::vector<SPStroke>::iterator it;
                    // stroke용 이터레이터를 선언해둔다

  @synchronized (self->sync_agent.delegate) {   // 스레드를 위한 배타 처리
    switch (self->sync_agent.get_response()) {
      case StrokeSyncAgent::Strokes:             // 만약 stroke가 있다면
        it = self->sync_agent.returned_strokes.begin();
        while (it != self->sync_agent.returned_strokes.end()) {
                    // 서버에서 온 stroke를 오래된 순으로
          if ((*it).user_name == [self userID]) {   // 만약 자기가 그린 stroke라면
                    // stroke를 발생시켰을 때의 (서버로 송신 전의) stroke를 삭제한다
            std::pair<long long, long long> otimes;   // 맵의 키를 선언한다
            otimes.first = self->InitServerTime;       // 서버 시각의 초기값
            otimes.second = it.client_time;            // stroke의 클라이언트 시각
            self->strokes_history.erase(otimes);   // 서버 송신 전의 stroke를 삭제한다
          } else {   // 만약 다른 사람의 stroke라면
            should_be_refresh = true;   // 캔버스 리프레시 플래그를 true로 설정한다
          }
          std::pair<long long, long long> ntimes;   // 맵 키를 선언한다
          ntimes.first = it->server_time;            // 돌아온 stroke 시각을 설정한다
          ntimes.second = it->client_time;
          self->strokes_history[ntimes] = *it;   // 돌아온 stroke는 저장한다
          it ++;   // 이터레이터를 증가시킨다(다음 stroke로)
        }
                    // 서버에서 돌아온 모든 stroke 처리를 종료하면
    self->sync_agent.returned_strokes.clear();   // 플래그를 지운다
    if (should_be_refresh)   // 만약 캔버스 갱신 플래그가 true라면
      [self redrawStrokes:self->bitmap_data];   // 캔버스를 다시 그린다
    break;
```

캔버스의 리프레시 요청을 받은 경우, 캔버스가 가지고 있는 stroke 정보를 모두 파기하고 서버로부터 모든 stroke를 다시 받도록 해야 합니다.

```
    case StrokeSyncAgent::Refresh:
      self->sync_agent.canvas_should_be_refreshed = false;   // 플래그를 초기화한다
      self->strokes_history.clear();   // stroke 정보를 파기한다
      self->sync_agent.get_strokes_sync();   // 모든 stroke를 재취득한다
    }
  }
}
```

자, 여기까지 왔으면 SharePaint 서버와 연계할 수 있습니다. Xcode에서 디버그로 iPhone 시뮬레이터 상에서 SharePaint를 실행시키고, GoogleAppEngineLauncher에서도 SharePaint 서버를 실행하여 동작시켜보겠습니다.

시뮬레이터 화면을 보는 것만으로는 서버와 연계된 것인지 잘 알 수 없지만, 양쪽 로그를 보면서 확실히 연계되어 동작하고 있다는 것을 확인할 수 있습니다.

GAE에서의 동작 시험

이번에는 GAE 서버에서도 동작을 확인해보겠습니다. StrokeSyncAgent의 생성자에서 Server URL이라는 변수를 설정하고 있는데, 이 부분을 진짜 SharePaint 서버의 URL로 바꿔주면 제대로 동작할 것입니다. 이 책에서 상정하고 있는 환경에서는 다음과 같이 하고 있습니다.

StrokeSyncAgent.mm

```
StrokeSyncAgent::StrokeSyncAgent(void) {
  this->ServerURL = @"http://sharepaintserver.appspot.com/";
  this->delegate = [[StrokeSyncDelegate alloc] init];
```

이렇게 하여 실제 디바이스에서 SharePaint의 동작도 확인할 수 있게 되었습니다. iPhone 시

뮬레이터 상에서 문제 없이 동작한다면 꼭 iPhone이나 iPod touch로도 동작을 확인해보기 바랍니다.

복수의 디바이스, 예를 들어 iPhone과 iPod touch를 사용하고 있다면 실제로 각 디바이스에서 캔버스를 공유할 수 있다는 것을 확인할 수 있을 것입니다. 점점 재미있어지는군요! 다음은 Android 차례입니다.

SharePaint 서버와의 통신 (Android)

역시 iPhone과 마찬가지로 문자열을 받아 와서 다시 문자열을 반환하는 랩퍼를 만들고, 캔버스와 연계시킵니다. 그리고 iPhone 버전에서는 문자열을 다룰 때 std::string을 사용했으므로 Android에서도 같은 방침으로 진행하기로 하겠습니다. Android 버전은 Java를 이용해 개발하기 때문에 바로 java.lang.String을 사용하면 됩니다.

우선, SPCanvas에 캔버스 ID와 사용자 ID를 관리하는 부분부터 시작하겠습니다. 연관되는 인스턴스 변수를 선언합니다.

SPCanvas.java

```
String  user_nickname,  canvas_id,  user_id;
```

download \SharePaint_ch6android\SharePaint_ch6android\src\jp\co\paintsoft\sharepaint\SPCanvas.java

canvasID( ), userID( ) 메서드도 iPhone의 경우와 같이 정의해보겠습니다. 따라서 userID( )의 기술은 생략하지만 canvasID( )와 내용은 동일합니다. 디버그용 코드 부분은 userID( )에서는 작성하지 마세요.

```
public String canvasID() {
  this.canvas_id = "testuser@19700101000000000";  // 디버그용!
  if (this.canvas_id.length() == 0) {  // 만약 캔버스 ID가 정해져 있지 않다면
    SimpleDateFormat date_format;
    // 결정된 형식대로 시각의 서식을 설정한다
    date_format = new SimpleDateFormat("yyyyMMddHHmmssSSS");
    // 타임 존은 GMT로 한다
    date_format.setTimeZone(TimeZone.getTimeZone("GMT"));
    // 닉네임과 연결해 캔버스 ID로 인스턴스 변수로서 저장한다
    this.canvas_id = this.user_nickname +
      "@" + date_format.format(new Date());
  }
  return this.canvas_id;  // 저장된 캔버스 ID를 반환한다
}
```

touchReleased( ) 메서드에서는 새로 정해진 userID( )를 사용하도록 변경합니다.

```
void touchReleased(int x, int y) {  // x, y는 실제로는 사용하지 않는다
  SPStroke stroke = new SPStroke();
  stroke.user_name = this.userID();  // 사용자 ID를 설정한다
  stroke.client_time = System.currentTimeMillis();  // 현재 시각을 설정한다
```

서버로의 데이터 송신

iPhone에서와 마찬가지로 StrokeSyncAgent라는 클래스를 준비하고, 이곳에서 캔버스와
SharePaint 서버의 중개를 의뢰하기로 하겠습니다. 캔버스와의 인터페이스와 동작에 대해서는
iPhone 버전과 동일하지만 프레임워크의 구조가 다르기 때문에 내부 구조에 대대적인 변경이
필요합니다.

우선, SharePaint 서버와의 송신에 깊이 관여하는 부분부터 살펴보겠습니다. 인터페이스 등의 선언 부분은 다음과 같습니다.

SharePaint 서버의 URL과 타임아웃까지의 시간은 원래 상수이기 때문에 static final로 선언하고 있습니다. 또한 이번에는 로컬 컴퓨터의 URL(http://localhost:8080 등)이 아니라, Google 서버 상의 URL을 지정합니다. 타임아웃 시간은 long 형식이며 단위는 밀리 초입니다.

실은 iPhone 시뮬레이터와는 다르게 Android 에뮬레이터에서의 localhost는 동작하고 있는 컴퓨터가 아니라 Android 에뮬레이터 자신을 가리키기 때문에 localhost를 지정하는 것이 아니라 동작하고 있는 컴퓨터의 (루프 백인 127.0.0.1 이외의) IP 어드레스를 지정할 필요가 있습니다. 그 밖에도 컴퓨터의 방화벽 설정 등 다양한 요소가 있기 때문에 GAE 상의 SharePaint 서버의 URL을 지정하는 편이 동작 확인에도 용이할 것입니다. 이미 어느 정도의 동작 확인과 디버그는 iPhone 버전의 클라이언트를 작성할 때 끝마쳤으니까요.

StrokeSyncAgent.java

```
public class StrokeSyncAgent {
  static final String ServerURL = "http://sharepaintserver.appspot.com/";
  static final long timeout = 10 * 1000;   // 타임아웃은 10초
```

download \SharePaint_ch6android\SharePaint_ch6android\src\jp\co\paintsoft\sharepaint\StrokeSyncAgent.java

인스턴스 변수 requesting과 last_request_time의 역할은 iPhone과 같습니다. connection은 나중에 정의할 HTTPConnectDelegate 클래스의 인스턴스로, 이것은 메인 스레드와는 별도의 스레드로 서버와의 통신을 수행하기 위한 것입니다. Thread를 상속해서 정의하고 있습니다.

상수 None, Strokes, Refresh는 get_response( ) 메서드의 반환값으로, 사용 방법은 iPhone 버전과 같습니다.

```
HTTPConnectDelegate connection;    // 서버와의 비동기 통신을 위해
boolean requesting;                // 통신 중인가
long last_request_time;            // 마지막으로 서버에 송신한 시각

static final int None = 0;      // 캔버스로의 응답 : 아무것도 없다
static final int Strokes = 1;   // 캔버스로의 응답 : 추가 stroke가 있다
static final int Refresh = 2;   // 캔버스로의 응답 : 화면 갱신이 필요하다
```

각 인스턴스 변수 queued_commands, returned_storkes, canvas_should_be_refreshed, canvas_list의 역할도 iPhone과 같습니다.

handler는 android.os.Handler의 인스턴스이고, HTTP 통신용 스레드에서 메인 스레드로 통지하기 위해 사용됩니다. iPhone에서는 NSNotification을 사용한 부분이지요. 이에 대해서는 나중에 설명하겠습니다.

```
Vector<String> queued_commands;        // 서버로 보낼 커맨드를 큐에
Vector<SPStroke> returned_strokes;     // 수신한 stroke
boolean canvas_should_be_refreshed;    // 캔버스에 화면 갱신을 지시한다
Vector<String> canvas_list;            // 검색한 캔버스 이름의 리스트

Handler handler;    // 메인 스레드로 통지하기 위해
SPCanvas canvas;    // 캔버스의 인스턴스를 확보한다
```

그럼, 서버로 송신하는 부분은 어떻게 구현했는지 살펴보겠습니다. 우선은 생성자입니다. Java에서는 명시적으로 인스턴스를 생성할 필요가 있으므로 그 때 인수로 캔버스를 넣기로 했습니다.

Handler는 '자신을 생성한 스레드에 통지'하는 데 사용되기 때문에 나중에 정의할 HTTPConnectDelegate 안에서가 아니라, 메인 스레드 쪽에서 생성할 필요가 있습니다. 그 밖에는 따로 설명할 필요가 없겠지요. 굵은 글씨로 강조한 것은 서버로의 송신에 깊게 관계된 부분들입니다.

StrokeSyncAgent.java

```java
public StrokeSyncAgent(SPCanvas canvas) {
  this.canvas = canvas;                        // 캔버스
  this.handler = new Handler();                // 비동기 통지를 위해
  this.connection = null;                      // 접속되지 않는다
  this.requesting = false;                     // 커맨드를 송신하지 않는다
  this.last_request_time = 0;                  // 이전 송신 시각이 없다
  this.queued_commands = new Vector<String>();   // 큐에 저장되어 있는 커맨드
  this.returned_strokes = new Vector<SPStroke>();  // 서버로부터 돌아온 stroke
  this.canvas_should_be_refreshed = false;     // 캔버스 리프레시 플래그
  this.canvas_list = new Vector<String>();     // 검색된 캔버스 이름
}
```

append 커맨드를 송신하는 append_stroke( ) 메서드는 다음과 같습니다. 거의 iPhone 버전과 동일하네요. 다른 캔버스로부터 인터페이스용 메서드 delete_stroke( ), get_strokes( )도 마찬가지이므로 생략합니다.

StrokeSyncAgent.java

```java
public void append_stroke(SPStroke stroke) {
  String cmd = this.canvas.canvasID() + ": append: " + stroke.toString();
  queue_command(cmd);
}
```

queue_command( ) 메서드도 기본적인 흐름은 iPhone과 같습니다. 즉, 만약 통신 중이라면 커맨드를 큐에 저장한 채로 돌아가고, 통신 중이 아니라면 송신을 합니다. 또한 만약을 위해 타임아웃에 관한 처리도 하고 있습니다.

인스턴스 변수 queued_commands에 대한 변경과 참조는 iPhone에서와 마찬가지로 배타 제어가 필요한 부분입니다. 사용 방법은 같지만 iPhone 버전에서는 returned_strokes가 C++의 인스턴스였고, Objective-C의 인스턴스가 아니었기 때문에 @synchronized의 인수로 사용할 수 없었습니다. 그 대신 StrokeSyncDelegate* delete를 사용했었지요. 반면에 이

Android 버전에서는 queued_commands 역시 Java의 인스턴스이므로 그대로 synchronized
의 인수로 주면 됩니다.

StrokeSyncAgent.java

```java
void queue_command(String cmd) {
  synchronized (this.queued_commands) {
    this.queued_commands.add(cmd);   // 큐의 끝에 커맨드를 추가한다
  }

  if (this.requesting) {                    // 만약 다른 커맨드를 송신 중이라면
    if (this.last_request_time + StrokeSyncAgent.timeout <
        new Date().getTime()) {       // 만약 타임아웃이라면
      this.connection.http_connect.disconnect(); // 회선을 접속하여
      clear_connection();                   // 뒤처리를 한다
    } else {
      return;                               // 커맨드 송신 중이라면 돌아간다
    }
  }

  // 다른 커맨드를 송신 중이 아니라면(아이들 상태라면)
  send_queued_command();   // 큐에 들어있는 커맨드를 송신한다
}
```

관련된 메서드 send_queued_command( )와 dequeue_command( ), search_canvas_list( )
도 iPhone 버전과 같습니다. 다음으로 살펴볼 것은 send_queued_command( )의 코드입니다.
dequeue_command( )와 search_canvas_list( )의 기술은 생략합니다.

StrokeSyncAgent.java

```java
void send_queued_command() {
  synchronized (this.queued_commands) {
    if (!this.queued_commands.isEmpty())   // 만약 큐가 비어 있지 않다면
      send_command(this.queued_commands.get(0), false);
              // 비동기 방식으로 큐의 첫 커맨드를 송신한다
  }
}
```

남은 것은 SharePaint 서버로 커맨드를 송신하는 send_command( ) 메서드입니다. 이것은 프레임워크의 차이로 인해 iPhone 버전과는 조금 다른 방식으로 만들어야 합니다.

HTTPConnectDelegate는 이 뒷부분에서 설명하겠지만 Thread를 상속하여 정의합니다. 또한 이 클래스의 String[ ] send_command_and_get_response(String cmd) 메서드에서 Java.net.HttpURLConnection을 사용해 SharePaint 서버와 통신합니다. 다시 말해, post 메서드로 cmd 커맨드를 보내면 그 응답을 문자열의 배열(String [ ])로 돌려주는 것입니다.

StrokeSyncAgent.java

```java
void send_command(String cmd, boolean synchronous) {
  if (synchronous) {   // 동기 통신의 경우
    HTTPConnectDelegate connect;
    connect = new HTTPConnectDelegate(null, this);   // 더미 파라미터로 생성한다
    String[] strs = connect.send_command_and_get_response(cmd);   // 서버와 통신한다
    if (strs != null)   // 만약 응답이 돌아왔다면
      connect.connectionDidFinishLoading(strs);   // 수신된 문자열의 후처리를 한다
  } else {   // 비동기 통신의 경우
    this.connection = new HTTPConnectDelegate(cmd, this);
            // 인스턴스를 생성 한다
    this.requesting = true;   // 플래그를 true로 하여 통신 중으로 세팅한다
    this.last_request_time = new Date().getTime();   // 통신 개시 시각을 설정한다
    this.connection.start();   // 별도의 스레드로 서버와 통신한다
  }
}
```

서버로부터의 데이터 수신

바로 앞의 send_command( ) 메서드에서 생성된 HTTPConnectDelegate가 실제 송·수신을 수행하는데, 클래스의 정의와 생성자를 살펴보기로 하겠습니다. Android에는 iPhone의 NSURLConnection처럼 비동기 통신을 자동으로 관리해주는 클래스가 없기 때문에 스레드를 만들어 그 안에서 동기 통신인 HttpURLConnection을 사용해야 합니다. 이것을 담당하는 것

이 HTTPConnectDelegate입니다. 생성자의 인수로는 송신할 커맨드의 문자열과 누가 호출하는지를 지정하고 있습니다.

StrokeSyncAgent.java

```
class HTTPConnectDelegate extends Thread {   // 별개의 스레드로 동작시킬 것을 상정한다
  HttpURLConnection http_connect;   // 접속용 클래스 (java.net.HttpURLConnection)
  StrokeSyncAgent agent;   // 이것을 호출하는 인스턴스를 저장한다
  String command;          // 서버에 송신할 커맨드를 저장한다

  HTTPConnectDelegate(String cmd, StrokeSyncAgent agent) {
    super();
    this.command = cmd;   // 서버에 송신할 커맨드
    this.agent = agent;   // 서버에 송신하는 StrokeSyncAgent

  }
```

Java의 스레드는 Tread의 서브 클래스의 start( )를 호출함으로써 실행이 시작됩니다.

실제로 스레드가 생성되고 난 후 실행되는 것은 run( ) 메서드입니다. 따라서 run( ) 메서드에 처리하고 싶은 내용을 기술하게 되는데, 이 HTTPConnectDelegate에서는 SharePaint 서버로 커맨드를 송신하고, 그 응답을 해석하는 처리를 기술합니다.

send_command_and_get_response( ), connectionDidFailWithError( ), 그리고 ConnectionDidFinishLoading( ) 메서드에 대해서는 나중에 설명하도록 하겠습니다.

StrokeSyncAgent.java의 HTTPConnectDelegate의 클래스 안

```
public void run() {
  String[] response;   // 서버로부터의 응답을 저장한다
  response = send_command_and_get_response(this.command);
                       // 서버에 커맨드를 송신하고 응답을 받는다
  if (response == null)        // 만약 도중에 에러가 발생하면
    connectionDidFailWithError();   // 뒤처리를 한다
  else                         // 만약 정상적으로 통신이 종료되면
```

```
        connectionDidFinishLoading(response);    // 응답을 해석한다
    }
```

다음의 send_command_and_get_response( ) 메서드가 서버와 실제로 통신을 수행하는 부분입니다. 동기 통신과 비동기 통신이 모두 사용됩니다.

통신은 HttpURLConnect로 수행되며, 먼저 각종 파라미터를 설정하고 접속합니다.

StrokeSyncAgent.java의 HTTPConnectDelegate 클래스 안

```
String[] send_command_and_get_response(String cmd) {
  Vector<String> response = new Vector<String>();  // 반환값 저장소
  try {
    URL url = new URL(StrokeSyncAgent.ServerURL); // 지정한 문자열로 URL을 작성한다
    this.http_connect = (HttpURLConnection)url.openConnection();
            // 그 URL로부터 HttpURLConnection을 작성한다
    this.http_connect.setUseCaches(false);        // 캐시하지 않는다
    this.http_connect.setRequestMethod("POST");   // POST 메서드로 송신한다
    this.http_connect.setReadTimeout((int) StrokeSyncAgent.timeout);
            // 타임아웃까지의 시간을 설정한다
    this.http_connect.setDoInput(true);     // 서버로부터의 데이터를 읽는다
    this.http_connect.setDoOutput(true);    // 서버로 데이터를 송신한다
     this.http_connect.connect();           // 접속한다
```

커맨드 문자열을 송신해보겠습니다. 문자열이므로 PrintStream을 사용하면 편리합니다.

```
    PrintStream writer =
      new PrintStream(this.http_connect.getOutputStream());  // 서버로 출력한다
    writer.print(cmd);   // 커맨드를 출력한다
    writer.flush();
    writer.close();      // 접속을 해제한다
```

송신을 마치고 나면 수신을 해야 하는데. 이 순서를 잘 지켜야 하므로 잘 익혀두기 바랍니다. 텍스트만 읽으면 되므로 java.io.BufferedReader를 사용하면 효율적입니다. 이 클래스의

readLine( ) 메서드를 사용하여 서버의 응답을 1행씩 읽어 올 수 있습니다. SharePaint 서버의 응답은 하나의 stroke, 혹은 하나의 캔버스 이름을 1행으로 기술하기로 정했습니다. 모아서 읽어 들인 후 문자열에서 개행 부분을 검색하는 것보다 효율적입니다.

```
    InputStreamReader reader =
      new InputStreamReader(this.http_connect.getInputStream());
            // 서버로부터의 입력을
    BufferedReader buf_reader =
      new BufferedReader(reader);   // BufferedReader로 다룬다
    String line;
    while ((line = buf_reader.readLine()) != null) {  // 서버로부터의 각 행에 대해
      response.add(line);    // 1행씩 벡터의 요소로 저장한다
    buf_reader.close();        // BufferedReader를 닫는다
    reader.close();            // InputStreamReader를 닫는다
} catch (Exception e) {   // 만약 도중에 에러가 발생하면
    this.http_connect.disconnect();   // 회선을 끊고
    return null;  // null을 리턴한다
}
```

마지막으로 Vector⟨String⟩ response를 String[ ]으로 변환하여 반환합니다. 이로써 SharePaint 서버와 실제로 통신하는 부분은 종료합니다.

```
    return  response.toArray(new  String[0]) ;
}
```

다음은 서버와의 통신에 성공한 후 호출되는 connectionDidFinishLoading( ) 메서드입니다. 서버로부터 반환된 문자열의 배열(String [ ])을 해석합니다. 예를 들어, stroke를 나타내는 문자열이라면 문자열로부터 SPStroke의 인스턴스를 작성하고 StrokeSyncAgent의 인스턴스 변수인 Vector⟨SPStroke⟩ returned_strokes에 저장합니다.

그리고 해석을 마치면 통신이 정상적으로 종료되었다는 것을 비동기로 메인 스레드의 캔버스에 통지합니다. 그곳에서 사용되는 것이 StrokeSyncAgent 클래스의 시작 부분을 설명할 때 나왔던 android.os.Handler의 인스턴스인 handler입니다.

우선은 접속을 해제합니다.

StrokeSyncAgent.java의 HTTPConnectDelegate 클래스 안 ●

```
void connectionDidFinishLoading(String[] strs) {
        // 인수는 각 행으로 분할된 문자열의 배열
    int line_num;   // 몇 번째 행을 처리하고 있는지 나타낼 변수
    String line;    // 행을 저장하는 변수

    agent.clear_connection();   // 접속 리소스를 해제한다
```

여기서 iPhone에서와 마찬가지로 returned_stroke의 내용을 변경합니다. 비동기 통신으로 HTTPConnectDelegate 클래스를 사용할 때는 이 메서드가 메인 스레드가 아닌 곳에서 실행되므로 메인 스레드에서 동시에 returned_strokes의 내용을 참조하거나 변경하게 되면 곤란해집니다.

더 정확히 말하면 Java에서는 예외가 발생하고 애플리케이션이 정지해버리기 때문에 synchronized를 사용하여 배타적으로 처리해야 합니다. synchronized의 인수로는 iPhone 버전과 마찬가지로 delegate를 사용하지 않고 그대로 returned_strokes를 사용합니다.

캔버스의 정보 전달용 인스턴스 변수인 returned_strokes, canvas_should_be_refreshed, canvas_list의 갱신을 마친 후에는 캔버스에 통지해주어야 합니다. 다시 말해, 캔버스 (SPCanvas)의 get_response( ) 메서드를 호출하고 싶다면 메인 스레드에서 호출해야 합니다. iPhone에서는 NSNotification을 사용하여 구현했던 부분입니다. Android의 경우, 그곳에 사용되는 것이 android.os.Handler입니다.

```
synchronized (agent.returned_strokes) {   // 여기서부터 배타 처리
    for (line_num = 0; line_num < strs.length; line_num ++) {
        line = strs[line_num];   // 각 행에 대해
        if (line.contains(" append: ")) {   // 이 행이 stroke를 표현하고 있다면
            SPStroke stroke = new SPStroke(line);   // stroke를 생성하고
            this.agent.returned_strokes.add(stroke);   // returned_strokes에 추가한다
        } else if (line.contains(" delete: ")) {   // 만약 캔버스의 갱신 요청이라면
            this.agent.canvas_should_be_refreshed = true;   // 플래그를 설정한다
        } else if (!line.contains(" ") && line.length() > 0) {
                        // 공백이 포함되지 않았다면
            this.agent.canvas_list.add(line.trim());
                        // 캔버스 이름이므로 canvas_list에 저장한다
        }
    }
}                        // 여기까지 배타 처리(synchronized 블록을 종료한다)
```

Handler의 인스턴스인 agent.handler를 생성한 것은 메인 스레드에서의 StrokeSyncAgent의 생성자이므로, 이 agent.handler에 통지를 등록하면 메인 스레드로 보내집니다. 다음과 같이 지정하면 동작합니다.

```
agent.handler.post(new Runnable() {
    public void run () {
        agent.canvas.get_response();
}});
```

마지막으로 실행에 성공한 커맨드를 큐에서 제거하고, 큐에 남아 있는 다음 커맨드를 송신하면 종료됩니다.

```
    agent.dequeue_command();        // 실행에 성공한 커맨드를 삭제한다
    agent.send_queued_command();    // 다음 커맨드를 송신한다
}
```

통신에 실패했을 때 호출되는 connectionDidFailWithError( )에서는 iPhone과 마찬가지로 리소스를 해제하고 통신 중임을 나타내는 변수를 초기화합니다.

StrokeSyncAgent.java의 HTTPConnectDelegate 클래스 안

```
void connectionDidFailWithError() {
  agent.clear_connection();
}
```

clear_connection( ) 메서드는 통신의 성공 여부와 관계없이 호출되며, 통신 리소스의 해제와 플래그의 초기화를 담당합니다. 이것 역시 수행하는 내용은 iPhone 버전과 다르지 않습니다.

StrokeSyncAgent.java

```
void clear_connection() {
  if (this.connection != null)   // connection이 null이 아니면
    this.connection.http_connect.disconnect();   // 일단 접속을 해제한다
  this.connection = null;         // connection은 이제 필요 없으므로 null을 대입한다
  this.requesting = false;        // 통신 중인 플래그는 false로
  this.last_request_time = 0;     // 통신 개시 시각도 초기화한다
}
```

캔버스와의 통신에 사용하는 get_response( ) 메서드는 다음과 같이 됩니다. Refresh, Strokes, None 등은 StrokeSyncAgent의 인스턴스 변수의 선언과 동시에 상수로서 선언되어 있습니다.

StrokeSyncAgent.java

```
public int get_response() {
  if (this.canvas_should_be_refreshed)   // 다른 사용자가 되돌리기를 실행했다면
    return Refresh;   // 캔버스의 리프레시
  else if (!this.returned_strokes.isEmpty())   // stroke의 추가가 있었다면
    return Strokes;   // stroke 추가를 캔버스에 통지한다
  else               // 그렇지 않으면
```

```
      return None;    // 특별히 캔버스로 통지할 내용이 없다
  }
```

StrokeSyncAgent의 작성은 이것으로 마쳤으므로, SPCanvas 쪽에서도 StrokeSyncAgent와 연계할 수 있도록 수정해보겠습니다.

지금까지 stroke를 저장하는 데 TreeMap⟨Long, SPStroke⟩를 사용해 왔는데, iPhone 버전에서와 마찬가지로 서버 시각과 클라이언트 시각의 쌍을 키로 하도록 하겠습니다. 단, Long[ ]과 long[ ]을 키로 하려고 해도, 거기에는 자연적인 순서가 정의되어 있지 않기 때문에 SPCanvas의 내부 클래스로 서버 시각과 클라이언트 시각을 저장하는 Times 클래스를 정의하 겠습니다. equals( ) 메서드로 Map의 키로서의 동일성을 정의하고, compareTo( ) 메서드로 순서를 정의합니다.

SPCanvas.java

```
class Times implements Comparable<Times> {
  long server, client;   // 각 서버 시각, 클라이언트 시각

  public int compareTo(Times t2) {
    Times t1 = this;
    if (t1.server < t2.server)     // 서버 시각의 크고 작음으로 비교한다
      return -1;
    else if (t1.server > t2.server)
      return 1;
    else {       // 서버 시각이 같다면
      if (t1.client < t2.client)   // 클라이언트 시각의 크고 작음으로 비교한다
        return -1;
      else if (t1.client > t2.client)
        return 1;
    }
    return 0;    // 모두 동일하면 순서를 정할 수 없다
  }

  // 서버 시각과 클라이언트 시각이 모두 같은 것을
  // Times의 인스턴스가 동일한 것으로 정한다
  public boolean equals(Times t) {
    return (this.server == t.server) && (this.client == t.client);
  }
```

```java
@Override
public boolean equals(Object o) {
  if (o instanceof Times) {
    Times t = (Times)o;
    return (this.server == t.server) && (this.client == t.client);
  }
  return (this == o);
}
}
```

그럼, SPCanvas의 인스턴스 변수 추가와 수정부터 살펴보겠습니다. InitServerTime은 상수로 다루는 것이 적당한데, 여기서는 static final long으로 선언하고 초기화하고 있습니다. 또한 몇 번씩이나 언급하지만 iPhone SDK에서 64비트 정수는 long long이지만 Android SDK에서는 long입니다.

SPCanvas.java

```java
static final long InitServerTime = (long)10000 * 365 * 24 * 60 * 60 * 1000;
        // 서버 시각의 초기값은 넉넉한 미래로(11970년 1월 1일)
TreeMap<Times, SPStroke> strokes_history;   // 키는 아까 정의한 Times
String user_nickname, canvas_id, user_id;
StrokeSyncAgent sync_agent;   // SharePaint 서버와의 통신을 담당한다
```

인스턴스 변수의 추가와 형을 변경함에 따라 변수를 초기화하는 setup( )도 다음과 같이 변경합니다.

SPCanvas.java의 void setup( ) 안

```java
this.strokes_history = new TreeMap<Times, SPStroke>();
        // 저장된 stroke
this.user_nickname = "android";   // 임시 닉네임
this.canvas_id = "";   // 캔버스 ID는 일단 비워둔다
this.user_id = "";     // 사용자 ID도 일단 비워둔다
this.sync_agent = new StrokeSyncAgent(this);
```

iPhone 버전과 마찬가지로 캔버스 초기화와 동시에 더미 stroke를 서버에 등록한 후 모든 stroke를 가져옵니다. 더미 stroke에는 좌표 정보는 포함되어 있지 않습니다.

SPCanvas.java의 void clear_canvas() 끝

```
SPStroke stroke = new SPStroke(); // 더미 stroke를 생성한다
stroke.user_name = userID();       // 사용자 ID를 설정한다
stroke.client_time = System.currentTimeMillis(); // 클라이언트 시각을 설정한다
stroke.pen_properties = new PenProperties() ;   // 펜 정보는 기본값
stroke.x_array = stroke.y_array = new Vector<Integer>();
      // 정점 좌표는 길이 0인 배열
this.sync_agent.append_stroke(stroke); // 더미 stroke를 등록한다
this.sync_agent.get_strokes();          // 모든 stroke를 가져온다
```

touchReleased() 메서드에서는 stroke의 사용자 ID(user_name)의 값에 userID()를 사용하고, 인스턴스 변수 strokes_history에 stroke를 저장할 때의 키로는 앞에서 정의한 내부 클래스 Times를 사용합니다. 마지막으로 StrokeSyncAgent와 연계할 수 있도록 변경합니다.

그럼 strokes_history에 저장할 때의 키 작성과 StrokeSyncAgent와 연계하는 부분을 살펴보겠습니다.

SPCanvas.java의 void touchReleased(int x, int y) 중간부터

```
Times times = new Times();  // Times의 인스턴스를 작성한다
times.server = SPCanvas.InitServerTime;  // 서버 시각에는 InitServerTime을
times.client = stroke.client_time;  // 클라이언트 시각은 stroke의 것을
strokes_history.put(times, stroke);  // 시각을 키로 하여 stroke의 정보를 저장한다
this.x_array = this.y_array = null; // 좌표 정보는 더 이상 변경할 수 없도록 해둔다

this.on_stroke = false;  // stroke를 종료한다
// StrokeSyncAgent와의 연계
get_response();  // 서버로부터의 응답이 없는지 확인한다
this.sync_agent.append_stroke(stroke);  // 서버의 stroke를 등록한다
}
```

다음은 undoOneStroke인데, 이것 역시 iPhone의 경우와 마찬가지로 stroke 중에서 가장 최근 stroke를 삭제하도록 합니다.

strokes_history는 TreeMap으로 정의되어 있으므로 키는 적절한 순서, 즉 오래된 시각부터 새로운 시각 순으로 정렬되어 있습니다. 그런데 지금 원하는 순서는 이와는 반대인 새로운 시각부터 오래된 순서입니다.

Java의 이터레이터를 사용해 이것을 구현하기 위해서 TreeSet을 보통과는 역순인 Comparator를 인수로 작성해보겠습니다.

SPCanvas.java

```java
public void undoOneStroke() {
  if (this.strokes_history.isEmpty()) return;
      // stroke가 아직 발생하지 않았으면 아무것도 하지 않는다

  Set<Times> hist_times_set = this.strokes_history.keySet();  // 시각 리스트를 취득
      // 내림차순인 TreeSet을 작성한다
  TreeSet<Times> hist_times = new TreeSet<Times>(new Comparator<Times>() {
      // 무명 콤퍼레이터를 작성. int compare()만 작성하면 된다
    public int compare(Times t1, Times t2) {
      return -1 * t1.compareTo(t2);    // -1을 곱해 순서를 역으로 한다
    }});
  hist_times.addAll(hist_times_set);    // 이 TreeSet에 시각 일람을 넣는다
```

이제 hist_times 안에는 stroke 시각이 새로운 것부터 오래된 것 순으로 정렬되어 저장되었습니다. 다음으로 새로운 것부터 차례대로 자신의 stroke를 찾아가서 가장 새로운 것을 삭제합니다.

```
    // 새로운 stroke부터 검색
    Iterator<Times> it = hist_times.iterator();  // 이터레이터를 작성한다
    while (it.hasNext()) {        // 새로운 순서
      Times times = it.next();  // stroke 시각을 취득한다
      SPStroke stroke = this.strokes_history.get(times);
          // 그 시각의 stroke를 취득한다
      if (stroke.user_name.equals(userID())) {
            // 만약 자신의 stroke가 발견되면
        this.sync_agent.delete_stroke(stroke);
            // stroke 삭제를 서버에게 통지하고
        this.strokes_history.remove(times);   // 그것을 삭제하고
        redrawStrokes(this.image_buffer);     // 다시 그리고
        return;   // 돌아간다
      }
    }
  }
```

redrawStroke( ) 메서드에도 변경 사항은 있지만 Long에 대한 이터레이터를 Times에 대한 Iterator로 치환하기만 하면 되기 때문에 그에 대한 기술은 생략하겠습니다.

마지막은 get_response( ) 메서드입니다. HTTP 통신의 서브 스레드에서 returned_strokes 를 참조ㆍ변경하기 때문에 synchronized에 의한 배타 처리가 필요합니다.

SPCanvas.java

```
public void get_response() {
  boolean should_be_refresh = false;  // 캔버스 리프레시 플래그
  Iterator<SPStroke> it;
    // stroke용 이터레이터를 선언한다

  synchronized (this.sync_agent.returned_strokes) {  // 배타 처리
  switch (this.sync_agent.get_response()) {
  case StrokeSyncAgent.Strokes: // 만약 stroke가 있다면
      it = this.sync_agent.returned_strokes.iterator();
      while (it.hasNext()) {       // 아직 스트로가 있다면
        SPStroke stroke = it.next();          // 그것을 추출한다
        if (stroke.user_name.equals(userID())) { // 만약 사용자 ID가 자신의 것이라면
          Times otimes = new Times();
```

```
          otimes.server = SPCanvas.InitServerTime;    // 서버 시각과
          otimes.client = stroke.client_time;    // 클라이언트 시각을 준비하고
          this.strokes_history.remove(otimes);    // 그것을 키로 하는 stroke를 삭제한다
        } else {                              // 만약 자신의 stroke가 아닌 것이 있다면
          should_be_refresh = true;    // 화면을 리프레시
        }
        Times ntimes = new Times();
        // 서버에서 돌아온 stroke부터 시각 정보를 얻어
        ntimes.server = stroke.server_time;
        ntimes.client = stroke.client_time;
        this.strokes_history.put(ntimes, stroke);    // 그것을 키로 stroke에 저장한다
      }
        // 서버에서 돌아온 모든 stroke의 처리를 종료하면
      this.sync_agent.returned_strokes.clear();    // returned_strokes의 내용을 삭제한다
      if (should_be_refresh)                       // 만약 캔버스 갱신 플래그가 true이면
        redrawStrokes(this.image_buffer);    // 모든 stroke를 다시 그린다
      break;
    case StrokeSyncAgent.Refresh:
      this.sync_agent.canvas_should_be_refreshed = false;  // 플래그를 초기화한다
      this.strokes_history.clear();                // stroke 정보를 파기한다
      this.sync_agent.get_strokes();               // 모든 stroke를 가져온다
    }
  }
}
```

GAE에서의 동작

자, 이로써 코드 자체의 기술은 끝났습니다. 서버 URL에는 실제 GAE의 주소를 지정했습니다. 이제 에뮬레이터와 디바이스에서 실행시켜보기만 하면 서버와의 연계도 확인할 수 있습니다. 이렇게 말하면 좋겠지만 실은 이것만으로는 동작하지 않습니다. Android에서는 애플리케이션에 대해 퍼미션이라는 속성을 가지게 하는데, 여기서 인터넷 통신을 허가해줄 필요가 있는 것입니다. 퍼미션에 대해서는 Android API의 android.Manifest.permission을 참조하세요.

애플리케이션에 인터넷으로의 통신을 허가하는 구체적인 방법은 우선 (기본값이라면 윈도의 좌측에 있는) Project Explorer에서 'AndroidManifest.xml'을 더블클릭하여 엽니다. 아래 쪽을 보

면 'Permissions'이 있는데, 그것을 클릭하세요. 그런 다음 윈도 안에 있는 ⟨Add⟩ 버튼을 클릭한 후 열린 대화상자에서 'Uses Permission'을 선택합니다. 그러면 우측에 드롭다운 메뉴가 나타나는데, 거기서 'android.permission.INTERNET'을 선택하고 'commands-S' 등으로 저장하세요. 아래에 있는 탭 중 'AndroidManifest.xml'을 클릭하면 아마 아래에서 두 번째 줄에 지금 추가한 퍼미션에 대한 기술이 나타날 것입니다.

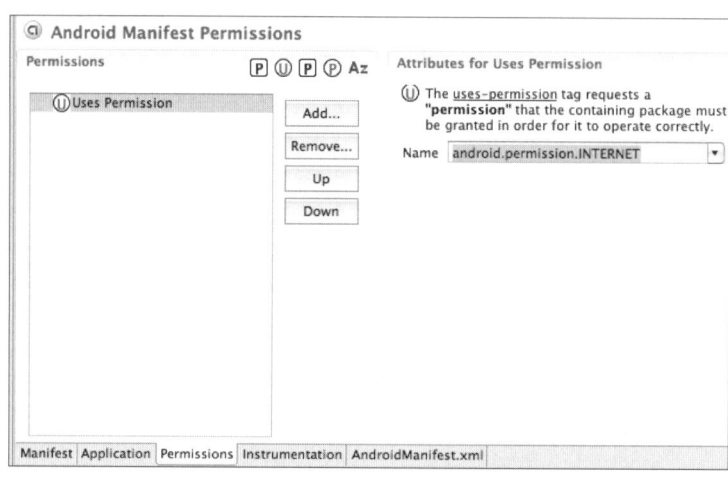

이렇게 해서 드디어 이 애플리케이션으로 SharePaint 서버에 접속할 수 있게 되었습니다. Android 에뮬레이터뿐만 아니라, 디바이스에서도 꼭 실제 작동시켜 보십시오. iPhone과 Android에서 동일한 애플리케이션이 연동되는 것을 볼 수 있습니다.

Android SDK에 들어있는 레이아웃 에디터는 유감스럽게도 부품의 선택이나 배치를 하는 데 있어 사용하기 편리하다고는 말할 수 없습니다. 조만간 표준 레이아웃 에디터도 사용하기 편리해진다면 좋겠지만, 적어도 당분간은 표준 에디터 이외의 것을 선택하는 것도 좋은 선택이라고 할 수 있겠지요. 여기서는 DroidDraw라는 레이아웃 에디터를 소개하겠습니다(http://www.droiddraw.org). 웹상에서 사용할 수도 있으며, Windows, Mac OS, Linux용 바이너리도 제공되고 있으므로 계속 이용할 거라면 설치해서 사용해도 좋을 것입니다. 라이선스는 GPL v2입니다. 이것도 아직은 Interface Builder의 기능이나 사용자 편의성면에서는 만족스러울 정도는 아니지만, 표준 에디터와 조합해 사용한다면 생산성은 상당히 향상시킬 수 있을 것입니다.

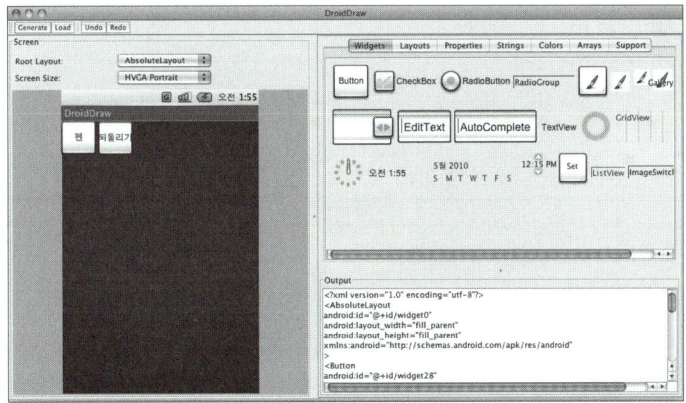

서버를 통해 복수의 단말기에 의한 캔버스의 공유까지 구현해봤는데, 기본이라고 할 수 있는 그리기 기능은 여전히 역부족입니다. 이 chapter에서는 투명도가 있는 펜, 레이어, 컬러픽커 등의 기능을 어떻게 구현하면 좋을지 함께 생각해보겠습니다.

Chapter 7

그리기
기능의
업그레이드

투명도를 가진 펜

선을 반투명으로 할 수 있다면, 예를 들어 파란 그림 위에 노란색 선을 그려 녹색으로 만드는 등 수채화에 가까운 느낌의 일러스트를 그리는 것도 가능해집니다. 선에 대한 투명도 설정은 iPhone과 Android 양쪽 모두 라이브러리에 표준 기능으로서 포함되어 있으므로 기본적으로는 그것을 사용하겠습니다. 다만, 그대로는 페인트 소프트로 사용하기 힘든 부분도 있으므로 우선 주의할 점부터 살펴보기로 하지요.

반투명 펜의 구현 방법

현재 SharePaint의 동작에서는 드래그가 발생할 때마다 선을 그리고 있습니다. 이대로 선을 반투명으로 하면 어떤 일이 발생할까요? 선이 겹치는 부분에서 2중으로 선이 그려지므로 그 부분만 색이 짙어지게 될 것입니다.

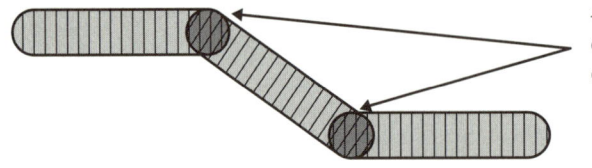

곡선은 짧은 선분을
이어서 표현하는데,
이 부분의 색이 짙어진다

실제로 구현해보면 잘 알 수 있으므로 관심 있는 분들은 직접 시험해보기 바랍니다. 이 현상에 대처하는 방법은 여러 가지로 생각해볼 수 있는데, 여기서는 3가지 방법에 대해 장점과 단점을 살펴보겠습니다.

(1) 한번 그려진 stroke에 마스크 플래그를 넣어두고, 해당 픽셀에는 2번 이상 선을 그리지 않도록 합니다.

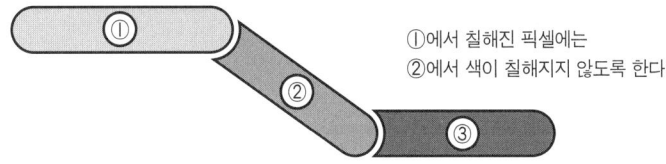

①에서 칠해진 픽셀에는
②에서 색이 칠해지지 않도록 한다

이것은 Petite Peinture에서 사용했던 방법인데, 그릴 대상 버퍼에 마스크 정보를 포함시키지 않으면 안 되고, 경우에 따라서는 선분 그리기 루틴에서 자기 자신을 다시 그려야 할 필요가 있습니다. 조금 힘든 작업이므로 생략하기로 하지요.

(2) 새로 표시용 화면 버퍼를 준비하고 stroke에 선분이 더해질 때마다, 즉 드래그 이벤트가 발생할 때마다 stroke 전체를 직전까지의 이미지에 다시 그리는 방법입니다.

이 방법을 이용할 경우에는 직전까지의 이미지 정보를 보관해둘 필요가 있으며, 동시에

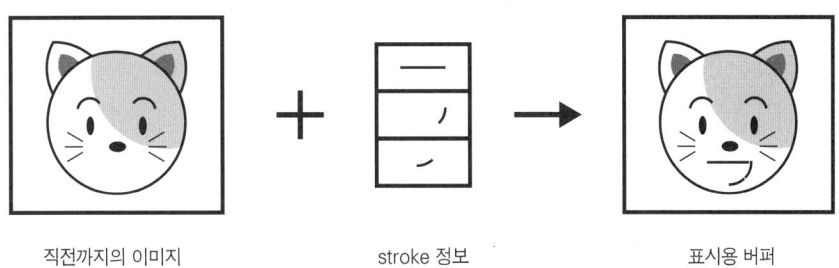

직전까지의 이미지   stroke 정보   표시용 버퍼

stroke가 화면 전체에 수행된 경우 등에서는 연산 처리에 리소스를 차지하기 십상입니다. 리소스가 넉넉한 일반 컴퓨터 등에서는 현실적이고 실제 구현도 용이한 방법일지 모르지만 스마트폰과 같은 CPU와 그래픽 칩이 빈약한 환경에서는 좋은 해결 방법이라고 할 수 없으므로, 이것도 생략하기로 합니다.

(3) 새로 'stroke 전용 이미지 버퍼'와 '표시용 이미지 버퍼'를 준비하고, stroke에 선이 더해질 때마다 stroke 전용 버퍼에 불투명하게 선을 그리고 동시에 선분 주변만 원래 있던 캔버스용 버퍼와 반투명으로 합성하여, 그 결과를 표시용 버퍼에 합성하는 방법입니다.

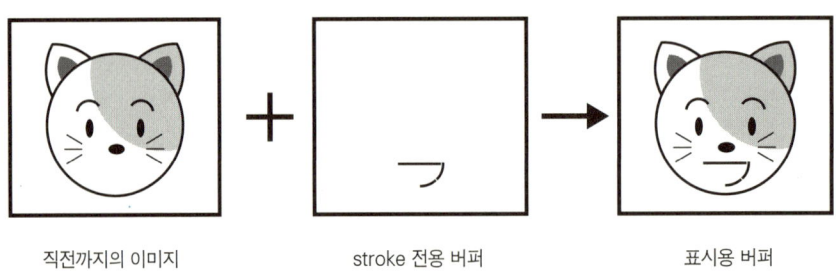

직전까지의 이미지   stroke 전용 버퍼   표시용 버퍼

아이디어 자체는 (2)에 가깝지만 이미지 버퍼의 수가 많기 때문에 다른 방법보다 메모리를 많이 소비한다는 결점이 있습니다. 단, 화면의 갱신 범위가 줄어들고 실시간성 및 퍼포먼스 상으로는 많은 경우에 유리합니다. 이것은 Peintureoid 등에서 채용했던 방법입니다. 코드의 양과 퍼포먼스의 밸런스를 고려해 이번에는 (3) 방식을 채용하겠습니다.

버퍼의 추가와 초기화

우선은 stroke용과 표시용 이미지 버퍼를 준비해야 합니다. iPhone의 경우, 추가할 인스턴스 변수는 추가되는 이미지 버퍼에 관한 것들뿐입니다. stroke 전용 이미지 버퍼를 'stroke_ bitmap', 표시용 이미지 버퍼를 'display_bitmap'이라고 하겠습니다.

SPCanvas.h

```
unsigned int *stroke_bitmap, *display_bitmap;
```

Jave에서는 다음과 같이 선언과 초기화를 수행합니다.

SPCanvas.java

```
Bitmap stroke_bitmap = null;
Bitmap display_bitmap = null;
```

iPhone 버전의 setup 메서드에서는 bitmap_data와 마찬가지로 stroke_bitmap과 display_bitmap에 'NULL'을 대입합니다. dealloc 메서드와 clear_canvas 메서드의 시작 부분에는 이제까지의 bitmap_data와 마찬가지로 delete[ ]로 stroke_bitmap과 display_bitmap을 해제하는 처리를 추가합니다. 그리고 실제로 영역을 확보하는 것은 clear_canvas 메서드 안입니다.

SPCanvas.mm 안의 (void) clear_canvas 시작

```
if (self->bitmap_data)
  delete[] self->bitmap_data;
if (self->stroke_bitmap)        // 영역이 확보되어 있으면
  delete[] self->stroke_bitmap; // 그것을 일단 삭제한다
if (self->display_bitmap)
  delete[] self->display_bitmap;

int length = self->witch * self->height;
self->bitmap_data = new unsigned int[length];
self->stroke_bitmap = new unsigned int[length];
    // bitmap_data와 같은 사이즈를 확보한다
self->display_bitmap = new unsigned int[length];
for (int I = 0; I <length; I ++) {
  self->bitmap_data[i] = 0xffffffff;     // 원래 이미지는 흰색으로
  self->stroke_bitmap[i] = 0;            // stroke는 투명
```

```
    self->display_bitmap[i] = 0xffffffff;        // bitmap_data와 같은 내용
}
```

Android 버전에서는 다음과 같이 되며, 내용은 iPhone 버전과 같습니다.

SPCanvas.java 안의 (void) clear_canvas( ) 시작

```
if (this.image_buffer != null)     // 만약 image_buffer를 이미 사용하고 있다면
    this.image_buffer.recycle();    // 그 image_buffer를 폐기한다
if (this.stroke_bitmap != null)
    this.stroke_bitmap.recycle();
if (this.display_bitmap != null)
    this.display_bitmap.recycle();

this.image_buffer = Bitmap.creatBitmap(this.width, this.height,
    Bitmap.Config.ARGB_8888);    // 더블버퍼 이미지를 작성한다
this.image_buffer.eraseColor(0xffffffff);    // 흰색으로 전체를 칠한다
this.stroke_bitmap = Bitmap.createBitmap(this.width, this.height,
    Bitmap.Config.ARGB_8888);          // stroke용 이미지 버퍼를 작성한다
this.stroke_bitmap.eraseColor(0);    // 투명하게 칠한다
this.display_bitmap = Bitmap.createBitmap(this.width, this.height,
    Bitmap.Config.ARGB_8888);          // 표시용 이미지 버퍼를 작성한다
this.display_bitmap.eraseColor(0xffffffff);    // image_buffer와 같은 색
invalidate();    // 캔버스 전체를 갱신한다
```

버퍼의 반투명 합성

(3)의 방식에서는 stroke 전용 버퍼와 캔버스용 버퍼의 반투명 합성이 필요했는데, 이 부분을 살펴보겠습니다. 이제부터 설명하는 3개의 메서드는 이번에 새롭게 추가된 것이므로, iPhone 버전에서는 헤더의 선언을 추가하는 것도 잊지 마세요.

우선, stroke용 버퍼와 캔버스용 버퍼를 합성하고, 그 결과를 표시용 버퍼에 반영시키는 부분입니다. 지정된 직사각형 내부만 치환함으로써 쓸데없는 계산을 하지 않도록 하였습니다.

다음의 composeBitmap:with:alpha:to:inRect: 메서드(Android 버전에서는 composeBitmap( ) 메서드. 이하 Android 버전은 생략합니다)는 지정된 비트맵 2개를 지정된 영역과 농도(알파 값)로 합성하고, 그 결과 또한 비트맵으로 저장합니다. 즉, 'rect 영역 범위 내에서 s_bitmap에 w_bitmap의 내용을 농도 density로 합성한 것을 d_bitmap에 저장하는' 메서드입니다. 인수로 비트맵은 3개가 포함됩니다. 이 메서드는 다음에 설명할, stroke를 캔버스 비트맵으로 합성하는 applyWithStrokeBitmap:to:alpha: 메서드(applyWithStrokeBitmap( ) 메서드) 등에서 이용됩니다.

시작 부분은 이전에 프로토타입 설명에서 제일 처음에 등장했던 drawLineFromX:y:와 마찬가지로 그리는 대상인 d_bitmap에 그리는 창구를 CGContextRef라고 작성하고 있습니다. 사용되는 파라미터는 drawLineFromX:y:와 같으므로 생략합니다. 또한 CTM을 사용해 좌표를 변환하고 있는데, 이것도 drawLineFromX:y:와 같습니다. 다음에 보이는 코드에서 drawLineFromX:y:일 때와의 변경 부분을 굵게 강조했지만, 보다시피 d_bitmap만 변경했습니다.

SPCanvas.mm

```
- (void)composeBitmap:(unsigned int*)s_bitmap with:(unsigned int*)w_bitmap
alpha:(CGFloat)density to:(unsigned int*)d_bitmap inRect:(CGRect)rect {
    CGColorSpaceRef colorspace = CGColorSpaceCreateDeviceRGB();
    CGContextRef context =
    CGBitmapContextCreate(d_bitmap,      // 데이터의 선두 포인터
                          self->width, self->height, 8,  // 두께, 높이, 색 요소 별 비트 수
                          self->width * 4,   // 1행의 바이트 수
                          colorspace,
                          kCGImageAlphaPremultipliedFirst);  // ARGB 순의 색 요소
    CGColorSpaceRelease(colorspace);   // colorspace는 이제 필요 없으므로 해제
    CGAffineTransform ctm = CGAffineTransformMakeScale(1, -1);  // CTM을 상하 반전
    ctm = CGAffineTransformTranslate(ctm, 0, - self->height);  // 화면의 어긋남을 수정
    CGContextConcatCTM(context, ctm);   // CTM을 context에 적용
```

지금까지는 Core Graphics만 사용해 이미지를 그려왔는데, 이번 이미지 합성 처리는 UIImage의 메서드만으로 처리할 수 있습니다. 다시 말해, UIKit의 기능만으로 작성할 수 있기 때문에 프로그래밍이 간단한 이 방법을 이용하겠습니다. 그렇게 하기 위해서는 현재 UIKit로 그리는 대상은 context라고 선언할 필요가 있으므로, 다음의 UIGraphicsPushContext( )로 그것을 실

현하고 있습니다.

```
UIGraphicsPushContext(context) ;
```

그럼, 여기에 이미지를 붙여보겠습니다. clipImageOfBitmap:inRect: 메서드는 아직 설명하지 않았지만 이번에 새로 정의하는 것으로, 인수로 주어진 비트맵의 지정된 영역에서 표현되는 이미지를 UIImage로 반환합니다. clipImageOfBitmap:inRect:에 대해서는 나중에 설명하겠습니다.

이 composeBitmap:with:alpha:to:inRect: 메서드에서는 첫 번째 인수(s_bitmap)와 네 번째 인수(d_bitmap)에 같은 비트맵이 주어지는 것을 허용하고 있습니다. 그런 경우, s_bitmap의 내용을 d_bitmap으로 복사하는 것은 의미가 없으므로 같은 비트맵인 경우에는 처리를 생략합니다. 같은 영역에 2개의 이미지를 그리기 때문에 이것으로 이미지의 합성은 완료되었습니다.

```
if (s_bitmap != d_bitmap) {
  UIImage* s_img = [self clipImageOfBitmap:s_bitmap inRect:rect];
        // s_bitmap의 내용을 이미지로
  [s_img drawAtPoint:rect.origin];   // 그 이미지를 불투명하게 칠한다
}
UIImage* w_img = [self clipImageOfBitmap:w_bitmap inRect:rect];
        // w_bitmap의 내용을 이미지로
[w_img drawAtPoint:rect.origin
        blendMode:kCGBlendModeNormal alpha:density];
        // 그 이미지를 지정된 농도로 칠한다
```

UIGraphicsPushContext( )로 UIKit가 그릴 대상을 지정한 후 처리가 끝나고 나면 반드시 UIGraphicsPopContext( )로 그 지정을 해제해주지 않으면 안 됩니다. 처리를 마치면 불필요해진 context를 해제합니다.

```
    UIGraphicsPopContext();         //  UIKit와 context를 풀어준다
    CGContextRelease(context);      //  context를 해제한다
}
```

여기에 한 가지 덧붙이자면, Android 버전에서는 다음과 같이 됩니다. Core Graphics 같은 것이 관련되지 않아 코드는 간단합니다. 그리는 대상이 되는 d_bitmap에 대해 canvas를 준비하고, 필요하다면 rec의 범위 내에서 s_bitmap의 내용을 canvas로 복사합니다. 그리고 농도 density에서 Paint를 작성하고, 그 Paint로 w_bitmap을 그려서 s_bitmap과 w_bitmap의 합성을 구현하고 있습니다.

SPCanvas.java

```
void composeBitmap(Bitmap s_bitmap, Bitmap w_bitmap,
    int density, Bitmap d_bitmap, Rect rect) {
  Canvas canvas = new Canvas(d_bitmap);   // 그림을 그리기 위해 canvas를 준비한다
  if (s_bitmap != d_bitmap)   // 만약 소스와 대상이 다르면
    canvas.drawBitmap(s_bitmap, rect, rect, null);   // 우선 소스를 복사한다
  Paint paint = new Paint();
  paint.setAlpha(density);      // 농도(알파 값) density로
  canvas.drawBitmap(w_bitmap, rect, rect, paint);   // w_bitmap을 겹친다
}
```

stroke용과 캔버스용 비트맵의 합성

이것을 이용하여 stroke용 비트맵과 캔버스용 비트맵의 합성 처리를 다음과 같이 작성할 수 있습니다. 이 메서드는 stroke가 끝났을 때 호출됩니다. stroke용 비트맵의 합성이 끝나면 다음 stroke 발생에 대비해 stroke용 비트맵의 내용을 투명으로 되돌려둡니다. 우선은 iPhone 버전부터 시작하겠습니다.

SPCanvas.mm

```
- (void)applyWithStrokeBitmap:(unsigned int*)s_bitmap to:(unsigned
int*)d_bitmap alpha:(CGFloat)density {
  [self composeBitmap:s_bitmap          // s_bitmap에
          with:self->stroke_bitmap      // stroke용 비트맵을
              alpha:density             // 농도(알파 값) density로 합성하고
                 to:d_bitmap            // 그 결과를 d_bitmap에 저장한다
              inRect:CGRectMake(0, 0, self->width, self->height)];
                     // 영역은 캔버스 전체

  int len = self->width * self->height;
  for (int i = 0; i < len; i ++)
    self->stroke_bitmap[i] = 0;         // stroke용 비트맵을 투명하게
  if (s_bitmap != d_bitmap)             // 만약 소스와 저장소의 내용이 다르면
    for (int i = 0; i < len; i ++)
      s_bitmap[i] = d_bitmap[i];        // 소스의 내용도 저장소와 같게 한다
}
```

다음은 Android 버전입니다. 처리 내용은 iPhone 버전과 완전히 동일합니다.

SPCanvas.java

```
void applyWithStrokeBitmap(Bitmap s_bitmap, Bitmap d_bitmap, int density) {
  composeBitmap(s_bitmap, this.stroke_bitmap, density, d_bitmap,
    new Rect(0, 0, this.width - 1, this.height - 1));
        // stroke용 비트맵과 합성한다
  this.stroke_bitmap.eraseColor(0);    // stroke용 비트맵을 투명하게
  if (s_bitmap != d_bitmap) {          // 만약 소스와 저장소의 내용이 다르면
    Canvas canvas = new Canvas(s_bitmap);
    canvas.drawBitmap(d_bitmap, 0, 0, null);  // 소스를 저장소의 내용과 같게 한다
  }
}
```

이제, 앞에서 살펴본 composeBitmap:with:alpha:to:inRect: 메서드에서 사용된 clipImageOfBitmap:inRect: 메서드를 살펴보겠습니다. 비트맵으로부터 이미지(UIImage)를 생성하는데, 이와 비슷한 것이 전에도 있었습니다. 바로 drawRect: 메서드입니다. 그때처럼 CGImageCreate( )를 만들고 CGImageRef를 작성하여 UIImage를 작성합니다. 이 또한 변경

부분은 극히 일부에 지나지 않으며, 여기서는 강조한 'bitmap' 정도입니다.

```
- (UIImage*)clipImageOfBitmap:(unsigned int*)bitmap inRect:(CGRect)rect {
  CGDataProviderRef providerref =
  CGDataProviderCreateWithData(NULL, // 메모리 확보는 OS에게 맡긴다
                               bitmap +
                               ((int)(rect.origin.y) * self->width  + (int)
(rect.origin.x)),
                               rect.size.width * rect.size.height * 4, NULL);
  CGColorSpaceRef colorspace = CGColorSpaceCreateDeviceRGB();
  CGImageRef imgref =
  CGImageCreate(rect.size.width, rect.size.height, 8, 32,
                self->width  * 4,
                colorspace,
                kCGImageAlphaPremultipliedFirst,
                providerref, NULL, NO, kCGRenderingIntentDefault);
  CGColorSpaceRelease(colorspace);
  CGDataProviderRelease(providerref);
```

이전과 마찬가지로 imgref에서 UIImage의 initWithCGImage:를 사용해 이미지를 만듭니다. 이번에는 이 메서드 내에서 img를 사용하지 않기 때문에 autorelease를 붙여서 반환하고 있습니다.

```
  UIImage *img = [[[UIImage alloc] initWithCGImage:imgref] autorelease];
  CGImageRelease(imgref);   // 이 메서드 안에서는 더 이상 사용하지 않으므로 해제한다
  return img;
}
```

반투명으로 그리기

이제부터는 이미 작성한 메서드를 변경하는 작업입니다. 시작하기 전에 다시 한 번 반투명 그

리기를 어떻게 구현할 것인지 복습해보겠습니다.

- stroke 도중에는 stroke용 비트맵(stroke_bitmap)에 선을 그리고 동시에 bitmap_data(Android 버전에서는 image_buffer)와의 합성 결과를 display_bitmap으로 출력합니다.

- stroke가 종료되면 stroke_bitmap의 내용을 bitmap_data (image_buffer)와 합성하여 display_bitmap과 bitmap_data (image_buffer)의 양쪽으로 출력하고, stroke_bitmap의 내용을 투명으로 되돌린 후 다음 stroke에 대비합니다.

- drawRect: (Android 버전에서는 onDraw( ))는 bitmap_data(image_buffer)의 내용을 화면에 내보내는 것이 아니라, 언제나 display_bitmap의 내용을 출력하도록 합니다.

이런 정도입니다. 변경할 메서드는 touchDraggedAtX:y:(Android 버전에서는 touchDragged( )), touchReleasedAtX:y:(touchReleased( ))와 drawLineFromX:y:toX:y:(drawLine( )) 그리고 drawRect:(onDraw( ))가 됩니다.

우선은 stroke 도중에 호출되는 touchDraggedAtX:y:입니다. setNeedsDisplayInRect: 메서드를 호출하기 전에 stroke용 비트맵을 캔버스 화면의 버퍼와 합성하고 표시용 비트맵에 출력하고 있습니다.

SPCanvas.mm의 touchDraggedAtX:y: 안

```
// stroke용 비트맵을 합성하고 화면 표시
CGRect rect = CGRectMake(min_x, min_y,
                         max_x - min_x + 1, max_y - min_y + 1);
                                              // 이미지 내용이 변경된 직사각형
[self composeBitmap:self->bitmap_data        // 캔버스 이미지에
          with:self->stroke_bitmap           // stroke 버퍼를
         alpha:(self->pen_properties.density / 255.0) // 지정된 농도로 합성하고
            to:self->display_bitmap          // 표시용 버퍼에 저장한다
        inRect:rect];                        // 그 범위는 rect
[self setNeedsDisplayInRect:rect];           // rect 범위의 화면 갱신을 요청한다
```

Android 버전의 touchDragged() 메서드에서도 완전히 동일한 내용으로 변경을 합니다.

SPCanvas.java의 touchDragged( ) 안

```
// stroke용 비트맵을 합성한 후 화면 표시
Rect rect = new Rect(min_x, min_y, max_x, max_y);   // 갱신 범위
composeBitmap(this.image_buffer, this.stroke_bitmap,   // 2개의 이미지를 합성하고
    this.pen_properties.density, this.display_bitmap,   // display_bitmap에 저장한다
    rect);   // 그 범위는 rect
invalidate(rect);   // rect 범위의 화면을 갱신한다
```

stroke가 끝났을 때에는 applyWithStrokeBitmap:to:alpha: 메서드를 사용해 stroke용 비트맵을 캔버스 이미지에 합성하고 동시에 stroke용 비트맵을 투명하게 삭제합니다. stroke용 비트맵에는 불투명으로 그리고 있기 때문에 이 비트맵의 합성에서 사용되는 농도(알파값)는 펜에 설정된 값이 사용됩니다. Android의 touchReleased( )에서도 같은 변경이 필요하지만, 그에 대한 기술은 생략하겠습니다.

SPCanvas.mm의 touchReleasedAtX:y 끝

```
// stroke용 비트맵의 뒤처리
[self applyWithStrokeBitmap:self->bitmap_data
                        to:self->display_bitmap
                     alpha:(self->pen_properties.density / 255.0)];
```

stroke 중에 선을 그리는 drawLineFromX:y: 메서드는 그리는 대상의 비트맵을 캔버스용 버퍼(bitmap_data)에서 stroke용(stroke_bitmap)으로 변경하기만 하면 됩니다. Android의 drawLine( )에서도 마찬가지로 변경해야 하지만 이야기가 길어지므로 설명은 생략하도록 하겠습니다.

```
CGColorSpaceRef colorspace = CGColorSpaceCreateDeviceRGB();
CGContextRef context =
CGBitmapContextCreate(self->stroke_bitmap,
                      self->width, self->height, 8,
                      self->width * 4,
                      colorspace,
                      kCGImageAlphaPremultipliedFirst);
```

그리고 실제 화면 갱신을 수행하는 것은 drawRect:인데, 표시에 이용하는 비트맵을 캔버스 버퍼(bitmap_data)에서 표시용 버퍼(display_bitmap)로 변경하면 됩니다. 강조된 부분이 변경된 곳입니다. 마찬가지로 Android 버전의 onDraw( )에서도 변경할 곳은 image_buffer를 display_bitmap으로 바꾸는 한 곳뿐입니다.

SPCanvas.mm의 drawRect: 시작 ●

```
CGDataProviderRef providerref =
  CGDataProviderCreateWithData(NULL,
        self->display_bitmap +
        ((int)(rect.origin.y) * self->width + (int)(rect.origin.x)),
        rect.size.width * rect.size.height * 4, NULL);
```

자, 이것으로 완성이라고 말하고 싶지만 Undo 등을 할 때 다시 그리기를 수행하는 drawStroke :with:도 펜의 농도를 고려해야 합니다. 이 Chapter를 시작할 때 언급했듯이 실시간으로 그릴 때는 선이 겹쳐지는 부분이 진해지는 등의 문제점이 있었고, 이를 피하기 위해 stroke용 이미지 버퍼를 준비했었습니다. 하지만 이미 확정되어 있는 stroke를 그릴 때에는 iPhone 플랫폼에서 제공하는 반투명 stroke 그리기 기능을 그대로 사용할 수 있습니다. 그래서 다음과 같이 CGColorCreate( ) 메서드에 전달하는 파라미터의 농도(알파 값)를 stroke의 농도로 설정하고 그대로 그립니다. 다시 말해, 한 군데만 변경하는 것으로 대응할 수 있는 것입니다.

```
CGFloat components[4];
components[0] = (pen_color & 0x00ff0000) / (255.0 * 0x10000);
components[1] = (pen_color & 0x0000ff00) / (255.0 * 0x100);
components[2] = (pen_color & 0x000000ff) / 255.0;
components[3] = stroke.pen_properties.density / 255.0;   // stroke의 농도로 그린다
CGColorRef color = CGColorCreate(colorspace, components);
```

Android 버전에서는 drawStroke( ) 메서드 안의 paint.setColor( )문 뒤에 paint.setAlpha( )를 다음과 같이 기술하고 펜 농도를 추가해줍니다.

```
paint.setColor(stroke.pen_properties.color);     // 이곳은 이전과 변함이 없다
paint.setAlpha(stroke.pen_properties.density);   // 이곳을 추가한다
```

단, 이 drawStroke:with:를 호출하는 redrawStrokes:에서는 다음과 같이 표시용 비트맵을 준비하고 setNeedsDisplay로 화면 전체의 갱신을 요청 합니다. 또한 동시에 stroke용 비트맵도 투명하게 삭제합니다.

```
for (int i = 0; i < self->width * self->height; i ++) {
  self->display_bitmap[i] = bitmap[i];
        // 작업한 버퍼의 내용을 그대로 표시용 비트맵으로
  self->stroke_bitmap[i] = 0;   // stroke용 비트맵을 투명하게
}
[self setNeedsDisplay];
```

Android 버전에서는 다음과 같이 바꿔줍니다. 처리 내용은 동일합니다.

```
Canvas canvas = new Canvas(this.display_bitmap);
canvas.drawBitmap(bitmaps, 0, 0, null);
    // 지금 그린 bitmap의 내용을 display_bitmap에 복사한다
this.stroke_bitmap.eraseColor(0);
    // stroke_bitmap의 내용은 투명하게
invalidate();
```

펜의 투명도 변경

이것으로 반투명으로 그릴 수 있게 되었습니다. 하지만 펜 설정 대화상자의 농도값과 실제 펜의 농도는 아직 연계되지 않았습니다. 나머지는 이것을 연동하도록 변경하기만 하면 됩니다.

우선 SharePaintViewController.h에 농도 설정 슬라이더 선언을 추가하겠습니다.

SharePaintViewController.h

```
IBOutlet  UISlider* pen_density_slider;
```

download \SharePaint_ch7iphone\SharePaint_ch7iphone\Classes\SharePaintViewController.h

다음으로, 'SharePaintViewController.xib'를 더블클릭하여 Interface Builder를 실행하고, 펜 농도 슬라이더와 좀 전의 pen_density_slider를 연결합니다.

이렇게 하여 SharePaintViewController.mm 안에서 이 pen_density_slider를 통해 농도 슬라이더에 접근할 수 있게 되었습니다.

펜 설정 대화상자가 표시되는 타이밍에서 실행되는 showPenPropDialog: 메서드 안에서 다음과 같이 기술합니다. 슬라이더의 최대값과 최소값을 설정하고, 표시되는 시점에서 슬라이더의 위치를 실제 펜 정보의 것으로 설정하고 있습니다.

```
self->pen_density_slider.minimumValue = 0;
self->pen_density_slider.maximumValue = 255;
self->pen_density_slider.value = canvas->pen_properties.density;
```

download \SharePaint_ch7iphone\SharePaint_ch7iphone\Classes\SharePaintViewController.mm

마지막으로, 대화상자를 닫을 때 펜 정보에 슬라이더의 값을 돌려주면 완성입니다. 다음과 같이 applyPenPropDialog: 메서드 안에 기술합니다.

SharePaintViewController.mm의 applyPenPropDialog:

```
canvas->pen_properties.density = (int) self->pen_density_slider.value;
```

Android 버전에서는 PenSettingsView.java에서 R.id.pen_density를 통해 펜 농도 슬라이더를 가져오고, 표시되는 타이밍과 대화상자를 닫는 타이밍에 펜의 농도 정보와 슬라이더 사이의 동기화를 수행하게 됩니다.

PenSettingsView와 캔버스 간의 데이터를 주고받을 때는 Intent라는 메커니즘을 이용했었는데, 이번에도 이 메커니즘을 이용하기로 하지요. SharePaint 클래스에서 Intent를 발행하고 있었기 때문에 우선은 이 SharePaint 클래스에 농도 지정 태그를 추가합니다.

SharePaint.java

```
static  final  String  PenDensityName = "PenDensity";
```

이번에는 Intent를 작성하는 곳입니다. onCreate( )의 View.OnClickListener( )의 onClick( ) 안입니다. 강조하고 있는 부분이 추가된 부분입니다.

SharePaint.java의 onCreate( ) 안

```
intent.putExtra(SharePaint.PenWidthName,
    SharePaint.canvas.pen_properties.width);      // 이곳은 이전부터 있었다
intent.putExtra(SharePaint.PenDensityName,
    SharePaint.canvas.pen_properties.density);    // 이것을 추가한다
```

그리고 펜 설정 대화상자에서 돌아왔을 때도 Intent에서 값을 받습니다. 이곳도 펜 두께(pen_width)에서의 처리와 똑같이 기술할 수 있습니다. 만약 Intent 안에 펜 농도 값이 포함되어 있으면, 그것을 캔버스 상의 펜 정보로 전달합니다.

SharePaint.java의 onActivityResult( ) 안

```
int pen_width = intent.getIntExtra(SharePaint.PenWidthName, -1);
 if (pen_width >= 0)
    SharePaint.canvas.pen_properties.width = pen_width;
int pen_density = intent.getIntExtra(SharePaint.PenDensityName, -1);
  if (pen_density >= 0)
    SharePaint.canvas.pen_properties.density = pen_density;
```

다음은 펜 정보 대화상자에 펜 농도 슬라이더에 관한 처리를 추가해줍니다. PenSettingsView.java를 변경해보겠습니다. 우선, PenSettingsView 클래스에 pen_density_slider를 인스턴스 변수로 선언합니다.

PenSettingsView.java

```java
public class PenSettingsView extends Activity {
  SeekBar pen_width_slider = null;      // 펜 두께 슬라이더
  SeekBar pen_density_slider = null;   // 펜 농도 슬라이더
  RadioButton[] pen_color_btns = new RadioButton[5];   // 펜 색 라디오버튼
```

onCreate( ) 메서드 안에서 초기화를 수행합니다. 슬라이더의 값도 Intent에서 가져와 설정합니다. 인스턴스 변수 pen_density_slider에는 findViewById( )를 사용하여 펜 두께 슬라이더를 할당하고 있습니다.

PenSettingsView.java의 onCreate( ) 안

```java
pen_density_slider = (SeekBar) findViewById(R.id.pen_density);
```

펜 농도 슬라이더에 Intent에서 가져온 값을 설정합니다. 펜 두께 슬라이더(pen_width_slider)에도 같은 처리를 하므로 처리 내용은 완전히 동일합니다.

```java
int pen_density = getIntent().getIntExtra(SharePaint.PenDensityName, -1);
if (pen_density >= 0)
  pen_density_slider.setProgress(pen_density);
```

그리고 〈OK〉 버튼이 클릭되었을 때에는 Intent를 작성하고 원래의 Activity로 돌아가기 때문에 그 Intent 안에 펜 농도의 정보를 넣어줍니다. 이것도 pen_width_slider의 처리와 같습니다.

PenSettingsView.java의 okButtonPressed( ) 안

```
intent.putExtra(SharePaint.PenDensityName,
    pen_density_slider.getProgress());
```

이로써 펜 설정 대화상자에서 설정한 펜 농도가 캔버스에 그리는 데 반영되었을 것입니다. 시험 삼아 꼭 시도해보세요. 투명도가 있는 펜을 사용한다면 표현력이 훨씬 좋아질 것입니다.

레이어 합성

레이어라는 것은 투명한 캔버스와 같습니다. 투명한 비닐에 매직 등으로 색을 칠해 몇 장 정도 겹쳐진 모습을 떠올려보세요. 색이 겹쳐지는 부분은 색이 섞이는 한편, 각각의 비닐에 색을 칠하거나 지워도 다른 비닐에는 그 영향이 미치지 않습니다. 어디까지나 독립된 캔버스이므로 메모와 그림을 겹치게 할 때에 아주 편리하죠. 레이어는 여러 가지 그래픽 소프트웨어에서 사용되고 있기 때문에 대부분 알고 있을 것입니다. 이 기능도 꼭 구현해보겠습니다.

사실 앞에서 살펴본 반투명 선을 그릴 때 레이어 합성은 부분적으로 이루어졌습니다. stroke용 버퍼와 이미지 버퍼의 합성이 레이어 합성과 같으며, 아니 그것이 바로 레이어 합성이라고 생각해도 문제될 것은 없겠지요. 그러므로 이미 어려운 부분은 지난 것이나 마찬가지입니다. 다만, 레이어 합성 방법에 대해 생각해보기로 하겠습니다. 3장의 레이어를 멀티플라이 합성과 스크린 합성에 의해 합성하는 방법에 대해 살펴보겠습니다.

멀티플라이 합성과 스크린 합성

귀에 익숙하지 않은 말일 수도 있으니 이 두 용어에 대해 간단히 설명하겠습니다. 현재 자주 이용되는 레이어의 합성 방법은 다양하지만, 그 중에서 특히 중요한 것 중 하나로 멀티플라이 합성이 있습니다.

하나의 픽셀에는 한 가지 색이 들어가는데, 그 색을 RGB 성분으로 표현해보겠습니다. 다시 말해, Red, Green, Blue의 성분입니다. 여기서는 설명을 간단히 하기 위해 각각의 성분이 0.0~1.0으로 표현되고 있다고 생각하겠습니다. 예를 들어, 빨강은 R=1.0, G=0.0, B=0.0으로 표현됩니다. 일일이 이런 방식으로 표현하는 것도 큰일이기 때문에 오해가 없도록 벡터처럼 (1.0, 0.0, 0.0)로 표기합니다. 검은색은 (0.0, 0.0, 0.0)이고, 흰색은 (1.0, 1.0, 1.0), 핑크는 (1.0, 0.5, 0.5) 등으로 표기할 수 있습니다.

멀티플라이 합성이란 RGB의 각 색 요소별로 곱하는 것입니다. 예를 들어, 레이어 S0과 S1의 멀티플라이 합성 결과를 레이어 D에 반영하는 경우를 생각해보겠습니다.

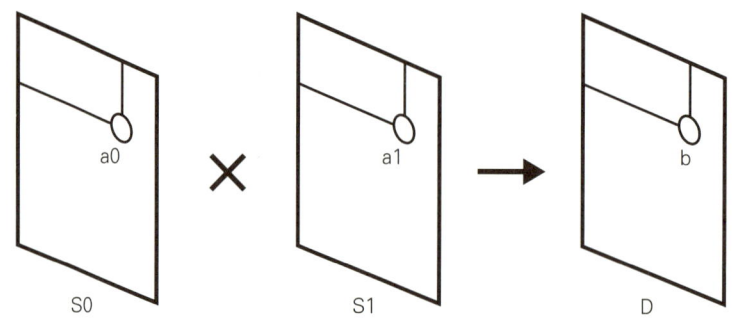

a0의 색과 a1의 색을 곱한 것이 b의 색이 된다.

위치(x, y)에 있는 각 픽셀에 대해 레이어 S0의 색이 (r0, g0, b0)이고 S1의 색이 (r1, g1, b1)이라고 하면 레이어 D의 좌표 (x, y)에 있는 픽셀의 색은 (r0 × r1, g0 × g1, b0 × b1)이 됩니다. 예를 들어, 좌표 (10, 11)에 있는 레이어 S0의 색이 핑크인 (1.0, 0.5, 0.5)이고 S1의 색이 밝은 회색 (0.7, 0.7, 0.7)이라면 레이어 D의 좌표 (10, 11)에 있는 색은 약간 맑은 핑크 (0.7, 0.35, 0.35)가 되는 식입니다.

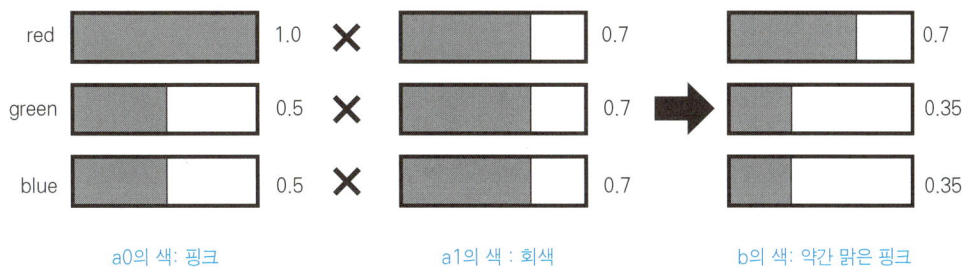

red	1.0	✕	0.7	➡	0.7
green	0.5	✕	0.7		0.35
blue	0.5	✕	0.7		0.35

a0의 색: 핑크 　　　　 a1의 색 : 회색 　　　　 b의 색: 약간 맑은 핑크

'전체적으로 흰색 이외의 색을 합성했을 때 어두운 색으로 변하는 방향의 합성'이고, 컬러 셀로판지를 겹쳐서 보는 것에 가까운 인상을 주는 합성입니다.

그리고 또 한 가지 스크린 합성은 레이어 S0, S1에 있는 각 픽셀의 색(r0, g0, b0), (r1, g1, b1)에 대해서 $(1-(1-r0)\times(1-r1),\ 1-(1-g0)\times(1-g1),\ 1-(1-b0)\times(1-b1))$로 합성한 결과가 레이어 D의 색이 되는 합성입니다.

이런 설명으로는 도무지 알 수가 없겠지요? 대체 무슨 생각으로 이런 합성을 준비한 것인지 잠깐 생각해보기로 하죠. 방금 한 이 스크린 합성이 어떤 효과를 가져오는지 정리해보면 '전체적으로 검은색 이외의 색을 합성했을 때 밝은 색으로 변하는 방향의 합성'으로, 2대의 프로젝터가 투영한 부분이 겹쳐질 때와 유사한 인상을 주는 합성입니다.

다시 말하면, 이 합성이란 멀티플라이 합성의 어떤 의미로 겉과 속 같은 느낌이라고 할 수 있습니다. 각 색 성분을 뒤집어서 멀티플라이 합성을 하면 바로 스크린 합성이 됩니다. 어떤 좌

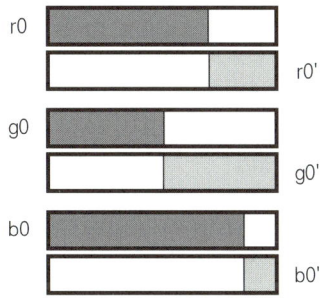

r0
r0'
g0
g0'
b0
b0'

표 (x, y)에 있는 레이어 S0의 색이 (r0, g0, b0)이라고 하면 r0, g0, b0은 0.0~1.0 사이에 있는 숫자입니다. 이것을 뒤집어 r0'=1.0-r0, g0'=1.0-g0, b0'=1.0-b0이라고 하겠습니다.

 마찬가지로, 레이어 S1의 색(r1, g1, b1)은 r1'=1.0-r1, g1'=1.0-g1, b1'=1.0-b1이라고 해두겠습니다. 이렇게 하면 두 색이 역전되기 때문에 멀티플라이 합성하면 (r0'×r1', g0'×g1', b0'×b1')가 되지만, 이 색의 표현도 역전된 상태이므로, 다시 한 번 뒤집은 (1.0 0-r0'×r1', 1.00-g0'×g1', 1.0 0-b0'×b1')이 레이어 D의 좌 표 (x, y)의 색으로 계산됩니다. 이것은 위에 기술한 내용과 일치하고 있습니다.

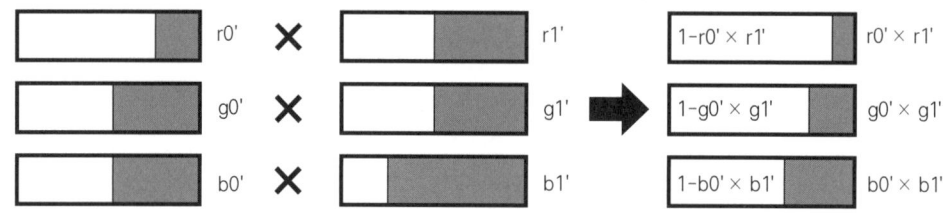

 방금 전과 동일한 예로 계산해보지요. 좌표 (10, 11)에 있는 레이어 S0의 색이 핑크인 (1.0, 0.5, 0.5)이고 S1의 색이 밝은 회색 (0.7, 0.7, 0.7)이라면 레이어 D의 좌표 (10, 11)에 있는 색은 전보다 밝은 핑크(거의 흰색)인 (1.0, 0.85, 0.85)가 되는 식입니다. 전체적으로 밝아지는 쪽으로 가는 합성이라는 것을 알 수 있겠지요?

 레이어 합성의 기본적인 개념과 여러 가지 레이어 합성 방식이 존재한다는 것에 대한 이해를 돕기 위해 비교적 간단한 2종류의 레이어 합성 방법과 메커니즘을 설명하긴 했지만, 실은 SharePaint에서는 이렇게 번거로운 작업을 코딩할 필요 없이 iPhone과 Android OS에게 맡기고 있습니다.

 또한 3장의 레이어를 합성한다고 이 절의 첫 머리에 썼는데, 합성하는 순서를 정해둘 필요가 있다는 점에 주의해야 합니다.

투명도가 있는 선을 그릴 때는 사실 이런 형태로 표현할 수가 없습니다. RGB 이외의 투명도에 관한 성분도 고려해야 하고, 보통 ARGB로 표현되는 색 공간에서의 설명이 필요해지지만 이 책의 취지를 벗어나므로 설명은 생략하겠습니다.

3장의 레이어를 한 장의 그림으로 합성하기 위해서는 2번의 합성 조작이 필요한데, 이 때 2번 모두 멀티플라이 합성, 혹은 2번 모두 스크린 합성이라면 본질적으로 순서는 문제가 되지 않습니다.

하지만 예를 들어, 3장의 레이어에 레이어 0, 레이어 1, 레이어 2라고 이름을 붙였을 때, 레이어 0과 1을 멀티플라이 합성을 하고 다시 레이어 2를 합성한 결과와 먼저 레이어 1과 레이어 2를 스크린 합성을 하고 레이어 0을 멀티플라이 합성한 결과는 다릅니다.

이 SharePaint에서는 우선 레이어 0과 1을 멀티플라이 합성한 후 레이어 2를 스크린 합성하기로 순서를 정해두지요. 이제부터 이상의 내용에 입각하여 구현해보겠습니다.

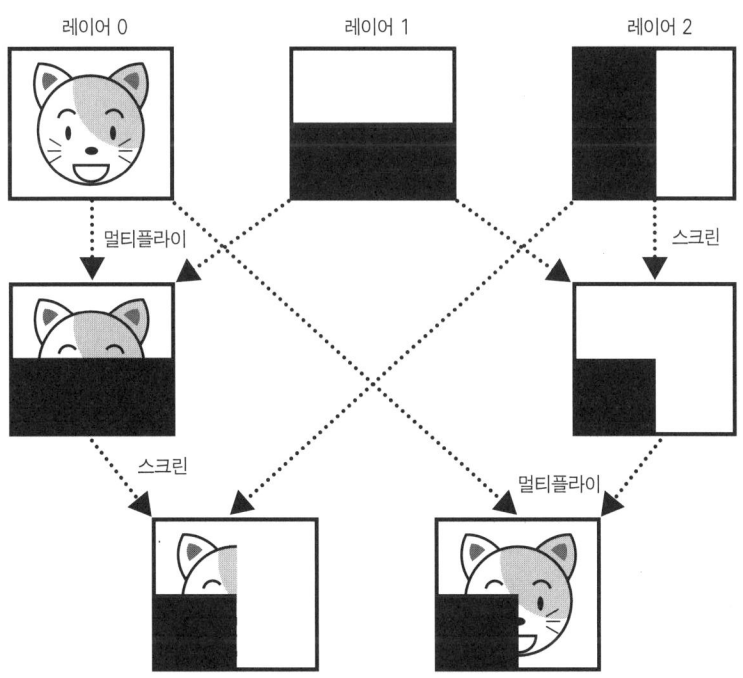

레이어 합성을 위한 이미지 버퍼 추가

레이어에 그리는 것은 조금 전의 투명도를 가진 펜으로 버퍼에 그리는 과정을 추가하는 것이라 약간 더 복잡할 수 있으니 주의해야 합니다. 'stroke 전용 이미지 버퍼'는 그대로 사용하지만, '표시용 이미지 버퍼'를 새로 준비하는 각 레이어의 이미지 버퍼에 할당하는 것이 적당하겠지요. 거기서 앞의 '캔버스용 이미지 버퍼'에 해당하는 이미지 버퍼를 'stroke 전 이미지 버퍼'로서 새로 준비해두고, 투명도를 가진 펜에 의한 그리기가 각 레이어의 이미지 버퍼에 수행되고난 후의 각 레이어 합성을 '진짜 표시용 이미지 버퍼'에 수행하고 그 내용을 화면에 표시해보겠습니다.

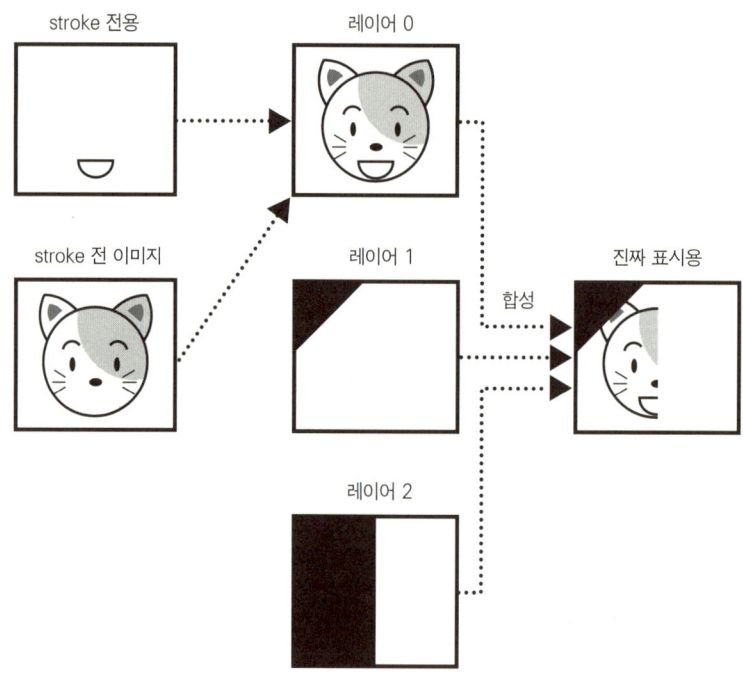

우선, 3장의 레이어만이 아니라 stroke 전 이미지용으로 총 4장의 이미지 버퍼를 새로 준비해야 합니다. iPhone 버전에서는 bitmap_data, Android 버전에서는 image_buffer의 역할은

각 레이어의 비트맵 데이터로 치환되기 때문에 불필요해집니다. stroke 전 이미지용 비트맵은 'prev_bitmap', 레이어의 비트맵 배열은 'layer_bitmap'이라고 이름을 지정하고, 현재 선택 중인 레이어 번호는 'layer_index'라고 지정하겠습니다.

SPCanvas.h

```
#define SPLayerNumber 3
```

Android 버전에서는 다음과 같이 클래스 내에 상수로 정의하고 있습니다.

SPCanvas.java

```
public class SPCanvas extends View implements EventListener {
    static final long InitServerTime = (long)10000 * 365 * 24 * 60 * 60 * 1000;
    static final int SPLayerNumber = 3;
```

iPhone 버전에서는 layer_bitmap은 다중 배열로 되어 있는데, 레이어 수는 고정되어 있기 때문에 동적으로 배열을 확보할 필요는 없습니다. 다음과 같이 unsigned int*의 배열을 SPLayerNumber의 길이만큼 확보해둡니다.

또한 bitmap_data는 사용하지 않아도 되게 되었기 때문에 초기화가 끝났는지의 여부를 판정할 때 bitmap_data를 사용하던 부분은 prev_bitmap 등으로 변경해주세요.

SPCanvas.h

```
unsigned int layer_index;                     // 현재 레이어 번호
unsigned int *stroke_bitmap, *display_bitmap; // stroke용과 표시용
                                              // bitmap_data는 삭제한다
unsigned int *prev_bitmap;                     // stroke 전(前)용
unsigned int *layer_bitmap[SPLayerNumber];     // 레이어 비트맵의 배열
```

Android 버전에서는 layer_bitmap은 일반적으로 Bitmap의 배열로 정의하면 되고 image_buffer의 선언은 삭제합니다.

SPCanvas.java

```
int layer_index = 0;          // 레이어 번호는 0으로 초기화
Bitmap stroke_bitmap = null;
Bitmap display_bitmap = null;
Bitmap prev_bitmap = null;  // stroke 전 이미지 버퍼
Bitmap[] layer_bitmap = new Bitmap[SPLayerNumber];   // 레이어용 비트맵
```

레이어 합성 기능을 넣기 위해 새로 2개의 메서드를 추가했으므로 iPhone에서도 그에 대한 선언을 추가해두겠습니다.

composeAllLayers:to:inRect: 쪽은 지정된 영역의 범위 내에서 layer_bitmap에 포함되는 모든 레이어를 지정한 비트맵에 합성하는 것이며, setLayerIndex:는 레이어의 변경을 지시하는 것입니다. 모두 나중에 설명하겠습니다.

SPCanvas.h

```
- (void)composeAllLayers:(unsigned int*[]) bitmaps to:(unsigned int*)
bitmap inRect: (CGRect)rect;
- (void)setLayerIndex:(unsigned int)index;
```

추가 버퍼의 초기화

이번에는 실제 구현에 대해 살펴보겠습니다. 변수를 초기화하는 setup 메서드에서는 prev_bitmap 등에 주의해야 합니다. 그럼, 캔버스를 초기화하는 clear_canvas 메서드입니다.

처음에 배열을 한 번 삭제하는 부분은 별 문제가 없습니다. bitmap_data에 대한 부분 대신에 prev_bitmap과 layer_bitmap에 대해 기술합니다. 또한 dealloc 메서드도 동일하게 변경하겠습니다.

SPCanvas.mm의 clear_canvas 시작

```
- (void)clear_canvas {
  if (self->stroke_bitmap)
    delete[] self->stroke_bitmap;
  if (self->display_bitmap)
    delete[] self->display_bitmap;
  if (self->prev_bitmap)
    delete[]  self->prev_bitmap;
  for (int i = 0; i < SPLayerNumber; i ++)
    if (self->layer_bitmap[i])
      delete[] self->layer_bitmap[i];
```

각 비트맵의 초기화에 대해서도 특별히 어려운 점은 없습니다. 3장의 레이어는 각각 독립적이기 때문에 당연하지만 따로따로 배열을 위한 영역을 할당해야만 합니다.

```
self->layer_index = 0;   // 제일 처음은 0번 레이어를 선택한다
int length = self->width * self->height;
for (unsigned int i = 0; i < SPLayerNumber; i ++)
  self->layer_bitmap[i] = new unsigned int[length];   // 3장의 레이어를 초기화
self->stroke_bitmap = new unsigned int[length];
self->display_bitmap = new unsigned int[length];
self->prev_bitmap = new unsigned int[length];          // stroke 전 비트 맵
```

계속해서 각 레이어의 내용을 초기화합니다. 여기서 스크린 합성에 사용할 레이어 2를 흰색으로 칠해버리면 레이어 0, 1의 내용에 관계없이 이미지는 새하얗게 된다는 점에 주의하세요.

레이어 2를 실행할 경우 투명하게 다루기 위해서는 검은색으로 칠하는 것이 좋습니다.

```
for (int i = 0; i < length; i ++) {
  self->layer_bitmap[0][i] = 0xffffffff;   // 레이어 0은 흰색으로
  self->layer_bitmap[1][i] = 0xffffffff;   // 레이어 1은 흰색으로
  self->layer_bitmap[2][i] = 0xff000000;   // 레이어 2는 검은색으로
  self->prev_bitmap[i] = 0xffffffff;
  self->stroke_bitmap[i] = 0;                // stroke는 투명
  self->display_bitmap[i] = 0xffffffff;    // 초기 화면은 흰색
}
```

Android 버전에서는 다음과 같이 수정하면 됩니다. 내용 자체는 iPhone 버전의 경우와 같고 어려운 곳은 없습니다.

SPCanvas.java

```
void clear_canvas() {   // 캔버스를 준비 (버퍼 이미지를 준비) 한다
  if (this.stroke_bitmap != null)
    this.stroke_bitmap.recycle();
  if (this.display_bitmap != null)
    this.display_bitmap.recycle();
  if (this.prev_bitmap != null)
    this.prev_bitmap.recycle();
  for (int i = 0; i < SPLayerNumber; i ++)
    if (this.layer_bitmap[i] != null)
      this.layer_bitmap[i].recycle();
```

각 비트맵의 초기화에 대해서도 기본적으로는 iPhone 버전과 동일합니다. 다시 말하지만 2번 레이어를 검은색으로 칠하는 것만큼은 주의해야 합니다.

```
for (int i = 0; i < SPLayerNumber; i ++)
  this.layer_bitmap[i] = Bitmap.createBitmap(this.width, this.height,
    Bitmap.Config.ARGB_8888);   // 레이어용 이미지를 작성한다
  this.layer_bitmap[0].eraseColor(0xffffffff);   // 0번 레이어는 흰색
  this.layer_bitmap[1].eraseColor(0xffffffff);   // 1번 레이어도 흰색
  this.layer_bitmap[2].eraseColor(0xff000000);   // 2번 레이어는 검은색
```

```
this.stroke_bitmap = Bitmap.createBitmap(this.width, this.height,
    Bitmap.Config.ARGB_8888);        // stroke용 이미지 버퍼를 작성한다
this.stroke_bitmap.eraseColor(0);    // 투명하게 칠한다
this.display_bitmap = Bitmap.createBitmap(this.width, this.height,
    Bitmap.Config.ARGB_8888);        // 표시용 이미지 버퍼를 작성한다
this.display_bitmap.eraseColor(0xffffffff);  // image_buffer와 같은 색
this.prev_bitmap = Bitmap.createBitmap(this.width, this.height,
    Bitmap.Config.ARGB_8888);        // stroke 전 이미지 버퍼
this.prev_bitmap.eraseColor(0xffffffff);  // 흰색으로 해둔다
invalidate();                        // 캔버스 전체를 다시 그린다
```

화면 터치 처리의 레이어 대응

Android 버전에서는 onTouchEvent의 첫머리에서 캔버스 준비가 되었는지의 여부를 image_buffer로 판단했었는데, image_buffer 대신에 prev_bitmap을 사용하면 될 것입니다.

SPCanvas.java의 onTouchEvent( ) 시작

```
public boolean onTouchEvent(MotionEvent event) {
    if (this.prev_bitmap == null)   // 만약 캔버스 준비가 아직 되어 있지 않다면
        return false;   // 처리하지 않고 돌아간다
```

 다음은 stroke 중에 호출되는 touchDraggedAtX:y:입니다. stroke 자체는 지금까지와 마찬가지로 stroke용 이미지(stroke_bitmap)에 그려지지만 그 이후의 처리에는 레이어가 관련되기 때문에 조금은 달라집니다. stroke_bitmap은 stroke 전 이미지(prev_bitmap)와 합성하고, 그 결과를 각 레이어(layer_bitmap[layer_index])에 출력합니다. 그리고 레이어 0, 1, 2를 합성한 것을 display_layer로 출력한 후 그 영역에 대해 화면 갱신을 수행합니다. Android 버전도 큰 차이가 없다는 것을 알 수 있을 것입니다.

SPCanvas.mm의 touchDraggedAtX:y: 안

```
[self composeBitmap:self->prev_bitmap
           with:self->stroke_bitmap
          alpha:(self->pen_properties.density / 255.0)
             to:self->layer_bitmap[self->layer_index]
         inRect:rect];              // stroke를 레이어에 적용시켜
[self composeAllLayers:self->layer_bitmap
   to:self->display_bitmap inRect:rect];  // 모든 레이어를 합성한다
[self setNeedsDisplayInRect:rect];        // 합성한 것을 표시한다
```

SPCanvas.java의 touchDragged( ) 안

```
composeBitmap(this.prev_bitmap, this.stroke_bitmap,
    this.pen_properties.density, this.layer_bitmap[this.layer_index],
    rect);          // stroke를 레이어에 적용한다
composeAllLayers(this.layer_bitmap, this.display_bitmap, rect);
                    // 모든 stroke를 합성한다
invalidate(rect);   // rect 범위의 캔버스를 갱신한다
```

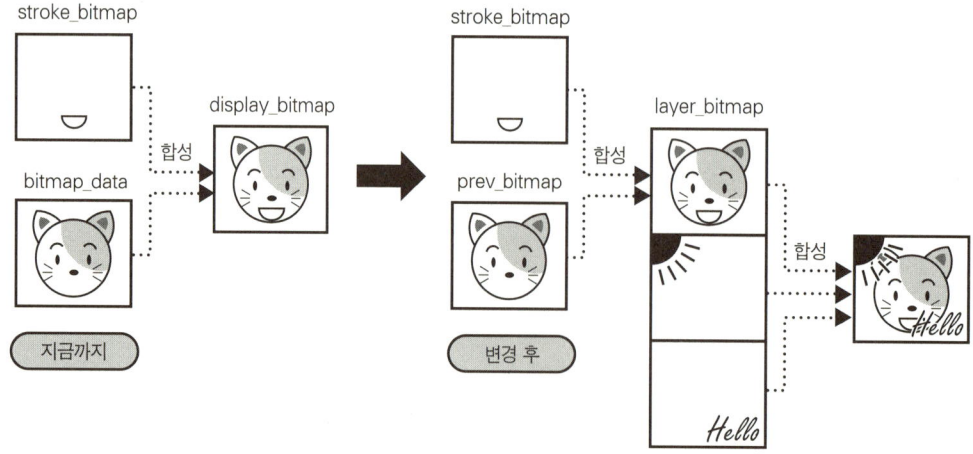

한편으로, stroke 종료 후의 처리에는 큰 변경이 없습니다. bitmap_data(image_buffer)를 prev_bitmap으로, display_bitmap을 layer_bitmap[layer_index]로 변경하기만 하면 됩니다.

SPCanvas.mm의 touchReleasedAtX:y: 마지막

```
// stroke용 비트맵의 뒤처리
[self applyWithStrokeBitmap:self->prev_bitmap
                         to:self->layer_bitmap[self->layer_index]
                      alpha:(self->pen_properties.density / 255.0)];
```

SPCanvas.java의 touchReleased( ) 마지막

```
// stroke용 비트맵의 뒤처리
applyWithStrokeBitmap(this.prev_bitmap,
    this.layer_bitmap[this.layer_index],
    this.pen_properties.density);
```

stroke 그리기의 레이어 대응

되돌리기 등에 사용되는 redrawStrokes:에도 변경이 필요합니다. 인수인 bitmaps의 형식이 변했기 때문에 선언과 함께 수정이 필요합니다. 먼저, bitmap_data 대신에 각 레이어를 초기 상태로 되돌립니다. 레이어 2만은 검은색으로 초기화할 필요가 있다는 것을 잊지 마세요.

SPCanvas.mm의 redrawStroke:

```
- (void)redrawStrokes:(unsigned int*[])bitmaps {
  for (int i = 0; i < self->width * self->height; i ++) {
    bitmaps[0][i] = 0xffffffff;  // 레이어 0은 흰색
    bitmaps[1][i] = 0xffffffff;  // 레이어 1도 흰색
    bitmaps[2][i] = 0xff000000;  // 레이어 2만 검은색
  }
```

그리는 부분도 기본적으로는 동일하지만 stroke별로 그리는 레이어가 다를 가능성이 있기 때문에 그리는 대상의 레이어를 판별하여 그에 맞게 drawStroke:with: 메서드에 전달하고 있습니다.

```
std::map<std::pair<long long, long long>, SPStroke>::iterator it
= self->strokes_history.begin();
int layer_i;
while (it != self->strokes_history.end()) {
  layer_i = it->second.layer;   // 그리는 대상 레이어를 추출한다
  if (layer_i < SPLayerNumber)
    [self drawStroke:bitmaps[layer_i] with:it->second];
  it ++;
}
```

마지막으로, 모든 레이어를 합성한 후 캔버스 전체의 화면 갱신을 요청합니다. 또한 stroke용 비트맵과 stroke 전 이미지를 준비하고 다음 그리기에 대비합니다.

```
[self composeAllLayers:self->layer_bitmap
               to:self->display_bitmap
           inRect:CGRectMake(0, 0, self->width, self->height)];
                      // 캔버스 전역에서 모든 레이어를 합성하고 display_bitmap으로
for (int i = 0; i < self->width * self->height; i ++) {
  self->stroke_bitmap[i] = 0;   // stroke 이미지는 투명하게
  self->prev_bitmap[i] = bitmaps[self->layer_index][i];
                      // 현재의 레이어 내용을 stroke 전 이미지로 복사한다
}
[self setNeedsDisplay];   // 캔버스 전체를 다시 그린다
}
```

Android 버전에서도 알고리즘의 흐름은 완전히 똑같습니다.

```
public void redrawStrokes(Bitmap[] bitmaps) {
  bitmaps[0].eraseColor(0xffffffff);  // 흰색으로 전체를 칠한다
  bitmaps[1].eraseColor(0xffffffff);  // 흰색으로 전체를 칠한다
  bitmaps[2].eraseColor(0xff000000);  // 검은색으로 전체를 칠한다

  Set<Times> hist_times = this.strokes_history.keySet();
      // stroke가 발생한 시각 전체의 집합을 취득한다
  Iterator<Times> it = hist_times.iterator();
  SPStroke stroke;
  while (it.hasNext()) {
    stroke = strokes_history.get(it.next());
    if (stroke.layer < bitmaps.length)  // 만약 stroke에 포함되는 layer 번호가 적당하다면
        drawStroke(bitmaps[stroke.layer], stroke);  // 그 레이어에 stroke를 그린다
  }

  composeAllLayers(this.layer_bitmap, this.display_bitmap,
      new Rect(0, 0, this.width - 1, this.height - 1));  // 모든 레이어를 합성한다
  Canvas canvas = new Canvas(this.prev_bitmap);  // stroke 전 이미지의 내용을
  canvas.drawBitmap(bitmaps[this.layer_index], 0, 0, null);
      // 현재 선택 중인 레이어의 내용
  this.stroke_bitmap.eraseColor(0);
      // stroke_bitmap의 내용을 투명하게
  invalidate();  // 화면 전체를 다시 그린다
}
```

redrawStrokes: 메서드의 인수가 바뀌었기 때문에 메서드를 호출하는 get_response: 메서드에도 변경이 필요합니다. get_response:나 undoOneStroke: 안의 해당 부분을 '[self redrawStrokes:self->layer_bitmap];'으로 변경합니다. Android 버전에서도 마찬가지로 get_response()와 undoOneStroke ()를 변경해주세요.

그럼, 합성을 수행하는 composeAllLayers:to:inRect:를 살펴보겠습니다. 조금 전과 마찬가지로 변경된 부분(rect)만 합성하고 가능한 한 불필요한 처리는 하지 않도록 합시다. 합성한 것을 출력하는 곳은 인수에 있는 bitmap이 됩니다.

시작 부분에서 CGContext의 작성부터 그것을 UIKit에서 그리기에 이용할 수 있도록 준비하

는 부분은 composeBitmap:with:alpha:to:inRect:와 완전히 동일합니다.

SPCanvas.mm

```
- (void)composeAllLayers:(unsigned int*[])bitmaps to:(unsigned int*)bitmap
inRect:(CGRect)rect {
  CGColorSpaceRef colorspace = CGColorSpaceCreateDeviceRGB();
  CGContextRef context =
  CGBitmapContextCreate(bitmap,
                        self->width, self->height, 8,
                        self->width * 4,
                        colorspace,
                        kCGImageAlphaPremultipliedFirst);
  CGColorSpaceRelease(colorspace);
  CGAffineTransform ctm = CGAffineTransformMakeScale(1, -1);
  ctm = CGAffineTransformTranslate(ctm, 0, - self->height);
  CGContextConcatCTM(context, ctm);
  UIGraphicsPushContext(context);
```

레이어 합성에 대해서는 조금 전 설명과 같이 수행합니다. 다시 복습해보면 레이어 0과 레이어 1을 멀티플라이 합성한 후 레이어 2를 스크린 합성하는 순서였는데 더 구체적으로는 아래와 같습니다.

(1) 레이어 0을 현재의 context (내용은 bitmap)에 복사한다

(2) 레이어 1을 멀티플라이 합성으로 context에 그린다

(3) 레이어 2를 스크린 합성하여 context에 그린다

이렇게 하면 별 문제 없겠지요.

```
UIImage *layer_img[SPLayerNumber];  // 이미지의 배열을 선언한다
for (unsigned int layer_i = 0; layer_i < SPLayerNumber; layer_i ++)
  layer_img[layer_i] = [self clipImageOfBitmap:bitmaps[layer_i]
                  inRect:rect];  // 각 bitmap의 지정된 영역(rect)을 이미지에
```

```
    [layer_img[0] drawAtPoint:rect.origin];    // 레이어 0의 이미지를 불투명하게 그린다
    [layer_img[1] drawAtPoint:rect.origin
                    blendMode:kCGBlendModeMultiply
                        alpha:1.0];            // 레이어 1은 멀티플라이 합성으로 그린다
    [layer_img[2] drawAtPoint:rect.origin
                    blendMode:kCGBlendModeScreen
                        alpha:1.0];            // 레이어 2는 스크린 합성으로 그린다

    UIGraphicsPopContext();                    // UIKit에서 현재 context를 분리한다
    CGContextRelease(context);                 // context를 해제한다
}
```

Android 버전에서 각종 레이어를 합성하기 위해서는 android.graphics.PorterDuffXfermode 를 사용하는 것이 편리합니다.

SharePaint에서는 이 중 PortDuff.Mode.MULTIPLY와 PortDuff.Mode.SCREEN을 사용합니다. 그 이외에는 매우 순조롭습니다.

SPCanvas.java

```
void composeAllLayers(Bitmap[] bitmaps, Bitmap bitmap, Rect rect) {
    Canvas canvas = new Canvas(bitmap);   // bitmap에 그리기 위해 canvas를 준비한다
    canvas.drawBitmap(bitmaps[0], rect, rect, null);  // canvas에서 0번 레이어 전체를 칠한다
    Paint paint = new Paint();
    Xfermode mult_xfer =
        new PorterDuffXfermode(PorterDuff.Mode.MULTIPLY);   // 멀티플라이 합성의 Xfer를
    paint.setXfermode(mult_xfer);         // paint에 설정한다
    canvas.drawBitmap(bitmaps[1], rect, rect, paint);   // 멀티플라이로 1번 레이어를 그린다
    Xfermode screen_xfer =
        new PorterDuffXfermode(PorterDuff.Mode.SCREEN);  // 스크린 합성의 Xfer를
    paint.setXfermode(screen_xfer);   // paint에 설정한다
    canvas.drawBitmap(bitmaps[2], rect, rect, paint);  // 스크린 합성으로 2번 레이어를 그린다
}
```

대상 레이어의 변경

이렇게 하여 각 레이어에 대한 그리기와 그에 따른 적절한 화면 표시를 수행하였습니다. 하지만 레이어를 변경할 수 없다면 별로 의미가 없겠지요. 메뉴를 통해 레이어를 변경할 수 있도록 해봅시다. 이미 펜 두께 등을 변경하는 대화상자 안에 레이어 선택용 위젯을 추가해두었기 때문에 나머지는 그곳에 코드를 연결하기만 하면 됩니다.

그 전에 한 가지 주의할 것은 레이어가 변경되었을 때는 stroke 전 이미지용 버퍼에 새로 그리는 대상 레이어의 내용을 옮겨두는 것을 잊어서는 안 된다는 것입니다. 이 역할을 하는 것이 setLayerIndex:(setLayerIndex( ))입니다.

SPCanvas.mm

```
- (void)setLayerIndex:(unsigned int)index {
  self->layer_index = index;      // 현재 레이어 번호를 설정한다
  for (int i = 0; i < self->width * self->height; i ++) {
    self->stroke_bitmap[i] = 0;   // stroke용 비트맵은 투명하게
    self->prev_bitmap[i] = self->layer_bitmap[index][i];
      // 선택한 레이어의 이미지를 stroke 전 이미지로 복사한다
  }
}
```

SPCanvas.java

```
    public void setLayerIndex(int index) {
      this.layer_index = index;         // 현재 레이어 번호를 설정한다
      this.stroke_bitmap.eraseColor(0); // stroke용 비트맵은 투명하게
      Canvas canvas = new Canvas(this.prev_bitmap); // stroke 전 이미지에는
      canvas.drawBitmap(this.layer_bitmap[index], 0, 0, null);
          // 선택한 레이어의 이미지를 그린다
    }
```

나머지는 펜 설정 대화상자의 내용과 연결하면 완성입니다. 자세한 설명은 생략하지만 조금 전에 살펴본 투명도의 경우와 같습니다. iPhone 버전에서는 SharePaintViewController.h에 레이어 선택용 라디오버튼과 Interface Builder를 연결하기 위해 'IBOutlet UISegmented Control* layer_btns;'와 같이 선언한 후 Interface Builder 상에서 라디오버튼과 연결하고 Share PaintVIewController.mm의 showPenPropDialog:와 applyPenPropDialog:의 두 메서드를 변경하여 캔버스의 layer_index와 연계할 수 있도록 하기만 하면 됩니다. 아, 그리고 캔버스의 layer_index를 변경할 때는 다음과 같이 setLayerIndex: 메서드를 사용하는 것을 잊지 마세요.

SharePaintViewController.mm의 applyPenPropDialog: 안

```
[canvas setLayerIndex:self->layer_btns.selectedSegmentIndex] ;
```

Android 버전에서도 Intent의 처리가 조금 번거롭긴 하지만 기본적으로는 펜 설정 대화상자에 대해서는 방금 전의 펜 투명도 처리와 동일합니다. 자세한 것은 서포트 페이지의 소스 코드를 참조하세요. 또한 Intent에서 사용하는 키에 대해서는 다음과 같이 합니다.

SharePaint.java

```
static  final  String  LayerIndexName = "LayerIndex";
```

또한 iPhone 버전과 마찬가지로 layer_index를 변경할 때는 setLayerIndex( )를 사용한다는 것을 잊지 마세요.

이로써 SharePaint에 비록 3장뿐이긴 하지만 레이어가 생겼습니다. 조금 더 편리해진 것이지요. 여러 가지로 시험해보면 점점 더 흥미로울 것입니다. 하지만 색이 5가지뿐이라는 것이 좀 안타깝네요. 좀 더 자유롭게 선택할 수 있도록 만들어볼까요?

컬러픽커

7.3

지금까지 구현해 온 SharePaint에서는 미리 정한 5가지의 색 중에서 선택하여 사용할 수밖에 없었습니다. 물론 5가지 색에 불과하더라도 메모 용도라면 충분할 수 있겠지요. 하지만 일러스트용으로도 사용하고 싶다면 좀 더 자유롭게 색을 선택할 수 있어야 좋겠지요.

여기서는 색 공간 RGB와 또 다른 색 공간인 HSB 사이의 변환과 HSB를 사용한 컬러픽커(color picker)의 구현에 대해 살펴보겠습니다.

HSB 색 공간이란

우리는 이미 레이어의 합성 부분에서 RGB 색 공간에 대해 살펴봤습니다. RGB는 웹페이지의 색 지정 등 다양한 곳에서 사용되고 있는 만큼 잘 알고 있는 분들이 많겠지만 HSB는 어떤가요?

HSB 색 공간(HSV 색 공간이라고도 합니다)은 색(Hue), 채도(Saturation), 명도(Brightness)라는 3가지 파라미터에 의해 표현됩니다. 덧붙이자면, 색은 각도로 표현되기 때문에 0~360이라는 수치로 표현되는 경우가 많지만, 360이라는 숫자에 특별한 의미가 있는 것은 아니므로, 편하게 0.0~1.0으로 사용하기로 하겠습니다.

HSB는 RGB와는 달리 '어느 정도의 선명도와 밝기를 가진 어떤 색'이냐에 의해서 색을 표현할 수 있기 때문에 색을 선택하고 사용하기는 편리하지만 HSB와 RGB를 상호 변환하는 방법은 조금 까다롭습니다. 하지만 역시 최신 플랫폼인 iPhone과 Android인 만큼 둘 다 HSB에서 RGB로 변환하는 기능을 가지고 있습니다. SharePaint에서도 이것을 이용하겠습니다.

우선은 조금 독자적으로 위젯을 만들어볼 것이기 때문에 그에 대한 클래스를 준비하도록 하지요. 이곳에서는 색을 선택하기 위해 HueLine이라는 이름으로, 채도와 명도를 선택하기 위해 SatBriBox라는 이름으로 각각 뷰(iPhone에서는 UIView이고 Android에서는 View)를 상속하여 작성합니다. 단일 기능을 구현하기 위한 3개의 뷰이므로 하나의 파일에 모아두는 편이 나중에 관리하기가 쉽겠지요. 이와 동시에 그것들을 연결해두기 위한 클래스를 준비하도록 합니다.

화면 구성은 다음 일러스트와 같은 느낌으로 하면 어떨까요?

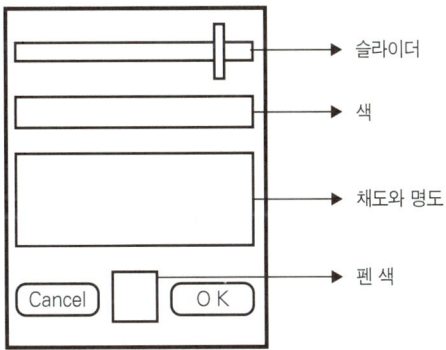

컬러픽커 대화상자 (iPhone)

우선 iPhone 버전부터 살펴보지요. 'SharePaintViewController.xib'를 더블클릭해서 Interface Builder를 실행하고, Library에서 ViewController를 SharePaintViewController.xib 윈도로

드래그하여 추가합니다. 추가된 새 아이콘의 이름은 알기 쉽게 HSBColorPickerController라
고 하겠습니다.

Xcode에서는 HueLine, SatBriBox를 컨트롤하는 파일을 작성해야 합니다. 파일 추가에서
'Objective-C class'를 선택하고, 파일 이름을 HSBColorPicker.mm으로 지정합니다. 이렇게 하면
HSBColorPicker라는 클래스가 만들어지는데, 아직은 사용할 일이 없으므로 일단 내버려둡니다.

그보다 중요한 것은 HueLine, SatBriBox의 작성입니다. 이 파일 안에 3개의 클래스 선언을
넣어두지요. 화면 구성 일러스트에 있던 슬라이더는 Hue_slider라고 이름을 지정하겠습니다.

HSBColorPicker.h

```
@interface HueLine : UIView {
@end

@interface SatBriBox : UIView {
  IBOutlet UISlider* hue_slider;
}
@end
```

이 파일을 저장하면 Interface Builder 쪽에서도 이 클래스들을 인식할 수 있습니다. 그러면 SharePaintViewController.xib 윈도의 HSBColorPickerController 아이콘을 더블클릭하세요. 대화상자가 열리면 위에서 본 일러스트처럼 각종 부속들을 배치해보겠습니다.

3개의 사각 부분, 즉 HueLine, SatBriBox에 해당하는 부분과 2개의 버튼 사이의 사각 부분 은 Library에서 UIView로서 드래그 앤 드롭하세요.

다음으로, HueLine과 SatBriBox에 해당하는 부분과 클래스를 대응시킵니다. 앞에서도 해봤 지만 Inspector를 사용해 어떤 클래스의 인스턴스로 작성하는지 지정해주면 되겠지요.

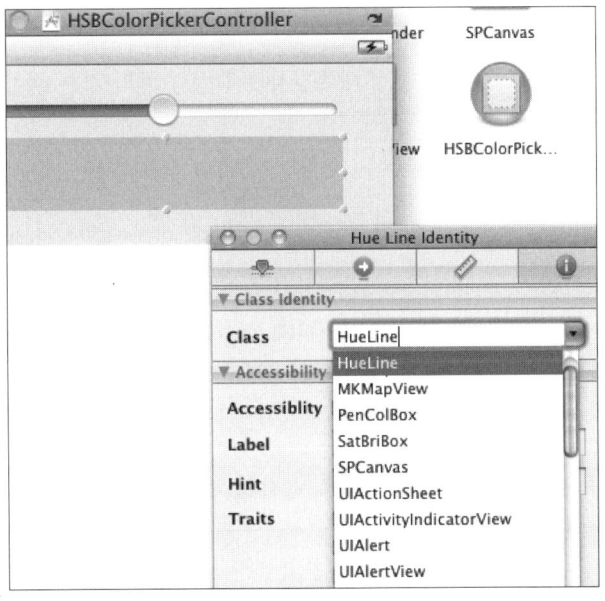

그 다음은 SatBriBox의 선언 속에 있던 hue_slider와 화면상의 색 슬라이더를 연결해 주는 작업입니다. Interface Builder의 HSBColorPickerController 윈도(그 윈도가 없다면 SharePaintViewController.xib 윈도 안의 HSBColorPickerController를 더블클릭해서 열어주세요)의 한가운 데 사각 부분인 SatBriBox를 마우스 오른쪽 버튼으로 클릭(혹은 ctrl 키를 누르고 클릭)하면 'hue_

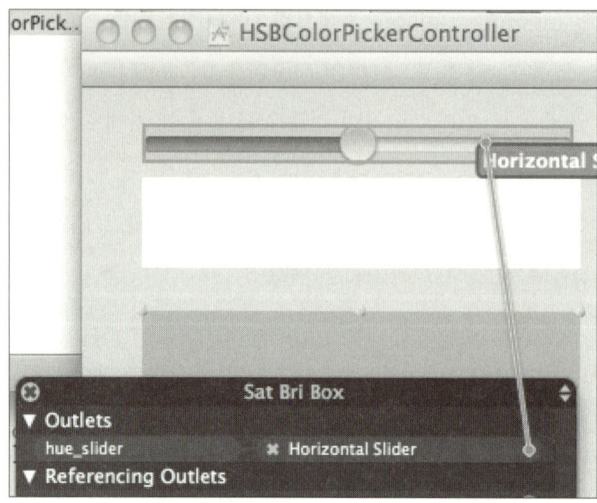

slider'를 선택할 수 있게 되므로, 펜 설정 대화상자를 작성할 때와 같은 절차로 화면상의 슬라이더를 연결합니다.

하는 김에 바로 시뮬레이터로 동작을 확인할 수 있도록 펜 설정 대화상자 상에 컬러픽커 버튼을 만들고, 이것을 클릭하면 HSBColorPicker 대화상자가 표시되는 것까지 해보겠습니다. 조금 전에 추가한 버튼을 클릭할 때 실행되는 메서드 선언과 SharePaintViewController에서 HSBColorPicker 의 뷰 컨트롤러를 호출할 수 있게 해보겠습니다.

우선 SharePaintViewController에서 HSBColorPicker의 컨트롤러를 조작하는 창구를 준비한 후 인스턴스 변수의 선언을 추가합니다. 또한 HSBColorPicker를 표시할 때, 색 슬라이더의 설정도 할 수 있도록 hue_slider를 준비합니다.

SharePaintViewController.h

```
IBOutlet UIViewController* hsbcolorpickercontroller;  // HSBColorPicker
IBOutlet UISlider* hue_slider;  // 색 슬라이더
```

download \SharePaint_ch7iphone\SharePaint_ch7iphone\Classes\SharePaintViewController.h

그렇지요. 이 슬라이더는 SharePaintViewController에서도 참조하던 것이었습니다. 앞에서와 같은 순서로 SharePaintViewController의 hue_slider와 색 슬라이더도 연결해주겠습니다. 이 과정이 끝나면 슬라이더를 마우스 오른쪽 버튼으로 클릭하면 표시되는 Referencing Outlets에서 Sat Bri Box와 File's Owner의 양쪽으로 접속되는 것을 확인할 수 있습니다.

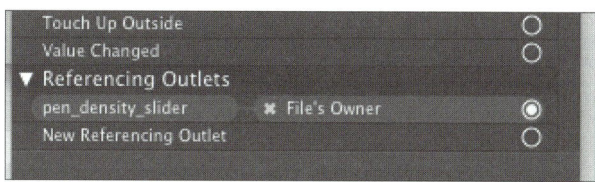

또한 버튼이 클릭되었을 때 실행되는 메서드를 다음과 같이 선언합니다. 위에서부터 '펜 대화상자의 HSBColorPicker를 표시하는 버튼', 'HSBColorPicker의 Cancel 버튼', 'HSBColorPicker의 OK 버튼'이 클릭되었을 때 각각 호출되는 메서드라고 하겠습니다.

SharePaintViewController.h

```
- (IBAction)showHSBColorPicker:(id)sender;
- (IBAction)dismissHSBColorPicker:(id)sender;
- (IBAction)applyHSBColorPicker:(id)sender;
```

이 3개의 메서드 구현도 임시로 마무리해둡니다. 그렇지만 사실, 펜 설정 대화상자에서 했던 작업과 거의 같습니다. 물론 HSBColorPicker의 구현이 전혀 이루어지지 않았기 때문에 〈OK〉 버튼이 클릭되었을 때의 처리는 제대로 할 수 없지만 다음과 같이 구현합니다. 여기까지 해두면 적시에 iPhone 시뮬레이터에서의 HSBColorPicker 표시를 확인할 수 있습니다.

이것은 298페이지의 그림과 같이 간단합니다. 다만, 이 HSBColorPicker의 뷰 컨트롤러를 호출하는 것은 self(즉, SharePaintViewController)가 아니라, penpropviewcontroller(즉, 펜 설정 대

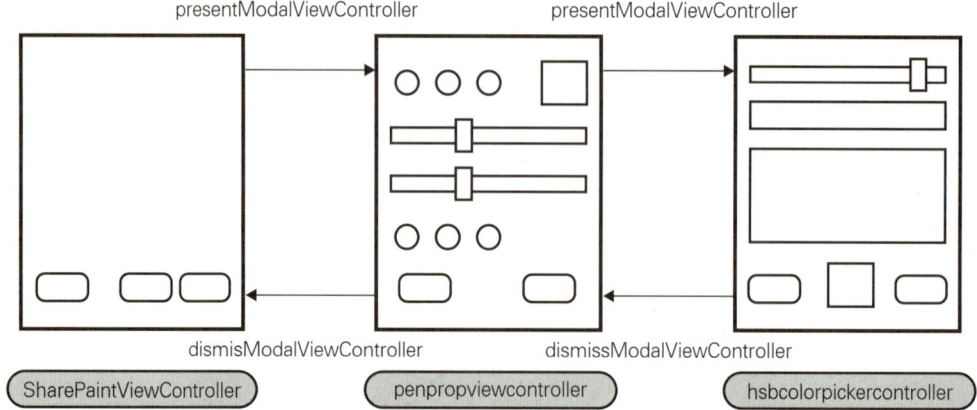

presentModalViewController   presentModalViewController

dismissModalViewController   dismissModalViewController

(SharePaintViewController)   (penpropviewcontroller)   (hsbcolorpickercontroller)

화상자의 뷰 컨트롤러)라는 점에 유의하고, presentModalViewController:animated: 메서드와 d
ismissModalViewControllerAnimated: 메서드를 호출할 필요가 있습니다.

SharePaintViewController.mm

```
- (IBAction)showHSBColorPicker:(id)sender {
  self->hue_slider.minimumValue = 0.0;  // 색 슬라이더의 최소값을 0.0으로
  self->hue_slider.maximumValue = 1.0;  // 색 슬라이더의 최대값을 1.0으로
  [self->penpropviewcontroller
  presentModalViewController:hsbcolorpickercontroller
                    animated:YES];
                                         // HSBColorPicker를 표시한다
}

- (IBAction)applyHSBColorPicker:(id)sender {
  [self->penpropviewcontroller
   dismissModalViewControllerAnimated:YES];
    // 지금의 ModalViewController(즉 HSBColorPicker)를 지운다
}

- (IBAction)dismissHSBColorPicker:(id)sender {
  [self->penpropviewcontroller
   dismissModalViewControllerAnimated:YES];
    // 지금의 ModalViewController(즉 HSBColorPicker)를 지운다
}
```

download \SharePaint_ch7iphone\SharePaint_ch7iphone\Classes\SharePaintViewController.mm

나머지는 인스턴스 변수 hsbcolorpickercontroller와 앞 3개의 메서드를 Interface Builder 상에서 뷰 컨트롤러나 버튼과 연결시키면 완성입니다.

다음의 스크린 샷처럼 PenDialogView를 수정하겠습니다. 펜 색의 UISegmentedControl의 버튼을 3개로 줄이고, 남은 공간에 버튼을 추가하여 Touch Up Inside 이벤트에 showHSBColorpicker: 메서드를 연결합니다. 또한 이 스크린 샷에서는 알기 쉽도록 버튼의 타입이 기본값인 'Rounded Rect' 그대로인데 'Custom'으로 변경합니다. 그렇게 하지 않으면 이 버튼의 배경을 바꿔도 알기 힘들어집니다. 이것으로 이 버튼을 클릭하면 showHSBColorPicker:가 작동하고, 그 결과로서 HSBColorPicker 대화상자가 표시됩니다.

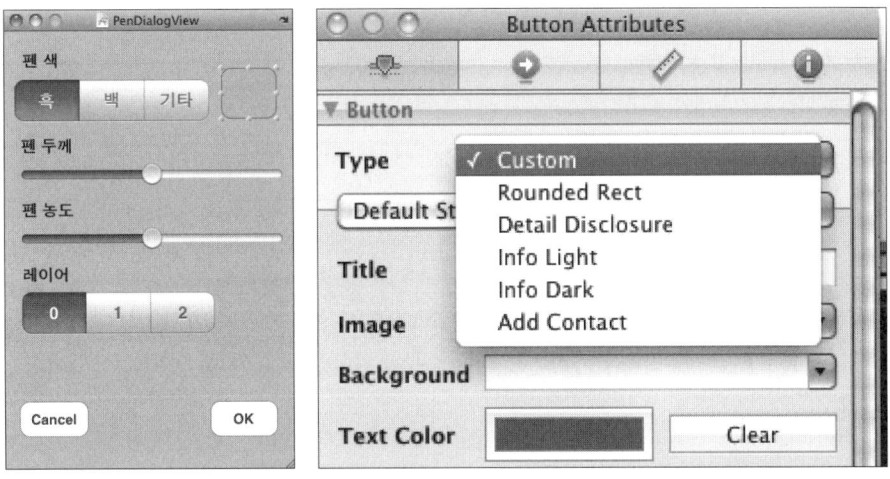

같은 방식으로 HSBColorPicker 대화상자 상의 〈OK〉, 〈Cancel〉 버튼의 Touch Up Inside 이벤트를 각각 applyHSBColorPicker:와 dismissHSBColorPicker:의 두 메서드에 할당합니다.

HSBColorPicker의 뷰 컨트롤러를 SharePaintViewController에서 조작할 수 있도록 하기 위

해 hsbcolorpickercontroller라는 인스턴스 변수를 준비했으므로 이것도 연결합니다.

컬러픽커 대화상자 (Android)

그렇다면 HueLine이나 SatBriBox, 그리고 그것을 모은 대화상자를 Android 버전에서도 만들어보겠습니다.

HueLine과 SatBriBox 클래스는 android.view.View를 상속하여 작성하세요. 지금은 구체적인 구현은 뒤로 미루고 Eclipse가 준비한 2개의 파일 HueLine.java와 SatBriBox.java는 그대로 둡니다.

이어서 HSB 컬러픽커 대화상자의 화면 구성입니다. 대화상자 내의 배치는 iPhone과 같게 하면 되는데, 역시 XML로 기술합니다. [File] 메뉴에서 [New] → [Android XML File]을 선택하고, File에는 'hsb_color_picker.xml'이라고 입력한 후 그 아래의 라디오버튼은 'Layout'을 선택하고 〈Finish〉 버튼을 클릭합니다. 그럼, 이 안에 각 부분들을 기술해보겠습니다.

맨 처음은 항상 하던 문구로 시작합니다. 세로 방향의 LinearLayout이고, 제일 큰 프레임 안에서는 각 파트가 세로로 나열되어 갑니다.

```
<?xml version="1.0" encoding="utf-8"?>
<LinearLayout
  xmlns:android="http://schemas.android.com/apk/res/android"
    android:orientation="vertical"
    android:layout_gravity="center"
    android:layout_width="fill_parent"
    android:layout_height="fill_parent">
```

위에서부터 차례대로 지정할 것이므로 맨 처음에 할 것은 색을 지정하는 슬라이더입니다. Android에서는 색의 지정이 0~360의 범위이므로, 최대값을 '360'으로 지정합니다. 또한 스크린의 가로 폭에 꽉 차는 슬라이더를 배치해 버리면 양끝의 설정이 힘들어지므로, 슬라이더 자체는 가로 폭을 270픽셀 상당으로 하고 있습니다. 덧붙여, HueLine과 SatBriBox의 가로 폭은 250픽셀로 지정하고 있는데, Android의 SeekBar는 가로 폭 끝까지 슬라이더가 움직이지 않기 때문에 조금 크게 270픽셀로 지정합니다. 또한 'layout_gravity="center"' 부분으로 스크린의 좌측 끝이 아니라 중앙에 배치되도록 지정하고 있습니다.

```
<SeekBar android:id="@+id/hue_slider"
    android:max="360"
    android:layout_gravity="center"
    android:layout_width="270dp"
    android:layout_height="wrap_content" />
```

다음의 색 표시 부분에 대해 특히 주의해야 할 점은 없습니다. 굳이 들자면 HueLine의 클래스를 패키지 이름부터 기술해야 한다는 정도입니다.

채도·명도를 지정하는 SatBriBox의 배치에 대해서는 먼저 주의했던 것 이상으로 특별히 어려운 점은 없으니 그 위아래를 에워싼 TextView에 대해서만 조금 설명하겠습니다. 이 TextView는 단지 사이를 띄우기 위해 사용되고 있기 때문에 표시되지는 않습니다. 하지만

```
<jp.co.paintsoft.sharepaint.HueLine
    android:layout_gravity="center"
    android:id="@+id/hue_line"
    android:layout_width="250dp"
    android:layout_height="50dp" />
```

이것이 없다면 SatBriBox와 HueLine 사이나 SatBriBox와 그 아래의 〈OK〉 버튼 등과의 사이가 꼭 채워져 사용하기가 불편해집니다. 그렇기 때문에 'layout_weight="1"'로 지정하여 SatBriBox를 사이에 끼우고 있는 것입니다. 이 layout_weight가 없으면 찌부러져서 스페이서의 의미가 없어지므로 주의해야 합니다.

```
<TextView android:text=" " android:layout_weight="1"
    android:layout_width="wrap_content" android:layout_height="wrap_content"/>
<jp.co.paintsoft.sharepaint.SatBriBox
    android:layout_gravity="center"
    android:id="@+id/sat_bri_box"
    android:layout_width="250dp"
    android:layout_height="250dp" />
<TextView android:text=" " android:layout_weight="1"
    android:layout_width="wrap_content"
 android:layout_height="wrap_content"/>
```

맨 마지막, 그러니까 화면의 가장 아래에는 가로로 나열되어 있는 버튼들이 있습니다. 이 부분에 대해서는 펜 대화상자(pen_properties.xml)를 작성한 곳(65, 66페이지 참고)에서 이미 설명했습니다. 단, 〈Cancel〉 버튼과 〈OK〉 버튼 사이에는 스페이서인 TextView가 아니라 펜 색을 지정하는 View를 배치하고 있습니다. 이 View는 코드 쪽에서 색을 변경할 필요가 있으므로, 'id="@+id/hsb_pencolbox"'라고 이름을 지정하여 참조하는 창구를 만들어 놓습니다.

```
<LinearLayout android:orientation="horizontal"
    android:layout_gravity="center"
```

```
      android:layout_width="fill_parent"
      android:layout_height="wrap_content">
      <Button android:text="Cancel" android:id="@+id/hsb_picker_cancel"
      android:layout_weight="1"
      android:layout_width="wrap_content"
      android:layout_height="wrap_content"/>
      <View android:id="@+id/hsb_pencolbox"
      android:layout_width="50dp" android:layout_height="50dp" />
      <Button android:text=" OK " android:id="@+id/hsb_picker_ok"
      android:layout_weight="1"
      android:layout_width="wrap_content" android:layout_height="wrap_content"/>
   </LinearLayout>
</LinearLayout>
```

이로써 배치가 완료되었으므로 Eclipse 에디터의 아래 Layout 탭에서 의도한 대로 표시가 되었는지 확인할 수 있습니다. 단, HueLine과 SatBriBox는 새까매서 보이지 않습니다.

그럼, 다음으로 펜 설정 대화상자에서 HSBColorPicker를 호출할 수 있도록 해보겠습니다.

펜 설정 대화상자일 때와 마찬가지로 Activity를 추가하고, 거기에 조금 전의 hsb_color_

picker.xml의 내용이 표시되게 하는 절차가 필요합니다. 이름은 HSBColorPicker라고 합시다. 내용에 있어서 시작 부분은 펜 설정 대화상자의 PenSettingsView.java와 같습니다.

HSBColorPicker.java

```java
public class HSBColorPicker extends Activity {

    @Override
    public void onCreate(Bundle savedInstanceState) {
        super.onCreate(savedInstanceState);
        setContentView(R.layout.hsb_color_picker);
```

〈OK〉 버튼과 〈Cancel〉 버튼을 클릭했을 때의 처리도 임시지만 작성해보겠습니다. 물론 아직은 색을 설정할 수 없지만, 이것으로 버튼을 클릭하면 HSB 컬러픽커가 종료되고 펜 설정 대화상자로 돌아갑니다.

```java
        // OK 버튼과 Cancel 버튼의 인스턴스를 가져온다
        Button cancel_btn = (Button)findViewById(R.id.hsb_picker_cancel);
        Button ok_btn = (Button)findViewById(R.id.hsb_picker_ok);
        // Cancel 버튼이 클릭되었을 때의 처리
    cancel_btn.setOnClickListener(new View.OnClickListener() {
        public void onClick(View v) {
            setResult(RESULT_CANCELED);        // Cancel이라는 결과와 함께
            finish();                          // Activity를 종료한다
        }});
    ok_btn.setOnClickListener(new View.OnClickListener() {
        public void onClick(View v) {
            Intent intent = new Intent();
            intent.putExtra(SharePaint.PenColorName,
            HSBColorPicker.pen_color);
            setResult(RESULT_OK, intent);      // OK라는 결과와 함께
            finish();                          // Activity를 종료한다
        }});
    }
}
```

그럼, 다음으로 펜 대화상자의 수정을 수행할 차례입니다. 우선 레이아웃을 지정하는 pen_properties.xml을 수정해보겠습니다. iPhone 버전과 마찬가지로 색을 지정하는 라디오버튼은 3개로 줄이고 그 옆에 HSB 컬러픽커 버튼을 추가할 것이므로, 다음에는 해당 부분만을 뽑아냅니다. 라디오버튼에서는 '흑', '백' 이외에는 삭제하고 그 대신에 '기타' 버튼을 추가합니다.

pen_properties.xml

```
<RadioGroup android:orientation="horizontal"
  android:layout_width="wrap_content"
 android:layout_height="wrap_content">
 <RadioButton android:text="흑" android:id="@+id/pencolor_black" />
 <RadioButton android:text="백" android:id="@+id/pencolor_white" />
 <RadioButton android:text="기타" android:id="@+id/pencolor_other" />
</RadioGroup>
```

download \SharePaint_ch7android\SharePaint_ch7android\res\layout\pen_properties.xml

또한 RadioGroup의 바깥쪽에 미리 수평 방향(orientation="horizontal")의 LinearLayout을 작성합니다. 이곳은 지금 수평 방향인 LinearLayout 블록의 안쪽이므로, 지정한 위젯이 좌측에서 우측으로 배치되어 갑니다.

이어서 스페이서 대신 TextView와 HSB 컬러픽커를 호출하는 버튼을 배치하고 화면 우측에 버튼이 놓이도록 'android:layout_gravity="right"'로 지정합니다.

```
<TextView
  android:layout_weight="1"
  android:layout_width="wrap_content"
  android:layout_height="fill_parent"/>
<Button
  android:id="@+id/penhsbcolbox"
  android:layout_weight="1"
  android:layout_gravity="right"
  android:layout_width="50dp"
  android:layout_height="50dp"/>
```

나머지는 펜 설정 대화상자의 Activity인 'PenSettingsView'를 변경하면 일단 HSB 컬러픽커 대화상자를 표시할 수 있게 됩니다. 아직은 색도 채도도 표시되지 않습니다.

우선은 PenSettingsView의 클래스 선언과 인스턴스 변수의 선언부터 시작하겠습니다. 펜 색을 지정하는 라디오버튼을 클릭했을 때, 그에 따라서 HSB 컬러픽커 호출 버튼의 색이 변경되도록 하기 위해 라디오버튼의 상태 변화에 대한 리스너를 준비할 필요가 있습니다. 여기서는 PenSettingsView가 그 역할을 담당하게 하고 'implements OnCheckedChangeListener'를 추가합니다. 따라서 HSB 컬러픽커와 인스턴스 모두 'hsbcolorbox_btn'으로 선언해 두겠습니다.

PenSettingsView.java의 클래스 선언 시작

```
public class PenSettingsView extends Activity
    implements OnCheckedChangeListener {
  SeekBar pen_width_slider = null;
  SeekBar pen_density_slider = null;
  RadioButton[] pen_color_btns = new RadioButton[3];   // 버튼은 3개로 줄인다
  RadioButton[] layer_index_btns = new RadioButton[3];
  Button hsbcolorbox_btn = null;   // HSB 컬러픽커 호출 버튼
  int pen_color;   // 펜의 색을 기억해둘 인스턴스 변수를 준비한다
```

download \SharePaint_ch7android\SharePaint_ch7android\src\jp\co\paintsoft\sharepaint\PenSettingView.java

다음은 라디오버튼을 준비하는 곳입니다. findViewById로 위젯을 가져오는 부분은 이제 됐습니다.

PenSettingsView.java의 public void onCreate(Bundle) 안

```
    pen_color_btns[0] = (RadioButton)findViewById(R.id.pencolor_black);
    pen_color_btns[1] = (RadioButton)findViewById(R.id.pencolor_white);
    pen_color_btns[2] = (RadioButton)findViewById(R.id.pencolor_other);
```

나머지는 앞에서 언급했듯이 라디오버튼의 선택 상태가 변화했을 때, 이 PenSettingsView의 onCheckedChanged() 메서드가 호출되는 것입니다. 이 메서드에 대해서는 나중에 설명하겠습

니다. 그보다도 다음 코드는 onCreate( )의 마지막 부분에 기술한다는 점을 주의하세요.

　onCreate( ) 메서드 안에서 Intent로부터 받은 색으로 라디오버튼의 값을 변화시키는데, 그 변화에 대해서도 onCheckedChanged( )가 실행됨에 따라 의도하지 않은 영향을 야기시킬 수 있습니다. 일단의 초기 처리를 끝내고 setOnCheckedChangeListener( )에 의한 리스너 등록을 하는 것이 무난합니다.

PenSettingsView.java의 onCreate( ) 끝

```
pen_color_btns[0].setOnCheckedChangeListener(this);
pen_color_btns[1].setOnCheckedChangeListener(this);
pen_color_btns[2].setOnCheckedChangeListener(this);
```

　이어서 HSB 컬러픽커를 호출하는 버튼을 설정하겠습니다. 이 버튼을 클릭하면 showHSB ColorPicker( ) 메서드가 호출되도록 되어 있는데, 이에 대한 설명은 나중에 하겠습니다.

```
hsbcolorbox_btn = (Button)findViewById(R.id.penhsbcolbox);
hsbcolorbox_btn.setOnClickListener(new View.OnClickListener() {
   public void onClick(View v) {
     showHSBColorPicker();
   }});
```

　다음 차례는 HSB 컬러픽커를 호출하는 showHSBColorPicker( ) 메서드입니다. 어디에서 무엇을 호출할 것인지 지정하고, 전달할 파라미터를 Intent로 지정한 후 그 Intent로 새로운 Activity를 실행합니다. 덧붙여, showHSBColorPicker( ) 메서드를 정의하기 전에 미리 SharePaint 클래스에 ShowHSBColorPickerId를 'static final int ShowHSBColorPickerId=1;' 와 같이 정의해 두도록 합시다.

PenSettingsView.java ━━━━━━━━━━━━━━━━━━━━━━━━━━━━━━━━ ●

```
void showHSBColorPicker() {
  Intent intent = new Intent(this,          // 여기부터
      HSBColorPicker.class);   // HSBColorPicker를 호출하는 Intent를 작성한다
  intent.putExtra(SharePaint.PenColorName,   // 맨 처음 펜의 색은
      this.pen_color);         // 인스턴스 변수 pen_color에 저장되어 있는 것을 지정한다
  startActivityForResult(intent,
      SharePaint.ShowHSBColorPickerId);      // Activity를 시작한다
}
```

나머지는 HSB 컬러픽커로부터 되돌아왔을 때 실행되는 onActivityResult( ) 메서드입니다. HSB 컬러픽커 쪽에서 〈Cancel〉 버튼이 클릭되었다면 아무것도 하지 않지만, 〈OK〉 버튼이 클릭되었다면 지정된 색을 받아와 자기 자신(PenSettingsView)의 상태, 즉 버튼 hsbcolorbox_btn 의 색 등을 변경할 필요가 있습니다. setColorBox( )가 버튼의 색을 변경하는 메서드입니다.

PenSettingsView.java ━━━━━━━━━━━━━━━━━━━━━━━━━━━━━━━━ ●

```
@Override
protected void onActivityResult(int reqid, int result, Intent intent) {
  if (result == RESULT_OK) {                            // 만약 〈OK〉 버튼이 클릭되었다면
    int pen_color = intent.getIntExtra(SharePaint.PenColorName, 0);
          // pen_color를 HSB 컬러픽커의 Intent에서 받아온다
    if (pen_color != 0)
      this.pen_color = pen_color;                // 그 색을 인스턴스 변수에 저장한다
    setColorBox();                               // 호출 버튼의 색을 변경한다
    this.pen_color_btns[2].setSelected(true);   // 〈기타〉 버튼을 선택해둔다
  }
}
```

setColorBox( ) 메서드는 hsbcolorbox_btn의 색을 pen_color로 지정한 것으로 변경하는데, 보는 바와 같이 따로 설명할 것은 없습니다. setBackgroundColor( ) 메서드로 색을 변경하는 것뿐입니다.

```
void setColorBox() {
  this.hsbcolorbox_btn.setBackgroundColor(this.pen_color);
}
```

마지막으로, 펜의 색을 변경하는 라디오버튼의 상태가 변화했을 때 호출되는 onChecked Changed( ) 메서드입니다. '백'을 선택했다면 펜을 흰색으로, '흑'을 선택했다면 펜을 검은색으로 하고, '기타'를 선택했다면 HSB 컬러픽커를 표시하도록 합니다.

```
public void onCheckedChanged(CompoundButton buttonView, boolean isChecked) {
  if (this.pen_color_btns[0].isChecked()) {          // '흑'이 선택되어 있다
    this.pen_color = 0xff000000;                      // 펜을 검은색으로 한다
    setColorBox();   // HSB 컬러픽커 호출 버튼도 검은색으로 한다
  } else if (this.pen_color_btns[1].isChecked()) {   // '백'이 선택되었다
    this.pen_color = 0xffffffff;                      // 펜을 흰색으로 한다
    setColorBox();   // HSB 컬러픽커 호출 버튼도 흰색으로 한다
  } else if (this.pen_color_btns[2].isChecked()) {   // '기타'가 선택되었다
    showHSBColorPicker();                             // HSB 컬러픽커를 호출한다
  }
}
```

그 밖에도 세세하게 변경해야 할 부분이 있지만 나머지는 setColorButton( ) 메서드만 예를 들어 보겠습니다.

```
void setColorButton(int col) {  // 색 'col'으로 설정한다
  this.pen_color = col;  // 인스턴스 변수 pen_color에 저장한다
  setColorBox();           // HSB 호출 버튼의 색도 col의 색으로 변경한다
  if (col == 0xff000000)                    // 만약 그것이 검은색이라면
    pen_color_btns[0].setChecked(true);  // ⟨흑⟩ 버튼에 체크를 한다
  else if (col == 0xffffffff)               // 만약 그것이 흰색이라면
    pen_color_btns[1].setChecked(true);  // ⟨백⟩ 버튼에 체크를 한다
```

```
    else   // 기타라면
        pen_color_btns[2].setChecked(true);   // 〈기타〉 버튼에 체크를 한다
    }
```

이로써 HSB 컬러픽커의 Activity를 표시할 수 있게 되었습니다. Eclipse의 debug 메뉴를 통해 실행할 수 있으니 꼭 실행해보기 바랍니다. 단, 실행하더라도 아직 내용이 없다는 것이 조금 아쉽네요. 그리고 새 Activity를 실행시키기 전에 AndroidManifest.xml에 추가하는 것도 잊지 마세요. 그럼, 이제부터 제대로 작동하도록 구현해볼까요?

색 표시

색을 선택하는 위젯, HueLine의 코드입니다. 우선은 여기에 표시되는 부분을 살펴보겠습니다. 채도와 명도를 최대로 해두면 색의 구별이 간단해지므로, 채도와 명도를 고정한 채 색만 변화시키는 것으로 하겠습니다.

그럼, iPhone 버전부터 시작해볼까요? HueLine 클래스 전체에 색을 표시하기만 하면 되므로 drawRec:만 구현하면 되지만 조금 간략히 해서 항상 화면 전체를 바꿔 그리는 것으로 하겠습니다. 원래라면 지정된 영역(CGRect)rect만 다시 그리도록 구현해야 할지도 모르지만요.

HSBColorPicker.mm

```
@implementation HueLine   // HueLine 클래스의 구현
- (void)drawRect:(CGRect)rect {
  int width = self.bounds.size.width;   // HueLine의 폭
  int height = self.bounds.size.height;   // HueLine의 높이

  for (int x = 0; x < width; x ++) {   // 가로 좌표 x를 0~width-1로 움직인다
    float hue = (float)x / width;     // 색은 0.0~0.1로 설정한다
    UIColor *col = [[UIColor alloc]
                         initWithHue:hue     // 색은 hue
                          saturation:1.0   // 채도 최고
```

```
                        brightness:1.0      // 명도 최고
                              alpha:1.0];   // 불투명
    [col set];        // 그리는 색을 설정한다
    UIRectFill(CGRectMake(x, 0, 1, height));
                        // HueLine의 높이와 같고 폭 1인 '선'을 칠한다
    [col release];   // col을 해제한다
  }
}
@end                  // HueLine 클래스 구현을 종료한다
```

이번에는 Android 버전의 코드입니다. 기본적으로 내용은 iPhone 버전과 완전히 동일합니다. 사용하는 API는 Color.HSVToColor( )인데, 인수로 색 · 채도 · 명도를 주면 ARGB 각 8비트씩 int로 표현된 색을 반환합니다. 단, Android에서의 색은 0.0~1.0이 아니라 0.0~360.0으로 표현하기 때문에 이 점은 주의해야 합니다.

HSBColorPicker.java

```
@override
protected void onDraw(Canvas canvas) { // canvas에 그리면 된다
    int width = getwidth();    // HueLine의 폭
    int height = getHeight(); // HueLine의 높이

    float[] hsv = new float[3]; // Color.HSVToColor로 전달할 배열
    hsv[1] = 1.0f;                  // 채도는 최고
    hsv[2] = 1.0f;                  // 명도도 최고
    Paint paint = new Paint();            // 캔버스에 그릴 페인트를 만든다
    for (int x = 0; x < width; x ++) {    // 가로 좌표를 0~ width-1에서 움직인다
      hsv[0] = 360f * x / width;          // 색은 0~360으로 표현한다
      paint.setColor(Color.HSVToColor(hsv)); // paint에 그 색을 설정한다
      canvas.drawLine(x, 0, x, height - 1, paint);
        // 그 색으로 높이가 HueLine의 높이와 같고 폭 1인 '선'을 칠한다
    }
}
```

채도 · 명도

다음은 색 슬라이더가 변경되었을 때의 처리입니다. 슬라이더를 움직여서 색이 바뀌면 무엇을 하면 좋겠다고 했었지요? SatBriBox 안을 새로운 코드로 변경해줘야 합니다. SatBriBox 클래스 안에서 이벤트를 받을 수 있도록 해보겠습니다.

HSBColorPicker.h

```
@interface SatBriBox : UIView {
    IBOutlet UISlider* hue_slider;
}
- (IBAction)hueChanged:(id)sender;
@end
```

download \SharePaint_ch7iphone\SharePaint_ch7iphone\Classes\HSBColorPicker.h

이번에는 Interface Builder 상에서 색 슬라이더를 마우스 오른쪽 버튼으로 클릭(혹은 ctrl 키+클릭)하면 표시되는 Touch Up Inside라는 이벤트 항목과 SatBriBox의 hueChanged: 메서드를 연결시켜줍니다.

원래대로라면 Value Changed 이벤트와 연결하여 슬라이더의 변화에 따라 동적으로 SatBriBox의 내용, 즉 채도와 명도를 변경할 수 있는 편이 사용자 인터페이스로는 나아 보입니다. 하지만 현재의 구현 방식에서는 한 번 SatBriBox의 내용을 갱신하는 데 어느 정도의 시간이 소요되므로 오히려 사용하기 어려워집니다. 그래서 슬라이더에서 손을 떼었을 때 화면을 갱신하도록 Touch Up Inside 이벤트를 사용하는 것입니다. 채도 · 명도를 계산하는 메서드를 좀 더 신속하게 처리하여 Value Changed 메서드와 연결하는 것도 가능하지만, 이 책의 내용을 넘어서기 때문에 생략하겠습니다.

그럼, 이번에는 명도와 채도를 설정하는 SatBriBox의 구현에 대해 살펴보지요. 이 단계에서는 색 슬라이더의 이벤트를 받아들이는 hueChanged:와 화면 갱신을 수행하는 drawRect:라는 두 메서드에 대해 알아보겠습니다. hueChanged: 메서드는 SatBriBox 전체의 갱신을 요청할 뿐이며 실제 화면의 갱신은 drawRect에서 수행합니다.

HSBColorPicker.mm

```
@implementation SatBriBox    // SatBriBox의 구현을 시작한다
- (IBAction)hueChanged:(id)sender {
  [self setNeedsDisplay];    // 화면 갱신을 요청한다
}
```

언제나 그렇듯 drawRect: 메서드로 그리기를 하는데, 아까와 마찬가지로 인수 rect는 무시하고 SatBriBox 전체를 다시 그리고 있습니다. 슬라이더에 지정된 색을 바탕으로, 명도·채도 사각형을 그리는 부분입니다. 색은 정해져 있기 때문에 나머지는 X좌표에 명도, Y좌표에 채도를 지정하여 루프를 돌려 표시하면 됩니다. 또한 SatBriBox 전체를 가로 세로 50으로 전부 $50 \times 50 = 2500$개의 영역으로 나눠서 그리고 있습니다. 픽셀마다 더욱 세밀하게 그리고 싶었지만 그렇게 하면 시간이 너무 많이 소요되기 때문에 이렇게 했습니다.

또한 부동소수점의 오차가 있기 때문에 정확히 50×50이 되지 않는 경우도 있지만 치명적인 문제는 아니므로, 너무 걱정하지 않아도 됩니다. 계속 진행해보겠습니다.

```
- (void)drawRect:(CGRect)rect {
  const float count = 50;                   // 가로 세로의 분할수
  float hue = self->hue_slider.value;       // 슬라이더에서 색값을 읽는다
  float width = self.bounds.size.width;     // SatBriBox의 가로 폭
  float height = self.bounds.size.height;   // SatBriBox의 높이
  float stepx = width / count;              // 1개 영역의 가로
  float stepy = height / count;             // 1개 영역의 높이
  for (float y = 0; y < height; y += stepy)
    for (float x = 0; x < width; x += stepx) {  // 각 영역마다
      UIColor *col = [[UIColor alloc]                // 색을 설정하고 col에 대입
                      initWithHue:hue                // 색은 슬라이더에서 가져온 값
                      saturation:(float)x / width    // 채도는 X좌표
                      brightness:(float)y / height   // 명도는 Y좌표
                      alpha:1.0];                     // 알파 값은 최대
      [col set];           // 그 색으로
      UIRectFill(CGRectMake(x, y, stepx, stepy));  // 1개의 영역을 칠한다
      [col release];   // 색 인스턴스를 해제한다
    }
}
@end   // SatBriBox의 구현을 종료한다
```

Android 버전에서 이 채도와 명도를 표시하는 SatBriBox를 구현해보겠습니다. 클래스의 선언 부분으로, 인터페이스 OnSeekBarChangeListener를 implements하고 있습니다. 색을 지정하는 슬라이더가 변화했을 때, 이 클래스에서 그 변화의 이벤트를 받아오기 위한 것입니다. 또한 어느 색에 대한 채도와 명도의 상자를 표시할 것인지 기억해두는 인스턴스 변수로 hue도 준비해두었습니다.

SatBriBox.java

```java
public class SatBriBox extends View
    implements OnSeekBarChangeListener, EventListener {
    int hue;  // [0~360]
```

이 때, 채도와 명도를 표시하는 부분은 다음과 같이 작성하면 됩니다. iPhone 버전의 drawRect: 메서드와 하는 일은 똑같습니다.

SatBriBox.java

```java
@Override
protected void onDraw(Canvas canvas) {
    final float count = 50f;              // 가로 세로의 분할수
    float[] hsv = new float[3];           // 색·채도·명도를 저장할 배열
    hsv[0] = (float)this.hue;             // 색에 대해서는 인스턴스 변수 hue로 고정한다
    Paint paint = new Paint();            // 그리기 위한 paint를 고정한다
    float width = (float)getWidth();      // SatBriBox의 가로 폭
    float height = (float)getHeight();    // SatBriBox의 높이
    float stepx = width / count;          // 1개 영역의 가로 폭
    float stepy = height / count;         // 1개 영역의 높이
    for (float y = 0; y < height; y += stepy)
      for (float x = 0; x < width; x += stepx) {   // 각 영역별로
        hsv[1] = x / width;               // 채도는 X좌표부터
        hsv[2] = y / height;              // 명도는 Y좌표부터 지정하고
        paint.setColor(Color.HSVToColor(hsv));  // 그 색으로 그리기를 지정한다
        canvas.drawRect(x, y, x + stepx, y + stepy, paint);
              // 1개의 영역을 칠한다
      }
}
```

다음은 색을 지정하는 슬라이더를 변화시켰을 때 그 정보를 수신하는 곳입니다. 이 3개의 메서드를 구현함으로써 이 SatBriBox 클래스는 OnSeekBarChangeListener가 될 수 있습니다.

원래 onProgressChanged( ) 메서드에서 화면 갱신을 요청하여 슬라이더의 변화에 대응해 동적으로 채도와 명도의 상자를 다이내믹하게 변화시키고 싶지만, 속도상 제한이 따르므로 iPhone 버전과 마찬가지로 제약을 줍니다. 즉, 슬라이더를 다 움직여서 화면에서 손가락을 떼는 순간에 채도·명도의 상자를 다시 그리기로 합니다. 이를 위해서는 onStopTrackingTouch( ) 메서드를 구현하면 됩니다.

```
public void onProgressChanged(SeekBar seekBar, int progress, boolean
fromUser) {}
public void onStartTrackingTouch(SeekBar seekBar) {}

public void onStopTrackingTouch(SeekBar seekBar) {
  this.hue = seekBar.getProgress();
          // 슬라이더의 값을 인스턴스 변수 hue의 값으로 한다
  invalidate();  // 화면 갱신을 요청한다
}
```

색 슬라이더의 변화를 SatBriBox에서 받을 준비는 되었지만 이 2개를 아직 연결시키지는 않았습니다. 이것은 Android 버전에서는 HSBColorPicker 안에서 수행하기로 하겠습니다.

색 슬라이더(hue_slider)와 색·채도 박스(sat_bri_bot)를 리소스에서 뽑아내고, setOnSeekBarChangeListener( ) 메서드에 의해 hue_slider에서 슬라이더 값의 변화를 sat_bri_box에 전달합니다.

```
SeekBar hue_slider = (SeekBar)findViewById(R.id.hue_slider);
SatBriBox sat_bri_box = (SatBriBox)findViewById(R.id.sat_bri_box);
hue_slider.setOnSeekBarChangeListener(sat_bri_box);
```

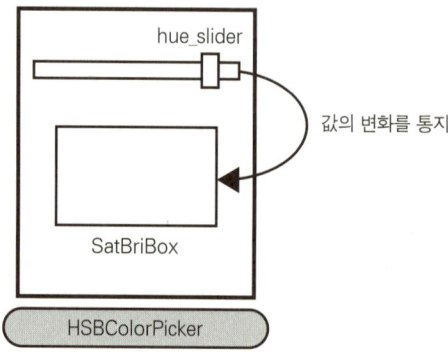

SatBriBox의 안에 탭이 행해진 경우 2개의 버튼 사이의 UIView(이하, 펜 색 상자라고 이름을 정하겠습니다)를 탭을 한 곳의 색으로 칠합니다. 그렇게 하기 위해 우선 펜 색 상자와 연결시키기 위한 창구를 SatBriBox에 준비해놓습니다.

HSBColorPicker.h

```
@interface SatBriBox : UIView {
  IBOutlet UISlider* hue_slider;
  IBOutlet UIView* pencolbox;    // 펜 색 상자로 연결하는 창구
}
- (IBAction)hueChanged:(id)sender;
@end
```

다음으로 매번 하는 일이지만 Interface Builder에서 SatBriBox의 변수 pencolbox를 펜 색 상자에 연결해줍니다. Android에서는 다음과 같이 하면 됩니다. 펜 색 상자로의 창구를 SatBriBox 안에서 인스턴스 변수로서 선언합니다.

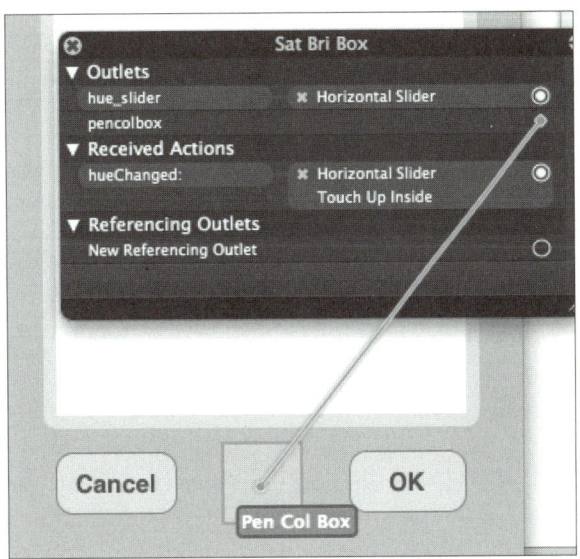

```
public class SatBriBox extends View
    implements OnSeekBarChangeListener, EventListener {
  int hue;  // [0~360]
  View pencolbox;   // 펜 색 상자로 연결하는 창구
```

 나머지는 이 pencolbox에 리소스 상의 펜 색 상자를 연결시키면 되는데, 이 작업은 HSBColorPicker 안에서 수행합니다. 조금 전에 hue_slider나 sat_bri_box를 선언하고 리소스로부터 가져왔기 때문에 그 다음으로 다음과 같이 sat_bri_box의 pen_colorbox에 리소스에서 가져온 펜 색 상자의 인스턴스를 대입합니다.

HSBColorPicker.java의 onCreate( ) 안, sat_bri_box의 선언 후

```
      sat_bri_box.pencolbox = (View)findViewById(R.id.hsb_pencolbox);
```

나머지는 SatBriBox 안을 손가락으로 터치했을 때, 펜 색 상자의 배경으로 그 색을 지정해주면 됩니다. iPhone 버전에서는 손가락으로 터치한 순간 호출되는 touchesBegan:wihtEvent:와 손가락으로 드래그했을 때 호출되는 touchesMoved:withEvent:의 2가지 메서드를 오버로드해주면 됩니다.

또한 이 가운데서 touchAt: 메서드를 호출하고 있는데, 이는 지정된 좌표에서 UIColor를 작성하고 그것을 펜 색 상자의 배경으로 지정하는 메서드이므로 touchAt:의 선언도 헤더에 추가해야 합니다.

그럼 이 3가지 메서드의 구현에 대해 알아보겠습니다. 우선 touchAt: 메서드입니다.

HSBColorPicker.mm의 SatBriBox 구현 안

```
- (void)touchAt:(CGPoint)pt {
    float width = self.bounds.size.width;      // SatBriBox의 폭
    float height = self.bounds.size.height;    // SatBriBox의 높이

    float hue = self->hue_slider.value;    // 슬라이더의 값에서 색을 얻는다
    float sat = pt.x / width;              // 좌표에서 채도를 얻는다
    float bri = pt.y / height;             // 좌표에서 명도를 얻는다
    UIColor* col = [UIColor colorWithHue:hue
                           saturation:sat
                           brightness:bri
                                alpha:1.0];   // 색 col을 작성한다
    self->pencolbox.backgroundColor = col;     // 그것을 펜 색 상자의 배경으로 설정한다
}
```

다음 2가지는 SatBriBox로의 터치 중에 발생하는 이벤트입니다. 이들에 대해서는 SharePaint ViewController의 구현에서도 나온 적이 있습니다. touches의 경우 멀티터치일 때는 복수의 UITouch 인스턴스가 저장되어 있지만 손가락 하나로 터치하고 있을 때는 보통의 UITouch 인스턴스가 하나만 저장되어 있습니다. 그러므로 [touches anyObject]에서는 지금 막 손가락으로 터치한 이벤트를 추출할 수 있습니다.

2개의 메서드 touchesBegan:withEvent:와 touchesMoved:withEvent:의 내용은 완전히 동일합니다.

```
// SatBriBox에 터치가 발생했을 때 호출된다
- (void)touchesBegan:(NSSet *)touches withEvent:(UIEvent *)event {
  UITouch *touch = [touches anyObject];   // 터치를 하나 추출한다
  if (touch)
    [self touchAt:[touch locationInView:self]];
         // touchAT : 터치의 좌표를 인수로 메서드를 호출한다
}

// SatBriBox 좌안에서 드래그 중에 호출된다
- (void)touchesMoved:(NSSet *)touches withEvent:(UIEvent *)event {
  UITouch *touch = [touches anyObject];
  if (touch)
    [self touchAt:[touch locationInView:self]];
}
```

Android 버전에서는 onTouchEvent( ) 메서드에서 그 위젯으로의 터치 이벤트를 받아올 수 있기 때문에 SatBriBox에서도 그 메커니즘을 이용할 수 있습니다. 이미 EventListener 인터페이스를 implements하고 있으므로, 아래와 같이 onTouchEvent( ) 메서드로 이벤트를 받아올 수 있습니다.

SatBriBox.java

```
@Override
public boolean onTouchEvent(MotionEvent event) {
  touchAt(event.getX(), event.getY());
  return true;
}
```

이 안에 보이는 touchAt( ) 메서드가 실제로 탭 된 위치의 색을 펜 색 상자에 지정하는 부분입니다. 이것도 하는 일은 iPhone 버전과 다르지 않으며 다음과 같습니다. 단, SatBriBox.java의 touchAt( ) 메서드를 정의하기 전에 HSBColorPicker에 팬 색을 저장할 수 있도록 클래스 변수

를 'static int pen_color;' 등과 같이 준비해두세요.

SatBriBox.java

```java
void touchAt(float x, float y) {      // 좌표(x, y)가 터치되면
  float width = getWidth();           // SatBriBox의 폭
  float height = getHeight();         // SatBriBox의 높이
  float[] hsv = new float[3];         // 색·채도·명도의 배열
  hsv[0] = (float)this.hue;           // 색은 인스턴스 변수 hue에 저장된 0~360의 값
  hsv[1] = x / width;                 // 채도는 0.0~1.0
  hsv[2] = y / height;                // 명도는 0.0~1.0
  int col = Color.HSVToColor(hsv);    // 색·채도·명도에서 int 형식의 색으로
  this.pencolbox.setBackgroundColor(col);  // 펜 색 상자의 색을 설정
  HSBColorPicker.pen_color = col;     // HSBColorPicker에도 지정 중인 색을 저장
}
```

캔버스와 펜 설정 대화상자의 연계

그럼, iPhone 시뮬레이터와 Android 에뮬레이터에서 동작시켜봅시다. 이제 자유롭게 색을 선택할 수 있게 되었네요. 놀랍기는 하지만 유감스럽게도 아직 이 색으로 캔버스에 선을 그릴 수는 없습니다. 다음은 캔버스와 펜 설정의 연계입니다.

우선은 iPhone 버전의 경우부터 살펴보겠습니다. 이미 SharePaintViewController에 잠정적이긴 하지만 HSBColorPicker 대화상자를 표시하는 showHSBColorPicker:와 대화상자 안의 〈OK〉 버튼이 클릭되었을 때 실행되는 applyHSBColorPicker: 메서드를 구현하고 있기 때문에 여기에 캔버스의 펜 색과 연계시키는 코드만 추가하면 됩니다.

setColorBox 메서드는 캔버스의 펜 색으로 HSBColor 픽커 안의 펜 색 상자와 픽커를 호출하는 펜 설정 대화상자 상의 버튼인 2개의 상자를 칠하는 메서드입니다. 코드를 이 뒤에서 살펴보기로 하겠습니다.

SharePaintViewController.mm

```objc
- (IBAction)showHSBColorPicker:(id)sender {
  self->hue_slider.minimumValue = 0.0;
  self->hue_slider.maximumValue = 1.0;

  [self setColorBoxes];
```

색 슬라이더의 초기값을 결정하기 위해 현재 캔버스에서 선택하고 있는 색으로부터 색을 계산할 필요가 있는데, 여기서는 API에 의존하지 않고 정의대로 계산합니다. 색의 정의는 다음과 같습니다.

색의 각 성분을 R(레드), G(그린), B(블루)로 하고, 각각 0.0~1.0의 수치로 표현되고 있다고 하고 이 R, G, B 중 최대인 것을 Max, 최소인 것을 Min이라고 하겠습니다. 이 때, 색 H는 다음과 같이 정의합니다.

(1) R==Max일 때, H=(1/6) * ((G−B) / (Max−Min)) + 0

(2) G==Max일 때, H=(1/6) * ((B−R) / (Max−Min)) + 1/3

(3) B==Max일 때, H=(1/6) * ((R−G) / (Max−Min)) + 2/3

단, H<0 일 때는 H + 1.0을 하여 색이 0.0~1.0으로 표현되도록 하는 것이 일반적입니다. 이것을 충실하게 기술한 것이 아래의 코드입니다.

```cpp
SPCanvas* canvas = (SPCanvas*)self.view;
int pc = canvas->pen_properties.color;   // 펜의 색을 추출한다
float red = (pc & 0xff0000) / (0x10000 * 255.0);   // 적색
float gre = (pc & 0x00ff00) / (0x00100 * 255.0);   // 녹색
float blu = (pc & 0x0000ff) / (0x00001 * 255.0);   // 청색
float hue;   // 우선은 색×6.0으로서
float cmax = std::max(std::max(red, gre), blu);   // 최대값
float cmin = std::min(std::min(red, gre), blu);   // 최소값
if (cmax > cmin) {
  if (cmax == red)
```

```
      hue = (gre - blu) / (cmax - cmin) + 0.0;
    else if (cmax == gre)
      hue = (blu - red) / (cmax - cmin) + 2.0;
    else
      hue = (red - gre) / (cmax - cmin) + 4.0;

    if (hue < 0) hue += 6.0;              // hue를 0.0~6.0에 수렴하도록 조정한다
    self->hue_slider.value = hue / 6.0;   // 0.0~1.0의 값으로 슬라이더를 설정한다
  }

  [self->penpropviewcontroller
  presentModalViewController:hsbcolorpickercontroller
                      animated:YES];
}
```

Android 버전에서는 RGB 형식의 색으로부터 HSB 방식의 색으로 변환하는 API가 준비되어 있으므로, 이것을 이용하는 것이 간단합니다. Intent에서 색 정보를 얻고, 그 색으로 색 슬라이더의 값을 결정하거나 펜 색 상자의 색을 설정합니다.

HSBColorPicker.java의 onCreate( ) 안

```
    int pen_color = getIntent().getIntExtra(SharePaint.PenColorName, 0);
                         // Intent에서 펜 색 정보를 추출한다
    if (pen_color != 0) {  // 유효한 색을 얻었다면
      float[] hsv = new float[3];
      Color.colorToHSV(pen_color, hsv);   // 그것을 HSB 형식으로 변환한다
      hue_slider.setProgress((int)hsv[0]); // 색 hsv[0]을 색 슬라이더에 설정한다
      sat_bri_box.pencolbox.setBackgroundColor(pen_color);
                         // 펜 색 상자를 pen_color에 설정한다
      this.pen_color = pen_color;          // 자신도 pen_color를 기억해둔다
    }
```

다음은 〈OK〉 버튼을 클릭했을 때의 처리입니다. iPhone 버전에서는 applyHSBColorPicker: 메서드 부분이 됩니다. HSBColorPicker를 호출하는 버튼과 캔버스의 펜 색을 설정합니다.

applyHSBColorPicker:의 정의 전에 SharePaintViewController 클래스에 IBOutlet

UIView* hsbcolbox; 선언을 추가하고, Interface Builder에서 컬러픽커 대화상자 안의 펜 색을 표시하는 UIView와 연결합니다.

또한 applyHSBColorPicker:의 정의 전에 SharePaintViewController 클래스에 IBOutlet UIButton* pencolbox; 선언을 추가하고, Interface Builder에서 펜 정보 대화상자 안의 펜 색을 표시하는 UIButton과 연결하세요.

펜 색 상자에서 색을 뽑을 때 RGB의 색 성분을 추출하기 위해 CGColorRefpencolor의 형태로 받아 CGColorGetComponents로 색 성분의 배열을 추출합니다. 그 배열로부터 SharePaint에서 사용하고 있는 int의 색 표현으로 변환한 것이 pencolint입니다.

SharePaintViewController.mm

```
- (IBAction)applyHSBColorPicker:(id)sender {
  SPCanvas* canvas = (SPCanvas*)self.view;
  CGColorRef pencolor = self->penhsbcolbox.backgroundColor.CGColor;
  const CGFloat* pccomp = CGColorGetComponents(pencolor);
  int pencolint = 0xff000000 | (int)(pccomp[0] * 255) << 16 |
  (int)(pccomp[1] * 255) << 8 | (int)(pccomp[2] * 255);
```

이 pencolint를 캔버스 상의 펜 색으로 설정하고, '흑·백·기타'의 펜 설정에서 '기타'를 선택합니다.

```
  canvas->pen_properties.color = pencolint;  // 캔버스의 펜 색을 설정한다
  [self setColorBoxes];  // HSB 픽커 호출 버튼의 색을 설정한다
  self->pen_color_btns.selectedSegmentIndex = 2;

  [self->penpropviewcontroller
   dismissModalViewControllerAnimated:YES];
}
```

이제까지 몇 번이나 나왔던 setColorBoxes 메서드에 대해서는 다음과 같이 기술할 수 있습니다. 또한 이에 앞서 인스턴스 변수 pendlgcolbox를 IBOutlet으로 선언하고, Interface Builder에서 이 변수와 연결시켜둡니다.

SharePaintViewController.mm

```
- (void)setColorBoxes {
  SPCanvas* canvas = (SPCanvas*)self.view;
  int pc = canvas->pen_properties.color;          // 캔버스의 펜 색을 추출한다
  float red = (pc & 0xff0000) / (0x10000 * 255.0);  // 각 색 성분을 추출한다
  float gre = (pc & 0x00ff00) / (0x00100 * 255.0);
  float blu = (pc & 0x0000ff) / (0x00001 * 255.0);
  UIColor* pencolor = [UIColor colorWithRed:red
                                      green:gre
                                      blue :blu
                                      alpha :1.0];  // 거기서 UIColor 형식으로 색을 생성한다
  self->pendlgcolbox.backgroundColor = pencolor;
  // 펜 설정 대화상자의 배경색을 펜 색으로 설정
  self->penhsbcolbox.backgroundColor = pencolor;
  // HSB 색 픽커 사각형의 배경색을 펜 색으로 설정
}
```

Android 버전에서는 〈OK〉 버튼이 클릭되었을 때, 펜 색의 정보를 Intent에 포함하도록 하면 되겠지요. 〈OK〉 버튼이 클릭되었을 때의 동작에 1행을 추가하면 됩니다.

HSBColorPicker.java의 onCreate( ) 안

```
ok_btn.setOnClickListener(new View.OnClickListener() {
public void onClick(View v) {
  Intent intent = new Intent();
  intent.putExtra(SharePaint.PenColorName,
    HSBColorPicker.pen_color);
      // 펜 색으로 pen_color를 Intent에 저장한다
  setResult(RESULT_OK, intent);
  finish();
}});
```

펜 색의 라디오버튼, 지금은 흑, 백, 기타의 3가지를 선택할 수 있게 되어 있는데, 이것도 우측 HSB 색 픽커 호출 버튼 (pendlgcolbox)과 연동시키고자 합니다.

그래서 다음과 같은 penRadioButtonPressed: 메서드를 만들고, 이 라디오버튼의 Value Changed 이벤트에서 호출되도록 하겠습니다.

SharePaintViewController.mm

```
- (IBAction)penRadioButtonPressed:(id)sender {
  if (self->pen_color_btns.selectedSegmentIndex == 0) {
        // '흑'이 선택되었다면
    ((SPCanvas*)self.view)->pen_properties.color = 0xff000000;
        // 캔버스의 펜에 검은색을 설정한다
    [self setColorBoxes];    // 펜 색 표시에 반영한다
  } else if (self->pen_color_btns.selectedSegmentIndex == 1) {
        // '백'이 선택되었다면
    ((SPCanvas*)self.view)->pen_properties.color = 0xffffffff;
        // 캔버스의 펜에 흰색을 설정한다
    [self setColorBoxes];    // 펜 색 표시에 반영한다
  } else if (self->pen_color_btns.selectedSegmentIndex == 2) {
        // '기타'가 선택되었다면
    [self->penpropviewcontroller
    presentModalViewController:hsbcolorpickercontroller
                        animated:YES];
        // HSB 컬러픽커를 표시한다
  }
}
```

펜 설정 대화상자의 내용, 특히 펜 색 라디오버튼 부분과 HSB 컬러픽커를 호출하는 부분은 크게 변경되었으므로, 펜 설정 대화상자 표시를 할 때 호출되는 setColorButton: 메서드와 〈OK〉 버튼을 클릭했을 때 호출되는 applyPenPropDialog: 메서드는 변경할 필요가 있습니다.

setColorButton: 메서드의 처리는 다음과 같이 상당히 간략해집니다.

SharePaintViewController.mm

```
- (void)setColorButton:(int)col {
  if (col == 0xff000000)        // 검은색
    pen_color_btns.selectedSegmentIndex = 0;
  else if (col == 0xffffffff)   // 흰색
    pen_color_btns.selectedSegmentIndex = 1;
  else                          // 기타
    pen_color_btns.selectedSegmentIndex = 2;

  [self setColorBoxes];
}
```

Android 버전에서도 다음과 같이 간단해집니다.

PenSettingsView.java

```
void setColorButton(int col) {
  this.pen_color = col;
  if (col == 0xff000000)        // 검은색
    pen_color_btns[0].setChecked(true);
  else if (col == 0xffffffff)   // 흰색
    pen_color_btns[1].setChecked(true);
  else                          // 기타
    pen_color_btns[2].setChecked(true);
  setColorBox();
}
```

iPhone 버전의 applyPenPropDialog: 메서드 쪽의 코드도 캔버스의 펜 색 설정을 생략함으로써 크게 간단해졌습니다. Android 버전의 okButtonPressed( ) 메서드도 iPhone 버전과 마찬가지로 수정해주세요.

SharePaintViewController.mm

```
- (IBAction)applyPenPropDialog:(id)sender {
  SPCanvas* canvas = (SPCanvas*)self.view;
  canvas->pen_properties.width = (int)self->pen_width_slider.value;
  canvas->pen_properties.density = (int)self->pen_density_slider.value;
```

```
    [canvas setLayerIndex:self->layer_btns.selectedSegmentIndex];
    [self dismissModalViewControllerAnimated:YES];
}
```

이제 좋아하는 색으로 캔버스에 그림을 그릴 수 있게 되었습니다. 점점 표현의 폭이 넓어져 가는 것은 즐거운 일입니다. 사용해 보면 이 HSBColorPicker에서도, 예를 들어 색의 표시 부분 (HueLine)을 탭하기만 하면 색을 선택할 수 있게 하는 것이 편리할 것으로 생각되지만 그런 부가 기능의 구현 방법을 생각해내는 것은 독자 여러분의 즐거움으로 남겨두겠습니다. iPhone 버전에서 구현한 예 중 하나는 서포트 사이트(http://www.mentorbook.co.kr → 자료실)의 코드(download \SharePaint_ch7iphone\SharePaint_ch7iphone\Classes\HSBColorPicker.mm)에 있으므로 참고하기 바랍니다.

7.4

스포이트

스포이트도 페인팅 소프트웨어에서 자주 사용됩니다. 캔버스 상에 표시되고 있는 색을 그대로 추출하여 현재 펜의 색으로 하는 기능입니다. 캔버스의 일부를 팔레트처럼 사용하여 색을 섞어 가면서 사용하고 싶은 색을 결정하는 방식으로 사용할 수도 있습니다. 투명도가 있는 펜을 구현했다면 꼭 스포이트도 구현해보기 바랍니다.

  구현하는 것은 크게 어렵지 않지만 스포이트를 사용하는 동작을 떠올려보면 별도의 '모드'가 필요할 것 같습니다. 즉, 버튼을 클릭하는 등의 액션을 취하면 그 모드 중에는 캔버스 상의 색을 추출하고, 다시 어떤 액션을 취해 그 모드에서 빠져오는 식의 '스포이트 모드'의 관리가 필요합니다. 예를 들면, '핸드폰을 우측으로 기울이면 스포이트가 동작한다'고 정해 놓으면 모드를 관리할 필요는 없어지지만 조작을 이해하기 어려울 수 있으므로, 이번에는 무난하게 화면상의 버튼에 의한 조작으로 스포이트 모드를 온·오프할 수 있도록 해보겠습니다.

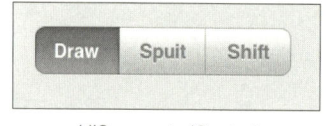

UISegmentedControl

Spinner를 클릭하면 표시되는 리스트

iPhone에서는 Interface Builder로, Android에서는 XML로 캔버스 상에 버튼을 배치하고 'draw_mode_button'이라고 이름을 지정하겠습니다. 구체적으로는 iPhone 버전에서는 SPCanvas.h에 인스턴스 변수 'IBOutlet UISegmentedControl*draw_mode_button;'을 선언한 후 Interface Builder에서 SPCanvas 위에 UISegmentedControl을 배치하고, draw_mode_button과 연결합니다.

Android 버전에서는 다음과 같이 Spinner를 main.xml에서 버튼 종류를 나열하고 있는 LinearLayout 안쪽에 기술합니다.

main.xml

```
<Spinner android:id="@+id/draw_mode_choice"
  android:layout_width="wrap_content"
  android:layout_height="wrap_content" />
```

download \SharePaint_ch7android\SharePaint_ch7android\res\layout\main.xml

Spinner 안에 표시되는 텍스트를 위해 새롭게 레이아웃용 XML 파일을 준비합니다. 이것을 'draw_mode_choice_textview.xml'이라고 합니다.

draw_mode_choice_textview.xml

```
<?xml version="1.0" encoding="utf-8"?>
<TextView
  xmlns:android="http://schemas.android.com/apk/res/android"
  android:layout_width="fill_parent"
  android:layout_height="wrap_content"
  android:textColor="#000"
/>
```

download \SharePaint_ch7android\SharePaint_ch7android\res\layout\draw_mode_choice_textview.xml

다음은 SPCanvas.java의 인스턴스 변수로서 'Spinner draw_mode_button;'를 선언하고, SharePaint.java의 onCreate( ) 안에 이를 초기화하는 코드를 다음과 같이 추가합니다. Spinner 내부에 표시되는 레이아웃과 Spinner를 클릭해서 표시되는 리스트 레이아웃을 따로따로 설정한다는 점에 주의해야 합니다. 이로써 캔버스의 draw_mode_button으로부터 상태에 관한 정보를 가져올 수 있게 되었습니다.

SharePaint.java의 onCreate( ) 안

```
Spinner draw_mode =
    (Spinner) findViewById(R.id.draw_mode_choice);    // Spinner를 취득한다
String[] choice_items = {"Draw", "Spuit"};    // 선택 항목
ArrayAdapter<String> adapter =
    new ArrayAdapter<String>(this,    // 데이터 소스를 작성한다
        R.layout.draw_mode_choice_textview,    // Spinner 안의 레이아웃
        choice_items);
adapter.setDropDownViewResource(android.R.layout.select_dialog_item);
        // Spinner를 클릭하면 표시되는 리스트의 레이아웃을 표준으로 설정한다
draw_mode.setAdapter(adapter);    // 데이터 소스를 Spinner에 접속한다
draw_mode.setPrompt("Draw Mode");    // 리스트의 타이틀
SharePaint.canvas.draw_mode_button = draw_mode;
        // 준비되었으므로 캔버스의 인스턴스 변수에 대입한다
```

download　\SharePaint_ch7android\SharePaint_ch7android\src\jp\co\paintsoft\sharepaint\SharePaint.java

스포이트 모드에서는 캔버스에 터치할 때 그 좌표에서 캔버스 상의 색 정보를 가져와 펜의 색으로 설정하도록 하겠습니다. 단, 그것뿐이라면 어떤 색을 선택했는지 알기 어려우므로 플로팅 윈도처럼 손가락 약간 위쪽에 그 색을 표시하도록 해보지요. 이것을 'spuit_view'라고 하겠습니다.

iPhone 버전에서는 SPCanvas.h에 'IBOutlet UIView *spuit_view;'라고 선언하고, Interface Builder로 SPCanvas 위에 50×50의 사이즈로 UIView의 사이즈로 배치한 후 SPCanvas의 spuit_view와 연결시킵니다. 또한 'Hidden'의 체크박스에 체크 표시를 합니다. 이렇게 하면 시작될 때 표시되지 않습니다.

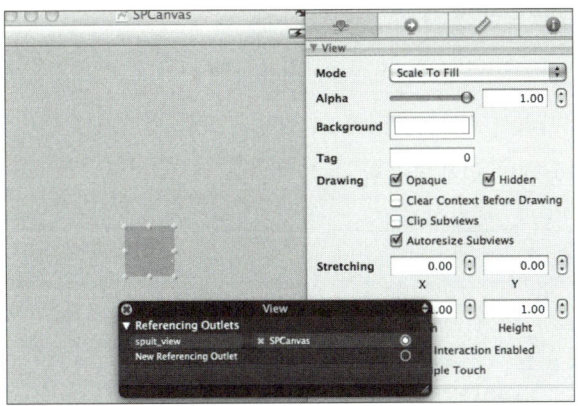

Android 버전에서는 SPCanvas.java에 인스턴스 변수 View spuit_view ;를 선언하고, main.xml의 끝에 다음과 같은 View의 항목을 추가합니다. 굵게 강조한 부분이 추가하는 부분입니다. 'visibility="invisible"'이라고 지정했기 때문에 시작될 때는 표시되지 않습니다.

mail.xml의 끝

```
</LinearLayout>
<View android:id="@+id/spuit_view"
  android:layout_width="50dp"
  android:layout_height="50dp"
  android:visibility="invisible" />
</AbsoluteLayout>
```

그리고 SharePaint.java의 onCreate( ) 안에 'SharePaint.canvas.spuit_view=(View) findViewById(R.id.spuit_view);'를 추가하여 SPCanvas의 Spuit_view와 이 View를 연결시킵니다.

스포이트의 동작에 대해서는 터치한 위치의 색을 펜의 색으로 하기로 합니다. 그래서 지정한 캔버스의 좌표 (x, y)에 있는 색을 펜의 색으로 하고 동시에 spuit_view에 그 색을 표시하는 spuitAt 메서드와 spuit_view를 숨기는 spuitEnded 메서드를 정의합니다.

iPhone 버전에서는 다음과 같이 기술할 수 있습니다. 색을 선택하는 장소에 대해서는 레이어 상의 색으로 하는 방법도 있지만 이 SharePaint에서는 화면에 표시된 레이어의 합성 종료 후의 색으로 하겠습니다. 따라서 display_bitmap 위에서 색을 선택하면 됩니다. (x, y) 좌표의 색은 display_bitmap[y * width+x]로 추출할 수 있습니다.

SPCanvas.mm

```
- (void)spuitAtX:(int)x y:(int)y {
  unsigned int colint;
  colint = self->display_bitmap[y * self->width + x];
```

download \SharePaint_ch7iphone\SharePaint_ch7iphone\Classes\SPCanvas.mm

추출한 색은 32비트 unsigned int로 BGRA의 각 색 요소 8비트 형식으로 되어 있으므로, 각 색 요소를 추출하여 UIColor로 변환합니다.

```
unsigned int red, gre, blu;
blu = (colint & 0xff000000) >> 24;   // 청색: 0~255
gre = (colint & 0x00ff0000) >> 16;   // 녹색: 0~255
red = (colint & 0x0000ff00) >> 8;    // 적색: 0~255
UIColor *col = [UIColor colorWithRed:red / 255.0
      green:gre / 255.0
      blue:blu / 255.0
      alpha:1.0];
```

spuit_view를 손가락 위치에 두게 되면 보기 힘들기 때문에 손가락으로 지정된 (x, y)보다 조금 위에 두기로 하겠습니다.

```
int y_ = y - self->spuit_view.bounds.size.height;   // Y좌표를 조금 위로 지정한다
self->spuit_view.backgroundColor = col;         // spuit_view의 색을 설정한다
self->spuit_view.center = CGPointMake(x, y_);   // spuit_view의 중심을 조금 위로
self->spuit_view.hidden = NO;                   // spuit_view를 표시한다
```

마지막으로 펜 색을 설정하겠습니다. 이곳은 ARGB 각 8비트로 표현되고 있으므로 red, gre, blu로부터 다시 표현합니다.

```
self->pen_properties.color = 0xff000000 |
   (red << 16) | (gre << 8) | blu;
}
```

spuitEnded 메서드에서는 spuit_view를 비표시로 설정하고, draw_mode_button을 Draw 모드로 되돌리면 완성입니다.

```
- (void)spuitEnded {
  self->spuit_view.hidden = YES;  // spuit_view를 숨긴다
  self->draw_mode_button.selectedSegmentIndex = 0;  // Draw 모드로
}
```

그럼, Android 버전에서의 spuitAt과 spuitEnded를 살펴보겠습니다. Bitmap으로부터 색을 가져오기 위해 getPixel( ) 메서드를 사용할 수 있습니다.

SPCanvas.java

```
void spuitAt(int x, int y) {
  int colint;
  colint = this.display_bitmap.getPixel(x, y);
```

download \SharePaint_ch7android\SharePaint_ch7android\src\jp\co\paintsoft\sharepaint\SPCanvas.java

View의 layout( ) 메서드는 중심 위치를 지정하는 것이 아니라 우단 X좌표, 상단 Y좌표, 좌단 X좌표, 하단 Y좌표로 위치를 지정하기 때문에 우단 X좌표와 상단 Y좌표를 계산합니다.

Y좌표는 iPhone 버전과 마찬가지로 조금만 위로 합니다.

```
int w = this.spuit_view.getWidth();
int h = this.spuit_view.getHeight();
int y_ = y - h * 3 / 2;
int x_ = x- w / 2;
```

그리고 spuit_view의 색과 위치를 지정하여 표시하고, 마지막으로 펜의 색을 설정하면 spuitAt( ) 메서드가 종료됩니다.

```
this.spuit_view.setBackgroundColor(colint);   // spuit_view의 색을 지정한다
this.spuit_view.layout(x_, y_, x_ + w, y_ + h);   // 위치를 지정한다
this.spuit_view.setVisibility(VISIBLE);   // spuit_view를 표시한다
this.pen_properties.color = colint;        // 펜의 색을 colint로 설정한다
}
```

spuitEnded( ) 메서드에서는 iPhone 버전과 마찬가지로 spuit_view를 비표시로 설정하고 draw_mode_button을 Draw 모드로 되돌립니다.

```
void spuitEnded() {
  this.spuit_view.setVisibility(INVISIBLE);   // spuit_view를 비표시로
  this.draw_mode_button.setSelection(0);      // Draw 모드로
}
```

나머지는 SPCanvas의 3가지 메서드인 touchPressed, touchDragged, touchReleased 의 각각의 첫머리에서 스포이트 모드일 때 그에 따른 처리를 수행하면 스포이트는 완성됩니다. touchPressed와 touchDragged의 시작 부분을 변경하는 방법도 완전히 동일하기 때문에 touchPressed의 경우만 보여드리겠습니다.

우선은 iPhone 버전입니다. UISegmentedControl의 프로퍼티 selectedSegmentIndex에서는 몇 번째 항목이 선택되었는지 알 수 있을 뿐만 아니라 설정할 수도 있습니다. 여기서는 0번이 Draw(그리기) 버튼이고, 1번이 Spuit(스포이트) 버튼입니다.

SPCanvas.mm의 touchPressedAtX:y: 시작

```
- (void)touchPressedAtX:(int)x y:(int)y {
  if (self->draw_mode_button.selectedSegmentIndex == 1) {
                                          // 만약 스포이트 모드라면
    [self spuitAtX:x y:y];   // 스포이트를 실행하고
    return;                  // 이후의 동작은 하지 않고 돌아간다
  }
```

Android 버전에서는 다음과 같습니다. RadioGroup의 getCheckedRadioButtonId( )에서 현재 선택중인 버튼의 ID를 얻을 수 있습니다.

SPCanvas.java의 touchPressed( ) 시작

```
void touchPressed(int x, int y) {
  if (this.draw_mode_button.getSelectedItemPosition() == 1) {
                                  // 만약 스포이트 모드라면
    spuitAt(x, y);   // 스포이트를 실행하고
    return;          // 이후의 동작은 하지 않고 돌아간다
  }
```

마지막으로 touchReleased입니다. 여기서 스포이트 모드를 종료합니다. 우선 iPhone 버전의 경우부터 살펴보겠습니다.

SPCanvas.mm의 touchReleasedAtX:y: 시작

```
- (void)touchReleasedAtX:(int)x y:(int)y {
  if (self->draw_mode_button.selectedSegmentIndex == 1) {
                                          // 만약 스포이트 모드라면
    [self spuitEnded];   // 스포이트를 종료하고
```

```
    return;    // 돌아간다
}
```

그리고 Android 버전에선 다음과 같습니다.

```
void touchReleased(int x, int y) {
    if (this.draw_mode_button.getSelectedItemPosition() == 1) {
                        // 만약 스포이트 모드라면
        spuitEnded();   // 스포이트를 종료하고
        return;         // 그대로 돌아간다
    }
```

이것으로 스포이트의 구현을 마쳤습니다. 의외로 간단히 구현할 수 있다는 것을 알았겠지요?

자, 스포이트를 사용할 수 있으면 캔버스의 일부를 팔레트처럼 색을 섞을 수 있는 장소로 이용할 수 있기 때문에 지금보다 훨씬 자유롭게 색을 사용할 수 있습니다. 꼭 실제 디바이스로 여러 가지를 그려보세요.

사용하기 편리하게 내가 직접 만든 애플리케이션을 앱스토어에 올리기만 하면 쉽게 판매할 수 있을 것이라는 기대와는 달리 일단 개발에 착수하기 시작하면 많은 난관들에 부딪히게 됩니다. 생소한 OS 환경, 개발 언어 (Objective-C), 개발자 등록 등 새롭게 학습해야 할 것들이 많기 때문이지요. 그러나 이러한 초기 진입 장벽을 넘어서고 나면 본인의 아이디어를 애플리케이션으로 구현하는 것에 재미를 느낄 수 있을 것입니다.

개발을 하다 보면 여러 상황과 난관에 부딪히게 되지만 모바일 환경인 만큼 무엇보다 중요한 것은 메모리를 관리하는 것일 겁니다. Retain counter로 표현되는 Objective-C의 메모리 관리에 집중적으로 익숙해지도록 해야 합니다.

또한 다른 분들이 만든 애플리케이션들을 보면서 어떻게 구현한 것인지에 대해 생각해보고 자신의 아이디어에 어떤 UX를 적용해서 어떻게 구현할 것인지에 대해 수시로 생각하는 습관을 들이는 것이 좋습니다.

이 책을 통해 참신하고 재미있는 애플리케이션이 많이 나올 수 있기를 기대해봅니다.

✉ **경국현**

올라웍스 ScanSearch Unit. Application Team 소속으로,
현재 ScanSearch iPhone 버전 개발에 심혈을 기울이고 있으며
개발한 애플리케이션으로는 BilliardMaster, iWarranty 등이 있다.

여기까지 왔다면 이제는 캔버스를 선택하는 일이 남았네요. 즉, 캔버스를 선택할 수 있게 되면 드디어 'SharePaint'라는 명칭에 어울리는 명실상부한 애플리케이션이 될 것입니다. 그럼, 이 애플리케이션의 기본적인 부분에 남겨진 마지막 기능들인 닉네임의 설정과 캔버스 검색의 구현에 대해 살펴보겠습니다. 또한 어느 캔버스를 그리는 중인지 자동적으로 저장하고 불러올 수 있도록 해보겠습니다.

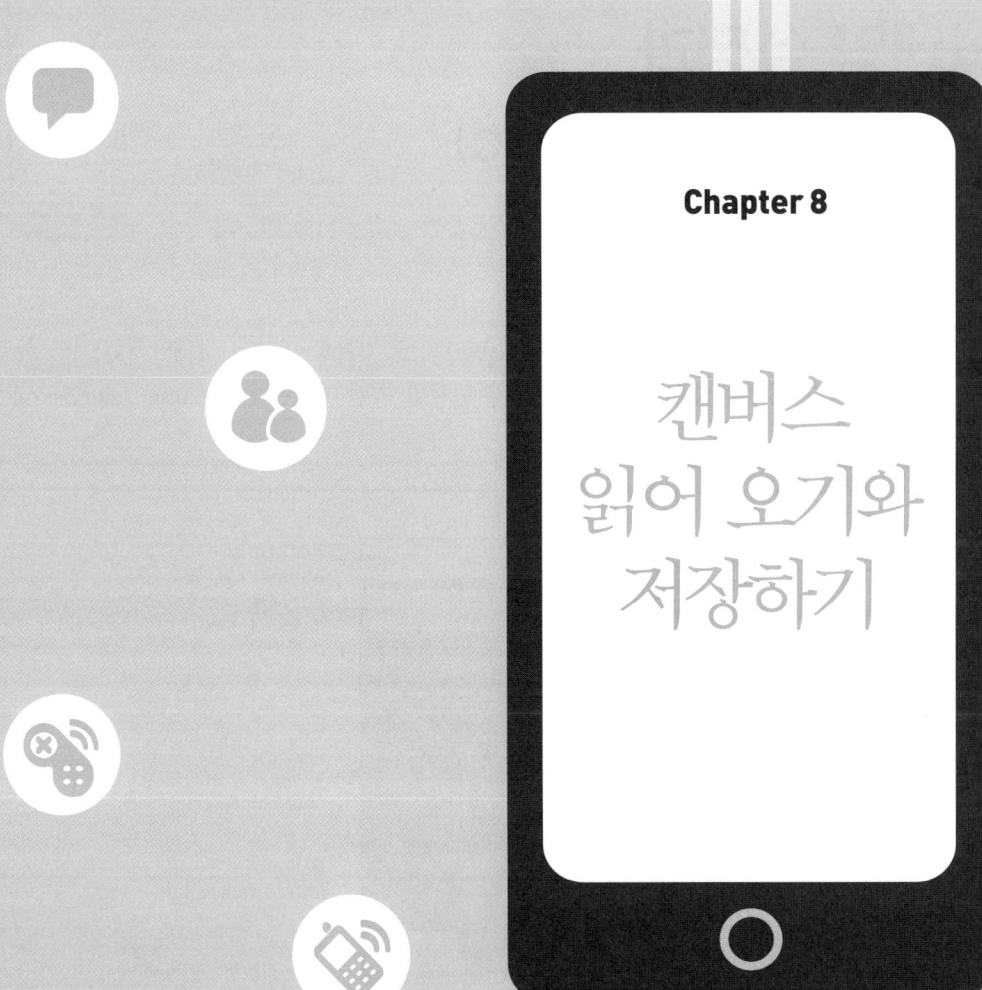

Chapter 8

캔버스
읽어 오기와
저장하기

닉네임 설정과
캔버스 검색 (Android)

닉네임 설정과 캔버스 검색을 수행하는 전용 Activity를 만드는 것부터 시작하겠습니다. 우선, XML을 사용하여 아래와 같은 화면 레이아웃을 만들고 파일 이름은 'nickname_search.xml'이 라고 하겠습니다.

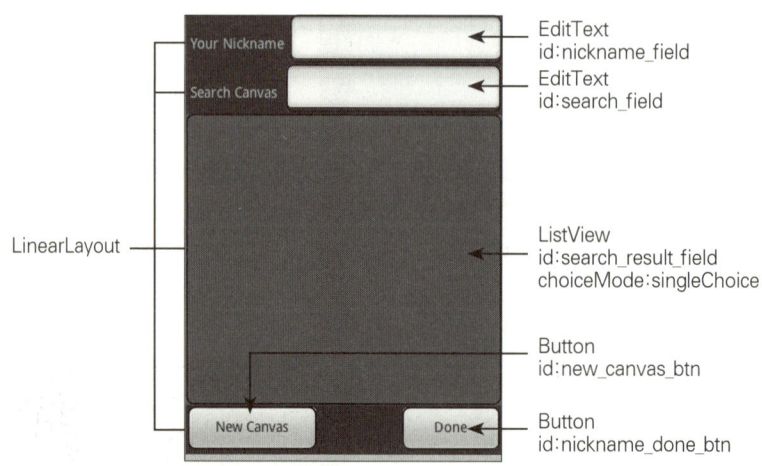

계속해서 'NicknameSearch'라는 명칭으로 지금까지와 같은 방법을 이용해 이 레이아웃을 표시하는 Activity를 만들어보겠습니다. 캔버스의 리스트는 ListView에 표시하지만 이 ListView 로부터 캔버스를 하나 선택했을 때의 리스너는 NicknameSearch 자신이 되는 것으로 합니

다. 그래서 처음부터 OnItemClickListener를 implements해두었습니다. 또한 텍스트 입력란인 EditText의 내용을 변경했을 때와 확정했을 때의 리스너도 NicknameSearch가 수행하도록 TextWatcher와 OnEditorActionListener도 implements해두겠습니다.

Manifest.xml에도 NicknameSearch의 Activity로서 등록해두는 것도 잊지 마세요.

닉네임 입력란

이제까지는 Activity 간의 정보를 주고받을 때 Intent를 사용해 왔는데, 이번에는 클래스 변수를 이용해보겠습니다. NicknameSearch.java에 'static String user_nickname;'이라고 클래스 변수를 선언하고, 닉네임 입력란의 내용이 변화할 때마다 이곳을 변경하도록 합니다. 또한 닉네임 입력란 자체도 'EditText nickname_field;'라고 인스턴스 변수로 선언해두겠습니다.

이 nickname_field의 초기화는 언제나 그렇듯 onCreate( ) 메서드 내에서 수행합니다. 클래스 변수 NicknameSearch.user_nickname의 내용은 이 액티비티, NicknameSearch가 호출되기 전에 설정되는 것으로 상정하고 있습니다.

NicknameSearch.java

```
@Override
public void onCreate(Bundle savedInstanceState) {
  super.onCreate(savedInstanceState);
  setContentView(R.layout.nickname_search);

      // 닉네임 입력란의 초기화
  this.nickname_field = (EditText)findViewById(R.id.nickname_field);
  this.nickname_field.setText(NicknameSearch.user_nickname);
      // 이미 입력되어 있던 닉네임을 돌려준다
  this.nickname_field.addTextChangedListener(this);
      // 텍스트에 변경이 추가되면 자기 자신을 호출하도록 지정한다
```

```
this.nickname_field.setOnEditorActionListener(this);
                // 텍스트의 변경이 끝나면 자기 자신을 호출하도록 지정한다
```

이번에는 Intent를 경유한 데이터 교환은 하지 않기로 했으므로, 〈Done〉 버튼을 클릭했을
때의 동작은 단순합니다.

```
// Done 버튼의 초기화
Button done_btn = (Button)findViewById(R.id.nickname_done_btn);
done_btn.setOnClickListener(new View.OnClickListener() {
  public void onClick(View v) {
    setResult(RESULT_OK);   // 결과 코드를 OK로 지정한다
    finish();               // 이 Activity를 종료한다
  }});
}
```

그럼, 이어서 텍스트 변경 시와 텍스트 편집 종료 시에 호출되는 메서드에 대해서 설명하겠습
니다.

텍스트가 변경될 때 호출되기 위해 인터페이스 TextWatcher를 implements하면 자동적으로
3개의 메서드 afterTextChanged( ), beforeTextChanged( ), onTextChanged( )가 추가될 것
입니다. 여기서는 이 중에서 afterTextChanged( )만 실질적으로 구현해보겠습니다. 변경된 후
의 문자열을 클래스 변수 user_nickname에 대입합니다.

NicknameSearch.java

```
public void afterTextChanged(Editable s) {
  NicknameSearch.user_nickname = s.toString();
}

public void beforeTextChanged(CharSequence s, int start, int count, int
after) {}
  public void onTextChanged(CharSequence s, int start, int before, int
count) {}
```

Enter← 키가 눌려지는 등 텍스트 편집을 종료할 때 호출되는 메서드는 onEditorAction( )인데, 하는 일은 NicknameSearch.user_nickname에 문자열을 대입하는 것뿐이므로 여기서는 설명을 생략합니다. 나중에 검색란의 편집을 종료할 때도 이 onEditorAction( ) 메서드가 호출되므로 그때 가서 설명하도록 하겠습니다.

나머지는 이 NicknameSearch Activity를 호출하는 SharePaint Activity를 변경하면 닉네임을 변경할 수 있습니다.

우선은 호출하는 부분부터 알아보겠습니다. Intent의 ID를 지정해줍니다. SharePaint.java에 'static final int ShowNicknameSearchId=2;' 등과 같이 상수로서 다른 ID와 중복되지 않도록 추가하면 됩니다.

언제나처럼 버튼을 리소스로부터 가져와서 그곳에 클릭할 때의 동작을 기술합니다. 그리고 역시 여느 때처럼 Intent를 작성하고, 그것을 이용하여 NicknameSearch Activity를 호출하는 부분은 동일합니다. 단, Activity를 시작하기 전에 캔버스에 저장되어 있는 닉네임을 NicknameSearch의 클래스 변수 user_nickname으로 옮깁니다. 이로써 앞에서와 마찬가지로 NicknameSearch를 시작했을 때 user_nickname의 내용이 닉네임 입력란인 EditText nickname_field로 복사되므로, 이 Activity를 시작했을 때에는 현재의 닉네임이 이미 표시되어 있는 상태가 됩니다. 〈info_btn〉 버튼은 main.xml 안에 추가해주세요.

SharePaint.java의 onCreate( ) 안

```java
Button info_btn = (Button) findViewById(R.id.info_btn);
info_btn.setOnClickListener(new View.OnClickListener() {
  public void onClick(View v) {
    NicknameSearch.user_nickname = SharePaint.canvas.user_nickname;
        // 캔버스의 닉네임을 NicknameSerach에
    Intent intent = new Intent(SharePaint.this,
        NicknameSearch.class);
    startActivityForResult(intent,
        SharePaint.ShowNicknameSearchId);
    }});
```

download \SharePaint_ch8android\SharePaint_ch8android\src\jp\co\paintsoft\sharepaint\SharePaint.java onActvityResult( )의 인수 reqid에는 호출에 사용한 Intent의 ID가 들어와 있으므로 그 곳에서 NicknameSearch를 호출했을 때부터의 리턴을 판단할 수 있습니다. 나머지는 NicknameSearch의 클래스 변수 user_nickname의 내용, 즉 변경된 가능성이 있는 닉네임을 캔버스에 전달해주면 완성입니다.

SharePaint.java의 onActivityResult( ) 안

```
} else if (reqid == ShowNicknameSearchId) {
                // NicknameSearch로부터의 복귀인가
    if (result == RESULT_OK) {   // OK로 돌아왔다면
      SharePaint.canvas.setNickname(NicknameSearch.user_nickname);
                // 변경된 닉네임을 캔버스에 다시 등록한다
    }
}
```

하지만 아직 SPCanvas에는 setNickname( )이라는 메서드가 준비되어 있지 않습니다. 이 메서드는 다음과 같이 기술하면 되겠지요. 만약 닉네임에 변경 사항이 있다면 캔버스의 닉네임을 변경해야 합니다. 또한 사용자 ID는 닉네임과 연결되어 있기 때문에 사용자 ID도 초기화해야 한다는 것을 잊지 마세요.

SPCanvas.java

```
void setNickname(String nickname) {
  if (!this.user_nickname.equals(nickname)) {
    this.user_nickname = nickname;
    this.user_id = "";
  }
}
```

download \SharePaint_ch8android\SharePaint_ch8android\src\jp\co\paintsoft\sharepaint\SPCanvas.java

이것으로 닉네임의 변경도 가능해졌습니다. 한글로도 설정할 수 있으니 시험해보세요.

검색란

검색 입력란은 nickname_search.xml에서는 'search_field'라고 이름을 지정했습니다. 닉네임 입력란과 마찬가지로 초기화 처리를 하고 검색 결과 표시란은 search_result_list라고 하겠습니다. 다음과 같이 변수 선언을 합니다.

NicknameSearch.java

```
public class NicknameSearch extends Activity
    implements OnItemClickListener
      TextWatcher, OnEditorActionListener {
  static String user_nickname, search_nickname;
  EditText nickname_field, search_field;
  ListView search_result_list;
```

onCreate( ) 메서드에서의 초기화도 기본적으로는 지금까지와 동일합니다. 리소스에서 findViewById( )로 인스턴스 변수를 얻어오고, 클래스 변수 search_nickname의 내용을 미리 검색란에 입력하고 Enter↵ 키 입력 등에 의한 검색란의 입력 종료 시에는 NicknameSearch의 onEditorAction( ) 메서드가 호출되도록 등록합니다.

NicknameSearch.java의 onCreate( ) 안

```
this.search_field = (EditText)findViewById(R.id.search_field);
this.search_field.setText(NicknameSearch.search_nickname);
this.search_field.setOnEditorActionListener(this);
```

검색 결과 리스트 표시에는 ListView를 이용하기로 합니다. ListView를 다룰 때는 독특한 특징이 있는데 설명은 다음으로 미루겠습니다. 또한 인터페이스 OnItemClickListener를 implements하고 setOnItemClickListener(this)로 지정함으로써 항목이 선택되었을 때 자기 자신(this)의 onItemClick( ) 메서드가 호출되도록 하였는데, 이에 대해서도 나중에 설명하겠습니다.

```
this.search_result_list = (ListView)findViewById(R.id.search_result_list);
this.search_result_list.setOnItemClickListener(this);
```

검색 입력란에 입력을 마쳤을 때 호출되는 onEditorAction( )은 다음과 같습니다. 검색 입력을 종료했을 때 해야 하는 것은 당연히 검색이며, 이것은 searchRequset( ) 메서드에서 실행됩니다. 이 searchRequest( ) 메서드와 소프트키보드를 숨기는 hideInputMethod( ) 메서드는 이후에 설명합니다.

또한 이 메서드는

(1) nickname_field와 search_field라는 2군데의 EditText에서 호출되는 점
(2) Enter↵ 키가 눌렸을 때와 Enter↵ 키에서 손을 떼었을 때의 2번 호출되는 점

과 같은 이 2가지 특징에 주의해야 합니다. 정확히는 Enter↵ 키 이외에 의한 확정 가능성도 있지만 여기서는 Enter↵ 키가 눌렸을 때만 실질적으로 처리를 실행하기로 하겠습니다.

NicknameSearch.java

```java
public boolean onEditorAction(TextView v, int id, KeyEvent e) {
    if (e != null && e.getAction() == KeyEvent.ACTION_UP){
                    // Enter↵ 키에서 손을 떼었다면
        hideInputMethod();                      // 소프트키보드를 숨기고
        if (v == this.nickname_field) {         // 닉네임 입력란이면
            NicknameSearch.user_nickname = v.getText().toString();
                    // 클래스 변수에 저장한다
        } else if (v == this.search_field) {    // 검색 입력란이면
            NicknameSearch.search_nickname = v.getText().toString();
                    // 클래스 변수에 저장한다
            searchRequest(v.getText().toString());  // 검색을 실행한다
        }
    }
    return true;
}
```

다음은 소프트키보드를 숨기는 부분입니다. getSystemService( ) 메서드로 InputMethod Manager를 가져오고, 그 toggleSoftInput( ) 메서드를 사용해 소프트키보드를 숨기고 있습니다.

NicknameSearch.java

```java
void hideInputMethod() {
  InputMethodManager m =
      (InputMethodManager)getSystemService(INPUT_METHOD_SERVICE);
  m.toggleSoftInput(InputMethodManager.SHOW_IMPLICIT,
      InputMethodManager.HIDE_NOT_ALWAYS);
}
```

그리고 검색 결과를 표시하는 searchRequest( ) 메서드입니다. 검색 자체는 SharePaint 서버에서 이루어지고 검색 결과도 StrokeSyncAgent 클래스로부터 문자열의 배열(Vector⟨String⟩) 형식으로 받아올 수 있기 때문에 남은 것은 표시하는 것뿐입니다. 표시는 ListView에 되는데 조금 특징적인 부분이 있습니다.

ListView는 세로 방향으로 View를 나열하고 지정된 범위에 들어오지 않으면 자동적으로 스크롤 처리까지 해주는 편리한 위젯이지만 각 항목의 View 레이아웃은 스스로 정해주지 않으면 안 됩니다. 표시할 것은 지금은 캔버스 이름뿐이라 TextView만으로 충분합니다. 이 TextView의 레이아웃을 지정하기 위해 다음과 같이 XML 파일을 추가하여 레이아웃을 정의합니다. 폰트 사이즈와 오른쪽 끝 여백 등을 정의합니다.

스크롤할 때 아이템을 클릭한 것으로 오판하지 않도록 우측에 여백을 남겨서 그곳을 사용하여 스크롤하기 쉽도록 하였습니다.

search_result_textview.xml

```xml
<?xml version="1.0" encoding="utf-8"?>
<TextView android:id="@+id/search_result_textview"
  xmlns:android="http://schemas.android.com/apk/res/android"
  android:layout_width="fill_parent"
```

```
    android:layout_height="wrap_content"
    android:textSize="20sp"
    android:layout_margin="5dp"
    android:layout_marginRight="20dp"
/>
```

그럼, 검색 결과를 표시하는 searchRequest( ) 메서드를 살펴보겠습니다. SharePaint 서버에서 검색을 수행하지만 서버와의 통신은 StrokeSyncAgent에 맡기고 있기 때문에 그 인스턴스를 생성합니다.

NicknameSearch.java

```java
void searchRequest(String nickname) {   // 인수는 닉네임
  StrokeSyncAgent syncagent;
  syncagent = new StrokeSyncAgent(SharePaint.canvas);   // 인수는 SPCanvas
```

StrokeSyncAgent의 search_canvas_list( ) 메서드를 사용해 검색을 실행합니다. 이 통신은 동기화 통신으로 하도록 정했기 때문에 검색 실행 직후에 바로 검색 결과를 변수 canvas_list에서 얻을 수 있습니다. StrokeSyncAgent의 작업은 여기서 종료됩니다.

```java
  syncagent.search_canvas_list(nickname);
  Vector<String> canvas_list = syncagent.canvas_list;
```

ArrayAdapter를 사용해 ListView에 데이터와 그 표시 방법을 지정하겠습니다. 우선은 표시 방법의 지정을 생성자에서 지정합니다. 두 번째 인수로는 표시 방법의 지정에 사용하는 TextView가 들어있는 레이아웃 ID를 지정하고, 세 번째 인수로는 그 TextView의 ID를 지정합니다.

```
ArrayAdapter<String> adapter
  = new ArrayAdapter<String>(this,          // 현재의 Context
      R.layout.search_result_textview,      // 레이아웃을 지정한다
      R.id.search_result_textview);         // TextView를 지정한다
```

그리고 ArrayAdapter에 문자열(String)을 모두 추가한 후 그 adapter를 ListView에 전달해주면 나머지는 자동적으로 표시됩니다.

```
Iterator<String> it = canvas_list.iterator();   // 캔버스 리스트의 iterator
while (it.hasNext())
  adapter.add(it.next());   // 각각의 캔버스 이름을 adapter에 추가한다
this.search_result_list.setAdapter(adapter);
      // 그 adapter를 ListView search_result에 설정한다
}
```

캔버스의 변경

이상과 같이 캔버스의 검색을 마쳤습니다. 그러면 이번에는 표시된 캔버스 리스트를 클릭했을 때 클릭한 캔버스를 읽어오는 부분을 작성해보도록 하겠습니다.

ListView의 항목을 클릭했을 때 호출되는 메서드는 onItemClick( ) 메서드입니다. 여기서는 클릭된 TextView에서 캔버스 이름을 가져와 setCanvasID( ) 메서드를 사용해 캔버스의 변경을 지시한 후 Activity를 종료합니다. 다시 말해, 캔버스를 변경하는 실질적인 처리는 SPCanvas의 setCanvasID( ) 메서드에서 이루어집니다. 이에 대한 설명은 잠시 뒤로 미루겠습니다.

이 setCanvasID( ) 메서드에 대해 설명하기 전에 캔버스를 새로 작성하는 〈New Canvas〉 버

튼의 처리에 대해서도 알아보겠습니다. newCanvasID( ) 메서드에 전달하는 인수는 캔버스 이름이 문자열뿐이므로, 캔버스 신규 작성 시에도 해야 할 일에는 큰 차이가 없습니다.

NicknameSearch.java

```java
public void onItemClick(AdapterView<?> parent, View view, int a, long b) {
  TextView textview = (TextView)view;
  String canvas_name = textview.getText().toString();  // 캔버스 이름을 취득한다
  SharePaint.canvas.setCanvasID(canvas_name);  // 캔버스의 변경을 지시한다
  setResult(RESULT_OK);  // OK 플래그로
  finish();  // NicknameSearch Activity 액티비티 종료한다
}
```

여기에서 인수로 빈 문자열(" ")을 전달하고 있는데, 이는 초기화를 의미합니다. SPCanvas의 canvasID( ) 메서드에서는 캔버스 ID가 비어 있으면 그 시점에서의 닉네임과 시작을 바탕으로 캔버스 ID를 생성한다는 것을 기억하세요.

NicknameSearch.java의 onCreate( ) 안

```java
    Button new_canvas_btn = (Button)findViewById(R.id.new_canvas_btn);
    new_canvas_btn.setOnClickListener(new View.OnClickListener() {
      public void onClick(View v) {
        SharePaint.canvas.setCanvasID("");  // 캔버스 ID를 초기화한다
        setResult(RESULT_OK);
        finish();  // Activity를 OK로 종료한다
      }});
```

이제 드디어 setCanvasID( ) 메서드에 대해 알아볼 차례입니다. 이전에 그린 캔버스를 다시 선택했을 때, 되돌리기 등의 동작에서 오류가 발생할 가능성을 배제하기 위해 일단 사용자 ID를 초기화합니다. 그런 다음 동기 통신으로 전체 stroke를 가져와서 그 정보를 바탕으로 그림을 그립니다.

```java
void setCanvasID(String canvas_id) {
  this.canvas_id = canvas_id;       // 캔버스 ID를 지정된 것으로 치환한다
  this.user_id = "";                // 사용자 ID를 초기화한다
  this.strokes_history.clear();     // stroke 정보를 초기화한 다음
  this.sync_agent.get_strokes_sync();
        // 이 캔버스의 stroke를 동기 통신으로 가져온다
  redrawStrokes(this.layer_bitmap);   // 가져온 stroke로 그린다
}
```

또한 전에 캔버스 ID를 강제적으로 설정했던 canvasID 메서드의 시작 부분을 삭제해두지 않으면 당연한 말이지만 캔버스를 변경할 수 없습니다.

```java
public String canvasID() {
  // 이곳에 있던 프로토타입용 코드를 삭제한다
  if (this.canvas_id.length() == 0) {   // 만약 캔버스 ID가 정해져 있지 않다면
```

이 동기 통신에서 stroke 리스트를 가져오는 get_strokes_sync( ) 메서드는 아직 정의되어 있지 않지만 다음과 같이 간단히 기술할 수 있습니다. get_strokes( )의 'queue_command(cmd);'를 'send_command(cmd, true);'로 바꾸기만 하면 됩니다.

```java
public void get_strokes_sync() {
  String cmd = this.canvas.canvasID() + ": get_strokes: ";
  send_command(cmd, true);
}
```

캔버스 정보 등의 표시

막상 캔버스를 선택할 수 있게 되면 '지금 어느 캔버스에 그리고 있었지?'와 같은 걱정을 조금은 하게 될 수도 있습니다. 캔버스에도 캔버스 이름을 표시하도록 해볼까요? 하는 김에 지금 선택 중인 레이어도 파악하기 어려우니 레이어 번호도 함께 표시하도록 해보겠습니다.

우선은 TextView의 배치부터 시작합니다. main.xml에서 버튼 등을 배치하는 LinearLayout 의 한 단계 더 바깥쪽에 세로 방향의 LinearLayout을 배치하고 사이에 TextView를 끼워넣어 버튼이 배치된 줄 위에 캔버스 정보를 표시할 수 있도록 하고 TextView에는 'info_label'이라 고 이름을 지정하겠습니다.

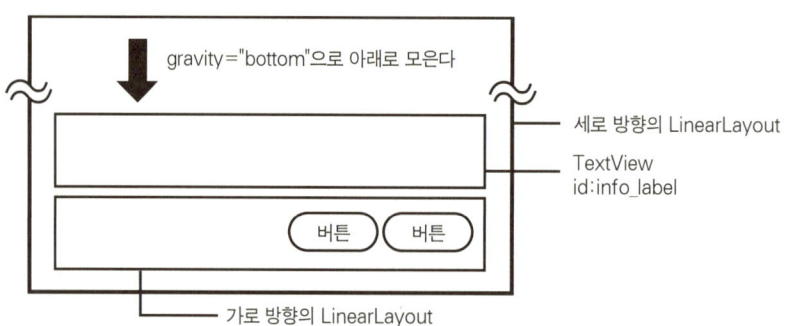

```
gravity="bottom"으로 아래로 모은다
                                        세로 방향의 LinearLayout
                                        TextView
                                        id:info_label
버튼   버튼
                        가로 방향의 LinearLayout
```

main.xml

```
<LinearLayout
    android:orientation="vertical"
    android:gravity="bottom"
    android:layout_width="fill_parent"
    android:layout_height="fill_parent">
  <TextView android:id="@+id/info_label"
    android:text="SharePaint"
    android:textColor="#888"
    android:textSize="20sp"
    android:layout_width="fill_parent"
    android:layout_height="wrap_content"
```

```
    android:layout_gravity="bottom|left"
  />
  <LinearLayout
    android:gravity="center"
    android:orientation="horizontal"
    android:layout_width="fill_parent"
    android:layout_height="wrap_content">
```

download \SharePaint_ch8android\SharePaint_ch8android\res\layout\main.xml

이 스크린 샷과 같은 느낌으로 배치하면 되지 않을까요?

캔버스의 정보를 표시하는 setInfoLabel( ) 메서드는 다음과 같이 기술하면 됩니다.

SPCanvas.java

```
void setInfoLabel() {
  this.info_label.setText("layer:" + this.layer_index + " " + this.canvas_id);
}
```

이제는 캔버스 이름과 선택한 레이어를 변경한 타이밍에서 이 setInfoLabel( )을 호출하면 됩니다. 즉, SPCanvas의 setCanvasID( ) 메서드나 setLayerIndex( ) 메서드 끝에 'setInfoLabel( );'을 추가하면 됩니다. 그 밖에도 실행 코스트가 낮으므로 실행 직후나 touchReleased( ) 안에 넣어도 좋을 것입니다.

먼저 시작한 개발자들의 메시지

애플리케이션을 작성할 때 특정한 한 플랫폼에서만 동작시킬 요량으로 만드는 것은 좋지 않습니다. 최근에 나오는 것 중 성공한 모바일 애플리케이션들은 많은 사용자들을 아우르기 위해 아이폰, 안드로이드, 그리고 경우에 따라서는 Symbian, Windows Phone 7까지 개발하는 경우도 많습니다. 스캔서치의 경우도 아이폰으로부터 시작해서 안드로이드, Windows Phone 7까지 완성해 나간 경우입니다. 재미있는 점은 클래스 구조나 데이터베이스 구조, 서버와의 프로토콜 같은 것을 처음에 잘 설계해 놓으면 다른 플랫폼에서 동일한 애플리케이션을 개발할 때 시간을 상당히 단축시킬 수 있다는 점입니다. 이 책에서처럼 안드로이드와 아이폰으로 동시에 개발을 진행하는 경우도 앞으로는 더 많이 생길 텐데, 가장 중요한 것은 초반에 설계를 얼마나 잘 하느냐라는 것을 잊지 말아야 합니다. 각 플랫폼의 유사점과 차이점을 이해하고 설계 단계부터 고려를 하는 것이 진정한 고수가 되는 길입니다.

✉ 김덕환

석사/박사 과정에서 임베디드 시스템을 전공했으며, 국내에 모바일 애플리케이션 플랫폼이 도입되기 시작한 초창기부터 시작해 모바일 애플리케이션 개발자로서 8년 이상의 경력을 가지고 있다. 현재는 올라웍스에서 ScanSearch application 개발을 총괄하면서 올라웍스 전체의 소프트웨어 설계 책임자(Chief Architect)로 근무하고 있다.

8.2

닉네임 설정과 캔버스 검색 (iPhone)

기본적으로는 Android 버전과 동일하다고 말하고 싶지만, 캔버스 리스트를 표시하여 선택하는 UITableView 부분의 차이가 비교적 큰 만큼 주의해야 합니다.

Interface Builder로 화면 만들기

우선 언제나 해 오던 대로 Xcode의 프로젝트 윈도에서 'SharePaintViewController'를 더블클릭하여 Interface Builder로 열고, 이 안에 새로운 ViewController를 놓습니다.

NicknameViewController 등으로 이름을 지정하고 355페이지의 그림과 같이 위젯을 추가합니다.

닉네임 입력란

NicknameViewController와 그곳에 포함된 요소도 SharePaintViewController에서 제어해보 겠습니다. 다음과 같이 제어할 창구를 준비하고 언제나처럼 Interface Builder로 연결합니다.

SharePaintViewController.h

```
IBOutlet UIViewController* nicknameviewcontroller;
IBOutlet UITextField* nickname_field;   // 닉네임 입력란
IBOutlet UITableView* search_result_table;
std::vector<std::string> canvas_list;
```

`download` \SharePaint_ch8iphone\SharePaint_ch8iphone\Classes\SharePaintViewController.h

Nickname 뷰의 표시와 제거도 항상 하던 대로 기술하면 됩니다. showNicknameView: 메 서드는 캔버스 상의 정보 버튼의 Touch Up Inside 이벤트와 연결합니다. iPhone 버전에서는 Android 버전과 비교하면 캔버스에서 std::string 문자열을 사용하고 있기 때문에 사용자 인터 페이스에 전달할 때 일일이 NSString 문자열로 변환해야 하는 번거로움이 있습니다. 그런 한 편, Nickname 뷰를 호출하기 전에 이미 닉네임 입력란인 nickname_field로 인스턴스 대입이 완료되어 있기 때문에 Android 버전에서 필요했던 '한 번 클래스 변수로 문자열을 건네고, 인 스턴스화가 종료된 단계에서 다시 닉네임 입력란으로 복사'하던 번거로운 작업이 iPhone 버전 에서는 필요 없습니다.

SharePaintViewController.mm

```
- (IBAction)showNicknameView:(id)sender {
  SPCanvas* canvas = (SPCanvas*)self.view;
  NSString* nickname =
```

```
    [NSString stringWithUTF8String:canvas->user_nickname.c_str()];
        // 캔버스의 닉네임을 NSString 문자열로 변환한다
    self->nickname_field.text = nickname;   // 닉네임 입력란의 내용으로
    [self presentModalViewController:nicknameviewcontroller animated:YES];
        // Nickname 뷰를 대화상자로 표시한다
}
```

모달(modal)인 Nickname 뷰를 닫는 dismissNicknameView: 메서드는 지금까지 나왔던 것
과 완전히 똑같습니다. 이 메서드를 Nickname 뷰의 Done 버튼의 Touch UP Inside 액션과
연결해 주세요.

```
- (IBAction)dismissNicknameView:(id)sender {
    [self dismissModalViewControllerAnimated:YES];
}
```

닉네임의 입력을 마치면 캔버스에 그것을 반영시키는 것이 다음의 nicknameChanged: 메서
드입니다. 닉네임 입력란의 Did End On Exit 이벤트와 이 메서드를 연결합니다.

또한 마지막 행에서 NSString 형식의 문자열에서 C 언어의 문자열로 변환은 수행하지만
std::string의 문자열까지의 변환은 명시적으로 하고 있지 않습니다. 이제부터 정의할 SPCanvas
의 setNickname: 메서드 인수의 형식은 std::string이지만, std::string의 생성자에 의해 C 언어
의 문자열에서 std::string으로 자동으로 생성됩니다.

SharePaintViewController.mm

```
- (IBAction)nicknameChanged:(id)sender {
    [sender resignFirstResponder];   // 키보드를 숨긴다
    NSString* nickname = [self->nickname_field.text
                    stringByReplacingOccurrencesOfString:@" "
                    withString:@""];
        // 닉네임에는 공백이 포함되지 않으므로 공백을 삭제한다
```

```
    SPCanvas* canvas = (SPCanvas*)self.view;
    [canvas setNickname:[nickname UTF8String]];
            // C 언어의 문자열 형식으로 닉네임을 캔버스에 전달한다
}
```

Android 버전일 때와 마찬가지로 setNickname: 메서드 전에 새로운 캔버스를 작성하는
newCanvasPressed: 메서드에 대해서도 살펴보겠습니다. Nickname 뷰의 New Canvas 버튼
의 Touch Up Inside 이벤트와 연결시켜줍니다. 여기에서 setNickname: 메서드에는 C 언어
형식의 문자열 '" "'를 전달하고 있습니다.

SharePaintViewController.mm

```
- (IBAction)newCanvasPressed:(id)sender {
    SPCanvas* canvas = (SPCanvas*)self.view;
    [canvas setCanvasID:""];               // 캔버스 ID를 초기화한다
    [self dismissNicknameView:nil];   // Nickname 뷰를 닫는다
}
```

캔버스가 가지고 있는 캔버스 ID를 변경하는 setNickname: 메서드는 다음과 같습니다. 처리
는 Android 버전와 완전히 동일하다는 것을 알 수 있습니다.

SPCanvas.mm

```
- (void)setNickname:(std::string)nickname {
    if (self->user_nickname != nickname) {
        self->user_nickname = nickname;
        self->user_id = "";
    }
}
```

검색 바와 UITableView

Nickname 뷰의 검색 바를 클릭해서 표시되는 플로팅 윈도에서 'delegate'가 'File's Owner'가 되어 있는지 확인하고, 만약 그렇게 되어 있지 않다면 그렇게 설정해주세요.

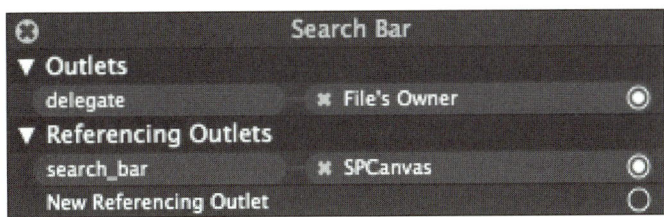

이 설정에 의해 SharePaintViewController가 UISearchBarDelegate로서 동작합니다. 이 UISearchBarDelegate에는 searchBar:textDidChange: 등을 비롯해 많은 메서드가 정의되어 있으며, 검색란 입력 중에 후킹(hookimg, 가로채기)을 하거나 〈Cancel〉 버튼, 북마크 등의 취급 등 많은 것들이 가능합니다. 여기서는 검색란에 입력을 종료하고 〈Search〉 버튼이 클릭되었을 때 호출되는 searchBarSearchButtonClicked: 메서드만 구현해보겠습니다. 더욱 섬세하게 제어하고 싶은 경우에는 다른 메서드도 차례로 구현해보면 되겠지요.

이 searchBarSearchButtonClicked: 메서드의 구현은 Android 버전에서의 searchRequest() 메서드와 도중까지는 같은 내용으로 되어 있습니다. 도중까지라고 한 이유는 검색 결과의 표시를 마지막 행의 [search_result_table reloadData];에 맡기고 있기 때문입니다. Android 버전에서는 ListView에 표시해야 할 데이터를 ArrayAdapter에 저장하고 그곳을 데이터 소스로 지정했는데, iPhone 버전에서는 UITableViewDelegate를 SharePaintViewController 자신으로 지정함으로써, UITableView는 데이터 소스를 SharePaintViewController로 지정하고 있습니다. 이 지정에 대해서는 이후에 설명하겠습니다.

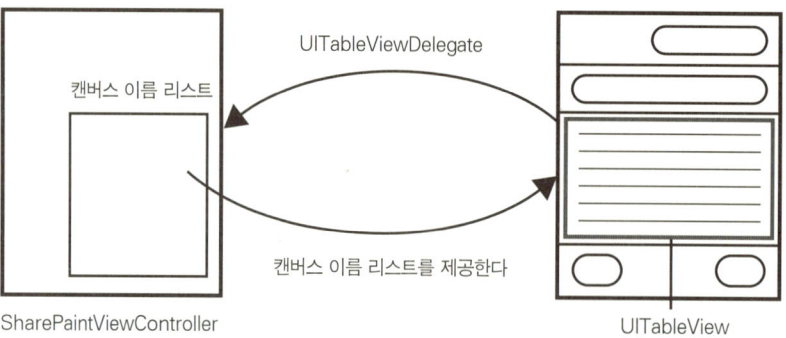

UITableViewDelegate

캔버스 이름 리스트

캔버스 이름 리스트를 제공한다

SharePaintViewController

UITableView

SharePaintViewController.mm

```
- (void)searchBarSearchButtonClicked:(UISearchBar *)searchBar {
  [searchBar resignFirstResponder];          // 키보드를 숨긴다
  StrokeSyncAgent syncagent;  // SharePaint와 동기할 에이전트를 준비한다
  syncagent.canvas = (SPCanvas*)self.view;   // 에이전트를 준비한다
  NSString* nickname = [searchBar.text
                      stringByReplacingOccurrencesOfString:@" "
                      withString:@""];        // 검색란의 문자열에서 공백을 제거한다
  syncagent.search_canvas_list(std::string([nickname UTF8String]));
            // 그 검색 문자열로 에이전트에게 검색을 시킨다
  self->canvas_list = syncagent.canvas_list;  // 검색 결과를 추출한다
  [search_result_table reloadData];           // 그것을 표시한다
}
```

UITableView를 사용하기 위해서는 최소한 UITableViewDataSource와 UITableViewDelegate 의 연계를 의식할 필요가 있습니다. UITableViewDataSource라는 것은 표시할 데이터의 내용, 다시 말해 항목 수와 각 항목에 포함되는 UIView의 형식 등을 테이블로 제공하는 것으로, Android에서 말하는 ArrayAdapter에 해당합니다. 한편, UITableViewDelegate는 표시되어 있는 행이 선택되었을 때의 처리와 행의 삭제를 지시받았을 때의 처리 등을 지시하는 것으로, Android에서의 AdapterView.OnItemClickListener 등에 해당합니다.

이 애플리케이션 SharePaint에서는 UITableViewDataSource와 UITableViewDelegate의 양쪽 모두를 SharePaintViewController에서 구현하기로 하겠습니다. 우선 2개의 protocol을

선언합니다.

SharePaintViewController.h

```
@interface SharePaintViewController : UIViewController
  <UITableViewDelegate, UITableViewDataSource> {
```

다음은 Interface Builder 상에서 검색 결과를 표시할 UITableView를 마우스 오른쪽 버튼으로 클릭하여 dataSource와 delegate 모두 'File's Owner'로 지정합니다. 이것으로 UITableView를 사용할 준비가 끝났습니다.

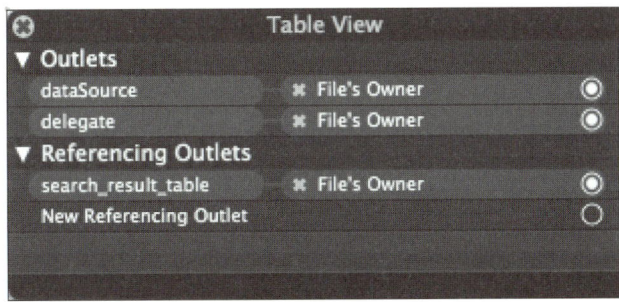

그러면 UITableViewDataSource의 메서드를 구현하여 검색 결과가 표시되도록 해보겠습니다. tableView:numberOfRowsInSection:은 '몇 개의 항목이 있는지'를 리턴해주는 메서드 입니다. 테이블이 복수의 섹션으로 분류되어 있으면 '첫 번째 섹션에는 3항목, 두 번째는 5항목...'등으로 리턴해줄 필요가 있지만 이 UITableView는 Plain 형식을 취하고 있기 때문에 섹션은 하나밖에 없습니다. 따라서 두 번째 인수는 무시해도 됩니다.

그럼 무엇을 반환하는지 살펴보면 다음과 같이 간단합니다. 검색 결과인 캔버스 이름은 문자 열 배열의 형태로 canvas_list에 저장되어 있으므로 canvas_list.size( )의 리턴 값을 반환하기 만 하면 됩니다.

SharePaintViewController.mm

```
- (NSInteger)tableView:(UITableView *)tableView numberOfRowsInSection:
(NSInteger)section {
  return canvas_list.size();
}
```

다음의 tableView:cellForRowAtIndexPath: 메서드는 '몇 번째 섹션의 몇 번째 항목에 표시될 내용'을 지정하는 것입니다. 조금 전과 같이 UITableView는 Plain이기 때문에 몇 번째 섹션인가라는 정보는 무시하고 '몇 번째 항목인가'는 indexPath.row를 참조합니다.

SharePaintViewController.h

```
- (UITableViewCell *)tableView:(UITableView *)tableView cellForRowAtIndexPath:
(NSIndexPath *) indexPath {
```

이번에는 반환할 UITableViewCell을 작성해보겠습니다.

처음에는 dequeueReusableCellWithIdentifier:라는 메서드로 작성을 시도합니다. 이것은 동일한 형태, 즉 셀의 내용이 UILabel뿐이라거나 UIImageView가 포함되어 있거나 그것들이 합성되어 있는 등 그야말로 다양한 패턴을 생각해볼 수 있는데, 그런 패턴에 대해 CellIdentifier라는 이름을 지정해주고 같은 패턴이 등장하면 그 직전에 사용하지 않게 된 동일한 패턴의 셀을 재사용하는 것입니다. 예를 들어, 같은 항목이 많이 있으면 빠른 속도로 스크롤을 함으로써 자꾸 새로운 셀이 필요해지고 대량의 오브젝트가 생성되어 퍼포먼스가 떨어지는데, 그것을 피하기 위한 것입니다.

이론상으로는 dequeReusableCellWithIdentifier: 메서드를 사용하지 않은 채, 명시적으로 UITableViewCell을 alloc하고 init해도 동작은 하지만 실제로 그렇게 한다면 스마트폰처럼 리소스가 적은 디바이스에서는 금방 메모리가 부족해져 속도가 저하되는 등 바람직하지 않은 일이 일어나기 쉽습니다. 가능한 한 dequeReusableCellWithIdentifier:를 사용하세요.

그런데 여기서는 캔버스 리스트를 표시할 뿐이기 때문에 모든 셀은 같은 패턴을 가지고 있게 됩니다. 무조건 dequeReusableCellWithIdentifier:을 사용해 셀의 생성을 시도해보고, 생성할 수 없으면 명시적으로 alloc과 initWithIdentifier:에서 UITableViewCell을 생성합니다.

```
static NSString *CellIdentifier = @"SearchResult";

UITableViewCell *cell = [tableView dequeueReusableCellWithIdentifier:
CellIdentifier];
  if (cell == nil) {
   cell = [[[UITableViewCell alloc] initWithFrame:CGRectZero reuseIdentifier:
CellIdentifier] autorelease];
  }
```

UITableViewCell의 인스턴스를 생성하는 부분은 다소 까다로웠을지도 모르지만 남은 것은 간단합니다. indexPath.row에 의해 몇 번째 항목이 요청되고 있는지를 index에 설정하면 canvas_list[index]가 반환해야 할 캔버스 이름이 됩니다. 나머지는 이 std::string 형식의 문자열을 NSString 형식으로 변환하고, 그것을 cell.textLabel의 text 프로퍼티에 대입하면, 이로써 해당 셀에는 캔버스 이름이 대입된 UILabel이 메인 콘텐츠가 됩니다. 다시 말해, 셀에는 캔버스 이름이 문자열로 표시되는 것입니다.

```
NSString* canvas_name;
int index = indexPath.row;
canvas_name = [NSString
             stringWithUTF8String:canvas_list[index].c_str()];
cell.textLabel.text = canvas_name;

  return cell;
}
```

캔버스의 변경

이상과 같이 검색란에 닉네임을 입력하고 검색을 실행하면 캔버스 리스트가 표시되도록 해보았습니다. 기억해야 할 것들이 많을지는 모르지만 코드의 양은 상당히 적게 끝이 났습니다.

그렇다면 이제는 캔버스 리스트에서 선택된 캔버스를 읽어 오는 부분을 작성해보겠습니다. 조금 전 캔버스 리스트에 대한 UITableViewDelegate를 SharePaintViewController에 지정했기 때문에 나머지는 tableView:didSelectRowAtIndexPath: 메서드를 구현하면 됩니다. 구체적인 내용은 다음과 같습니다.

canvas_list는 캔버스 이름의 배열(std::vector〈std::string〉)로, indexPath.row가 선택된 항목의 번호이기 때문에 canvas_list[indexPath.row]가 선택된 캔버스의 이름이 됩니다. 이것을 캔버스의 setCanvasID: 메서드에 전달해주면 완성입니다.

SharePaintViewController.mm

```
- (void)tableView:(UITableView *)tableView
didSelectRowAtIndexPath:(NSIndexPath *)indexPath {
  SPCanvas* canvas = (SPCanvas*)self.view;
  [canvas setCanvasID:canvas_list[indexPath.row]];
          // 캔버스 ID를 캔버스에
  [self dismissNicknameView:nil];   // 대화상자를 닫는다
}
```

SPCanvas의 setCanvasID: 메서드는 Android 버전과 완전히 똑같다는 것을 알 수 있습니다.

SPCanvas.mm

```
- (void)setCanvasID:(std::string)canvas_name {
  self->canvas_id = canvas_name;         // 캔버스 ID를 변경한다
  self->user_id = "";                    // 사용자 ID를 초기화한다
  self->strokes_history.clear();   // stroke 정보를 초기화한 다음에
```

```
    self->sync_agent.get_strokes_sync();
            // 이 캔버스의 stroke를 동기 통신으로 가져온다
    [self redrawStrokes:self->layer_bitmap];    // 가져온 stroke로 그린다
}
```

또한 이것도 Android 버전과 마찬가지로, canvasID 메서드에다 캔버스 ID를 강제적으로 설정했던 코드는 삭제해야 합니다.

SPCanvas.mm

```
- (std::string)canvasID {
    // 이곳에 있던 프로토타입용 코드를 삭제한다
    if (self->canvas_id == "") {
```

StrokeSyncAgent의 get_strokes_sync 메서드도 Android 버전과 동일합니다.

StrokeSyncAgent.mm

```
void StrokeSyncAgent::get_strokes_sync(void) {
    std::string cmd = [this->canvas canvasID] + ": get_strokes: ";
    send_command(cmd, true);
}
```

캔버스 정보 등의 표시

캔버스 이름과 레이어 번호를 표시할 수 있도록 해보겠습니다. 우선은 Interface Builder로 UILabel을 적당한 위치에 배치하고, 이것을 SPCanvas에서 info_label이라는 이름으로 참조할 수 있도록 연결합니다.

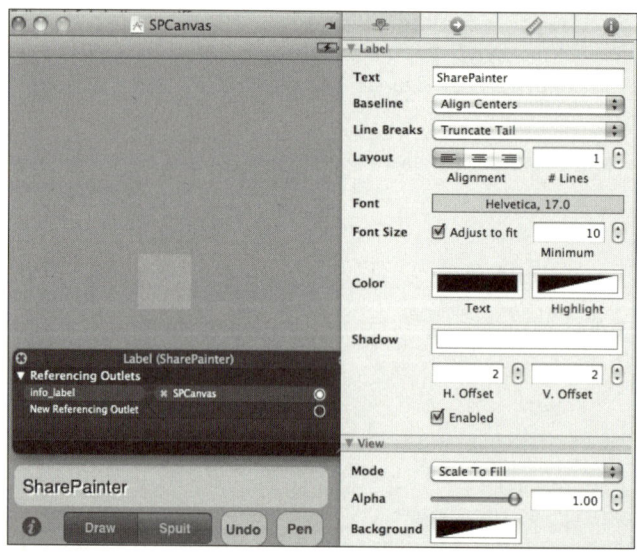

setInfoLabel 메서드 자신은 다음과 같이 됩니다. Android 버전과 비교하면 std::string에서 NSString으로 변환하는 부분은 길지만 하는 일은 다르지 않습니다. info_label의 문자열을 'layer:레이어 번호 캔버스 ID'로 치환하는 것뿐입니다. 이렇게 하는 것만으로 표시 내용이 변경된다니 간단하지요?

SPCanvas.mm

```
- (void)setInfoLabel {
  std::ostringstream sstr;

  sstr << "layer:" << self->layer_index << " " << self->canvas_id;
  self->info_label.text
    = [NSString stringWithUTF8String:sstr.str().c_str()];
}
```

나머지는 Android 버전에서와 마찬가지로 캔버스 이름과 선택한 레이어를 변경하는 타이밍 등에서 'self setInfoLabel' 등으로 이 메서드를 호출하면 완성입니다.

로그의 출력과 확인 방법

애플리케이션을 만들다보면 생각대로 움직여주지 않는 부분이 반드시 나오기 마련입니다. 그래서 중요한 것이 디버거와 로그의 출력입니다. iPhone SDK에도 Android SDK에도 디버거는 포함돼 있고, 사용법도 표준적이라 특별히 어려운 부분은 없을 것이므로, 로그의 출력에 대해 살펴보겠습니다.

iPhone SDK의 경우 로그의 출력은 'NSLog(@"Log output %d %@", int_val, nsobject_val);'과 같이 기술하면 됩니다. 또한 Xcode의 [Run]→[Console]을 선택하면 로그의 출력을 볼 수 있습니다.

Android SDK의 경우 로그의 출력은 'Log.i("SharePaint", "Log output"+int_val+" "+object_val);'과 같이 기술하고, [Window] 메뉴의 [Show View]→[Logcat]을 선택하여 볼 수 있습니다.

Google App Engine의 경우에는 'logging.info("Log output "+str(int_val))'과 같이 기술합니다. 또한 'import logging'도 잊지 마세요. 그리고 GoogleAppEngineLauncher에서 〈Dashboard〉 버튼을 클릭하여 표시되는 페이지에서 Logs의 링크를 클릭하면 출력을 확인할 수 있습니다.

8.3

각종 정보의 저장

캔버스와 닉네임을 변경하게 되면 실행할 때마다 그 정보들을 다시 설정하는 것도 번거로운 일입니다. 그래서 그런 것을 시작할 때는 자동으로 읽어 오고, 종료할 때는 저장하도록 해야 편리하겠지요. 여기서는 Android와 iPhone 각각에서 캔버스 stroke, 캔버스 ID, 닉네임, 검색 문자열을 저장해보도록 하겠습니다.

Android 버전의 경우

문자열 같은 간단한 형태라면 SharedPreference라는 편리한 도구를 이용하고 stroke 정보 같은 커다란 정보에 대해서는 애플리케이션의 데이터를 저장하는 장소가 준비되어 있으므로, 그 곳에 명시적으로 파일로 저장하기로 하겠습니다.

오히려 문제는 어느 타이밍에 저장을 하고, 어느 타이밍에 읽어낼 것인가 하는 것입니다. Android는 알다시피 멀티태스크로 동작하기 때문에 사용자의 조작에 의해 SharePaint 애플리케이션이 백그라운드로 돌아가거나 심하면 시스템 상황에 따라 제멋대로 정지하기도 합니다. 예를 들어, 프로세스가 정지될 때에 반드시 Activity의 onStop( )이 호출된다면 onStop( )에서 데이터를 저장하고, onCreate( )로 데이터를 읽으면 되지만, 실제로는 onStop( )이 호출되지 않고 프로세스가 정지되는 경우(Activity의 Lifecycle 참조：http://developer.android.com/guide/topics/ fundamentals.html#actlife)도 있습니다.

그래서 SharePaint Activity의 onPause( )가 호출되는 단계에서 데이터를 저장하도록 하겠습니다. 실제로 동작시켜봐도 이렇게 하면 지장이 없어 보입니다.

SharePaint.java

```
@Override
protected void onPause() {
    super.onPause();
```

download \SharePaint_ch8android\SharePaint_ch8android\src\jp\co\paintsoft\sharepaint\SharePaint.java

getPreferences( )를 MODE_PRIVATE으로 호출하면 애플리케이션 전용 영역을 지정한 것이 됩니다. adb shell이나 Eclipse 등에서 보면 알 수 있듯이 이 설정의 실체는 '/data/data/애플리케이션 이름/shared_pref/'에 들어있습니다.

```
SharedPreferences pref = getPreferences(MODE_PRIVATE);   // 설정을 부른다
SharedPreferences.Editor editor = pref.edit();   // 설정에 변경을 가하는 창구를 준비한다
```

여기서는 SharedPreferences.Editor의 putString( ) 메서드밖에 사용하지 않고 있는데, 첫 번째 인수로 저장할 정보의 키, 두 번째 인수로 저장하고 싶은 값을 지정합니다. 끝으로 commit( )을 호출하여 이 정보를 저장합니다.

```
editor.putString("UserNickname", canvas.user_nickname);
editor.putString("SearchNickname", NicknameSearch.search_nickname);
editor.putString("CanvasID", canvas.canvas_id);
editor.commit();
```

다음은 명시적으로 openFileOutput( )을 이용해 파일을 쓰기 모드로 열어줍니다. 파일 이름은 StrokesHistoryFN으로 되어 있는데, 이것은 SharePaint.java의 시작에서 'static final String StrokesHistoryFN="StrokesHistory";' 등과 같이 상수로 정한 것입니다. 이 경우, 실제로는 '/data/data/애플리케이션 이름/files/StrokesHistory'라는 파일이 쓰기 모드로 열립니다. 이런 정보들은 조사하면 간단히 알 수 있는 것이기는 하지만 디버그할 때는 유효하므로 기억해두기 바랍니다.

```
try {
  BufferedWriter writer;
  writer = new BufferedWriter(new OutputStreamWriter(
          openFileOutput(StrokesHistoryFN, MODE_PRIVATE)));
```

나머지는 캔버스의 strokes_history에 포함되어 있는 SPStroke의 정보를 문자열로 계속 변환하고 개행으로 구분하면서 파일에 기록해 갑니다. 여기서 strokes_history는 server_time과 client_time을 키로 하여 SPStroke를 대응시키는 맵이었다는 사실을 기억하는 독자도 있을 것입니다. 그래도 server_time과 client_time은 stroke 정보에 포함되기 때문에 여기에서 원래의 strokes_history를 복원하는 데는 아무 지장이 없다는 것을 알 수 있습니다. 그래서 strokes_history.values의 값만을 저장하는 것입니다.

```
Iterator<SPStroke> its = canvas.strokes_history.values().iterator();
                         // 각 stroke 정보에 대해
while (its.hasNext()) {
  String stroke_str = its.next().toString();       // 문자열 표현으로 고쳐서
  writer.write(stroke_str, 0, stroke_str.length());  // 그것을 파일에 기록한다
  writer.newLine();    // 구분 문자로 개행을 입력한다
}
writer.close();       // 파일을 닫는다
```

서버에 송신되지 않은 커맨드도 저장해두겠습니다. 이 정보를 저장해두면 오프라인 상태에서도 신경 쓰지 않고 캔버스에 그려두고 통신이 가능한 상태가 되면 한 번에 서버 쪽의 캔버스 정보를 갱신하는 과정을 거치지 않고 할 수 있습니다.

QueuedCommandsFN에 대해서는 'static final String QueuedCommandsFN="Queued Commands";' 등과 같이 상수로서 선언해둡니다. 이 파일의 위치는 '/data/data/애플리케이션 이름/files/QueuedCommands'가 됩니다.

```java
        writer = new BufferedWriter(new OutputStreamWriter(
            openFileOutput(QueuedCommandsFN, MODE_PRIVATE)));
                // 파일을 연다
        Iterator<String> itq = canvas.sync_agent.queued_commands.iterator();
                // 각 커맨드에 대해서
        while (itq.hasNext()) {
          String queue_str = itq.next();
          writer.write(queue_str, 0, queue_str.length());    // 그것을 파일에 기록한다
          writer.newLine();    // 구분 문자로 개행을 입력한다
        }
        writer.close();
    } catch (IOException e) {
                // 파일 출력에 문제가 있으면 로그에 출력한다
        Log.e("SharePaint", "onSaveInstanceState IOException");
        return;
      }
    }
```

한편으로, 저장된 정보는 onCreate( ) 안에서 읽으면 됩니다. 설정을 읽어 들이면 stroke 정보도 갱신되므로 읽어 온 후에 stroke를 다시 그리는 것도 잊지 않도록 하세요.

SharePaint.java의 onCreate( ) 끝

```java
        restorePreferences();   // 설정을 읽어 온다
        SharePaint.canvas.redrawStrokes(SharePaint.canvas.layer_bitmap);
                // stroke를 다시 그린다
    }
```

실제로 설정을 읽어 오는 restorePreferences( ) 메서드는 앞에 나온 onPause( )와는 정반대의 기능을 하며 다음과 같습니다. SharedPreferences의 getString( ) 메서드로 설정에 저장된 문자열을 얻습니다. 첫 번째 인수는 저장할 때 사용한 키이며, 두 번째 인수로는 저장되지 않았을 때 이 메서드가 반환할 디폴트 문자열을 지정합니다. 예를 들어, 설정에 아무것도 저장되어 있지 않으면 캔버스 ID로 공백이 설정되지만 이것에 의해 나중에 호출되는 SPCanvas의 canvasID( ) 메서드에 의해 적절하게 닉네임과 그 시점에서의 시각을 이용한 캔버스 ID가 생성됩니다.

SharePaint.java

```java
void restorePreferences() {
    SharedPreferences pref = getPreferences(MODE_PRIVATE);   // 설정을 호출한다
    canvas.user_nickname = pref.getString("UserNickname", "public");
        // 닉네임을 읽는다. 등록되어 있지 않으면 'public'
    NicknameSearch.search_nickname = pref.getString("SearchNickname", "");
        // 검색 문자열을 읽는다. 등록되어 있지 않으면 '공백'
    canvas.canvas_id = pref.getString("CanvasID", "");
        // 캔버스 ID를 읽는다. 등록되어 있지 않으면 '공백'
```

다음은 에러에 대비한 처리입니다. fileList( ) 메서드는 애플리케이션의 데이터 저장용 폴더에 저장되어 있는 파일 이름의 리스트를 반환합니다. 이 중에 StrokesHistoryFN이나 QueuedCommandsFN이 포함되어 있지 않다면, 뭔가의 이유로 이전의 설정을 저장하는 데 실패했다고 판단하고 읽기를 중단하고 돌아갑니다.

Arrays.binarySearch( ) 메서드는 주어진 String이 String[ ] 안에 포함되어 있는지, 포함되어 있다면 몇 번째인지를 반환하는 메서드인데, 사전에 Strings[ ]가 정렬되어 있다는 것이 전제입니다. 그래서 이것을 사용하기 전에 Array.sort( )를 사용해 String[ ]을 정렬하고 있습니다.

```java
String[] flist = fileList();
Arrays.sort(flist);
if (Arrays.binarySearch(flist, StrokesHistoryFN) < 0 ||
```

```
    Arrays.binarySearch(flist, QueuedCommandsFN) < 0)
  return;
```

다음은 StrokesHistoryFN 파일을 읽기 모드로 열고, 파일에서 strokes_history를 재현해보겠습니다. strokes_history를 저장할 때는 서버 시각과 클라이언트 시각에 의한 키를 생략했기 때문에 읽어 올 때 이들을 복원해야 합니다. 이 점에 주의하세요.

```
try {
  BufferedReader reader;
  String line;

  canvas.strokes_history.clear();
  reader = new BufferedReader(new InputStreamReader(
      openFileInput(StrokesHistoryFN)));
                // stroke가 저장된 파일을 연다
  while ((line = reader.readLine()) != null) {  // 각 행에 대해서
    SPStroke stroke = new SPStroke(line);   // 1행을 stroke로 변환한다
    Times t = canvas.new Times();   // strokes_history의 키를 작성한다
    t.client = stroke.client_time;   // 클라이언트 시각을 설정한다
    t.server = stroke.server_time;   // 서버 시각을 설정한다
    if (t.client != 0 || t.server != 0)   // 정당한 stroke라면
      canvas.strokes_history.put(t, stroke);   // 그 stroke를 저장한다
  }
  reader.close();
```

서버에 송신하지 못한 커맨드 열의 읽기도 마찬가지로 처리하면 됩니다. 각 행마다 분할해 읽어 들이고, std::vector⟨std::string⟩의 queued_commands에 추가해 가기만 하면 됩니다.

```
    canvas.sync_agent.queued_commands.clear();
    reader = new BufferedReader(new InputStreamReader(
        openFileInput(QueuedCommandsFN)));
```

```
                    // 커맨드가 저장된 파일을 연다
   while ((line = reader.readLine()) != null) {   // 각 행별로
     if (line.length() > 0)
       canvas.sync_agent.queued_commands.add(line);
              // 그것을 queued_commands에 저장한다
   }
   reader.close();
 } catch (IOException e) {
   Log.e("SharePaint", "restorePreferences IOException");
 }
}
```

이것으로 캔버스의 상태를 자동 저장하고 시작 시에는 읽어 올 수 있도록 했습니다. 편리해졌지요?

iPhone 버전의 경우

iPhone에서는 NSUserDefaults라는 편리한 클래스를 설정의 저장과 읽기에 사용할 수 있습니다. 또한 싱글태스크이므로 읽기와 저장 타이밍에 대해 고민할 필요가 없습니다. 애플리케이션을 시작할 때 읽어 오고, 종료 시에 저장하기만 하면 됩니다.

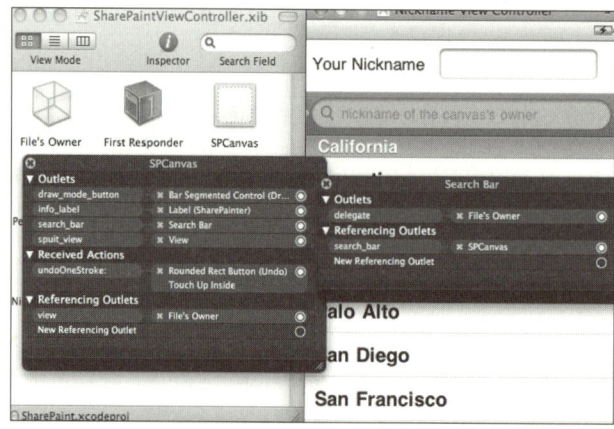

실제로 저장을 담당하는 saveDefaults 메서드는 iPhone 버전에서는 SPCanvas 안에 구현했습니다. SPCanvas로부터 저장해야 할 닉네임, 캔버스 ID, stroke열 등으로 액세스가 용이하기 때문이죠. 다만, 검색 문자열에 액세스할 방법이 없기 때문에 SPCanvas.h에 'IBOutlet UISearchBar * search_bar;' 등으로 인스턴스 변수를 선언하고, Interface Builder에서 Nickname 뷰의 UISearchBar와 연결시켜야 합니다.

SaveDefualts( ) 메서드는 다음과 같이 구현합니다. 우선, NSUserDefaults의 인스턴스를 가져옵니다.

SPCanvas.mm

```
- (void)saveDefaults {
  NSUserDefaults* defs = [NSUserDefaults standardUserDefaults];
```

저장할 것은 문자열이기 때문에 NSString 형식으로 고쳐서 NSUserDefaults의 setObject:forKey: 메서드로 각 문자열을 저장해 갑니다.

닉네임과 캔버스 이름은 std::string에서 NSString으로의 변환이 필요하다는 점에 주의해야 합니다. 검색 문자열은 변환할 필요가 없기 때문에 그대로 인수로 줍니다.

```
[defs setObject:
 [NSString stringWithUTF8String:self->user_nickname.c_str()]
       forKey:@"UserNickname"];      // 닉네임을 저장한다
[defs setObject:self->search_bar.text
       forKey:@"SearchNickname"];     // 검색 문자열을 저장한다
[defs setObject:
 [NSString stringWithUTF8String:self->canvas_id.c_str()]
       forKey:@"CanvasID"];          // 캔버스 이름을 저장한다
```

NSUserDefaults에서는 NSArray의 저장도 가능하므로 strokes_history도 각 stroke를 문자

열로 변환하고 배열의 형태로 고쳐 그대로 저장하기로 하지요.

```
NSMutableArray* strokearray = [NSMutableArray array];
        // stroke용 배열을 초기화한다
std::map<std::pair<long long, long long>, SPStroke>::iterator its;
        // 각 stroke에 대해서
for (its = self->strokes_history.begin();
     its != self->strokes_history.end(); its ++)
   [strokearray addObject:
    [NSString stringWithUTF8String:(its->second).toString().c_str()]];
        // 각 stroke를 NSString의 문자열로 고쳐서 배열에 저장한다
[defs setObject:strokearray forKey:@"StrokesHistory"];
        // 문자열의 배열을 "StrokesHistory"라는 이름으로 defs에 저장한다
```

서버에 아직 송신하지 않은 커맨드열에 대해서도 동일하게 처리하면 됩니다. 마지막에 '[defs synchronized];'로 변경 사항을 초기 설정에 반영시킵니다.

```
NSMutableArray* queuearray = [NSMutableArray array];
        // 서버 미송신 코드용 배열을 초기화한다
std::vector<std::string>::iterator itq;
        // 각 커맨드에 대해서
for (itq = self->sync_agent.queued_commands.begin();
     itq != self->sync_agent.queued_commands.end(); itq ++)
   [queuearray addObject:
    [NSString stringWithUTF8String:itq->c_str()]];
        // 커맨드를 NSString의 형식으로 바꿔 배열에 저장한다
[defs setObject:queuearray forKey:@"QueuedCommands"];
        // 커맨드용 배열을 "QueuedCommands"라는 키로 저장한다

[defs synchronize];   // NSUserDefaults의 변경을 반영시킨다
}
```

이번에는 설정을 읽어 오는 부분인데, 이것도 저장할 때와 마찬가지로 NSUserDefaults를 사용해 간단히 기술할 수 있습니다.

```
- (void)loadDefaults {
  NSUserDefaults* defs = [NSUserDefaults standardUserDefaults];
```

닉네임과 캔버스 ID를 읽어 올 때는 예를 들어, std::string인 nickname에 C 언어 형식의 문자열을 대입하고 있는데, 이것은 std::string의 operator=( )에 std::string으로의 변환을 떠맡기고 있는 것이 됩니다.

```
NSString* str;
str = [defs stringForKey:@"UserNickname"];
if (str) self->user_nickname = [str UTF8String];
self->search_bar.text
  = [defs stringForKey:@"SearchNickname"];
str = [defs stringForKey:@"CanvasID"];
if (str) self->canvas_id = [str UTF8String];
```

키 'StrokesHistory'에 저장되어 있는 것은 내용이 NSString인 NSArray라는 것을 알고 있으므로, 다음과 같이 간단히 기술할 수 있습니다.

```
self->strokes_history.clear();
NSArray* sarray = [defs arrayForKey:@"StrokesHistory"];
if (sarray)
  for (NSString* strokestr in sarray) {          // 각 문자열로부터
    SPStroke stroke([strokestr UTF8String]);     // stroke를 생성하고
    std::pair<long long, long long> times;       // strokes_history의 키를 선언한다
    times.first = stroke.server_time;            // 키의 서버 시각
    times.second = stroke.client_time;           // 키의 클라이언트 시각
    self->strokes_history[times] = stroke;       // stroke를 저장한다

  }
```

서버에 송신하지 않은 커맨드열 queued_commands를 읽는 것이 더욱 단순해집니다. NSArray에 대한 고속 열거('for (NSString * str in qarray)'와 같은 방법)는 배열의 순서대로 실행된다고 규정되어 있으므로 원래 배열의 순서대로 내용이 복원됩니다.

```
    self->sync_agent.queued_commands.clear();
    NSArray* qarray = [defs arrayForKey:@"QueuedCommands"];
    if (qarray)
        for (NSString* str in qarray)
            self->sync_agent.queued_commands.
            push_back(std::string([str UTF8String]));
}
```

이제, 이 두 메서드 loadDefaults( )와 saveDefaults( )를 적절한 타이밍으로 호출할 수 있다면 목적은 달성할 수 있습니다. 이에 대해서는 UIApplicationDelegate에 좋은 타이밍으로 호출하는 메서드가 있으므로, 그곳에서 호출해보겠습니다.

우선은 읽기 부분입니다. 가장 먼저 떠오르는 것은 SPCanvas의 init나 setup 등의 메서드로부터 호출하는 방법인데, 이 단계에서는 캔버스 검색 바의 초기화가 종료되어 있지 않을 가능성이 있기 때문에 loadDefaults의 해당 부분은 기대한 것처럼 동작하지 않습니다.

그러므로 UIApplicationDelegate의 applicationDidFinishLaunching: 메서드를 사용하는 것이 좋습니다. 이 메서드가 호출될 때에는 이미 XIB 파일에서 지정된 오브젝트의 초기화는 끝나고 애플리케이션의 시작 준비가 거의 완료되어 있습니다.

SharePaintAppDelegate.mm

```
- (void)applicationDidFinishLaunching:(UIApplication *)application {
    // Override point for customization after app launch
    [window addSubview:viewController.view];
    [window makeKeyAndVisible];

    SPCanvas* canvas = (SPCanvas*)viewController.view;
```

```
  [canvas loadDefaults];
  [canvas redrawStrokes:canvas->layer_bitmap];
}
```

그리고 저장하는 것은 애플리케이션이 종료되기 직전에 호출되는 UIApplicationDelegate의 applicationWillTerminate: 메서드가 적절하겠지요.

SharePaintAppDelegate.mm

```
- (void)applicationWillTerminate:(UIApplication *)application {
  SPCanvas* canvas = (SPCanvas*)viewController.view;
  [canvas saveDefaults];
}
```

이렇게 하여 캔버스의 정보를 저장하고 불러올 수 있게 되었습니다. Android 버전도 iPhone 버전도 '캔버스를 공유하여 메모와 일러스트를 그릴 수 있는' 진정한 소프트웨어가 되었습니다. 게다가 네트워크상에서 닉네임을 교환하면 상대방의 캔버스에 끼어들 수도 있게 되었습니다. 이제야 SharePaint의 본 실력을 충분히 발휘할 수 있게 된 것입니다. 여기까지 다소 긴 내용이긴 했지만 재미있지 않았나요?

지금까지의 작업을 통해 SharePaint는 메모를 하거나 일러스트를 그리는 최소한의 기능을 구현할 수 있게 되었습니다. 레이어도 있고, 펜에 투명도도 있는가 하면, 컬러픽커와 스포이트, 되돌리기 기능도 가지고 있습니다. 물론, 캔버스는 다른 사용자와 공유할 수도 있습니다.

하지만 사용하다 보면 아직은 불만족스러운 점도 있을 것입니다. 이 Chapter에서는 iPhone과 Android에서 같은 조작 방법, 같은 기능이라는 것에 구애받지 않고 기본 기능에 추가되어야 하는 기능들에 대해 생각해보기로 하겠습니다.

불만, 혹은 사용자로부터의 희망 사항이 있다면 버전 업그레이드를 계속하는 것이 이상적이긴 하지만 인적 자원 부족 등의 문제로 불가능한 경우도 많겠지요. 어디서 버전 업그레이드을 중지해야 할지 판단하기는 어렵지만, 이 SharePaint는 확대·축소와 iPhone에서의 멀티터치 대응, Android에서 그려지는 선을 좀 더 부드럽게 하는 정도에서 기능 추가를 마치겠습니다. 가속도 센서나 필압 감지를 이용하는 것도 재미있겠지만 지면 관계상 독자 여러분들이 기능을 추가하고 알아가는 즐거움으로 남겨두기로 하겠습니다.

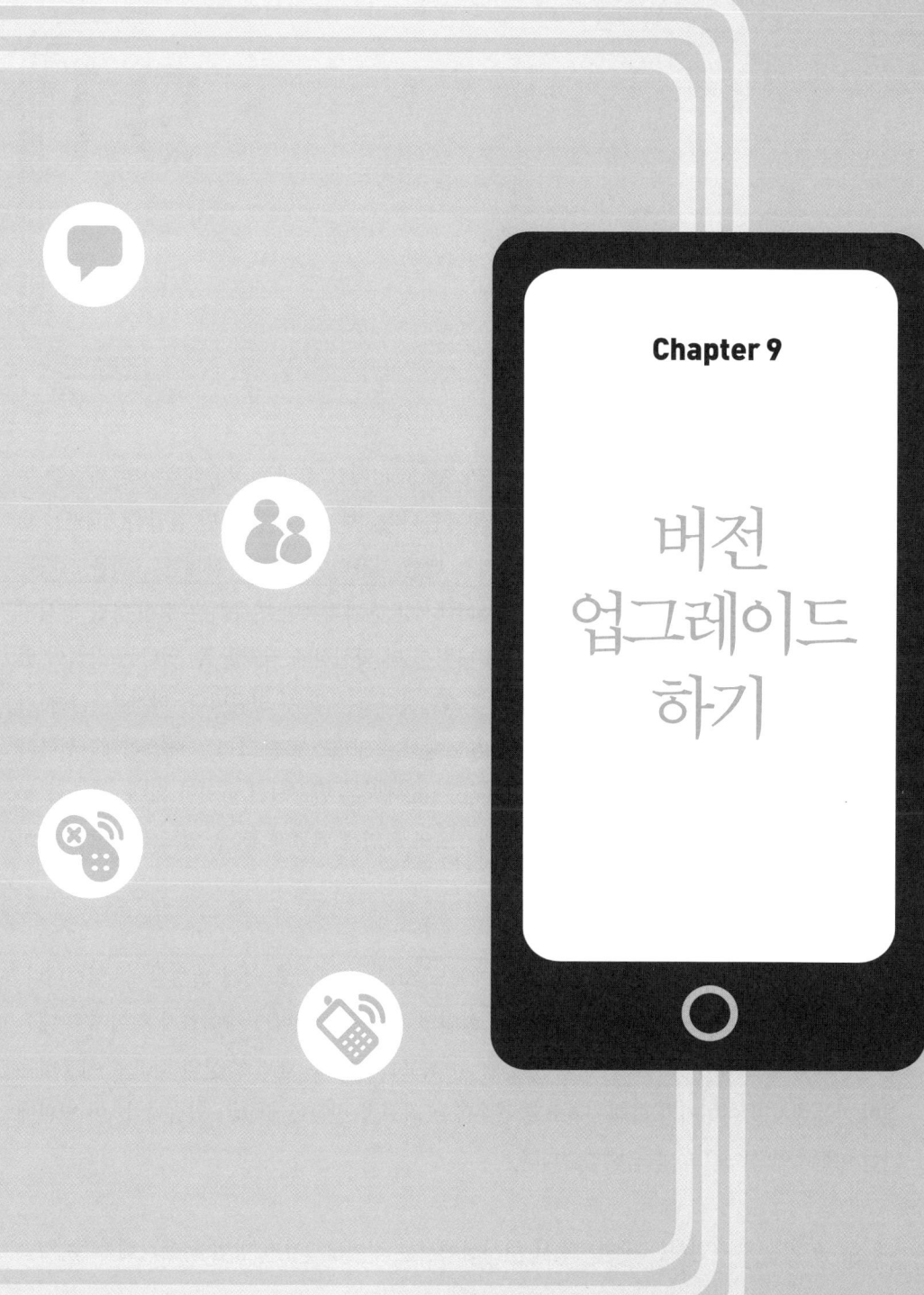

Chapter 9

버전
업그레이드
하기

줌과 시프트

지금까지 만들어 왔던 SharePaint를 iPhone과 Android에서 실제로 사용해봤다면 세밀한 부분의 수정이 아주 곤란해서 실망했을지도 모르겠습니다. 예전에 흔히 보던 감압식(저항막 방식) 터치 패널을 탑재한 PDA라면 가는 스타일러스 펜을 사용하여 비교적 섬세한 그림을 그리는 것이 가능했습니다. 하지만 iPhone과 Android에서는 손가락에만 반응하는 정전 용량 방식의 터치 패널을 사용하고 있기 때문에 손가락의 터치를 더 확실하게 감지할 수 있다는 장점이 있긴 하지만 유감스럽게도 일러스트를 그리는 데 적합하다고는 할 수 없습니다. 이것을 극복하기 위해 다양한 방법이 궁리되었고, 실제로 iPhone에서는 일러스트를 그리는 애플리케이션마다 개성적인 아이디어가 시도되고 있습니다. SharePaint에서는 단순하긴 하지만 확대·축소를 용이하게 하여 세밀한 부분의 수정과 전체 일러스트의 확인을 빠르게 할 수 있도록 함으로써 이 문제를 피해가도록 하겠습니다.

화면을 확대·축소하는 일 자체는 iPhone에서도 Android에서도 쉽게 실현할 수 있습니다. 단, 주의해야 할 점이 있습니다. 지금까지는 화면의 사이즈와 캔버스 사이즈가 같아서 확대율도 동일배율로 고정이었기 때문에 화면에 탭 된 좌표를 그대로 캔버스 상의 좌표로 사용하는 것이 가능했지만 이미지가 확대·축소된 경우에는 좌표를 변환할 필요가 있습니다. 이 변환에 관한 이론적인 설명은 나중에 하겠습니다.

우선, 줌 기능을 구현하는 방법으로서 현시점에서는 적어도 2가지 방법을 생각해볼 수 있습니다. 하나는 iPhone과 Android에 준비되어 있는 캔버스(iPhone에서는 UIView, Android에서는 View)에 대응하는 줌을 이용하는 방법이고, 나머지는 이미지 버퍼를 확대·축소하여 캔버스에 그리는 방법입니다. 첫 번째 방법은 하드웨어의 지원이 있다는 등의 이점이 있고, 두 번째 방법은 범용성이 높다는 이점이 있습니다. SharePaint의 iPhone 버전에서는 첫 번째 방법을, Android 버전에서는 두 번째 방법을 채용합니다.

확대율과 평행 이동량의 선언

우선은 캔버스에 확대율(zoom_scale)과 이동량(shift_x, shift_y)을 저장하는 인스턴스 변수 등을 준비합니다. Android, iPhone 모두 변수의 선언은 동일합니다.

SPCanvas.java / SPCanvas.h

```
float   zoom_scale,   shift_x,  shift_y ;
```

download \SharePaint_ch9android\SharePaint_ch9android\src\jp\co\paintsoft\sharepaint\SPCanvas.java
download \SharePaint_ch9iphone\SharePaint_ch9iphone\Classes\SPCanvas.h

변수의 초기화는 양쪽 모두 setup 메서드 안에서 'zoom_scale = 1.0f', 'shift_x, shift_y=0.0f'로 하겠습니다.

확대율 zoom_scale은 이미지의 확대율 그 자체입니다. 다시 말해, zoom_scale == 2.0f라면 가로 세로 각각 2배로 확대(면적은 4배)되고, zoom_scale == 0.5f라면 가로 세로 각각 반으로 줄어 캔버스의 일부만을 이미지가 차지하게 됩니다. 확대·축소의 중심은 원점(0,0)(이 책에서는 캔버스의 좌측 상단)으로 하겠습니다. 다음은 이동량을 나타내는 shift_x와 shift_y인데, 이것은 확대하고 난 후 이미지를 X축 방향과 Y축 방향으로 각각 몇 픽셀을 움직일 것인지 지정하는 것으로 하겠습니다. 즉, 원점을 중심으로 줌을 할 경우는 shift_x와 shift_y 모두 0으로 같아집니다. 또한 이미지의 우측 상단을 중심으로 2배 확대하는 경우에는, 예를 들어 이미지의 폭이 width이고 높이가 height라고 했을 때, shift_x == −width이고 shift_y == 0이 됩니다. 더

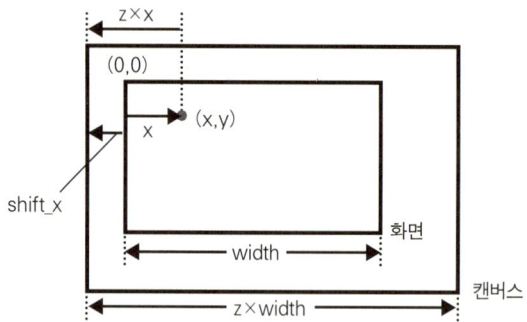

일반적인 경우는 좌표 (x, y)를 중심으로 z배 확대하는 경우 zoom_scale == z, shift_x == −z × x + x, shift_y == −z × y + y가 된다는 것을 알 수 있습니다.

이 '좌표 (x, y)를 고정점으로 하고 확대율을 z배 한다'는 형식은 자주 이용되므로, 다음과 같이 구현해보겠습니다. Android 버전의 경우는 다음과 같이 기술할 수 있습니다.

SPCanvas.java

```java
void updateZoomScaleAtPivotXY(float z, float x, float y) {
    this.shift_x = x * (1 - z);
    this.shift_y = y * (1 - z);
    this.zoom_scale = z;
}
```

iPhone 버전의 경우도 내용은 완전히 동일합니다.

SPCanvas.mm

```objc
- (void)updateZoomScale:(float)z atPivotX:(float)x y:(float)y {
    self->shift_x = x * (1 - z);
    self->shift_y = y * (1 - z);
    self->zoom_scale = z;
}
```

download \SharePaint_ch9iphone\SharePaint_ch9iphone\Classes\SPCanvas.mm

시프트 모드의 추가 (Android)

이미지를 확대하고 축소하는 데는 슬라이더를 사용하면 되지만 원하는 곳을 제대로 확대할 수 없다면 의미가 없겠지요. 또한 일단 축소해야 다시 확대할 수 있는 방식이라면 사용자 편의성도 떨어질 것입니다. 그래서 지금까지의 그리기 모드와 스포이트 모드에 이미지를 시프트하는 모드를 새로 추가하려고 합니다. 이미지를 시프트하거나 줌하는 모드에서는 줌용 슬라이더를 표시하고, 캔버스에 드래그하는 동작을 이미지 시프트하는 것으로 하겠습니다.

슬라이더는 캔버스 정보의 위에 표시합니다. Android 버전에서는 main.xml의 'info_label'이라고 이름을 지정한 TextView 위에 SeekBar를 두고 이름은 'zoom_slider'라고 하겠습니다. 또한 'visibility="invisible"'를 지정하여 시작할 때 표시되지 않도록 하겠습니다.

main.xml

```
<SeekBar android:id="@+id/zoom_slider"
  android:layout_width="fill_parent"
  android:layout_height="wrap_content"
  android:layout_marginLeft="10dp"
  android:layout_marginRight="10dp"
  android:visibility="invisible" />
```

download \SharePaint_ch9android\SharePaint_ch9android\res\layout\main.xml

이것을 캔버스에서 참조하기 위해 SPCanvas.java에 인스턴스 변수 'SeekBar zoom_slider'를 선언하고 SharePaint.java에서 이 변수로 연결시킵니다.

SharePaint.java의 onCreate( ) 안

```
SharePaint.canvas.zoom_slider
  = (SeekBar)findViewById(R.id.zoom_slider);
```

download \SharePaint_ch9android\SharePaint_ch9android\src\jp\co\paintsoft\sharepaint\SharePaint.java

슬라이더의 값이 계속 바뀔 때마다 동적으로 이미지의 확대율을 변경하기 위해 다음과 같이 setOnSeekBarChangeListener( )를 사용해 이벤트 리스너를 작성하고 등록합니다. 실제로 등록되어 있는 리스너에는 캔버스의 'changedProgressZoomSlider( )'라는 메서드를 호출하고 있을 뿐입니다. 이 메서드 안에서 이미지의 확대율을 변경하거나 하면 되는데, 자세한 것은 다시 설명하도록 하겠습니다.

```
SharePaint.canvas.zoom_slider
  .setOnSeekBarChangeListener(new OnSeekBarChangeListener() {
    public void onProgressChanged(SeekBar seekBar, int progress,
        boolean fromUser) {
      SharePaint.canvas.changedProgressZoomSlider();
    }
    public void onStartTrackingTouch(SeekBar seekBar) {}
    public void onStopTrackingTouch(SeekBar seekBar) {}
});
```

이번에는 draw_mode_button의 동작을 변경할 것이므로 2군데 정도는 코드의 수정과 추가가 필요합니다. 모드가 Draw, Spuit에 더해 Shift도 가능해졌으므로 다음과 같이 "Shift" 항목을 추가합니다.

SharePaint.java의 onCreate( ) 안

```
Spinner draw_mode =
  (Spinner) findViewById(R.id.draw_mode_choice);
String[] choice_items = {"Draw", "Spuit", "Shift"};
```

또한 시프트 모드에서만 슬라이더 [zoom_slider]를 표시하도록 했기 때문에 모드가 변경되면 즉시 상황을 변화시킬 필요가 있습니다. 그래서 setOnItemSelectedListener( )를 사용하여 변화가 일어나면 바로 캔버스의 setDrawMode( )에 통지하도록 설정해야 합니다.

```
    draw_mode.setOnItemSelectedListener(new OnItemSelectedListener() {
      public void onItemSelected(AdapterView<?> parent,
          View view, int pos, long id) {
        SharePaint.canvas.setDrawMode();
      }
      public void onNothingSelected(AdapterView<?> arg0) {}
    });
    SharePaint.canvas.draw_mode_button = draw_mode;
```

 캔버스 쪽에서는 모드가 변경되었을 때 호출되는 setDrawMode( )부터 살펴보겠습니다. 줌
용 슬라이더의 표시/비표시 설정만이 기본적인 작업입니다. setProgressZoomSlider( ) 메서드
에 관한 설명은 나중에 하겠습니다.

SPCanvas.java

```
  void setDrawMode() {
    int index = this.draw_mode_button.getSelectedItemPosition();
                    // 현재의 모드를 취득한다
    if (index == 2) {  // Shift 모드라면
      setProgressZoomSlider();  // 슬라이더 위치를 현재의 확대율에 맞춘다
      this.zoom_slider.setVisibility(VISIBLE);      // 슬라이더를 표시한다
    } else {  // 그 밖의 'Draw' 'Spuit' 모드라면
      this.zoom_slider.setVisibility(INVISIBLE);  // 슬라이더를 비표시로 한다
    }
  }
```

시프트 모드의 추가 (iPhone)

 한편 iPhone 버전에서는 언제나 그랬듯이 Interface Builder 상에서 SPCanvas의 위젯을 추
가합니다. UISegmentedControl의 선택지에 'Shift'를 추가하고, UISlider를 배치합니다.
UISlider에 대해서는 제일 처음은 비표시로 할 것이므로, 'Hidden'의 체크박스에 체크 표시하

고 또 Android 버전에 맞추기 위해 최소값을 '0.00', 최대값을 '100.00'으로 설정하겠습니다. 또한 SPCanvas에 'IBOutlet UISlider * zoom_slider;'의 선언을 추가하고 Interface Builder에서 추가한 슬라이더와 연결시킵니다.

다음은 모드 변경 시의 처리입니다. SPCanvas.h에 '− (IBAction) setDrawMode:(id) sender;'를 추가하고 Interface Builder에서 모드 선택용 UISegmentedControl의 Value Changed 이벤트와 연결시킵니다.

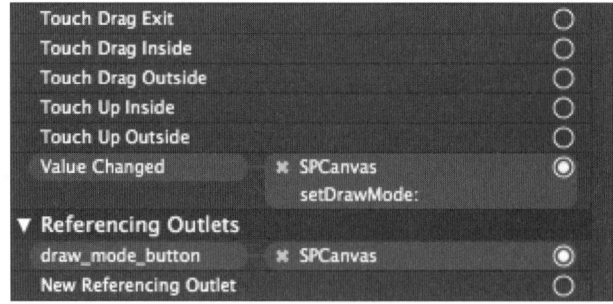

iPhone 버전에서의 setDrawMode: 메서드 구현은 다음과 같습니다. 모드를 취득하는 부분

은 Android 버전과 마찬가지로 draw_mode_button에서부터 시작합니다. 단, 슬라이더의 표시/비표시가 'hidden' 프로퍼티에서 이루어지는데, 참·거짓이 반대가 된다는 점에 주의해야 합니다.

```
- (IBAction)setDrawMode:(id)sender {
  int index = self->draw_mode_button.selectedSegmentIndex;
  if (index == 2) { // Shift 모드라면
    [self setProgressZoomSlider]; // 슬라이더의 위치를 조정한다
    self->zoom_slider.hidden = NO;
  } else { // 그 밖의 Draw와 Spuit 모드라면
    self->zoom_slider.hidden = YES;
  }
}
```

슬라이더로 캔버스 확대율 설정하기

슬라이더의 값과 확대율의 관계에 대해 잠시 생각해보겠습니다. Android에서는 최대값을 구태여 초기값 100에서 변경하지 않았지만 확대율 100배 같은 것은 사용하지 않겠지요? 왜 초기값인 채로 둔 것일까요? 예를 들어, 확대율을 16배까지 사용한다고 하고, 최대값을 16으로 하는 건 어떨까요? 한 단위당 1이므로 2배의 다음이 3배라는 건 조금 엉성할까요? 그렇다면 16의 5배로 슬라이더의 최대값을 80으로 하는 것은 어떨까요? 이 정도라면 0~16배까지 0.2씩 비교적 정밀하게 확대율을 설정할 수 있을 것입니다.

 하지만 잠깐만 기다려주세요. 슬라이더를 우측에서 5칸 움직이면 15배에서 16배로 변화해서 외견상으로는 그다지 변화되지 않는 것처럼 보이는 반면에, 좌측에서 똑같이 움직여보면 1배에서 2배로 급격하게 변합니다. 슬라이더는 동일하게 움직이는데, 보기에 너무 많이 차이가 나게 바뀌면 어색하겠지요? 그래서 지수함수를 사용하기로 했습니다. $\exp(x)$라는 함수입니다. 이제 슬라이더를 우측에서 d만큼 움직였다고 하면 좌측에서는 $\exp(1)$에서 $\exp(1+d)$

로 변화하고, 우측에서는 exp(79)에서 exp(79+d)로 변화하는데, exp(1+d)=exp(1)×exp(d)이며 exp(79+d)=exp(79)×exp(d)가 됩니다. 다시 말해, 원래 슬라이더의 위치에 상관없이 슬라이더를 움직이기 이전의 이미지로부터 exp(d)배의 확대율이 되는 것입니다. 이 쪽이 훨씬 이해하기 쉬워 보입니다.

나머지는 exp(x) 안의 x를 어떻게 하느냐인데, exp(2.5) = 12.182…이므로, 슬라이더의 값을 p라고 했을 때 exp(p/40)을 확대율이라고 한다면 슬라이더를 움직이면 exp(0)=1~exp(100/40) =12.182…가 되므로 이 정도로 해두지요.

조금 설명이 길어졌지만 changedProgressZoomSlider는 다음과 같이 됩니다.

SPCanvas.java

```
void changedProgressZoomSlider() {
  int progress = this.zoom_slider.getProgress();   // 슬라이더의 값은 0~100
  float zoom = (float)Math.exp(progress / 40.0);    // 지수로 확대율을 계산한다
  setZoomScale(zoom);   // 이 확대율을 캔버스에 설정한다
}
```

iPhone 버전에서는 다음과 같이 됩니다. 또한 이 메서드와 캔버스 상의 UISlider의 valuedChanged 이벤트를 연결시켜두세요.

SPCanvas.mm

```
- (IBAction)changedProgressZoomSlider:(id)sender {
  float progress = self->zoom_slider.value;   // 슬라이더 값을 가져온다
  float zoom = exp(progress / 40.0f);          // 가져온 값으로 확대율을 계산한다
  [self setZoomScale:zoom];                     // 이 확대율을 캔버스에 설정한다
}
```

'z=exp (p/40)'의 역은 'p=log(z)×40'이므로, 확대율을 이용하여 슬라이더 값을 설정하는 setProgressZoomSlider는 다음과 같이 구현하면 됩니다.

```
void setProgressZoomSlider() {
  int progress = (int)(Math.log(this.zoom_scale) * 40);
      // zoom_scale에서 log(zoom_scale)×40을 계산한다
  this.zoom_slider.setProgress(progress);   // 그 값을 슬라이더의 값으로
}
```

iPhone 버전 쪽은 아래 코드와 같이 됩니다. UISlider의 슬라이더에 설정할 수 있는 값은 float 형식이므로 progress도 이 쪽에서는 float으로 계산합니다.

```
- (void)setProgressZoomSlider {
  float progress = (float)(log(zoom_scale) * 40.0);  // log(z)×40을 계산한다
  self->zoom_slider.value = progress;              // 그 값을 슬라이더의 값으로
}
```

확대 · 축소의 기준점

changedProgressZoomSlider 메서드로부터 호출되는 setZoomScale 메서드는 지정된 확대율로 캔버스를 설정합니다. 그런데 확대 · 축소의 중심은 어디로 하면 좋을까요? 화면의 중심점으로 하는 것도 하나의 방법이겠지요(이미 줌을 한 상태라면 이미지의 일부밖에 화면에 표시되지 않는 경우도 있기 때문에 화면의 중심과 이미지의 중심은 전혀 다를 수도 있습니다).

SharePaint에서는 '마지막으로 손가락이 화면에서 떨어진 점'을 확대와 축소의 기준점으로 삼기로 합니다. 선을 그리고 있던 곳이라면 적어도 그 점에 신경을 집중하고 있었을 것이므로, 확대했을 때 '어, 여길 확대할 생각이 아니었는데'라고 생각하는 경우가 적다는 것이 그 이유입니다. 그렇기는 하지만 이 부분은 개인의 기호 문제인 만큼, 독자 여러분이 구현할 때에는 이와는 다른 중심점을 선택해도 좋습니다.

그렇기 때문에 SharePaint에서의 setZoomScale 메서드는 다음과 같이 구현됩니다. 먼저 Android 버전입니다.

SPCanvas.java

```
void setZoomScale(float zoom) {
  updateZoomScaleAtPivotXY(zoom, this.last_x, this.last_y);
        // 마지막으로 접촉한 점(last_x, last_y)을 고정점으로 하고 확대율을 zoom에 설정한다
  invalidate();   // 화면을 다시 그린다
}
```

확대 표시 (Android)

Android 버전에서는 확대 표시 부분까지 설명하겠습니다. 애니메이션용 API의 사용 등 여기서 제안하는 것 말고도 방법이 있겠지만 품질에서나 속도 면에서도 별 문제가 없는 심플한 방법을 채용했습니다. Canvas 클래스의 drawBitmap( )은 Bitmap으로 표현된 이미지를 그리는 메서드이지만 그릴 때 확대·축소를 지정할 수도 있으므로 그것을 이용하겠습니다.

여기서는 drawBitmap(Bitmap, Matrix, Paint)을 사용한, 행렬 표현에 의한 확대 표시를 할 것입니다. 캔버스는 2차원 평면의 일부이므로 평행 이동에 사용하는 차원까지 포함하면 3×3의 행렬을 사용하지만, 여기서는 평행 이동과 확대라는 2종류의 변환을 위한 행렬만 사용할 것이므로 자세한 것은 생략하겠습니다. 다만, 변환하는 순서는 주의를 기울여야 합니다(행렬의 계산에서 A×B와 B×A가 달라지는 경우가 있습니다).

여기서는 평행 이동과 확대 순서를 바꾸면 의도하지 않은 결과가 나온다는 것만 기억하세요. 예를 들어,

(1) 2배 확대하고 가로로 100픽셀 평행 이동하는 변환

(2) 가로로 100픽셀 평행 이동하고 2배로 확대하는 변환

이렇게 되면 확대율에는 변화가 없지만 최종적으로 평행 이동한 거리가 달라집니다. 예를 들어, 좌표 (10,20)에 있는 점은 (1)의 변환을 거치면 (120, 40)으로 이동하고, (2)의 변환을 거치면 (220, 40)으로 이동합니다.

이런 경우라면 먼저 shift_x와 shift_y는 '확대한 후에 이미지를 X축 방향과 Y축 방향으로 각각 몇 픽셀 움직일지 지정하는 것'이라고 정의했으므로, 제일 처음에는 scale_zoom배 확대하고 나서 (shift_x, shift_y) 방향으로 평행 이동하게 됩니다. Android 버전에서는 다음과 같이 구현하면 됩니다.

SPCanvas.java

```
@Override
protected void onDraw(Canvas canvas) {
    super.onDraw(canvas);
    if (this.prev_bitmap != null) {   // 그리기 준비가 되어 있다면
        Matrix matrix = new Matrix();   // 변환용 행렬을 준비한다
        matrix.postScale(this.zoom_scale, this.zoom_scale);
            // 가로 세로 각각 zoom_scale배씩 확대한 후
    matrix.postTranslate(this.shift_x, this.shift_y);
            // (shift_x, shift_y) 방향으로 평행 이동하는 변환을 'matrix'라고 한다
        canvas.drawBitmap(this.display_bitmap, matrix, null);
            // 변환 matrix를 이용하여 display_bitmap을 화면에 표시한다
    }
}
```

확대 표시의 준비 (iPhone)

한편, iPhone 버전에서는 그래픽스 칩의 이용이 간단하기 때문에 그것에 의해 줌을 표현해보겠습니다. 구체적으로는 UIView의 transform 프로퍼티에 변환용 행렬(CGAffineTransform)을

대입함으로써 뷰를 변환할 수 있습니다. 즉, 기본값으로는 단위 변환이 캔버스의 transform에 설정되어 있지만, 여기에 확대·축소와 평행 이동의 변환을 설정하면 되는 것입니다. 예를 들어, view.transform=CGAffineTransformMakeScale(2.0, 2.0) 등으로 하면 이 뷰가 2배의 크기로 확대됩니다.

단, SharePaint의 SPCanvas에 이 방법을 그대로 사용할 수는 없습니다. SPCanvas 위에는 각종 버튼 등의 위젯이 subview로서 올라가 있는데, 그것들도 포함해 평행 이동하거나 확대하거나 하기 때문에 아차! 하는 순간에 각종 버튼 등이 화면 밖으로 날아가 버립니다.

그래서 표시 전용 UIView의 서브 클래스를 별도로 마련하여 캔버스 표시는 그 곳에 맡기기로 합니다. 이 클래스를 SPCanvasDisplay라고 합니다. 구현할 것은 drawRect: 메서드뿐이므로 그 곳에서 사용되는 인스턴스 변수만 선언하겠습니다.

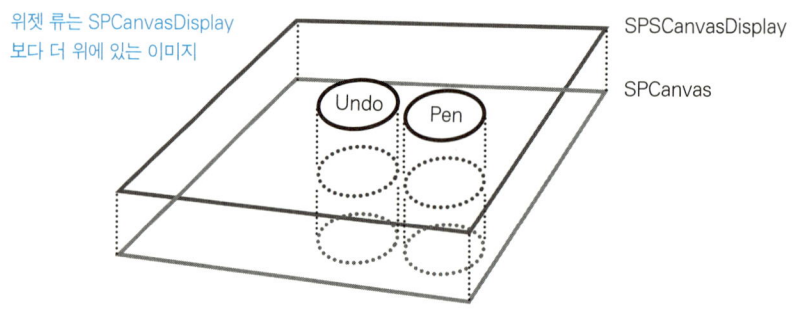

위젯 류는 SPCanvasDisplay
보다 더 위에 있는 이미지

SPSCanvasDisplay

SPCanvas

Undo   Pen

SPCanvasDisplay.h

```
@class SPCanvas;        // 클래스의 선언만 해둔다
@interface SPCanvasDisplay : UIView {
@public
  SPCanvas* canvas;   // 캔버스의 본체
}
@end
```

SPCanvas 쪽에서는 다음과 같이 'display'라는 이름의 인스턴스 변수를 경유하여 SPCanvas Display를 참조합니다.

```
SPCanvasDisplay* display;
```

그리고 SPCanvasDisplay의 구현은 SPCanvas.mm의 onDraw: 메서드만 cut&paste하여 SPCanvas.Display.m으로 이동시킨 후에, on Draw: 안의 'self'를 'canvas'로 변경해 주는 것으로 충분합니다.

SPCanvas 자신은 배경으로밖에 표시되지 않기 때문에, 이제 onDraw:는 필요 없습니다.

이해하기 쉽도록 전의 것과 거의 동일하지만 변경 후의 SPCanvasDisplay의 onDraw: 메서드를 아래에 실었습니다. SPCanvasDisplay.mm의 첫머리에 '#import "SPCanvas.h"'도 추가해주세요.

SPCanvasDisplay.mm

```
- (void)drawRect:(CGRect)rect {
  CGDataProviderRef providerref =
  CGDataProviderCreateWithData(NULL,
                    canvas->display_bitmap +
                    ((int)(rect.origin.y) * canvas->width +
(int)(rect.origin.x)),
                    rect.size.width * rect.size.height * 4, NULL);
  CGColorSpaceRef colorspace = CGColorSpaceCreateDeviceRGB();
  CGImageRef imgref =
  CGImageCreate(rect.size.width, rect.size.height, 8, 32,
           canvas->width * 4,
           colorspace,
           kCGImageAlphaPremultipliedFirst,
           providerref, NULL, NO, kCGRenderingIntentDefault);
  CGColorSpaceRelease(colorspace);
```

```
    CGDataProviderRelease(providerref);
    UIImage *img = [[UIImage alloc] initWithCGImage:imgref];

    [img drawInRect:rect];

    [img release];
    CGImageRelease(imgref);
}
```

이제부터 SPCanvasDisplay는 SPCanvas의 subview로서 사용되는데, 사용자 인터페이스에
는 직접 관계가 없으므로 Interface Builder에서 준비하지 않고 다음과 같이 프로그램 안에서
생성하기로 합니다. SPCanvasDisplay는 clear_canvas 메서드 안에서 사용할 것이므로, clear_
canvas 이전에 생성 및 초기화를 끝마쳐야 합니다.

추가분의 마지막으로 UIVew의 insertSubView:atIndex: 메서드를 사용하여 SPCanvasDisplay
를 배치합니다. 인덱스에 0을 지정하여 캔버스 최초의 서브 뷰, 다시 말해 가장 아래의 서브 뷰
로서 SPCanvasDisplay를 배치합니다. 역으로 가장 위에 SPCanvasDisplay를 배치하면 버튼 등
이 표시되지 않게 되므로 주의해야 합니다.

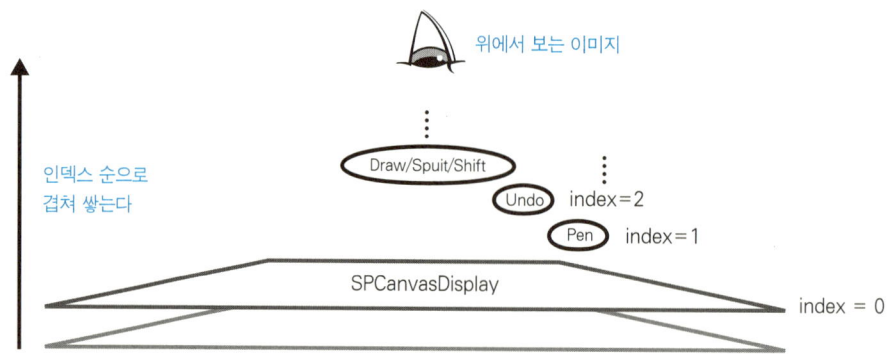

```
self->display = [[SPCanvasDisplay alloc]
                  initWithFrame:CGRectMake(0, 0,
                                            self->width,
                                            self->height)];
    // SPCanvasDisplay를 초기화하여 인스턴스 변수 display에 저장한다
self->display->canvas = self;
    // SPCanvasDisplay의 canvas에 캔버스 자신을 설정한다
[self insertSubview:self->display atIndex:0];
    // 캔버스 제일 아래의 서브 뷰를 SPCanvasDisplay로 한다

[self clear_canvas];
```

dealloc 메서드에서는 SPCanvasDisplay를 해제하는 것도 잊지 않도록 하세요.

```
[self->display release];
[super dealloc];
}
```

나머지는 Canvas.mm 안에 합계 3개인 [self setNeedsDisplay]와 [self setNeedsDisplay InRect:rect]를 각각 [display setNeedsDisplay]와 [display setNeedsDisplayInRect:rect]로 변경함으로써 SPCanvas 자신의 다시 그리기 지시를 SPCanvasDisplay의 다시 그리기 지시로 변경합니다.

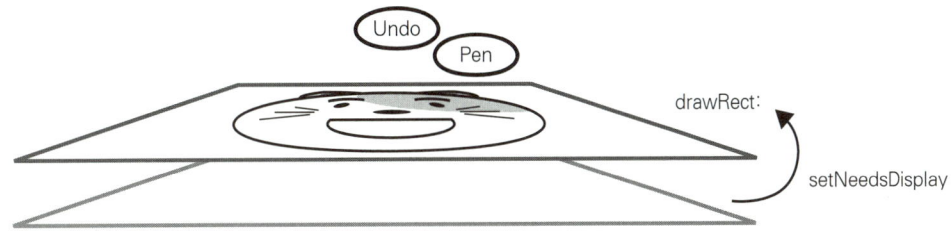

확대 표시 (iPhone)

지금까지 설명한 대로 문제없이 동작한다면 나머지는 transform 프로퍼티를 변경하여 SP CanvasDisplay의 확대·축소와 평행 이동을 표현하는 applyZoomScaleAndShiftXY를 구현하는 것으로 준비는 다 된 것입니다.

처음 부분은 자주 사용하는 변수들을 로컬 변수에 다시 저장하는 것이 전부입니다. (cx, cy)라는 것은 캔버스의 중앙, 그리고 SPCanvasDisplay 뷰의 중심 좌표를 나타내고 있습니다. Android 버전에서 Matrix에 의한 확대·축소는 좌표 원점(0,0)을 중심으로 이루어졌는데, iPhone OS의 UIView의 transform에서는 확대·축소는(따로 지정하지 않는 한) 뷰의 중심에 대해 이루어집니다.

원점 중심의 확대·축소와 뷰 중심의 확대·축소는 동작이 다릅니다. 예를 들어, 뷰의 크기가 폭 40, 높이 80인 경우, 중심 좌표는 (20, 40)이 됩니다. 이 때, 예를 들어 좌표 (10, 10)인 점은 원점 중심의 2배 확대에서는 (20, 20)으로 이동하지만 뷰 중심의 확대에서는 (0, −20)으로 이동합니다.

SharePaint에서는 원점 중심의 확대·축소를 전제로 해서 shift_x, shift_y를 정의했기 때문에 뷰 중심의 확대·축소를 사용해 원점 중심의 확대·축소를 표현할 필요가 없습니다. 변수 cx, cy는 그 변환을 위해서 사용되는 것입니다.

SPCanvas.mm

```
- (void)applyZoomScaleAndShiftXY {
  float scale = self->zoom_scale;
  float sx = self->shift_x;
  float sy = self->shift_y;
  float cx = self->width / 2;
  float cy = self->height / 2;
```

뷰 중심의 확대를 원점 중심으로 확대하기 위해서는

(1) (cx, cy) 방향으로 평행 이동하여 원점을 뷰의 중심으로 이동하고

(2) 뷰를 확대하고

(3) (−cx, −cy) 방향으로 평행 이동

하여 뷰의 중심에 있던 점(원래 원점)을 원점으로 되돌리는 절차를 수행하면 됩니다. 그런 다음

(4) (shift_x, shift_y) 방향으로 평행 이동

하면 Android 버전과 같은 확대와 축소, 평행 이동을 구현할 수 있습니다.

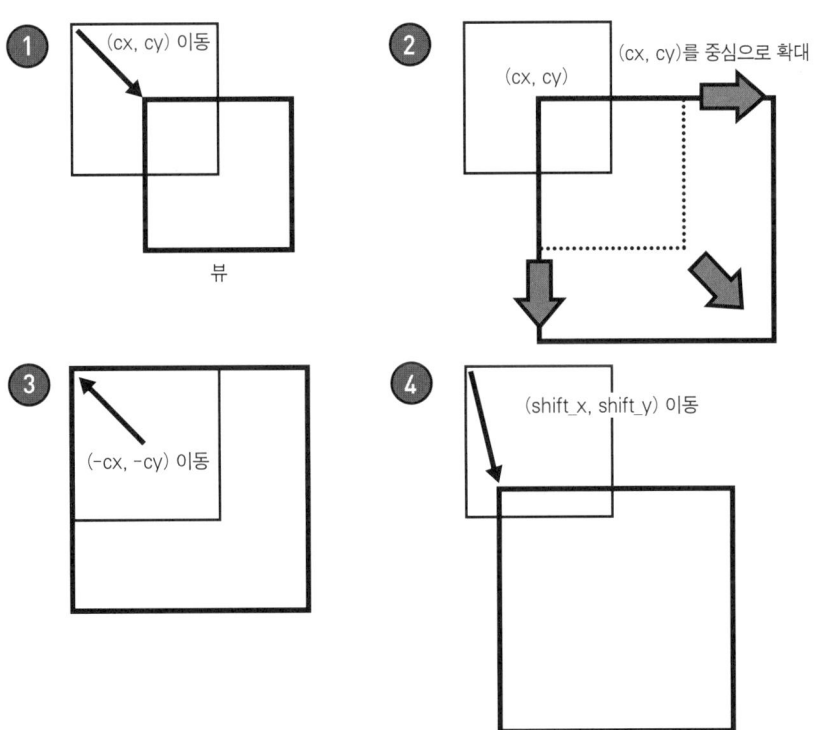

사실, iPhone 버전의 경우 여기서 주의할 점이 더 있습니다. CGAffineTransformTranslate( )

와 CGAffineTransformScale( ) 등 변환에 다시 변환을 하는 메서드에서는 행렬의 곱셈 순서로 변환이 이루어지기 때문에 변환 순서는 역으로 해야만 합니다. 다시 말해, (4), (3), (2), (1)의 순서로 변환하도록 기술해야 합니다.

```
CGAffineTransform trans;
trans = CGAffineTransformMakeTranslation(sx, sy);   // (4)의 변환을 작성한다
trans = CGAffineTransformTranslate(trans, -cx,-cy);   // (3)을 시행한다
trans = CGAffineTransformScale(trans, scale, scale);   // (2)를 시행한다
trans = CGAffineTransformTranslate(trans, cx, cy);   // (1)을 시행한다

self->display.transform = trans;   // 변환을 SPCanvasDisplay에 적용한다
}
```

이로써 확대와 축소를 할 수 있게 되었습니다. 또한 scale배 확대 전의 (cx, cy) 평행 이동은 확대 후의 (scale×cx, scale×cy) 평행 이동과 같기 때문에 앞에서 기술한 (1)~(4)의 변환 부분은 다음과 같이 기술할 수 있습니다. 결과는 같지만 이 방법이 조금, 아주 조금은 속도가 빨라지겠지요. 다만, 이 경우에는 체감할 수 있는 속도차는 거의 나지 않으므로 유지 보수하기 편리한 쪽의 방법을 사용하는 것이 좋습니다. 하지만 다음과 같은 방법으로 작성하면 나중에 코드를 읽었을 때 왜 이런 계산식을 만들었을지 고민하게 될지도 모릅니다.

```
CGAffineTransform trans;
trans = CGAffineTransformMakeTranslation(sx + cx * ( scale - 1 ),
                                         sy + cy * ( scale - 1));
    // (4), (3), (1)의 변환을 작성한다
trans = CGAffineTransformScale(trans, scale, scale); // (2)를 시행한다
```

이렇게 하여 iPhone 버전의 setZoomScale 메서드도 준비되었습니다. Android 버전에서는 invalidate( )을 사용하여 화면 갱신을 요청했던 부분을 applyZoomScaleAndShiftXY에 의한 SPCanvasDisplay의 호출로 변경하였습니다.

```
- (void)setZoomScale:(float)zoom {
    [self updateZoomScale:zoom atPivotX:self->last_x y:self->last_y ];
    [self applyZoomScaleAndShiftXY];
}
```

스크린 좌표에서 캔버스 좌표로의 변환

이제, 확대 표시를 할 수 있게 되었습니다. Android 버전에서도 iPhone 버전에서도 꼭 동작을 확인해보기 바랍니다. 다만, 여기서 캔버스에 터치해보면 줌하기 전 좌표의 터치로 판단되어 의도하지 않는 곳으로 선이 그려진다는 것을 짐작했을 것입니다. 스크린 상의 좌표에서 캔버스 상의 좌표로 역변환하는 메서드를 살펴보겠습니다.

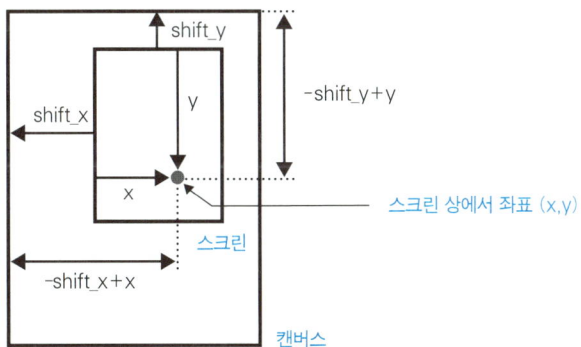

캔버스 상의 좌표로부터 스크린 상의 좌표로의 변환은 (x, y)에서 (zoom_scale × x + shift_x, zoom_scale × y + shift_y)이기 때문에 역변환은 (x, y)로부터 ((x − shift_x) / zoom_scale, (y − shift_y) / zoom_scale)로 표현할 수 있습니다. 이 변환을 X좌표에 대해서는 transx 메서드, Y좌표에 대해서는 transy 메서드로 표현하기로 하지요. Android 버전에서의 구현은 다음과 같습니다. iPhone 버전에 대해서도 완전히 동일하므로 코드는 생략합니다.

```
float transx(float x) {
 return (x - this.shift_x) / this.zoom_scale;
}

float transy(float y) {
 return (y - this.shift_y / this.zoom_scale;
}
```

이 메서드를 사용해 touchPressed, touchDragged, touchReleased, spuitAt의 4개의 메서드를 변경하고 캔버스의 바른 위치에 선을 그릴 수 있도록 하고, 동시에 드래그하면 표시 범위를 시프트하는 Shift 모드도 구현해보겠습니다.

stroke 시작 처리의 변경

그럼, Android 버전의 touchPressed( )부터 살펴보겠습니다. 처음 부분만 변경하면 됩니다. 비교적 간단한 처리이므로 iPhone 버전은 생략합니다.

인스턴스 변수 last_x와 last_y는 캔버스를 평행 이동할 때 얼마만큼 이동하는지를 판단하는 기준으로 사용합니다. 다시 말해, 이것들은 shift_x, shift_y에 대해 시행되기 때문에 transx( ), transy( )에 의해 변환되기 전의 좌표 (x, y)를 last_x, last_y에 저장해야 합니다.

```
void touchPressed(int x, int y) {
  if (this.draw_mode_button.getSelectedItemPosition() == 1) {
    spuitAt(x, y);
    return;
  } else if (this.draw_mode_button.getSelectedItemPosition() == 2) {
    this.last_x = x;
    this.last_y = y;
```

```
    return;
  }
```

여기부터는 Draw 모드일 때의 처리이므로 이제 transx( ), transy( )에 의한 좌표 변환을 통해 의도한 좌표로 선을 그리는 처리를 할 수 있게 되었습니다.

```
x = (int)transx(x);   // 화면상의 좌표에서 캔버스 상의 좌표로 변환한다
y = (int)transy(y);
```

stroke 중 처리의 변경

다음은 Android 버전에서 실제로 선을 긋는 touchDragged( ) 메서드입니다. 이것도 시작 부분만 변경합니다. 캔버스가 평행 이동한 거리를 나타내는 인스턴스 변수 shift_x와 shift_y는 직전의 캔버스 터치로부터의 변화된 분만 더하면 되기 때문에 shift_x + (x − last_x)로 shift_x 를 치환하고, shift_y도 마찬가지로 계산합니다.

SPCanvas.java의 touchDragged( ) 시작

```
void touchDragged(int x, int y) {
  if (this.draw_mode_button.getSelectedItemPosition() == 1) {
    spuitAt(x, y);
    return;
  } else if (this.draw_mode_button.getSelectedItemPosition() == 2) {
    this.shift_x += x - this.last_x;   // X좌표 방향의 평행 이동량 shift_x를 갱신
    this.shift_y += y - this.last_y;   // Y좌표 방향의 평행 이동량 shift_y를 갱신
```

또한 last_x, last_y는 touchPressed( )일 때와 마찬가지로 갱신하고 나서 invalidate( )에 의해 갱신된 shift_x, shift_y에 따라 캔버스의 평행 이동을 화면에 반영시키고 종료합니다.

```
        this.last_x = x;
        this.last_y = y;
        invalidate();
        return;
    }
```

여기부터는 Draw 모드이므로 touchPressed( )와 마찬가지로 transx, transy에 의해 좌표를 변환하고 남은 처리를 하면 됩니다.

```
    x = (int) transx(x) ;
    y = (int) transy(y) ;

    drawLine(this.last_x, this.last_y, x, y);   // 버퍼에 선을 그린다
```

iPhone 버전에서의 touchDragged 메서드의 시작은 다음과 같습니다. 기본적으로는 Android 버전과 같지만 shift_x, shift_y를 변경하고 나서 화면에 반영할 때는 setNeedsDisplay가 아니라 applyZoomScaleAndShiftXY를 사용한다는 것을 잊지 마세요.

SPCanvas.mm의 touchDraggedAtX:y: 시작

```
- (void)touchDraggedAtX:(int)x y:(int)y {
  if (self->draw_mode_button.selectedSegmentIndex == 1) {
    [self spuitAtX:x y:y];
    return;
  } else if (self->draw_mode_button.selectedSegmentIndex == 2) {
    self->shift_x += x - self->last_x;   // 캔버스의 X방향 좌표로의 이동 거리 shift_x의 갱신
    self->shift_y += y - self->last_y;   // 캔버스의 Y방향 좌표로의 이동 거리 shift_y의 갱신
    self->last_x = x;   // 전 회 터치의 X좌표 last_x의 갱신
    self->last_y = y;   // 전 회 터치의 Y좌표 last_y의 갱신
    [self applyZoomScaleAndShiftXY];   // 캔버스의 평행 이동 정보를 화면에 반영한다
    return;
  }
```

```
x = [self transx:x];   // 화면상의 (x, y)를 캔버스 상의 (x, y)로 변환한다
y = [self transy:y];

[self drawLineFromX:self->last_x y:self->last_y toX:x y:y];
```

stroke 종료 처리의 변경

touchReleased 메서드는 Shift 모드일 때에는 last_x, last_y만을 갱신합니다. 이 변수들은 확
대·축소 슬라이더를 움직였을 때 이용되기 때문에 화면상의 좌표가 아니라 캔버스 상의 좌표
로 갱신해야만 하므로 transx( ), transy( )로 변환해야 합니다. 이것도 iPhone 버전에 대한 설
명은 생략합니다.

SPCanvas.java의 touchReleased( ) 시작

```
void touchReleased(int x, int y) {   // x, y는 실제로 사용하지 않는다
  setInfoLabel();
  if (this.draw_mode_button.getSelectedItemPosition() == 1) {
    spuitEnded();
    return;
  } else if (this.draw_mode_button.getSelectedItemPosition() == 2) {
    // 캔버스 상의 좌표를 last_x, last_y에 보존한다
    this.last_x = (int)transx(this.last_x);
    this.last_y = (int)transy(this.last_y);
    return;
  }
```

스포이트 처리의 변경

마지막으로 spuitAt( ) 메서드의 변경입니다. 이것도 Android 버전의 시작 부분만 변경 사항을

살펴보겠습니다. 이 메서드의 인수인 (x, y)는 화면상의 좌표이므로, spuit_view를 표시할 경우에는 변경이 필요 없지만 getPixel( )로 색을 추출하기 위해서는 transx( ), transy( )에 의해 캔버스 상의 좌표로 변환해야 합니다. spuitAt( ) 메서드에 대해서는 iPhone 버전에서도 수정이 필요합니다. 상세한 내용은 http://www.mentorbook.co.kr → 자료실에서 소스 코드를 다운로드하여 참조하세요.(**download**) \SharePaint_ch9android\SharePaint_ch9android\src\jp\co\paintsoft\sharepaint\SPCanvas.java)

SPCanvas.java의 spuitAt( ) 메서드 시작

```
void spuitAt(int x, int y) {
  int colint;
  colint = this.display_bitmap
    .getPixel((int)transx(x), (int)transy(y));
```

한 가지 덧붙이면, 실제로는 Android 버전의 touchDragged( ) 메서드 내의 'invalidate(rect);'에서 rect값에 따라 정확하게 그릴 수 없는 경우가 있기 때문에, 전체를 그릴 수 있도록 'invalidate( );'와 같이 수정하는 것이 필요합니다.

이로써 Android 버전, iPhone 버전 모두에서 캔버스의 줌과 시프트를 할 수 있게 되었습니다. 이제는 웬만큼 그림을 그릴 수 있을 것입니다. 세밀한 부분도 묘사할 수 있게 만들어졌으므로 비록 프로토타입이긴 하지만 상당히 실용적이라고 할 수 있습니다.

멀티터치 (iPhone)

요즘은 멀티터치도 Windows 7에서 지원되고 있으며 Android에서도 일부 단말기에서 채용하는 등 중요한 기능으로 자리 잡고 있습니다. 하지만 이전에는 멀티터치라고 하면 iPhone이나 iPod touch 시리즈를 떠올릴 정도로 상징적인 기능이었습니다. 뿐만 아니라 모든 iPhone과 iPod touch 시리즈에서 사용할 수 있기 때문에 멀티터치를 전제로 사용자 인터페이스를 설계해도 문제가 없다는 장점도 있습니다.

SharePaint는 Android에서도 동작하기 때문에 멀티터치가 없어도 편리하게 사용할 수 있도록 만들었지만 멀티터치를 사용할 수 있다면 더욱 편리하겠지요. 그래서 iPhone 버전에서는 줌과 캔버스의 평행 이동을 두 손가락을 이용한 멀티터치로 사용할 수 있도록 개선해보겠습니다.

멀티터치의 개요

우선 iPhone OS의 API로 멀티터치를 어떻게 다루는지 간단히 살펴보겠습니다. 멀티터치가 아닌 경우에도 UIView 혹은 UIViewController의 서브 클래스의 touchesBegan:withEvent:, touchesMoved:withEvent:, touchesEnded:withEvent:, touchesCancelled:withEvent:

의 4개의 메서드를 오버라이드하여 화면 터치에 대응할 수 있도록 했습니다. SharePaint 에서는 SharePaintViewController.mm 안에서 그런 처리들을 수행해 왔지요. 단 한 가지, touchesCancelled:withEvent:는 빼먹고 처리하지 않았지만요.

이 메서드들의 첫 번째 인수는 (NSSet*) touches라고 했듯이 NSSet형, 즉 집합이었습니다. 여기에는 UITouch의 인스턴스, 다시 말해 개별 터치 정보가 들어있습니다. 멀티터치를 고려하지 않을 때는 이 NSSet에는 항상 UITouch의 인스턴스가 1개밖에 들어있지 않았고, 'UITouch* t = [touches anyObject];'처럼 하면 변수 t에 터치 정보가 저장되어 좌표의 정보를 추출했던 것이었습니다(아래 그림 참조).

멀티터치 환경에 대해 대략적으로 기술해보면 이 touches에 동시에 터치하고 있는 손가락 수만큼의 UITouch의 인스턴스가 포함됩니다(정확히는 하나의 손가락을 터치한 채로 다른 손가락을 화면에 대거나 떼면 동시에 접촉하고 있는 손가락의 수와 UITouch의 인스턴스의 수가 달라지지만 여기서는 이해를 돕기 위해 간략히 합니다). 이것을 사용해 touchesMoved:withEvent: 등 복수의 터치를 쫓아가면 멀티터치 처리를 할 수 있습니다.

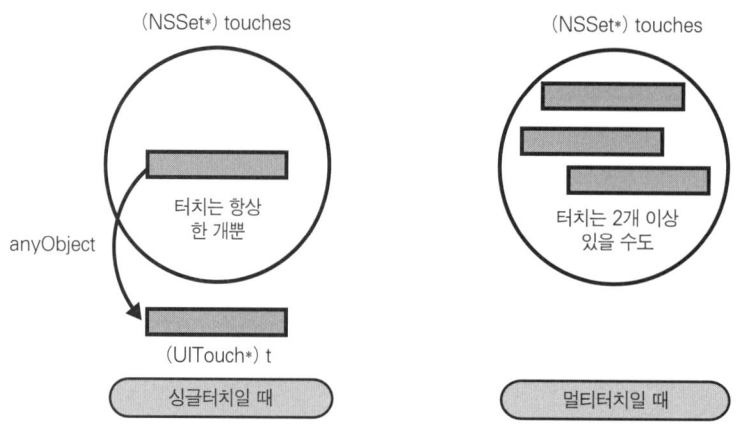

각 터치를 어떻게 구별하면 좋을지 좀 신경이 쓰이긴 하지만 걱정할 필요는 없습니다. UITouch

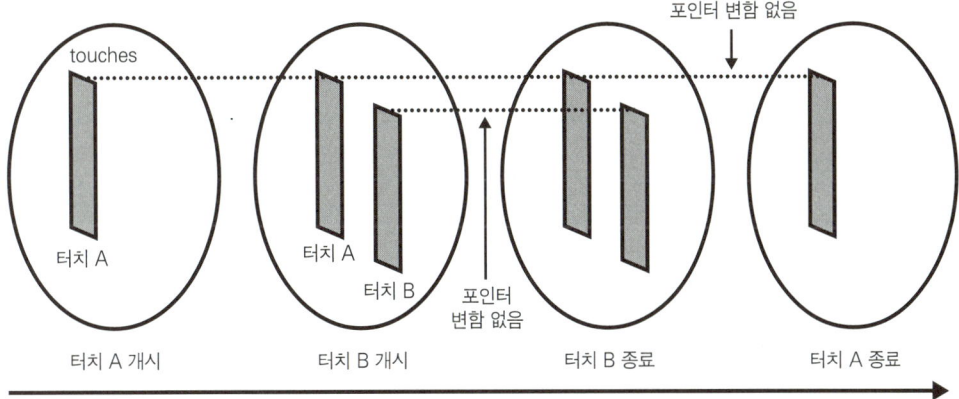

의 인스턴스에 포함되는 상태, 예를 들어 좌표나 시간 등은 변화하지만 인스턴스로의 포인터 자체는 일련의 stroke 사이에서 변화하지 않습니다. 그러므로 포인터로서 터치를 유지해두면 '어느 터치가 어떻게 이동해서 언제 화면에서 떨어졌는지'와 같은 정보를 얻을 수 있습니다.

멀티터치의 유효화

터치의 대상이 되는 각 위젯은 기본값으로 멀티터치가 무효로 설정되어 있습니다. SharePaint에서는 캔버스 자체인 SPCanvas에서 멀티터치를 유효하게 설정하는 것이 적당할 것 같습니다. 다만, 캔버스 위에는 표시 전용인 SPCanvasDisplay가 씌워져 있다는 것을 기억해주세요. SPCanvas에서 터치 이벤트를 받아들이기 전에 그 위에 씌워져 있는 SPCanvasDisplay가 터치 이벤트를 받아버리고 말기 때문에 다음 2가지 중 하나를 선택해야 합니다.

(1) SPCanvasDisplay에서 멀티터치를 유효화한다.
(2) SPCanvasDisplay에서는 터치의 이벤트를 무시하고 SPCanvas에서 멀티터치를 유효화한다.

여기에서는 보다 자연스럽다고 여겨지는 (2)를 선택하겠습니다. 이런 종류의 선택은 경우에 따라 다르기 때문에 독자 여러분이 만드는 애플리케이션에서 더욱 자연스럽다고 생각되는 방법을 선택하면 됩니다. 이번에는 SPCanvas의 setup 메서드 끝에 다음의 내용을 추가하겠습니다.

SPCanvas.mm의 setup 끝

```
self->display.userInteractionEnabled = NO;
        // display에서는 터치 이벤트를 무시한다
self.multipleTouchEnabled = YES;
        // 캔버스에서는 멀티터치를 유효하게 한다
}
```

download \SharePaint_ch9iphone\SharePaint_ch9iphone\Classes\SPCanvas.mm

멀티터치 처리의 실제

SharePaint에서는 손가락 2개까지의 멀티터치를 생각하고 사양을 정했기 때문에 인스턴스 변수 2개를 SharePaintViewController에 'UITouch * touch_1st, * touch_2nd;'로 확보하고, 이 변수를 사용해 터치를 추적하겠습니다. 또한 멀티터치를 시작했을 때의 좌표를 유지하기 위한 인스턴스 변수 2개도 'CGPoint startpt_1st, startpt_2nd;'와 같이 선언해두겠습니다. 확대 · 축소, 평행 이동 시작 시의 캔버스의 변형 상태를 유지하기 위한 인스턴스 변수도 'CGAffineTransform display_trans;'라고 선언해두겠습니다. 이때, touchesBegan:withEvent: 메서드는 다음과 같이 기술할 수 있으며, 시작 부분은 이전과 동일합니다.

SharePaintViewController.mm

```
- (void)touchesBegan:(NSSet*)touches withEvent:event {
  SPCanvas* canvas = (SPCanvas*)self.view;
  if (canvas->display_bitmap == nil)   // 만약 캔버스가 준비되어 있지 않다면
    return;   // 아무것도 하지 않은 채 돌아간다
```

download \SharePaint_ch9iphone\SharePaint_ch9iphone\Classes\SharePaintViewController.mm

변수 touches에는 1개 혹은 2개 이상의 UITouch 인스턴스가 들어있기 때문에 그 각각에 대해 처리를 해야 합니다. touch_1st와 touch_2nd는 UITouch의 인스턴스를 가지는데, touch_1st → touch_2nd의 순서로 인스턴스를 대입하고 손가락이 화면에서 떨어진 touch_1st, touch_2nd에 대해서는 그때마다 nil을 대입하기로 하겠습니다. 즉, 양쪽 모두 nil일 때는 손가락이 하나도 화면에 닿아 있지 않은 상태를 의미합니다. 여기에서 터치가 발생했을 때는 멀티터치의 처리가 아니라 이제까지와 같은 처리를 합니다.

```
for (UITouch* t in touches)
  if (t) {
    if (self->touch_1st == nil && self->touch_2nd == nil) {
      self->touch_1st = t;   // 첫 번째 손가락의 터치를 유지한다
      CGPoint pt = [t locationInView:canvas];
      [canvas touchPressedAtX:pt.x y:pt.y];
```

아직 두 번째 손가락에 의한 터치는 발생하지 않았지만 t가 첫 번째 손가락의 터치와 다른 경우 t는 두 번째 손가락에 의한 터치라는 말이 됩니다. 이 시점에서의 터치 좌표를 startpt_1st, startpt_2nd에 기억시켜 두고, 확대·축소와 평행 이동 계산에 이용합니다. 또한 이 시점에서 캔버스의 변형 상태를 인스턴스 변수 display_trans에 저장합니다.

Draw 모드의 경우는 두 번째 손가락이 화면에 닿기 전에 첫 번째 손가락에 의해 이미 선이 그어지기 시작했을지도 모릅니다. 그런 경우는 그리기 중인 stroke를 취소하고 그리기 전 상태로 돌아가야 합니다. SPCanvas의 cancelStroke 메서드에서 이 동작을 수행하게 되는데 설명은 나중에 하겠습니다.

```
    } else if (!self->touch_2nd && t != self->touch_1st) {
      self->touch_2nd = t;   // 두 번째 손가락에 의한 터치를 유지한다
      self->startpt_1st = [self->touch_1st locationInView:canvas];
      self->startpt_2nd = [self->touch_2nd locationInView:canvas];
                          // 터치의 좌표를 유지한다
```

```
        self->display_trans = canvas->display.transform;
            // 캔버스의 변형을 유지한다
        [canvas cancelStroke];   // 이미 그린 stroke를 취소한다
      }
    }
}
```

다음은 드래그할 때 호출되는 touchesMoved:withEvent: 메서드입니다. 시작 부분은 변경 사항이 없습니다.

SharePaintViewController.mm

```
- (void)touchesMoved:(NSSet*)touches withEvent:event {
  SPCanvas* canvas = (SPCanvas*)self.view;
  if (canvas->display_bitmap == nil)   // 만약 캔버스가 준비되어 있지 않다면
    return;   // 아무것도 하지 않고 돌아간다
```

touch_1st에 인스턴스가 들어있고 touch_2nd가 nil일 때는 한 손가락으로 드래그하는 중이므로 종전대로의 처리가 호출됩니다.

```
  if (self->touch_1st && !self->touch_2nd) {
    CGPoint pt = [self->touch_1st locationInView:canvas];
    [canvas touchDraggedAtX:pt.x y:pt.y];
```

touch_1st와 touch_2nd 모두에 UITouch의 인스턴스가 저장되어 있을 때는 두 손가락에 의한 멀티터치 드래그 중입니다.

SPCanvas의 changeTransform:from:with:to:with:fix: 메서드는 첫 번째 인수인 CGAffine Transform으로부터 손가락이 이동하는 모습을 보고 SPCanvasDisplay의 transform 프로퍼

티를 변화시킴으로써 캔버스를 더욱 변형시키는 메서드입니다. 마지막 인수 fix:NO로 인해 SPCanvas의 shift_x, shift_y, zoom_scale을 변화시키지 않고 멈추게 됩니다. 이 메서드의 자세한 내용은 나중에 다루기로 하겠습니다.

```
  } else if (self->touch_1st && self->touch_2nd) {
    [canvas changeTransform:self->display_trans
                    from:self->startpt_1st
                    with:self->startpt_2nd
                      to:[self->touch_1st locationInView:canvas]
                    with:[self->touch_2nd locationInView:canvas]
                     fix:NO];
  }
}
```

그리고 터치를 종료할 때 호출되는 touchesEnded:withEvent:입니다.

멀티터치의 경우에는 두 손가락 중 한 손가락만 화면에서 떼었을 때에도 이 메서드가 호출됩니다. 역시 시작 부분은 이전과 같습니다.

SharePaintViewConrtoller.mm

```
- (void)touchesEnded:(NSSet*)touches withEvent:event {
  SPCanvas* canvas = (SPCanvas*)self.view;
  if (canvas->display_bitmap == nil)   // 만약 캔버스가 준비되어 있지 않다면
    return;   // 아무것도 하지 않고 돌아간다
```

touch_1st에 UITouch 인스턴스가 저장되어 있고 touch_2nd가 nil일 때는 멀티터치가 아닌 한 손가락으로 드래그하는 상태입니다. 이것은 touchesMoved:withEvent:일 때와 같지만 마지막으로 터치 종료인 상태로 하기 위해 touch_1st에 nil을 대입하는 것을 잊지 않도록 하세요.

```
if (self->touch_1st && !self->touch_2nd) {
  CGPoint pt = [self->touch_1st locationInView:canvas];
  [canvas touchReleasedAtX:pt.x y:pt.y];
  self->touch_1st = nil;
```

touch_1st와 touch_2nd 모두에 UITouch 인스턴스가 저장되어 있는 경우, 다시 말해 두 손
가락으로 멀티터치 중일 때는 캔버스의 변형을 고정·종료하는 처리를 하게 되는데, 약간은 주
의가 필요합니다.

만약 3개 이상의 손가락이 화면에 닿아 있는 경우, 예를 들어 세 번째 손가락 터치에 의한
UITouch의 인스턴스는 touch_1st와도 touch_2nd와도 일치하지 않을 것입니다. 그런데 만약
이 마지막에 (의도하지 않고) 닿은 손가락이 제일 먼저 화면에서 떨어진 경우에 캔버스의 변형이
종료되어 버린다면 이것은 조금 바람직하지 않은 동작이겠지요. 그러므로 처음이나 두 번째로
화면에 접촉한 손가락이 떨어졌는지의 여부를 추가로 체크하여 그 경우에만 캔버스의 변형을
마치기로 하겠습니다.

touchesMoved:withEvent:일 때와 마찬가지로 SPCanvas의 changeTransform:from:wit
h:to:with:fix: 메서드의 캔버스 변형을 지시하는데, 마지막 인수가 fix:YES이므로, shift_x,
shift_y, zoom_scale의 갱신도 수행합니다.

그리고 마지막으로 touch_1st에 nil을 대입하여 더 이상 멀티터치에 대해 처리가 진행되는 것
을 방지합니다. 다시 말해, 예를 들어 두 손가락으로 화면 시프트를 하다가 한쪽 손가락을 화
면에서 떼었을 때 의도와 달리 화면에 그림이 그려지거나 캔버스의 변형이 속행되는 등의 트러
블을 피할 수 있습니다.

```
} else if (self->touch_1st && self->touch_2nd &&
          ([touches containsObject:self->touch_1st] ||
           [touches containsObject:self->touch_2nd])) {
```

```
        // 멀티터치 중에 화면에서 2개의 손가락 중 적어도 하나가 떨어졌을 때
    [canvas changeTransform:self->display_trans
                        from:self->startpt_1st
                        with:self->startpt_2nd
                          to:[self->touch_1st locationInView:canvas]
                        with:[self->touch_2nd locationInView:canvas]
                         fix:YES];
            // 캔버스의 변형을 수행하고 고정한다
    self->touch_1st = nil;
}
```

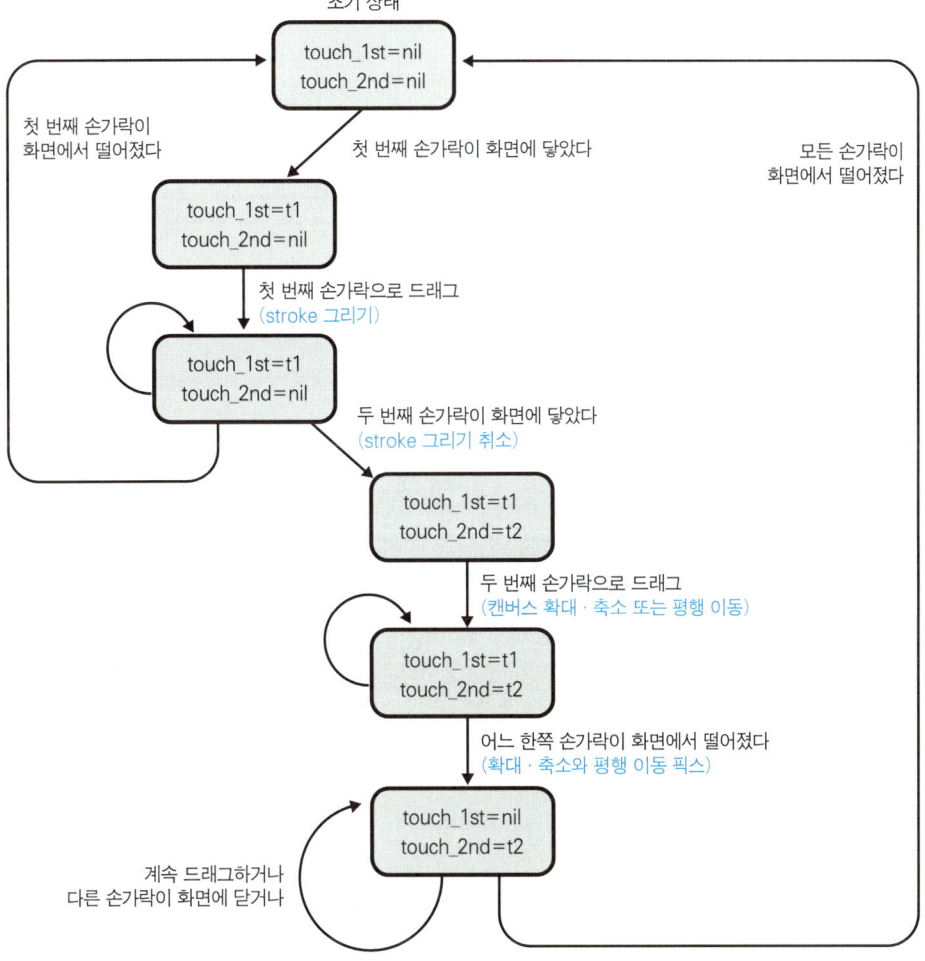

그리고 SPCanvas로의 모든 터치가 화면에서 떨어졌다면 touch_1st와 touch_2nd 양쪽에 모두 nil을 대입하여 초기 상태로 되돌립니다. 멀티터치의 상태 변이에 대한 처리는 이상으로 마칩니다.

```
  if ([touches count] == [[event touchesForView:canvas] count])
    self->touch_1st = self->touch_2nd = nil;
}
```

stroke 취소

이어서 SPCanvas 쪽의 stroke를 취소하는 처리와 캔버스를 손가락의 위치에 따라 변형하는 처리에 대해 살펴보겠습니다. stroke를 취소하는 cancelStroke 메서드는 다음과 같이 간단히 기술할 수 있습니다.

 stroke가 발생하기 직전에는 prev_bitmap의 내용과 layer_bitmap[layer_index]의 내용은 동일한데, stroke가 발생함으로써 stroke_ bitmap에 그림이 그려지고, stroke_bitmap의 내용과 prev_bitmap의 내용이 layer_bitmap[layer_index]에 합성되는 것이었습니다. 따라서 stroke_bitmap을 투명으로 되돌리고 prev_bitmap의 내용을 layer_bitmap[layer_index]에 되돌려주면 stroke가 발생하기 이전의 상태로 돌아갑니다.

SPCanvas.mm

```
- (void)cancelStroke {
  int len = self->width * self->height;
  int lindex = self->layer_index;

  for (int i = 0; i < len; i ++) {
    self->stroke_bitmap[i] = 0;   // stroke_bitmap은 투명으로
```

```
    self->layer_bitmap[lindex][i] = self->prev_bitmap[i];
        // 레이어의 비트맵도 stroke 발생 전의 상태로 되돌린다
    }
    [self composeAllLayers:self->layer_bitmap
                        to:self->display_bitmap
                    inRect:CGRectMake(0, 0, self->width, self->height)];
        // display_bitmap도 stroke 발생 전의 상태로

    [display setNeedsDisplay];   // 화면의 재표시
}
```

멀티터치 시의 확대 · 축소와 평행 이동의 처리

마지막으로, 주어진 화면 터치 좌표를 바탕으로 캔버스를 확대 · 축소, 평행 이동하는 change Transform:from:with:to:with:fix: 메서드에 대해 설명하겠습니다.

아래에 표시한 메서드의 인수를 살펴보면 trans가 멀티터치 시작 시의 SPCanvasDisplay의 transform이고, spt1과 spt2는 멀티터치 시작 시의 각각의 화면상의 좌표, ept1과 ept2는 현재의 화면상의 좌표, 마지막 인수인 fix가 YES의 경우에는 shift_x, shift_y, zoom_scale을 갱신하는데 캔버스의 변형 확정을 의미합니다.

평행 이동인지 확대 · 축소인지는 멀티터치 실행 중에 동적으로 판단되기 때문에 터치가 종료될 때까지 shift_x, shift_y, zoom_scale을 갱신해서는 안 되므로 이 메서드는 멀티터치 도중에는 fix == NO인 상태로 호출되어야만 합니다.

SPCanvas.mm

```
- (void)changeTransform:(CGAffineTransform)trans from:(CGPoint)spt1 with:
(CGPoint)spt2 to:(CGPoint)ept1 with:(CGPoint)ept2 fix:(BOOL)fix {
```

기본적으로는 '화면상의 한 점을 중심으로 하는 캔버스의 확대'와 '정해진 방향으로의 이미지 시프트'를 의미하는 변형 trans_를 작성하고, 그것과 현재의 변형 trans를 합성하여 그것을 다시 SPCanvasDisplay의 변형값으로 설정하는 것이 fix == NO일 때의 이 메서드의 흐름입니다.

변환하는 순서는 trans→trans_와 같기 때문에 완성되는 새로운 변환은 행렬로 표현하면 trans_×trans가 된다는 점에 주의하세요.

한편, fix==YES의 경우에는 trans_를 생성하는 대신 shift_x, shift_y, zoom_scale을 갱신하고 applyZoomScaleAndShiftXY 메서드를 호출함으로써 변형을 수행합니다.

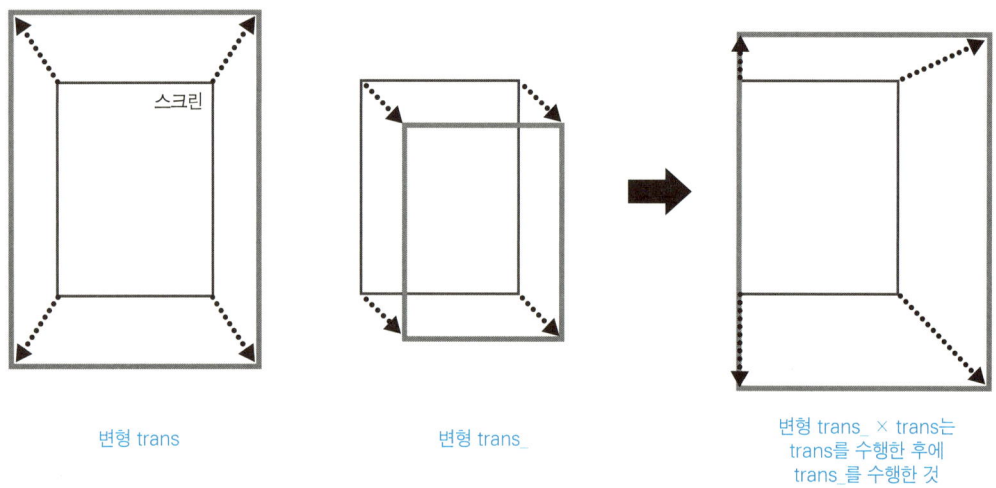

변형 trans   변형 trans_   변형 trans_ × trans는 trans를 수행한 후에 trans_를 수행한 것

우선, dist_s에 멀티터치 시작 시의 두 손가락의 거리를 dist_e에 현재 두 손가락의 거리를 계산하고 거리가 거의 변하지 않는다면 평행 이동, 거리가 크게 변한다면 확대 · 축소라고 판단합니다.

```
CGAffineTransform trans_;   // trans에 추가하는 변형
float diff_sx = spt2.x - spt1.x;
```

```
float diff_sy = spt2.y - spt1.y;
float diff_ex = ept2.x - ept1.x;
float diff_ey = ept2.y - ept1.y;
float dist_s = sqrt(diff_sx * diff_sx + diff_sy * diff_sy);
float dist_e = sqrt(diff_ex * diff_ex + diff_ey * diff_ey);
float scale = dist_e / dist_s;   // 확대율을 계산한다
```

평행 이동인 경우 X좌표와 Y좌표 각각에 대해 얼마나 손가락이 어긋나 있는지 계산합니다. 여기에서는 두 손가락의 정중앙의 점이 X, Y 각각의 좌표에 대해 변화하는가로 판단합니다.

```
if (scale < 1.2f && scale > 0.8f) {
  // shift canvas
  float diffx = ((ept1.x + ept2.x) - (spt1.x + spt2.x)) / 2.0f;
  float diffy = ((ept1.y + ept2.y) - (spt1.x + spt2.y)) / 2.0f;
```

만약 fix == YES라면 Shift_x, shift_y를 갱신합니다.

```
if (fix) {
  self->shift_x += diffx;
  self->shift_y += diffy;
```

fix == NO일 때는 trans_에 평행 이동을 의미하는 변형을 설정해야 하는데, 조금은 주의할 필요가 있습니다. 이 멀티터치가 수행되고 있을 때, 캔버스는 이미 zoom_scale배 확대된 상태로 화면에 표시되고 있습니다. 한편으로, 조금 전에 계산했던 diff_x, diff_y는 화면상의 좌표에서의 변화값입니다. 그렇기 때문에 캔버스의 변형에 추가로 합성되는 trans_의 평행 이동은 1/ zoom_scale배가 되지 않으면 정합성을 얻을 수 없습니다.

```
  } else {
    float z = self->zoom_scale;
    trans_ = CGAffineTransformMakeTranslation(diffx / z,
                                              diffy / z);
  }
```

한편으로, scale의 값이 1.0에서 크게 벗어난 경우에는 캔버스를 확대하는 것으로 해석합니다. 어디를 확대의 중심으로 할 것인가에 대해서는 이번에는 멀티터치 중 제일 먼저 화면에 닿은 손가락의 위치를 기준으로 하겠습니다. 다시 말해, spt1로 표현되는 좌표입니다. 그래서 fix == YES의 경우에는 화면상의 좌표 spt1을 캔버스 위(이미지 위)로 변환한 것이 좌표 (last_x, last_y)가 되도록 하고, 그 last_x, last_y를 사용해 setZoomScale: 메서드로 shift_x, shift_y, zoom_scale을 갱신합니다. 또한 멀티터치 직전의 확대율이 zoom_scale로 새롭게 scale배된 것이기 때문에 새로운 확대율은 zoom_scale * scale이 되며, 이 값을 메서드의 인수로 지정합니다.

```
  } else {
  // zoom canvas
  if (fix) {
    self->last_x = [self transx:spt1.x];
    self->last_y = [self transy:spt1.y];
    [self setZoomScale:self->zoom_scale * scale];
          // shift_x, shift_y, zoom_scale을 갱신한다
```

그럼, fix == NO의 경우는 어떨까요? 조금 복잡할지도 모르지만 살펴보기로 하지요. trans_로 표현되어야만 하는 변환이란 어떤 것일까요? trans가 끝난 이후의 변환이 trans_이므로, '인수 spt1로 표현되고 있는 (캔버스 상의 좌표가 아니라) 화면상의 좌표를 고정점으로 한 scale배의 확대'라고 하면 되겠지요. 고정점 (x, y)로부터 shift_x, shift_y로의 변환은 updateZoomScale:atPivotX:y: 메서드에서 설명했던 것처럼 shift_x = x * (1 − scale), shift_y = y * (1 − scale)와 같이 하면 되었었기 때문에 우선은 그 부분부터 계산합니다.

```
    } else {
        float lx = spt1.x * (1 - scale);  // shift_x에 해당하는 것을 계산한다
        float ly = spt1.y * (1 - scale);  // shift_y에 해당하는 것을 계산한다
```

나머지는 applyZoomScaleAndShiftXY 메서드와 같이 화면의 중심을 (cx, cy)로 하고, (1) (cx, cy) 방향으로 평행 이동, (2) scale배로 확대, (3) (−cx, −cy) 방향으로 평행 이동, (4) (lx, ly) 방향으로 평행 이동하는 변환을 모아서 trans_ 로 하면 되는 것입니다.

```
        float cx = self->width / 2;
        float cy = self->height / 2;   // 화면의 중심
        trans_ = CGAffineTransformMakeTranslation(lx - cx, ly - cy);  // (3), (4)
        trans_ = CGAffineTransformScale(trans_, scale, scale);     // (2)
        trans_ = CGAffineTransformTranslate(trans_, cx, cy);       // (1)
    }
}
```

이제는 fix==YES일 때는 shift_x, shift_y, zoom_scale의 준비는 완료되었으므로 applyZoomScaleAndShiftXY 메서드를 호출하기만 하면 되고, fix==NO일 때는 trans_의 준비가 끝났기 때문에 trans_×trans를 SPCanvasDisplay의 변형으로서 설정해주면 됩니다.

```
if (fix) {
    [self applyZoomScaleAndShiftXY]; // shift_x, shift_y, zoom_scale로 변형
} else {
    trans_ = CGAffineTransformConcat(trans_, trans); // trans_×trans를 계산하고
    self->display.transform = trans_;                // 그 값으로 변형을 설정한다
}
}
```

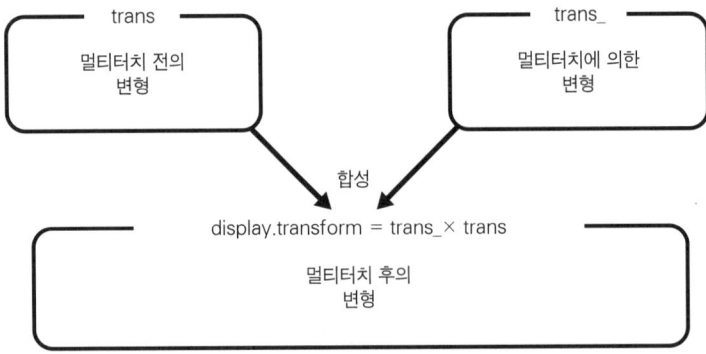

fix==NO일 때의 동작은 다소 복잡했을지도 모르지만 trans_와 trans의 관계를 분리해서 trans_로 무엇을 계산하면 좋을지 주의하면 그리 어렵지 않을 것입니다.

다양한 화면 해상도에 대응하기 (Android)

iPhone 플랫폼과는 달리 Android에서는 다양한 화면 해상도를 가진 디바이스가 존재하는 만큼, HVGA(320×480) 이외의 해상도에도 동시에 대응하도록 해보겠습니다. 실제로 현재 출시되는 단말기는 WVGA(480×800)가 가장 많습니다. 이런 디바이스에서 캔버스 전체를 화면 전체로 표시해버리면 도형이나 그림의 종횡비가 깨져버리게 됩니다. 여기서는 캔버스의 가로 폭을 화면의 가로 폭으로 채워서 표시하겠습니다.

  기본적으로는 Android 1.5 애플리케이션은 HVGA 화면 해상도 밖에 지원하지 않습니다. HVGA를 전제로 만들어진 SharePaint도 Android 1.5 애플리케이션으로 만들어졌는데, Android 1.6 이상에서도 자동적으로 화면 사이즈에 맞게 확대·축소되어 나름대로 동작합니다. 다시 말해, WVGA나 QVGA의 Android 휴대전화 등에서도 현상태로 동작은 한다는 것입니다. 그러나 Android OS에 의해 자동 처리된 것이므로 편의성이나 모양새를 생각한다면 애플리케이션 자체에서 화면 해상도에 맞게 처리해주는 것이 좋습니다. 그래서 일단은 (Android 1.5에서도 동작하지만) 주 타깃을 Android 1.6으로 하고, HVGA 이외의 화면 해상도에도 대응할 수 있도록 설정해보겠습니다. AndroidManifest.xml 파일을 다음과 같이 편집합니다. SDK Version 3이 Android 1.5를, SDK Version 4가 Android 1.6을 의미합니다.

AndroidManifest.xml <application...>~</application> 블록의 직후

```
<uses-sdk android:minSdkVersion="3"
  android:targetSdkVersion="4" />
```

또한 화면을 세웠다 눕혔다 할 때마다 캔버스를 다시 그리는 것도 좀 불편하기 때문에 세로 방향으로 캔버스를 고정시켜두겠습니다. SharePaint Activity의 태그에 'screenOrientation'이 라는 항목을 추가합니다.

AndroidManifest.xml

```
<activity android:name=".SharePaint"
        android:label="@string/app_name"
        android:screenOrientation="portrait">
```

이 설정에 의해 View의 onDraw( ) 메서드에서 320×480의 이미지가 View 전체에 꽉 차게 만 표시되는 것이 아니라, View 좌측 상단에 320×480의 이미지로 표시되게 됩니다. 동일한 HVGA 단말기라면 외견상 변화가 전혀 없으므로, HVGA 이외의 해상도를 가진 단말기를 에 뮬레이터로 작성하여 동작을 테스트해보기 바랍니다(가능하면 실제 디바이스로 해보면 좋겠지요).

SPCanvas.java의 onDraw( ) 안

```
if (this.prev_bitmap != null) {
  float scale = this.zoom_scale * getWidth() / this.width;
  Matrix matrix = new Matrix();
  matrix.postScale(scale, scale);
```

이렇게 해서 화면 해상도에 맞게 표시되게 되었지만, 화면을 터치하는 좌표 등도 함께 변경해 갈 필요가 있습니다.

```
public boolean onTouchEvent(MotionEvent event) {
  if (this.prev_bitmap == null)   // 만약 캔버스가 준비되어 있지 않다면
    return false;                 // 처리하지 않고 돌아간다
  float wscale = (float)this.width / getWidth();
  int x = (int) (event.getX() * wscale);
  int y = (int) (event.getY() * wscale);
```

마찬가지로 spuitAt( )에서도 좌표의 변환이 필요합니다. 좌표의 변환은 X, Y좌표 모두에 해야 하는데, 화면 좌표로부터 캔버스 좌표로 변환할 때는 (float) this.width / getWidth( )를 곱하고, 캔버스 좌표로부터 화면 좌표로 변환할 때는 (float) getWidth( ) / this.width를 곱하면 됩니다.

```
int y_ = y * getWidth() / this.width - h * 3 / 2;
int x_ = x * getWidth() / this.width - w / 2;
```

마찬가지로 setZoomScale( )이나 transx( ), transy( )에서도 변경할 필요가 있는데 변경 방법은 같으므로, 여기에서는 setZoomScale( )만 살펴보겠습니다. 상세한 내용은 http://www.mentorbook.co.kr → 자료실에서 소스 코드를 다운로드하여 참조하세요.(download \SharePaint_ch9android\SharePaint_ch9android\src\jp\co\paintsoft\sharepaint\SPCanvas.java)

```
void setZoomScale(float zoom) {
  updateZoomScaleAtPivotXY(zoom,
      this.last_x * getWidth() / this.width,
      this.last_y * getWidth() / this.width);
  invalidate();
}
```

9.4

매끄럽게 선 그리기 (Android)

Android의 터치 이벤트에는 '직전의 화면 터치 이벤트로부터 현재에 이르는 터치의 이력'의 정보도 저장되어 있습니다. 즉, 실제로 터치 이벤트가 발생하는 빈도보다도 세밀하게 화면 드래그의 궤적을 얻을 수 있는 가능성이 있습니다. 이왕 여기까지 왔으니 이 정보도 이용해 애플리케이션을 좀 더 업그레이드해보겠습니다.

　View에 대한 터치 이벤트는 MotionEvent 형식으로 다루어지는데, 지금까지는 좌표를 가져올 때 getX( ), getY( ) 메서드밖에 사용하지 않았지만 Android 자신은 보다 정밀한 빈도로 좌표를

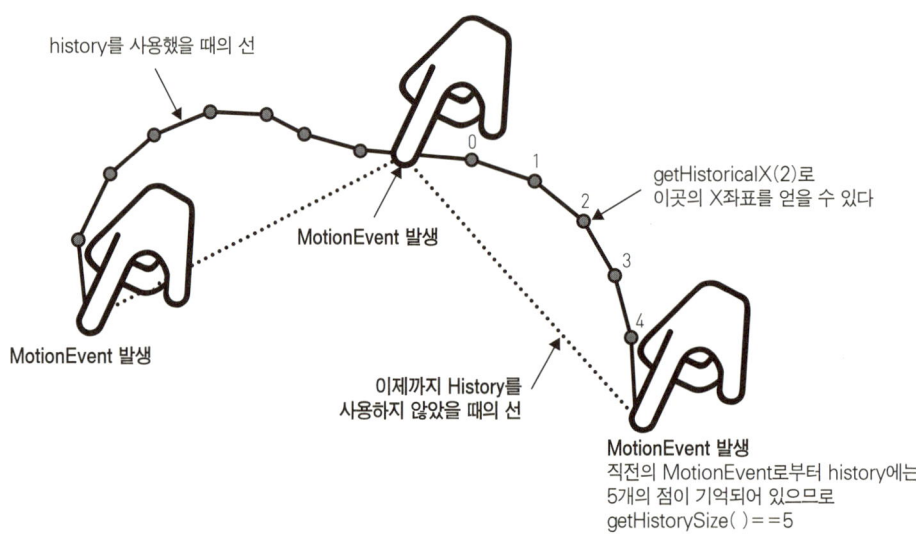

history를 사용했을 때의 선

MotionEvent 발생

MotionEvent 발생

getHistoricalX(2)로
이곳의 X좌표를 얻을 수 있다

이제까지 History를
사용하지 않았을 때의 선

MotionEvent 발생
직전의 MotionEvent로부터 history에는
5개의 점이 기억되어 있으므로
getHistorySize( )==5

가져오고 있기 때문에 getHistoricalX( ), getHistoricalY( )로 그 정보를 이용할 수 있습니다. 이 메서드들에 의해 이전 이벤트 발생에서부터 이번 이벤트가 발생할 때까지의 사이에 저장된 좌표를 가져올 수 있으며 좌표의 개수는 getHistorySize( ) 메서드로 구할 수 있습니다.

그래서 onTouchEvent( ) 메서드를 다음과 같이 변경해서 보다 세밀하게 취득한 좌표를 배열에 저장하고, 그것을 touchDragged( ) 메서드에 전달하겠습니다. 또한 'wscale'은 다른 해상도의 디바이스에 대응하기 위한 배율로, onTouchEvent( ) 메서드의 첫머리에서 (float) this.width / getWidth( )로 계산된 것입니다.

SPCanvas.java의 onTouchEvent( ) 안

```
case MotionEvent.ACTION_MOVE:           // 드래그 중에는
    int hist_size = event.getHistorySize();  // 좌표의 개수를 구한다
    int[] xs = new int[hist_size + 1]; // 현재 좌표도 저장할 것이므로 1개 많이 준비(X좌표)
    int[] ys = new int[hist_size + 1];      // Y좌표의 배열도 준비
    for (int i = 0; i < hist_size; i ++) {   // 각 i = 0 ~ hist_size-1에 대해
        xs[i] = (int) (event.getHistoricalX(i) * wscale);  // i번째의 X좌표를 저장
        ys[i] = (int) (event.getHistoricalY(i) * wscale);  // i번째의 Y좌표도 저장
    }
    xs[hist_size] = (int) (event.getX() * wscale);   // 마지막으로 현재의 X좌표를 저장
    ys[hist_size] = (int) (event.getY() * wscale);   // 마지막으로 현재의 Y좌표를 저장
    touchDragged(xs, ys);   // touchDragged를 실행(인수의 형은 int[], int[])
    break;
case MotionEvent.ACTION_UP: // 손가락이 떨어졌을 때는
```

download \SharePaint_ch9android\SharePaint_ch9android\src\jp\co\paintsoft\sharepaint\SPCanvas.java

이에 따라 touchDragged( ) 메서드도 인수가 좌표의 배열로 동작하도록 수정해야 합니다. 변수 x와 y에는 각각 이벤트가 발생한 때의 X, Y좌표를 대입하고, 스포이트 모드와 시프트 모드에서는 이 (x, y)만 이용하겠습니다.

SPCanvas.java의 touchDragged( ) 시작

```
void touchDragged(int[] xs, int[] ys) {
    int x = xs[xs.length - 1];   // 배열의 마지막이 MotionEvent 발생 시의 좌표
    int y = ys[ys.length - 1];
    if (this.draw_mode_button.getSelectedItemPosition() == 1) {
```

지금까지 touchDragged( ) 메서드에서는 선을 한 줄 그을 때마다 레이어를 합성하고 화면에 다시 그리기를 했었는데 선을 모아서 그리도록 변경하고 있습니다.

pen_width_half, min_x, max_x, min_y, max_y의 의미는 이제까지와 마찬가지이며, 선을 그을 때마다 인스턴스 변수 last_x, last_y를 변경하는 것은 비효율적이므로 로컬에 lastx, lasty 라는 변수를 준비하여 마지막에 this.last_x, this.last_y를 변경하도록 하겠습니다. 또한 인스턴스 변수 x_array, y_array에 좌표를 추가하는 것도 메서드의 마지막에서 루프의 안쪽으로 이동하고 있습니다.

SPCanvas.java의 touchDragged( ) 안

```
int pen_width_half = this.pen_properties.width / 2 + 1;
int lastx = this.last_x;
int lasty = this.last_y;
int min_x = lastx - pen_width_half;    // 갱신해야 할 영역의 좌측
int max_x = lastx + pen_width_half;    // 갱신해야 할 영역의 우측
int min_y = lasty - pen_width_half;    // 갱신해야 할 영역의 상측
int max_y = lasty + pen_width_half;    // 갱신해야 할 영역의 하측
for (int i = 0; i < xs.length; i ++) {  // 각 정점에 대해
  x = (int)transx(xs[i]);    // 화면 좌표에서 캔버스 좌표로 변환한다
  y = (int)transy(ys[i]);
  drawLine(lastx, lasty, x, y); // 버퍼로 선을 그린다
```

갱신해야 할 영역은 확대하는 방향으로만 갱신합니다. 갱신할 영역에서 선이 좌측으로 삐져 나올 것 같으면 영역의 좌측 끝을 그만큼 확대하고, 선의 두께도 고려하면서 stroke들이 영역 내로 들어가도록 min_x, max_x, min_y, max_y를 갱신합니다. 나머지는 그 영역의 수만큼 레이어를 합성하고 화면을 갱신하면 됩니다.

```
min_x = Math.min(min_x, x - pen_width_half);  // 좌측 갱신
max_x = Math.max(max_x, x + pen_width_half);  // 우측 갱신
min_y = Math.min(min_y, y - pen_width_half);  // 상측 갱신
max_y = Math.max(max_y, y + pen_width_half);  // 하측 갱신
lastx = x;
```

```
    lasty = y;
    this.x_array.add(x);
    this.y_array.add(y);
}
// stroke용 비트맵을 합성하고 나서 화면을 표시한다
Rect rect = new Rect(min_x, min_y, max_x, max_y);
composeBitmap(this.prev_bitmap, this.stroke_bitmap,
    this.pen_properties.density, this.layer_bitmap[this.layer_index],
    rect);
composeAllLayers(this.layer_bitmap, this.display_bitmap, rect);
// 모든 레이어를 합성한다
invalidate();
```

꼭 실제 디바이스에서 작동시켜보기 바랍니다. 선이 매끄럽게 그려지는 만큼 기분도 좋아질 것입니다. 이제까지는 선이 약간 거칠어서 아쉬웠는데, 이것으로 선의 매끄러움은 iPhone에도 지지 않게 되었습니다.

9.5

아이콘 만들기

지금까지 SharePaint를 만들어봤는데, 성능은 둘째치더라도 모처럼 만든 애플리케이션이 다소 볼품이 없고 밋밋해서 초라한 느낌마저 듭니다. 하다못해 버튼과 애플리케이션의 아이콘만이라도 준비해서 이용해보면 어떨까요? 이번에는 자신의 아이디어를 발휘해 아이콘을 만들어봅시다.

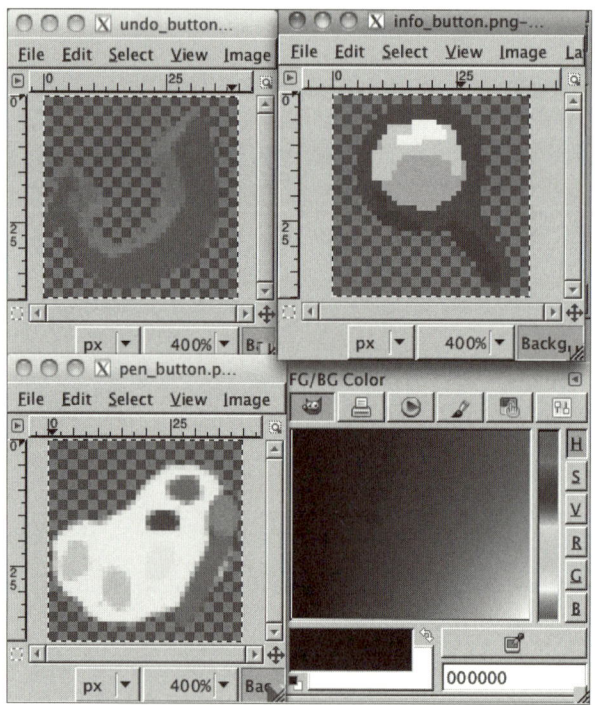

버튼은 〈Pen〉 버튼, 〈Undo〉 버튼, 그리고 닉네임 설정과 검색 대화상자를 호출하는 버튼까지 3개가 있습니다. 각각 적당한 그래픽 에디터를 사용해 40×40픽셀 짜리 PNG 파일을 'pen_button.png', 'undo_button.png', 'info_button.png'이라는 이름으로 만들어보겠습니다.

그래픽 에디터는 아무거나 상관없지만 이 책에서는 GIMP를 사용합니다. 투명한 부분은 분명하게 투명으로 표시되기 때문에 그 부분도 잘 숙지해두기 바랍니다. 여기서는 프로토타입용이라 날림으로 만든 듯한 느낌이 있지만, 아이콘은 애플리케이션의 얼굴이므로 여러분이 만들 때는 보다 신경을 써야 합니다.

iPhone 버전의 아이콘

우선은 iPhone 버전의 버튼에서 이 이미지들을 사용해봅시다. 작성한 3개의 PNG 파일을 Xcode의 SharePaint Project 윈도의 'Resources'에 드래그 앤 드롭으로 추가합니다.

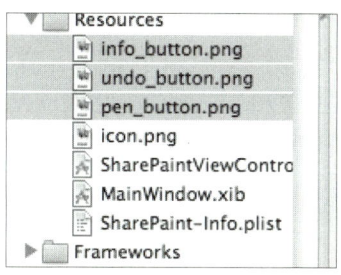

다음으로, 'SharePaintViewController.xib'를 더블클릭해서 Interface Builder를 실행한 후 각 버튼을 클릭하여 Inspector에서 속성을 설정합니다. 여기에서는 Type을 'Custom'으로 설정하고 Image에는 각각 이미지 파일을 선택한 후 사이즈는 40×40으로 설정합니다. 나머지는 캔버스 위에서 위치를 조정해주고 다시 빌드하면 완성입니다. 참 쉽지요! 시뮬레이터와 iPhone/iPod touch에서 동작시켜보세요.

또한 UISegmentedControl 중 Draw/Spuit/Shift 부분도 마찬가지로 아이콘을 바꿀 수 있습니다. 높이가 30픽셀까지라는 점만 주의하면 동일한 작업으로 완성할 수 있습니다. 이쪽도 꽤 재미있으니 꼭 시험해보세요.

Android 버전의 아이콘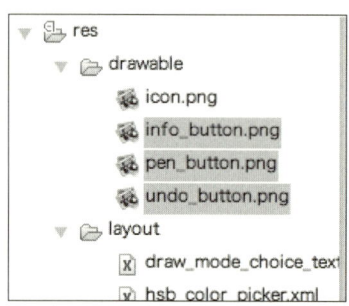

이번에는 Android 버전의 경우입니다. 방금 전에 만든 똑같은 파일들을 이용해서 버튼에 이미지를 붙여넣습니다. info_button.png, pen_button.png, undo_button.png의 3개의 파일을 Eclipse의 Project Explorer의 'drawable'로 드래그 앤 드롭하여 추가합니다.

main.xml에서 'android:text="Pen"'을 'android:background="@drawable/pen_button"'으로 변경하면 drawable 안에 있는 pen_button.png가 자동적으로 참조되어 버튼의 배경으로 설

정됩니다. 이제 Undo와 info에도 똑같이 변경을 해주면 되지만 그것만 하고 말았더니 레이아웃이 약간 보기가 안 좋아졌습니다. 하는 김에 버튼의 배치와 밸런스도 변경해 봅시다.

LinearLayout의 gravity는 'bottom|right'에서 'center'로 변경했습니다. 사실 결과적으로는 변경하지 않아도 표시되는 내용은 변함이 없지만 우측에 버튼을 모아서 표시하는 것이 아니라 디스플레이의 하부에서 좌측에서 우측으로 한 줄로 죽 나열하는 것을 의식한 변경입니다.

main.xml의 버튼 종류를 포함하고 있는 LinearLayout

```
<LinearLayout
  android:gravity="center"
  android:orientation="horizontal"
  android:layout_width="fill_parent"
  android:layout_height="wrap_content">
```

download \SharePaint_ch9android\SharePaint_ch9android\res\layout\main.xml

버튼의 간격이 좁으면 사용하기 불편하므로 layout_margin을 지정하여 사이를 띄어줍니다. android:background 부분은 위에서 설명한 대로이고, 파일 이름을 기술하는 것만으로 자동적으로 이미지 리소스로서 해당 위치에 배치됩니다.

```
<Button android:layout_width="wrap_content"
  android:layout_height="wrap_content"
  android:layout_margin="10dp"
  android:background="@drawable/info_button"
  android:id="@+id/info_btn"/>
```

Button 부분에는 layout_weight의 지정이 없는, 즉 기본값인 0이고, Spinner 부분만 'layout_weight="1"'로 지정하였습니다. 이에 따라 Button의 크기는 바뀌지 않은 채로 화면의 남은 부분만 Spinner로 채워지는 레이아웃이 되었습니다.

```
<Spinner android:id="@+id/draw_mode_choice"
  android:layout_weight="1"
  android:layout_margin="10dp"
  android:layout_width="wrap_content"
  android:layout_height="wrap_content" />
```

남은 Button 부분은 앞에서 설명했던 부분과 같습니다.

```
<Button android:layout_width="wrap_content"
  android:layout_height="wrap_content"
  android:layout_margin="10dp"
  android:background="@drawable/undo_button"
  android:id="@+id/undo_btn" />
<Button android:layout_width="wrap_content"
  android:layout_height="wrap_content"
  android:layout_margin="10dp"
  android:background="@drawable/pen_button"
  android:id="@+id/pen_prop_btn"/>
</LinearLayout>
```

이것으로 에디터 아래의 Layout 탭을 선택하면 다음과 같이 배치가 된 것을 확인할 수 있습니다.

애플리케이션 아이콘

마지막으로, 애플리케이션의 아이콘을 추가하겠습니다. iPhone의 경우는 애플리케이션 아이콘의 사이즈가 57×57이므로, 이 사이즈로 파일을 만들어보겠습니다. 파일 이름은 'icon.png' 등으로 하고, 또 다시 Project 윈도의 Resources에 추가합니다. 하이라이트 등은 기본값으로 자동적으로 부가됩니다. 'SharePaint-Info.plist'를 선택하고, 'Icon file' 항목에 방금 만든 파일 이름으로 'icon.png'를 입력하면 완성입니다. 이제 빌드하면 시뮬레이터와 iPhone/iPod touch의 홈 화면에 이 아이콘이 표시될 것입니다.

Bundle display name	${PRODUCT_NAME}
Executable file	${EXECUTABLE_NAME}
Icon file	icon.png
Bundle identifier	jp.co.paintsoft.sharepaint
InfoDictionary version	6.0

　Android의 경우는 애플리케이션 아이콘의 파일 이름이 기본값인 'icon.png'였기 때문에 원래부터 있던 res/drawable 안의 icon.png를 삭제하고, 방금 전에 새로 만든 'icon.png'를 drawable 안에 추가해주세요. 특별히 파일 이름을 변경할 필요는 없지만 만약 필요하다면 AndroidManifest.xml의 Application 탭에서 '@drawable/icon'으로 지정해도 됩니다.

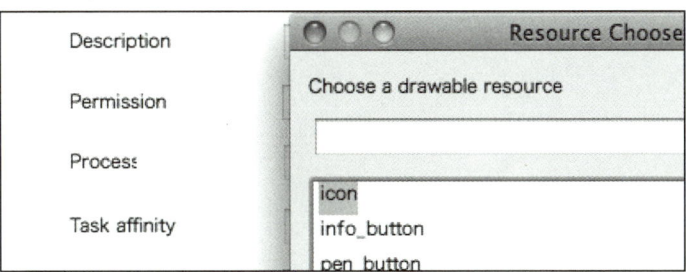

자, 이제 조금은 보기에도 좋아졌지요? 반드시 iPhone과 iPod touch, Android 같은 실제 디바이스에서 동작시켜보기 바랍니다. iPhone과 Android 휴대폰이라면 외출 시에도 손쉽게 다른 사람들과 하나의 캔버스에 메모를 하거나 그림도 그릴 수 있을 것입니다. 하지만 아직도 여전히 구현하고 싶은 기능들이 많이 있습니다. 뭔가 생각나는 것이 있다면 가볍게 이 SharePaint를 확장해서 App Store나 Android Market에 등록해보세요.

물론 이 책에서 얻은 지식과 경험을 바탕으로 여러분 자신의 완전한 오리지널 애플리케이션을 만들 수 있다면 그보다 기쁜 일은 없을 것입니다. 애플리케이션을 만들고 배포하는 일은 재미있는 일입니다. 애플리케이션이 배포되면 해외로부터도 다양한 정보와 소식들을 접할 수 있어 또 다시 새로운 아이디어가 탄생되기도 합니다. 자꾸자꾸 만들고 자꾸자꾸 배포합시다. iPhone도 Android도 이제부터 시작입니다. 모두 힘내서 도전해봅시다.

Index